경제는 거짓말을 하지 않는다

기 소르망 지음

조정훈 · 이효숙 · 전혜정 옮김

문학세계사

옮긴이 · 조정훈

이화여대 불어불문학과 졸업. 프랑스 보르도3대학과 파리3대학에서 수학.
현재 전문번역가로 활동. 《출판저널》 잡지에 프랑스 책 소개(2005~7).
번역서 『세잔과의 대화』, 『결혼의 적들』, 『르꼬르뷔지에의 동방기행』 등.

이효숙

연세대 불어불문학과 졸업. 프랑스 파리 소르본 대학에서 석사,
박사학위 받음. 현재 연세대학교에서 강의.
번역서 『호모 노마드, 유목하는 인간』, 『피에르 신부의 유언』, 『마르크스 평전』 등.

전혜정

이화여대 외국어교육과 졸업. 프랑스 그르노블 스탕달 대학 문학박사.
번역서 『신의 네 여자』, 『성배와 연금술』,
『사람은 왜 옮겨다니며 살았나』 등.

경제는 거짓말을 하지 않는다
기 소르망 지음

•

초판 1쇄 발행일   2008년 5월 7일
2쇄 발행일   2008년 5월 20일

•

옮긴이 · 조정훈, 이효숙, 전혜정
펴낸이 · 김종해
펴낸곳 · 문학세계사

•

주소 · 서울시 마포구 신수동 345-5(121-110)
대표전화 · 702-1800   팩시밀리 · 702-0084
이메일 · mail@msp21.co.kr   홈페이지 · www.msp21.co.kr
출판등록 · 제21-108호(1979.5.16)

•

값 13,000원
ISBN 978-89-7075-427-7   03320
ⓒ문학세계사, 2008

L'économie ne ment pas

Guy Sorman

L'économie ne ment pas

Copyright © Guy Sorman 2008
All rights reserved.

KOREAN language edition © Munhaksegye-Sa 2008

KOREAN translation rights arranged with Editions Guy Sorman, Paris, France
through EntersKorea Co., Ltd., Seoul, Korea

이 책의 한국어판 저작권은 (주)엔터스코리아를 통한
저작권자와의 독점계약으로 문학세계사가 소유합니다.
저작권법에 의해 한국 내에서 보호를 받는 저작물이므로
무단 전재 및 무단 복제를 금합니다.

경제는 거짓말을 하지 않는다

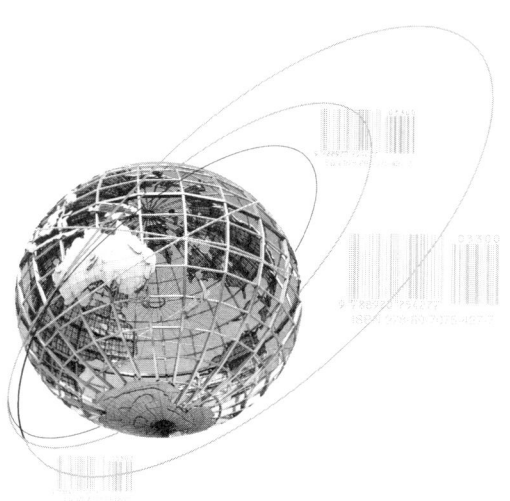

| 서문 |

경제라는 학문의 혁명

경제는 하나의 학문이며 그 목적은 좋은 정책과 나쁜 정책을 구분해주는 것이다. 20세기에만도 나쁜 경제정책 때문에 많은 나라들이 전염병보다 큰 희생을 치르며 막대한 피해를 입었다. 1920년대 러시아, 1950년대 중국, 그리고 1960년대 탄자니아의 공산화는 수억 명의 농민들을 굶주리게 했다. 1920년대 독일은 적절한 제어장치 없이 통화를 발행해 사회불안을 가중시켰으며 결국 나치즘의 등장을 재촉했다. 2007년 하이퍼인플레이션으로 짐바브웨는 초토화되었고, 기업을 국유화하여 기업가들을 내쫓은 1940년대의 아르헨티나와 1950년대의 이집트 경제는 망가져 버렸다. 인도의 허가제도(라이선스 제도) 또한 1949년부터 1991년까지 경제발전을 얼어붙게 만드는 결과를 초래했다.

반대로 좋은 경제정책들로 인해 제2차 세계대전 후 30여 년 만에 서유럽은 재건에 성공했으며 1990년대부터는 동유럽에서도 발전이 가능하게 됐다. 또 20여 년 전부터 성공시대를 구가하기 시작한 국제경제는 특히 인도와 중국의 8억에 달하는 어마어마한 인구를 가난에서 해방시켜 주었다.

잠들어 있는 문명이라 여겨졌던 일본, 한국, 터키는 좋은 정책을 폄으로써 번영을 이루었다. 또한 10여 년 전부터는 아프리카에서도 경제를 보다 합리적으로 관리함으로써 13개 나라들이 가난에서 조금씩 벗어나고 있다. 프랑스 경제학자인 프랑수아 부르기뇽(François Bourguignon)은 이들 13개 나라들을 아프리카의 'G13'이라 부른다.

풍요를 누리게 되면서 사람들은 더 오래 살게 되었고 선택의 자유 또한 그들의 기대수명과 함께 높아지고 있다. 그 관계를 구조적으로 설명할 수는 없지만 경제성장이 보다 많은 자유를 동반하는 것만은 분명하다.

1960년대까지만 해도 경제학에서는 천연자원이 발전에 절대적이라 믿었지만 지금은 반드시 필요한 것은 아니라고 가르치고 있다. 또 1980년대까지만 해도 발전을 이루기 어려운 문화권이 존재한다고 생각했었지만 지금은 발전을 이루기에 부적합한 문화권이란 없다고 가르친다. 경제성장을 이루기 위해서 민주주의 체제가 반드시 필요한 것은 아니다. 하지만 무정부 상태에서는 발전이란 것 자체가 가능하지 않을 것이다.

잘된 정책의 경우들을 손꼽을 때 눈에 띄는 것들은 모두 최근에 이루어졌다. 경제가 학문으로서 모습을 드러낸 것은 18세기 말 영국과 프랑스에서였지만 그것이 합리성을 갖춘 것은 1960년대에 이르러서였다. 철학자 칼 포퍼(Karl Popper)가 이야기한 대로 발전하는 것을 학문이라 정의한다면, 경제학은 20세기에 이르러 어마어마한 발전을 이루었다. 예전에는 직관이나 관찰, 여론 등이 곧 신념이었다. 이론들은 그럴 듯하기만 할 뿐 진실성이 없었다. 1960년대까지만 해도 파리 고등정치학교(Science Po)나 국립행정학교(ENA)에서조차도 방정식 하나 없는 경제학을 가르치고 있었다. 하지만 오늘날 계산법 없이 경제학을 공부한다는 것은 상상조차 할 수 없다. 레이몽 바르(Raymond Barre) 같은 사람만 해도 당시 수학자들이 역사와 문화를 무시한 채 경제학에까지 손을 뻗치는 데 대해 유감스러워했을 정도이다. 사실 전에는 계산조차 불가능했던 대량의 통계작업을 컴퓨터가 대신할 수 있게 되면서, 경제학을 전문성 있는 수학의 한 모델로 축소시켜 보려는 경향까지 생겨났다. 하지만 다른 모든 학문들과 마찬가지로 경제학 또한 이러한 이론적 모델들과 구체적인 실험들 사이의 꾸준한 대조와 비교 속에서 형성되어 왔다.

1990년부터 경험이 이론 모델들을 검증해 주면서 경제라는 학문에 혁명이 일어난다. 그 전까지는 국가사회주의와 시장자본주의라는 두 개의 경제체제가 동과 서를 가르며 경쟁적으로 공생하고 있을 뿐이었다. 이 두 개의 모델들은 물론 불완전했지만 그럼에도 유효하고 훌륭한 것으로 비춰졌다. 둘 사이에서 국가들은 망설였고 경제학자들 또한 패가 나뉘었다. 한 쪽이나 다른 쪽의 명백한 잘못은 각자의 옹호자들에 의해 모델 자체가 아닌 모델 외부에서 관리의 실수를 저지른 때문인 것으로 변명되었다.

하지만 소련이 붕괴되면서 그것이 구현했던 모델도 함께 사라지고 말았다. 더 정확하게 말하자면 사회주의 경제 시스템이 더 이상 존속할 수 없었기 때문에 소련은 붕괴된 것이다.

이때부터 오직 하나의 경제 모델만 남게 되었는데 그것이 시장자본주의 체제, 즉 자유경제 체제다. 이제 자본주의 경제를 비난할 수는 있지만 이를 부정할 사람은 아무도 없다. 이제 경제학은 이 모델들에만 신경을 쓰면 된다. 그리고 그것들을 더 많이 이해하고 그것을 개선시키고 보편화하는 데만 집중하면 된다. 앞으로 사회주의 비평이나 소비에트 연구는 철학사에 속할 뿐 경제학에서는 더 이상 다루어지지 않을 것이다. 차후로 경제학자들 사이엔 시장경제 속에서 어떻게 최대의 효율성을 도출할 것인가에 대한 합의만 있을 뿐 선택의 문제 같은 건 없다고 보아도 될 것이다. 이상주의자들과 관념론자들을 흥분시켰던 역사는 스스로 종지부를 찍었다. 이상주의자들과 관념론자들은 보다 올바르고 보다 정신적인 또는 보다 푸른 세상을 꿈꾸고 있다. 현대에 행해진 이런 변화에 실망한 나머지 경제학의 학문적 위상을 부인하게 된 것이다. 확실히 경제학은 정밀과학이라기보다는 인문과학에 더 가깝다. 그러나 학문의 역사가 여실히 보여주듯 정밀함이란 상대적이며, 학문이란 한 이론에서 다른 이론으로 옮겨 다니면서 측정 불가능한 현실에 다가가려는 노력일 뿐이다.

그런데, 경제학은 그 어느 것보다도 정치적인 학문이라 할 수 있을까? 모든 학문은 철학적 선호도를 따를 수밖에 없다. 역사가 토머스 쿤(Thomas Kuhn)이 말했듯 학문이란 이미 설정된 패러다임 안에서 자신이 찾고자 하는 것만을 찾는 작업일 뿐이다. 경제학도 다를 게 없다. 경제학은 자유주의 모델 안에서 이루어지며 시장은 결코 저절로 돌아가지 않기 때문에 그 연구 영역 또한 거대할 수밖에 없다. 그렇다면 시장이 불완전한 것은 너무 자유로워서일까, 아니면 충분히 자유롭지 못해서일까? 가장 좋은 시장 시스템에 적합한 정치제도는, 입법제도는, 사법제도는, 규범은, 통화제도는, 사회제도는, 세금제도는, 국제제도는 무엇일까? 시장과 국가 사이에 어떻게 유동적인 경계선을 그어야 할까?

경제학자들의 역할은 시장과 국가가 서로 다른 이해관계에 따라 움직인다는 사실을 직시하고 논쟁을 통해 실현 가능하고 믿을 만한 해결책을 내놓는 데 있다. 이익을 추구하는 한 쪽과 권력을 추구하는 다른 쪽은 부딪칠 수밖에 없다. 따라서 이들 양쪽을 분석하고 그들의 월

권에 대해 지적하는 것이 경제학자들의 몫인 것이다.

경제학자들이 자주 비난받는 이유는 예측을 잘 못하기 때문이다. 또한 이 때문에 경제학은 쓸모없는 학문으로 인식되기도 한다. 그래서 1983년 노벨상을 받은 제라르 드브뢰(Gérard Debreu)도 "경제학자들이 유일하게 보지 못하는 것이 바로 미래의 예측"이라 말했던 것이다. 하지만 이것이 아주 딱 들어맞는 얘기는 아니다. 경제학자들은 나쁜 정책으로 말미암아 반드시 재앙이 올 거라는 사실을 예측할 수 있다. 발전 경제학자인 아비나쉬 딕시트(Avinash Dixit)는 이 말을 "저쪽에 도착하고 싶으면 이쪽에선 출발하지 않는 게 좋다"라고 단순하게 표현했다. 경제학자들은 더 이상 다른 말 할 필요 없이 이쪽저쪽 분야를 자유롭게 넘나들 수 있다. 경제학은 구체적인 성과를 요구하는 사람들을 위해 연구 목적과 맞지 않는 수단에 의존하는 것만 피하면 되는 것이다.

현대의학의 성공 여부가 치명적인 병을 예방하는 데 있는 것과 마찬가지로 현대 경제학의 성공 여부는 집단적 빈곤을 피하려는 노력에 있는 것이다. 의학이 모든 환자들을 치료할 수 없는 것처럼 경제학이 개인 하나하나를 모두 풍족하게 해 줄 수는 없다. 보들레르가 오늘날 살아 있다면 "경제는 곧 공포다"라는 시는 더 이상 쓰지 않았을 것이다. 대다수에게 이제 경제는 하나의 희망이 되었다. 앞으로 이어질 논의에서는 이런 이론이 어떤 단계를 거쳐 발전했는가와 그 이론의 실천 과정을 추적해 볼 것이다. 좋든 싫든 이 발전은 자유주의로부터 영향을 받아 나타난 것이다. 시장은 끝없이 혁신을 거듭하고 있는데 국가의 상상력은 이미 고갈되어 가고 있다.

자유주의의 도약

경제가 언제나 정치보다 앞서 발전해 왔다는 사실을 알고 있는가? 중세에는 도시국가가 생기기에 앞서 먼저 상업이 번성했다. 제2차 세계대전이 끝나고 난 뒤 유럽 정치공동체보다 먼저 유럽공동시장이 형성되었다. 1991년 공산당이 공식적으로 해체되고, 소비에트 제국이 붕괴되기 전 소련 경제는 이미 붕괴된 상태였다. 현대 정부들은 기업들이 세계화된 지금도 여전히 기업들의 선택사항을 통제할 수 있다 여긴다. 또 대부분의 가난한 나라들이 높은 경제성장률을 보이며 부자 나라들과의 격차를 좁히고 자유주의 경제에 동참하고 있는데도 여전히 우리는 제3세계(1952년 알프레드 소비(Alfred Sauvy)가 만든 표현)라는 표현을 쓰고 있다.

이미 미국 정부가 인터넷의 사유화를 선언하였고 모든 권력으로부터 독립적인 웹의 세상이 되었는데 독재정부들은 여전히 시장의 정보를 통제하려 애쓰고 있다. 1989년엔 베를린 장벽이 무너졌고 1995년엔 인터넷 자유화가 선언되는 등 세계의 모든 경제 시스템은 바뀌고 있다. 발전 단계는 다르지만, 오늘날 세계의 모든 경제체제는 자유로워지고 세계화될 수밖에 없는 흐름에 놓여 있다. 다시 말해 모든 경제가 시장의 규칙에 따라 움직이며 경제에 국경이 없어지고 있는 것이다. 정부들은 이런 새로운 규범에 적응하기를 꺼린다. 법치 국가의 필요성마저 부인하진 못하지만, 각 정부들은 국가 개입의 방식을 근본적으로 바꿔가고 있다. 정치권력은 후퇴하는 반면 경제권력은 성장하고 있으며, 나라들의 역할구분은 존재하지만 국경은 이동하고 있다. 물론 잃는 사람도 있고 따는 사람도 있겠지만, 세상이 제로 섬

게임으로 흘러가지는 않을 것이다. 왜냐하면 세계화된 세상은 이미 규칙적인 성장 사이클 안에 들어와 있기 때문이다. 따라서 잃는다고 해도 전체의 부가 늘어나면서 생겨나는 상대적인 박탈에 불과한 것이다.

이런 자유주의적 혁명이 일어나기 전에도 많은 연구와 이론들이 쏟아져 나오고 있었다. 어떻게 밀턴 프리드먼(Milton Friedman, 통화주의), 제라르 드브뢰(Gérard Debreu, 최적 시장), 로버트 루카스(Robert Lucas, 합리적 예상), 조지 스티글러(George Stigler, 규제완화), 에드먼드 펠프스(Edmund Phelps, 인플레이션의 악영향)과 같은 경제학자들이 1960년에서 1970년대에 이미 1980년대에 이루어질 경제정책들을 예측할 수 있었을까? 이렇게 확실한 예상 적중의 이면에서 우린 두 가지의 합리적인 설명을 찾아낼 수 있다.

간단한 이론 분석만으로도 중앙집권화와 계획경제, 국영화 그리고 통화팽창론자들이 주도하는 경제체제가 기능장애를 일으킬 것이라고 예측할 수 있다. 하지만 반자유주의가 비효율적인 것으로 판명났다 하더라도 그것이 정말 기능을 멈출지, 언제 멈출지를 어떻게 예측할 수 있겠는가? 그럼에도 앞에서 언급한 이론가들이나 그들과 학파를 같이하는 다른 이론가들은 낡은 시스템이 작동하지 못할 때를 예상하고 대체 모델들을 준비해 왔다.

1973년 세계 경제위기 이후 케인스 학파들이 주장했던 국가의 경제 개입 재시도가 실패로 끝나자 각국 정부들은 자연스레 '대체 유토피아' (프리드리히 폰 하이에크의 표현)라는 적용 가능한 이론으로 눈을 돌렸다. 그것이 바로 경제 자유주의 이론이었다. 경제 자유주의의 효율성은 초기 앵글로 색슨 국가들에서 빠르게 입증되면서 이후 프랑스의 파리를 거쳐 베이징, 뉴델리, 브라질리아, 모스크바까지 지구 전체의 합의를 이끌어냈다. 이렇게 오직 좋은 경제정책만이 발전해 나갈 수 있다.

작고 꼭 필요한 정부

자유주의가 무엇인지 모르는 사람들에겐 현실의 전투에서 이겼다고 확신하는 것이 일종의 선동이나 착각처럼 보일 수 있다. 하지만 현실은 이미 그렇게 되었다. 그리고 한 번 합의되고 결정되면 되돌릴 수 없는 것이 바로 자유주의 경제체제다. 헝가리 출신 경제학자인 야노스 코르나이(János Kornai)가 말한 대로 세상에 알려지고 경험해 본 경제 시스템은 두 개밖에 없는데, 그것이 바로 사회주의 시스템과 자유주의 시스템이다. 둘은 상반된 원칙 아래 세워졌다. 사회주의 시스템에서 소유는 공공의 것이고 경쟁은 배제되며 생산은 계획적으로 이루어진다. 하이에크(Hayek)의 표현대로 '선언된 질서'인 것이다. 반면 자유주의 시스템 안에서는 소유가 사유화되며 경쟁을 원칙으로 한다. 그리고 장-바티스트 세(Jean-Baptiste Say)의 표현대로 내부든 외부든 생산은 주도적인 소수 즉, 기업가들이 결정한다. 또한 이곳의 질서는 자발성에 맡겨진다.

자유주의 시스템의 승리로 1980년대부터 사회주의 시스템은 사라지고 자유주의 경제로 전환되었다. 도처에서 공공분야는 민영화되고 통화는 국가를 벗어나 독립된 중앙은행의 관리하에 놓이게 되었다. 시장의 규제완화와 국경 개방으로 경쟁이 이루어지면서 자기 영토에 기업가들을 붙들어두기 위하여 그리고 그들이 새로운 일을 벌일 수 있도록 하기 위해 세금의 누진율은 낮추어졌다.

그러면 중국은 이러한 일반적인 진로에서 예외라 할 수 있을까? 중국 지도부들이 호언장담하는 대로라면 아마 그럴 것이다. 하지만 나라 전체로 볼 때 실제로 중국은 아직까지는 발을 들여놓지 않았지만, 자본주의 시스템 쪽으로 가고 있다. 중국의 이런 경험은 자유주의 시스템으로의 변화라는 보편적인 모델이 아니라 농촌사회에서 산업사회로의 이행으로 설명될 수 있음을 우리는 보게 될 것이다. 한편 인도나 브라질 등 새로운 별로 떠오르는 국가들은 중국이 앞으로 겪을 변화들을 미리 예견해주며 자유민주주의에 합류하는 모습을 분명히 보여주고 있다.

자유화나 세계화와 동시에 태어난 1980년대 자유주의 혁명 초기의 국가연합이나 (초국가적) 국제기구들 또한 시장이 긍정적으로 기능케 하는 데 필요불가결한 역할을 해왔다. 국가의 새로운 개념은 더 이상 생산자로서의 국가가 아니라 규칙을 보장해주는 역할로서의 국가인 것이다. 아무리 극단적인 자유주의자라 할지라도 시장 내부적으로는 국가의 필요성을 인정하지 않을 수 없다. 모든 경제 주체들은 마음대로 정보를 이용할 수 없는 상황에서 정보가 불평등하다면(조지 애컬로프(George Akerlof)의 표현) 심판관이 나서서 투명성을 보장해주어야 한다.

장 티롤(Jean Tirole)이 지적했듯이, 특히 금융 시장 같은 복잡한 경제체제 안에서는 정보평가사처럼 정보를 확산시켜주는 정보 중개인들이 증가하게 되어 있다. 이들 사설기관들은 세계화된 금융시장의 복잡한 미로 속에서 경제주체들이 보다 현명한 결정을 내리도록 도와준다. 그리고 이들 중개인에 대한 신뢰도는 그들이 쌓아온 명성이나 자금력 등에 근거한다. 만약 정보가 잘못되었을 경우 중개인의 신용도는 떨어진다.

2001년의 엔론(Enron) 사태[1]나 아주 최근(2007년)의 미국 서브프라임 모기지론 위기[2]와 같은 금융위기들은 사설 정보의 불완전함을 보여준 예라 하겠다. 이제 최후의 수단으로 국가만이 남는다. 국가는 시장이 쇠락했을 때 최후의 보증인이자 최후의 보험인 것이다. 하지만 국가도 평판과 그 배경에 의존할 뿐 완전히 신뢰할 수 있는 기관은 아니다.

현대 자유주의 이론은 국내 시장과 국제 시장에서의 거래를 지속적인 발전으로 이어갈 수 있는 좋은 공공기관의 역할을 기대한다.

원칙주의 이론가들은 적극적으로 인정하고 있지 않지만, 공동체 의식은 자유경제 체제하 현대국가들의 또 다른 토대 역할을 한다. 평등과 사회정의는 신화(허구)일 수도 있지만 그렇다고 아주 비현실적이거나 불가능한 것만도 아니다. 현대에 있어 국가는 시장의 보증인임과 동시에 사회적 연대감의 바탕이기도 한 것이다. 때로 서로 상충되

---

[1] 당시 미국의 7대 기업에 들어 있던 에너지 회사 엔론사가 수백억 달러의 빚을 안고 파산한 사태. 전 부회장의 자살과, 주가조작, 분식회계, 대통령 등 고위 공직자 연루설 등으로 세계의 관심을 집중시켰다. —역주

[2] 미국의 주택 담보 대출은 프라임(prime), 알트-A(Alternative A), 서브프라임(subprime)의 3등급으로 구분된다. 이 중 서브프라임은 신용도가 일정 기준 이하인 저소득층을 상대로 한 주택 담보 대출을 말하는데 서브프라임 등급은 부실 위험이 있기 때문에 프라임 등급보다 대출 금리가 보통 2~4% 정도 높다. 2000년대 들어 부동산 가격이 급등하자, 이에 편승한 모기지론(mortgage loan) 업체들 간의 과당 경쟁으로 미국 주택 담보 대출 시장에서 서브프라임 등급이 차지하는 비중이 급상승했다. 그러나 급상승하던 집값이 하락세로 돌아서고 2004년 이후 FRB(미국 연방준비제도이사회)가 정책 목표 금리를 17차례에 걸쳐 1.0%에서 5.25%로 대폭 올리자 이자 부담이 커진 저소득층이 원리금을 제때 갚지 못하게 되었다. 이로 인해 서브프라임의 연체율이 20%로 급상승, 2007년 4월 미국 제2의 서브프라임 모기지론 회사인 뉴 센트리 파이낸셜(New Century Financial)이 파산 신청을 내는 것을 시작으로 이른바 '서브프라임 모기지론 사태'가 일어났다. —역주

는 이 두 가지 요구들 사이에서 마찰은 피할 수 없는 필연일 것이다. 적극적인 자유주의자들이라면 국가가 공공서비스나 사회적 연대감을 보장해주길 바라면서도 학교, 사회, 보건, 안전 등의 서비스를 민영화된 영역으로 넘기기 바랄 것이다. 반대로 보다 온건한 자유주의자들은 공적 관리로 보장되는 서비스가 국가로부터 분리되는 것을 거부할 것이다. 이런 갈등에 대한 중재가 이제 정치의 가장 중요한 목적이 되었다. 민주주의 사회건 비민주주의 사회건 정책을 편다는 것은 자유주의 시스템 안에서 공공 서비스의 영역을 시장, 국가, 사회단체 또는 기업인들로 이동시키는 데 있다.

자유주의 쪽에서는 반대자들을 자기 편으로 끌어들이지 않으면 안 된다. 이 반대자들은 특히 유토피아적 희망이나 자신의 물질적 이익을 지킬 수 있을 때 마음을 움직일 것이다. 이런 정당한 논의로부터 진짜 동기를 구별해내는 일은 쉬운 게 아니다. 한편으론 이런 것들에 무관심한 층들도 고려해야 한다. 경제에 대한 지식은 널리 알려져 있지 않다. 또한 자유화와 세계화로 세계가 전반적인 성장주기에 들어와 있다는 사실도 이상하게 잘 알려지지 않았다. 아마 너무나 좋은 소식이라 믿기지 않는 것인지도 모른다.

그러나 자유주의의 승리가 완전히 성취되었다고 보기는 어렵다. 이제 위협은 혁명적인 웅변보다는 새로운 두려움 속에서 싹튼다. 생태계의 혼란(특히 서구 선진국에서)에 대한 두려움은 생태학적인 위험을 감소시키기는커녕 오히려 가난한 사람들을 희생시키고 경제발전을 가로막는 불합리한 정책으로 이어지기 쉽다.

그밖의 위험들은 성장의 주기성이라는 경제 자체의 특성 속에 숨어 있다. 이제 거대한 경제공황의 시기는 없을 것이다. 학문이 발전했고 정부와 경제주체들이 경제를 보다 잘 이해하고 보다 확실히 제어할 수 있게 되었기 때문이다. 1930년의 '대공황' 당시 위기를 더 크게 만들었던, 보호주의나 기업합병 같은 정치적 실수들이 되풀이되지 않을 것이기에 대공황 같은 사건은 더 이상 발생하지 않을 것이다. 하지만 작은 경제위기들은 여전히 존재할 것이고 피할 수 없을 것이다. 왜냐하면 그것은 혁신의 주기와 관련이 있기 때문이다. 새로운 것들은 옛 것을 밀어낼 것이고 때문에 가끔은 고통스러운 적응도 감내해야 할 것이다. 우리가 영구적인 경제성장에 적응이 된 만큼 이런 경제위기들은 더 견디기 힘들지 모른다. 따라서 이런 위기가 왔을 때, 이제까지 휴머니티를 지켜주었던 시스템을 보호하고 그것이 불완전하다는 이유로 폐기해 버리는 일을 막는 것이 민주 정부와 여론 형성층의 역할이 될 것이다. 1930년대의 존 메이너드 케인스(John Maynard Keynes)나 오늘날의 에드먼드 펠프스 같은 사회민주주의자들은 자유주의의 위기가 왔을 때 자유주의를 구해줄 것을 요청받았다. 오늘날의 현실 속에서 시장경제의 가장 훌륭한 책임자는 주로 좌파로 인식되어 왔기 때문에 이러한 사람들— 또 한 사람을 들자면 브라질의 룰라 대통령을 들 수 있다 —이 인정받고 있는 것이다.

하지만 자유주의가 승리를 구가하는 가운데서도 가장 인정받지 못하는 사실 중 하나가 자유주의 또한 완전하지 못하다는 사실이다. 구현 가능한 가장 훌륭한 경제체제조차 불완전하며 혼란스럽고 예측 불가능한 것은 마찬가지다. 사실, 자유주의적 질서 자체가 완전하지 못한 인간 본성의 반영이며 따라서 완전하긴 어려운 것이다.

| 한국어판 서문 |

두 개의 한국, 살아 있는 경제의 교훈

두 개의 한국이 지나온 역사는 현실 경제의 살아 있는 교훈이다. 북한의 옳지 못한 정책은 민중을 가난에 빠지게 했고 남한의 좋은 정치는 상대적으로 짧은 기간 내에 같은 민족을 선진국의 대열에 서게 했다. 두 한국을 비교하는 것만으로도 경제학에 관한 오래된 수수께끼에 답하기 충분하다. 그 수수께끼란 과연 경제발전의 원천이 무엇인가 하는 것이다. 수 세기 전부터 경제학자들은 천연자원을 발전의 원천으로 믿는 사람들과, 지리와 기후 조건을 원천으로 믿는 사람들, 문화에 의한 것이라고 생각하는 사람들, 식민지화와 제국주의를 비판하는 사람들로 나뉘어 싸워왔다. 그런데 한국의 경험은 이러한 싸움에 종지부를 찍게 하기에 충분하다. 바로 중앙집권적이고 나라에 의해 계획된 경제는 언제나 실패하며, 밝혀졌다시피 자유시장경제만이 번영과 동시에 부를 재분배할 수 있는 유일한 길이란 것이다. 한국의 이러한 경험은 또한 경제가 명실상부한 하나의 학문이라는 사실을 증명해줄 것이다. 남한은 처음엔 이론에 지나지 않았던 모델이 정확했음을 눈앞에 보여주었다. 모름지기 학문들이란 이런 식으로 기능하는 것이다.

모든 시장경제는 같은 기본원칙을 따르지만 각각 다른 지역문화를 지닌 시장은 나름대로의 특별한 총체를 만들어낸다. 남한의 경우 '재벌'이라든지, 직업윤리, 노동운동 그리고 아시아 국가 중 가장 극적인 민주주의 발전을 이루어낸 경험, 각종 NGO 단체 등 여러 상황들이 작용해 다른 곳에서는 결코 모방할 수 없는 한국만의 독특한 경제 모델을 만들어냈다. 자유시장경제의 큰 덕목이라 함은 민중들을 획일화시키는 것이 아니라 번영을 이루는 데 있다. 그들의 경제가 자본주의 체제를 따르고 보다 역동적으로 변했다고 해서 남한 사람들이 전보다 덜 한국적이 된 것은 아니다. 경제성장은 한국의 문화를 망가뜨린 것이 아니라 오히려 더 큰 가능성의 장을 열었다. 한국 내에서 뭔가 만들어내고 창작해내는 사람의 수가 늘어남에 따라 보다 많은 자원들을 사용할 수 있게 되었으며 이들이 만든 것을 원하는 대중들도 더 늘어났다. 또 세계화가 진행되면서, 물질적이든 비물질적이든 한국의 생산품들은 더 이상 한국에서만 통용되는 것이 아닌 세계적인 것이 되었다. 이제는 전세계가 한국 상품들의 덕을 보고 있으며 '조용한 아침의 나라'는 '다이내믹 코리아'로 변화했다. 한국인들에게 이런 변화는 확실히 선택의 자유, 학업의 자유, 직업의 자유 그리고 생활방식의 자유를 향상시키고 있으며, 외국인들에게도 아직까지 제대로 알려지지 않은 한국문화를 접할 수 있는 기회를 주고 있다.

경제는 거짓말을 하지 않는다

| 차례 |

|서문| 경제라는 학문의 혁명 —— 7
|한국어판 서문| 두 개의 한국, 살아 있는 경제의 교훈 —— 19

I. 신경제
1. 자연 성장 —— 27
2. 부를 위한 제도들 —— 40
3. 실질화폐 —— 60
4. 유익한 세계화 —— 79

II. 미국 연구소
5. 아이디어 생산 —— 103
6. 교육기업 —— 115
7. 완전 합리성 —— 129
8. 순수이성의 한계 —— 143

Guy Sorman

III. 국가들의 수렴
9. 대중 빈곤의 종식 —— 159
10. 아시아의 용들 —— 178
11. 인도의 기지개 —— 197
12. 브라질에 미래는 이미 와 있다 —— 216

IV. 사회주의로부터 벗어나기
13. 대전환 —— 244
14. 러시아의 종속 —— 262
15. 중국이 걱정스럽다 —— 277
16. 터키의 행진 —— 298

V. 쇠퇴하는 나라들
17. 미국은 유럽을 어떻게 보고 있는가? —— 318
18. 저무는 태양 —— 338
19. 온실 효과는 인류를 파멸시킬 것인가? —— 351

|결론| 합의 —— 371
|책에 나오는 인물 소개| —— 381
|옮긴이의 말| —— 395

I

신경제

1980년대 이후 현대 경제는 탈국가, 민영화, 탈물질화로 흘러가고 있다. 이제 기업가나 소비자들에게 국경이란 단순히 참조할 수 있는 테두리 역할밖엔 하지 못한다. 정부는 국가의 발전에 참여할 뿐 이전처럼 선택이나 속도 조절의 결정권을 가지지 못한다. 물적 재화 위에 모든 종류의 서비스들이 추가되었다. 이런 경향은 세계적인 것이 되어서 이제 전통적인 일국의 성장률 개념은 의미가 없어졌다. 그래서 이 책에서는 에드워드 프레스콧(Edward Prescott)이 분석한 세계적 트렌드란 성장률 개념을 주로 다루게 될 것이다. 파리에서부터 베이징까지, 뉴욕에서 뉴델리까지 이제 우리 모두가 함께 발전하거나 함께 침체에 빠지게 되는 시대가 온 것이다.

 이런 경제의 세계화 추세는 많은 사람들을 빈곤상태에서 벗어나게 해줄 것이므로 인류적인 차원에서 긍정적인 평가를 내릴 수 있다고 자디쉬 바그와티(Jagdish Bhagwati)는 말한다.

 단편적으로 보면 이러한 변화는 기술 발전의 결과물이다. 더구나 이런 변화는 성장의 동력이 무엇인지에 대해 잘 이해했기 때문에 얻을 수 있었던 결과물이다. 안정적이고 예측 가능한 제도에 대한 믿음이 지속적으로 이어질 때에만 기업가는 기업을 운영하고, 저축하려는 사람들은 저축을 하고, 소비자들은 소비를 하게 되어 있다. 케네스 로고프(Kenneth Rogoff)가 상세히 기술한 바 있는 실질화폐, 교환의 자율성이나 에이브너 그레이프(Avner Greif)가 설명하는 계약의 지속성, 든든한 은행, 보장

된 소유권, 정직한 국가, 또 프랑수아 부르기뇽이 지지하는 합법적인 국제기구 등이 바로 발전을 지속하는 데 필요한 제도들이다.

만일 주기적인 경기침체(2008년의 경제파동과 같은)가 왔을 때 합리적인 정부가 해야 할 일은 정치적 격정에 몸을 맡기거나 무차별적인 개입을 시도하지 않고 무엇보다 안정적인 제도를 유지하는 일이 될 것이다.

그렇다면 어떻게 해야 좋은 제도들을 만들 수 있으며, 이런 제도들이 모든 문화권에 골고루 자리잡을 수 있을까? 지난 30여 년 간의 경험으로 볼 때 좋은 경제에 반드시 필요한 제도들은 다양한 문화들과도 조화를 이룰 수 있다. 우리가 원하는 대로 경제발전을 이루기 위해 굳이 정신구조까지 바꿀 필요는 없다. 그러나 장 티롤이 말한 것처럼, 경제 발전을 위해선 반드시 선결되어야 할 것들이 있다는 점을 적당한 교육을 통해 국민들에게 납득시키는 일은 꼭 필요하다. 따라서 다음의 말들이 꼭 명시되고 기억되어야 할 것이다: "좋은 경제를 펼치기 위해서는 먼저 그것에 대해 알아야 한다."

그렇다면 발전을 이루어 나가는 데 민주주의는 꼭 필요한 것일까? 이에 대해 대니 로드릭(Dani Rodrik)과 대런 애서모글루(Daron Acemoglu)는 대답한다. 자본주의는 민주주의 없이도 가능하지만 민주주의는 자본주의 없이는 존재할 수 없다고.

1
자연 성장

이렇게 세계 곳곳을 돌아다니며 굳이 경제학자들을 만나야 할 필요가 있을까? 그들의 지식은 이미 자신들의 저서 속에 모두 담겨 있지 않은가? 2007년 8월 중순, 한적한 도시 미니애폴리스에 있는 미네소타연방은행 사무실에서 에드워드 프레스콧 교수를 기다리며 나는 이렇게 자문했다. 프레스콧의 연구업적들은 수학적 언어로 표현되어 있기 때문에 일반 대중이 아닌 경제학자들을 그 대상으로 한다. 그럼에도 2004년 노벨상을 받는 자리에서 그는 정치인들이 실수를 저지르거나 잘못된 정책을 펴지 않게 하기 위해서 경제학자들은 여론을 교화해야만 한다고 주장했다. 훌륭한 경제학자가 반드시 위대한 교육자라야 할 필요는 없다. 오히려 훌륭한 학자 중에 대중적 지식인은 드물며 또 대중들에게 호응을 얻는 경제학자들만 인정받는 것도 아니다. 노벨상 등을 받은 유명한 경제학자들 중엔 자신의 후광효과를 빌어 잘 알지 못하는 분야까지 대중 앞에서 이러쿵저러쿵 떠들기 좋아하는 사람들도 많다. 프랑스의 경제학자 장 티롤은 연구자로서 대중들에게까지 호응을 얻기 위해서는 약간의 정신분열적 속성을 지녀야 한다고 말한다. 연구는 섬세함과 복잡함을 요하지만 그것을 표현하는 방법은 단순하면서 개략적이어야 하기 때문이다. 내가 미니애폴리스를 비롯하여 세계 각지를 누비고 다니게 된 까닭도 여기에 있다. 프레스콧처럼 특별한 사람들을 만나 이런저런 얘기를 나누다 보면 그들이 추구하는 바와 그가 밝혀낸 것, 배워야 할 것 등을 더 잘 이해할 수 있기 때문이다.

프레스콧에 따르면 1980년부터 오늘날까지 미국의 평균 성장률은 2%였다. 아주 당연하면서도 자연스러운 것으로 보이는 이 '트렌드[1]'는 리더국가의 지속적 경제성장률을 반영한 것이다. 물론 이 수치는 예기치 못한 돌발변수나 경기변동, 불황 등은 '고려하지 않은' 것이다. 그런데 같은 기간 투자자본에 대한 평균 수익률은 4%였다. 우리는 이 2%와 4%라는 수치에 주목할 필요가 있다. 프레스콧에 따르면 이 수치를 결정하는 것은 바로 기술혁신의 선두에 서서 세계의 트렌드를 주도하며 이를 빠르게 혹은 느리게 주변에 전파하는 리더국가다. 물론 리더국가 안에서도 오일쇼크, 신제품 등장에 따른 내부적 혼란, 잘못된 정책 등의 외부적 충격 때문에 나타나는 단기적인 트렌드가 있을 수 있다. 또 그밖의 국가들이 이런 트렌드를 추월하는 현상이 나타나기도 하는데, 세계대전 직후 복구시기의 유럽이나 경제도약기의 인도, 중국 등이 그 예이다. 하지만 장기적으로 볼 때 리더국가의 트렌드는 추월당할 수 없다. 만약 그렇다면 이미 리더가 바뀐 것을 의미한다.

미국 이전엔 영국과 독일이 리더였다. 미국 다음에는 유럽연합이 리더가 될 것이라고 프레스콧은 예상한다. 물론 그의 추측일 뿐이지

---

[1] 경제분석을 위한 용어로 계절이나 경기순환 등의 단기변동을 초월하여 지속되는 장기 경향을 뜻함. —역주

만 말이다. 이런 가운데 2% 이하의 성장을 기록한 선진국은 자기 능력을 발휘하지 못했다는 것이 되며 사실상 경제위기에 처했다고 볼 수 있다. 그리고 프레스콧에 따르면 이런 경제위기는 언제나 잘못된 경제정책에서부터 비롯된다.

2%의 트렌드는 관측이 가능하고 의심의 여지가 없는 통계로 여겨진다. 하지만 경제성장으로 인하여 인간이 누릴 수 있는 이익은 실제로 이보다 훨씬 높다.

트렌드는 질병의 감소나 수명연장 같은 효과들은 계산에 넣지 않는다. 하지만 경제지표엔 나타나지 않아도 실제 이런 것들이 모두 경제성장의 결과로 얻어진 것이다. 통계란 이렇게 경제성장이 가져다주는 일상생활에서의 안락함을 반영하지 못한다.

예일 대학교의 윌리엄 노드하우스(William Nordhaus) 교수는 오늘날에는 거의 모든 사람들이 아주 싼 값으로 혜택을 누릴 수 있는 전깃불 사용의 증가율을 조사한 적이 있는데, 2%를 훨씬 상회하는 수치가 나왔다. 한때 사치라 여겨지기도 했던 전깃불을 이젠 누구나 쉽게 사용할 수 있게 되었지만 경제지표들은 이를 반영하지 못하고 있는 것이다.

이렇듯 트렌드는 성장이 가져다주는 실질적 이익을 제대로 반영하지 못하지만 이런 불합리함은 트렌드가 지닌 가치를 고려할 때 그다지 중요하지는 않아 보인다. 그렇지만 프레스콧은 이런 불합리함이 우리가 더 주목해야 할 점이라고 말한다. 경제위기에 대한 두려움이나 희망은 시장경제를 뒤바꿔 버리기도 하며 따라서 경제위기는 때로 자연스런 경제성장보다도 우릴 매료시킨다. 프레스콧도 경제성장과 노동량 사이의 직접적인 관계만 잊지 않는다면 경제위기는 그리 문제될 게 없다고 말한다.

노동 요인

프레스콧 모델이라고 이름 붙은 이론은 겉보기엔 아주 단순하다. 자본과 노동 그리고 효율성의 조합으로 경제 성장이 이루어진다는 것이다. 이들 성장 요소들 가운데 세 번째인 효율성은 제도와 생산성의 조화로 이루어지는데, 측정하기는 매우 어렵지만 각국 성장률 차이의 주요 요인이 된다. 선진국들은 생산 환경이나 방법에 있어 서로 비슷하기 때문에 효율성에서 큰 차이가 나지 않는다. 가령 미국과 일본, 프랑스의 자동차 산업의 생산성을 체크해 보면 차이가 별로 없는데 이는 신기술이 상호 교환되거나 짧은 기간 안에 모방되기 때문이다. 게다가 이들 비슷한 나라들끼리는 투자자본의 액수까지 비슷하다. 이럴 때 차이가 나는 것은 노동의 양뿐이며 이것만이 실제적인 성장의 차이를 설명할 수 있다.

프레스콧에 따르면 제2차 세계대전 이후의 재건시기에 유럽 사람들과 일본 사람들은 미국 사람들보다 일은 훨씬 많이 했지만 효율성은 낮았다. 하지만 이들은 이런 잉여노동으로 인해 미국의 성장률을 따라올 수 있었으며 효율성도 따라잡을 수 있었다. 4반세기 전부터는 유럽 사람들과 일본 사람들의 효율성은 거의 미국과 비슷해졌다. 프랑스는 오히려 미국을 약간 웃돌았으며(+10%) 일본도 약간 모자라는 (-10%) 수치를 기록했다. 따라서 이런 미미한 효율성의 차이론 현재 성장률의 격차를 설명할 수 없다. 유럽이 미국에 비해 현저하게 느린 성장을 보이기 시작한 것은 1980년대부터로 미국 사람들과 유럽 사람들의 노동관계가 완전히 역전되면서부터다. 비슷한 효율성을 가진 상태에서 미국 사람들은 일을 더 많이 해서 점점 부유해진 반면 유럽 사람들은 일을 덜하게 되어 상대적으로 가난해졌다. 프레스콧이 말하는 노동량을 좀더 구체화해 보자. 여기서 그가 말하는 노동이란 과세가 이루어진 생산노동을 말한다. 불법 노동이나 보수와 세금이 없는 가사노동 등은 여기 포함되지 않는다. 국가마다 과세되는 노동량은 휴가, 주간 노동시간, 첫 취업 연령, 은퇴 연령 그리고 실업과 연관이 있다. 이 기준을 따르면 우린 공통된 자료들을 비교할 수 있다.

노동량에 대한 이런 간단한 정의를 근거로 볼 때 미국에서 100시간의 노동이 이루어진다면 독일에서는 75시간, 프랑스에서는 68시간, 이탈리아에서는 64시간의 노동이 이루어진다. 참고로 1970년에는 미국 사람들이 100시간 노동을 할 때 프랑스 사람과 독일 사람들은 105시간의 노동을 했다. 1970년 프랑스의 1인당 생산성은 미국을 100으로 할 때 74였다. 미국인들보다 더 많이 일하면서도 효율성은 낮았기 때문에 프랑스의 1인당 생산량은 미국의 100에 대비해 77로 나타났던 것이다. 그런데 지금은 110이라는 효율성(미국은 100)을 가지고도 68시간만 노동하기 때문에 프랑스에서는 미국에서 100을 생산할 때 74만을 생산할 수 있다. 결국 미국의 국민 1인당 생산량은 유럽대륙에 비해 평균 40%가 많다. 비슷한 효율성을 지닌, 대서양 양쪽 나라들 간의 차이는 단지 노동량의 차이로 설명될 수 있다. 달리 얘기하자면 프랑스와 독일 사람들은 생산활동을 통해 일을 더 하지 않는 한 미국의 생활수준을 따라갈 수 없다는 것이다. 그러면 미국인들은 왜 1980년대부터 유럽인들의 '선택' 과는 달리 일을 더 하기로 집단적으로 '선택' 한 것일까? 누가, 어떻게 그런 선택을 하게 만들었을까?

지금으로선 누가 그런 선택을 했는지 알 수는 없지만 어떤 선택의 과정인가를 거쳐 그렇게 되어 버리고 말았다. 그럼 이 선택의 동기는 무엇이었으며 어떤 형태로 이루어졌을까? 프레스콧에 따르면 그 해답은 명료하다. 세금, 그것이 바로 해답이다.

노동에 대한 과세

1980년대 미국 사람들과 유럽 사람들은 거의 같은 양의 노동을 했다. 근로세(세금과 각종 분담금)도 유럽과 미국이 엇비슷했다. 현재 미국은 유럽보다 국민 일인당 40% 많은 생산을 하고 있다. 세금 면에서 보면, 수입을 100으로 볼 때 유럽에서는 평균 60의 세금을, 미국에서는 40의 세금을 거두고 있다. 이것은 평균세율이 아닌 한계세율로서 추가 노동량에 영향을 미친다. 왜냐하면 미국 사람들은 추가노동을 해서 60%를 더 가져갈 수 있지만 유럽 사람들은 40%만 가져갈 수 있기 때문이다. 프레스콧은 이런 세금 압박으로 유럽에서의 노동 기피적 선택을 설명할 수 있다고 본다.

물론 노동 기피라는 집단적인 '선택'에는 심리적 혹은 사회적, 법률적인 다른 이유들이 있을 수 있다. 하지만 여가 선호라든지 노동시장의 경직성이라든지 실업 같은 것들은 노동 기피의 결과일 뿐 그 원인이라고는 할 수 없다. 프레스콧 모델은 바로 이러한 관점에서 시작된다. 통계자료나 시기적 비교 그리고 각종 시뮬레이션을 통해 노동에 대한 세금의 영향을 가늠할 수 있는 것이다. 또 이런 시뮬레이션들의 이론적 결과들을 우리는 실제 현실에 대입할 수 있다. 크게 보면 세금 문제만이 노동 선호와 노동 기피의 결정 요인이라 볼 수 있으며, 완전히 무시할 수는 없어도 그밖의 노동 기피 요인들은 여기서는 논외로 한다.

프랑스의 경우, 프레스콧의 모델을 따르면, 노동에 대한 과세율을

60%에서 40%로 낮추면 노동시간은 6.6% 증가하고 노동 인구당 구매력은 19% 증가한다. 이런 모델이 상당 기간 역동적으로 지속되면 노동량의 증가는 누진적으로 성장을 촉진한다. 세금의 감소로 발생한 추가 성장이 새로운 일자리를 만들어내고 실업은 자연히 줄어들 것이다. 따라서 실업이 성장을 더디게 하고 노동량을 감소시키는 것이 아니라 오히려 그 역이 성립된다 할 것이다.

이 이론에 모든 사람이 공감하지는 못할 것이다. 프레스콧의 이론은 매우 고무적이지만, 모든 이론들이 그렇듯 그의 이론 또한 반박 가능한 것이기 때문이다. 하지만 경험적으로 미국의 실례들은 프레스콧의 이론을 뒷받침해 주기에 충분하다. 1980년대부터 미국은 세금을 낮추는 정책을 펼쳐왔다. 특히 부부일 경우 더 낮은 세금을 적용했다. 부부가 함께 일하는 경우 평균적으로 급여의 80%를 가져갈 수 있었고 부수입 또한 크게 장려되었다. 노동에 부과되는 세금이 낮아짐과 동시에 1980년대부터 미국 노동시장에서 여성들의 참여율은 급속히 늘어났다. 이렇게 미국의 성장률은 낮은 세금과 그로 인한 노동량의 증가로 가속도가 붙었다. 현대 경제의 놀라운 성과는 노동량이 얼마나 탄력적인 생산요소인가를 밝혀낸 것이라고 프레스콧은 말한다. 임금노동자들은 긍정적이든 부정적이든 이런 노동 유인책에 반응하게 되고 이것이 각 나라에서 미처 발휘되지 못했던 예비 성장을 끌어내는 것이다.

근로세를 어떻게 줄일 것인가?

앞으로 설명할, 근로세를 낮추는 방법을 이해하기 위해선 우선 이

1. 자연 성장   33

른바 공급 이론을 간략하게 살펴볼 필요가 있다. 19세기 초 경제의 원동력이 소비자가 아니라 생산자라는 사실을 발견한 사람은 미국인이 아닌 프랑스인 장-바티스트 세였다. 그는 "생산 자체가 그 판로를 만들어낸다"고 주장했다. 공급에 의해 성장이 결정된다는 이론은 너무나 당연한 것으로 여겨질 만큼 쉽게 이해가 가능하다. 예를 들어 기업이 당신에게 휴대폰을 사라고 제안하지 않는다면 당신은 휴대폰이라는 것을 욕구하지 않을 것이다. 왜냐하면 휴대폰이 존재하는 것도 모를 뿐더러 그것이 왜 필요한지조차도 모를 것이기 때문이다. 이런 공급이 무엇보다 우선임은 이미 케인스가 주장한 바였다. 그러나 케인스는 1930년의 경제위기가 수요의 부족으로 발생한 것이라 생각했다. 케인스는 경제위기에서 벗어나기 위해선 먼저 소비가 살아나야 한다고 주장했다. 그의 주장(성장을 위해서는 구매력이 증가해야 한다)은 매력적이었지만 불행히도 적용하는 족족 번번이 실패로 돌아갔다. 특히 1973년 서구 경제위기 때는 더 그랬다. 공급은 부족한데 구매력을 증가시키려고 하니 매번 물가상승으로 이어졌던 것이다.

프레스콧이 동조하는 공급이론에 따르면 노동량의 증가, 곧 공급의 증가만이 생산량을 늘릴 수 있다. 이렇게 생산 증가로 새로운 성장이 이루어지면 국가는 증가한 수입에 낮은 비율의 세금을 거둬들인다 해도 노동자들만큼 수익을 더 챙길 수 있다. 이러한 가설은 미국의 경제학자 아서 래퍼(Arthur Laffer)가 널리 알린 이론이었다. 1980년대 초 래퍼는 그의 이름을 딴 정상분포곡선으로 유명해졌다. '래퍼 곡선'은 세금이 50%를 넘을 때 성장의 둔화로 인해 국가의 세수원이 감소한다는 것을 보여주었다. 반대로 세금을 낮추면 성장이 증대하여 국가의 세수입도 늘어난다. 프레스콧이 "수학적으로는 정확히 떨어지지 않지만 직관적으로는 아주 정확하다"고 말한 바 있는 '래퍼 곡선' 은 실제 미국에선 로널드 레이건이 집권하면서 상당한 영향력을 떨쳤다. 레이건 정부가 세금을 단계적으로 낮추자 아주 높은 성장이 진행되었다. 과연 낮은 세금과 성장은 어떤 상호관계가 있는 것일까? 이는 장기간의 논쟁으로 이어질 수도 있을 것이다. 하지만 오늘날 미국뿐 아니라 다른 국가들도 최대한 세금을 낮추고 있고 유럽조차도 래퍼의 이론을 따르고 있다. 이러한 현상이 과연 래퍼 곡선이 사실이기 때문일까, 라는 질문을 프레스콧은 던진다. 세계화가 이루어진 대부분의 나라들이 현재 서로 세금 낮추기 경쟁을 하고 있는데 여기엔 다른 선택의 여지가 없기 때문이다. 과도한 세금으로 인해 기업들이 세금이 싼 나라로 빠져나가고 있는 것이다.

  프레스콧과 래퍼의 주장을 믿는다면, 공공재정을 파탄내지 않으면서도 세금 낮추기 경쟁의 긍정적인 작용으로 말미암아 세금을 낮출 수 있다는 가정이 성립한다. 그러나 노동에 부과하는 세금으로 사회보장 재정을 해결하고 있는 유럽의 경우(미국에선 이른바 사회보장 제도라는 것이 바로 연금제도이다) 현재의 높은 세율을 낮추는 것으로는 근로세에 대한 재정 부담을 완화시키기 힘들지 않을까? 그러므로 눈에 띄는 경감 효과를 보기 위해선 사회보장이나 연금의 재정 충당 방법을 바꿀 필요가 있다. 즉 의무적으로 분담하는 방법에서 개인의 선택에 맡기는 방법으로 전환하는 것이다. 개인들이 위험에 대한 대비를 직접 스스로 한다면 세금은 당연히 낮아질 수 있다. 그럼 어떻게 사회적 연대나 공공재정을 위험에 빠뜨리지 않고도 개인들이 위험에 대비할 수 있는 최상의 조건을 만들 수 있을까? 다음과 같은 방법으로 그 조건을 구상해 볼 수 있다. 프레스콧에 따르면 미국에서 연간 금리가 약 4%라고 할 때, 63세부터 20년 동안 퇴직 직전 급여 정도의 연금을 받으려면 자기 월급의 8.7%정도만 투자하면 된다. 또 이렇게 민영화된 연금제도로 노동에 대한 세금은 40%에서 27%로 줄어드는 효과를 낸다. 개인연금은 급여자들이 보다 적은(공공연금은 수입의 13%, 개인연금은 8.7%) 비용으로 비슷한 수준의 연금을 받게 하는 것이다. 이것은 낮은 세금으로 인해 노동의 양이 늘어나고 또 성장률에 가속이 붙기 때문에 가능하다. 수학적인 만큼이나 실용적이기도 한 모델들을 바탕으로 프레스콧은 개인연금이건 공공연금이건 수급자들 자신이 선택자가 되어야 한다고 주장한다. 이제는 거의 모든 경제학자들이 공감하고 있는 역동적 성장이론은 완전고용과 경제성장을 목적으로 하는 모든 정부에게 다른 선택의 여지를 남기지 않고 있다. 물론 이런 현실을 회피할 수도 있다. 하지만 정부의 회피나 일시적 개입으로는 구체적이고 예측 가능한 결과를 얻어낼 수 없다. 프레스콧이 결론 내렸듯이 경제는 정부의 무제한적인 권력이 아니라 법칙에 따라 움직이는 것이기 때문이다.

더구나 적절하지 못한 공공의 개입은 회피보다도 더 나쁜 결과를 초래하기도 하는데, 자연스런 경기순환을 잘못 해석하여 경제를 불황의 늪으로 빠져들게 할 수도 있는 것이다.

국가가 어떻게 경기불황을 야기하는가?

프레스콧은 경기불황을 아주 구체적으로 예견하고 분석할 수 있는 지표가 될 수 있는 수학적 모델을 내놓아 학자로서의 명성을 얻었다. 이전의 모델들이 상황을 그대로 재현하는 데 그쳤다면, 프레스콧의 모델은 대단히 역동적이면서도 시차를 두고 경제주체들의 행동을 앞지른다. 프레스콧은 1980년대 경제 이론에 있어 혁명적인 성과를 거둔 학자 중 한 명으로 로버트 루카스와 함께 경제 정책들을 완전히 뒤바꾸어 놓은 인물이다. 이전의 경제 이론 모델이나 정책들을 적용했던 학자들은 기업가나 소비자들이 국가가 보내오는 신호에 따라 움직인다고 생각했다. 그러나 프레스콧의 역동적 모델 속의 경제 주체들은 국가가 보내는 신호들은 그저 신호일 뿐 실질적인 변화를 이끌어내지 못한다는 사실을 알고 있다. 또 이들은 정부의 개입으로 만들어진 인위적 효과들을 예측할 수 있기에 오히려 이 정책들을 회피한다. 이것이 프레스콧 모델의 핵심이다. 프레스콧의 역학적 모델에서 "경기를 되살린다"라든지 "경기 과열을 진정시킨다" 따위의 표현은 그야말로 의미가 없다. 이러한 표현들은 단지 정치나 언론에서 즐겨 쓰는 은유적 수사일 뿐이다. 경제라는 것은 '경기 회복'이나 '경기 과열' 등에 대해 떠드는 이런저런 정책에 끌려 다니지 않으며 오직 실질적이고 지속적인 흐름을 따라 움직일 뿐이다. 그렇다고 해서 이것이 국가의 소멸이나 최소 정부를 의미하는 것은 아니다. 시장경제는 반대로 좋은 정부 없인 제대로 기능할 수가 없다.

프레스콧의 모델에 따르면 국가의 역할은 매순간 경제에 개입하는 것이 아니라 지속적으로 트렌드를 유지케 해주는 것이다. 그리고 트렌드의 지속성은 무엇보다 좋은 제도와 그 제도의 안정성에 달려 있다. 독립적인 중앙은행이라든지, 예측 가능한 경영 시스템, 인플레이션을 유발하는 통화 발행의 억제, 믿을 만하고 비용이 덜 드는 사법제도, 매매의 자유, 산업의 쇄신을 용이하게 하는 파산법, 시장 기능을 방해하지 않는 일관성 있는 세법이나 사회법 등등이 트렌드를 유지해주는 좋은 제도들이라 할 수 있다. 프레스콧의 말대로라면 이런 것들에 정부는 촉각을 곤두세우고 개입해야만 하는 것이다.

그러면 트렌드의 쇠퇴가 감지될 경우엔 어떻게 해야 할까? 프레스콧에 의하면 아무것도 하지 않는 것이 가장 적절한 조치다. 신기술은 낡은 생산물과 기술의 경제체제를 일소하고 더 새롭고 값싼 물건들로 대체할 수 있는 순환 주기를 만들어낸다. 선진국에서 이런 신기술의 순환은 대략 42개월 단위로 반복되는데 최근에는 주기가 길어지는 추세다. 이러한 순환들은 리더 국가에서부터 시작되는데 오늘날 신기술은 거의 순식간에 퍼져나간다. 이때 급격한 변화 때문에 피해를 본 피해자 그룹에서의 반발은 필연적이다. 민주사회에 살고 있는 사람들은 정부를 상대로 압력을 행사하려 할 것이다. 하지만 정부는 순환의 기능을 잘 이해하고 있기 때문에 지나친 개입은 하지 않을 것이다. 혹은 개입한다 하더라도 신기술로부터 피해를 입은 노동자들을 새롭게 조직하는 데 힘쓰면서 적당히 개입할 것이다. 하지만 모든 일이 늘 이렇게 순조롭지만은 않다. 20세기의 주요한 경제 불황들을 분석해보면 정부의 개입이 자연스런 순환을 변화시켜 큰 경제위기까지 몰고 가고 끝내는 성장 트렌드를 장기간 망가뜨리는 경우들을 발견할 수 있다.

이제 프레스콧과 함께 경제사에 등장했던 몇몇 커다란 경제 불황들의 예를 살펴보기로 하자. 그 중엔 1930년대의 미국 대공황과 비슷한 시기 프랑스의 경제불황 그리고 10년 전부터 침체에 빠져 있는 일본의 경우도 보게 될 것이다. 프레스콧은 미국의 길고도 험난했던 경제위기의 책임이 프랭클린 루스벨트(Franklin Roosevelt) 대통령의 소위 뉴딜(New Deal) 정책 때문이라 말한다. 1932년 루스벨트는 경쟁과 가격 하락을 막아 어려움에 처한 산업을 구하려 적극적인 노력을 펼쳤다. 그는 수익을 내지 못하는 기업들엔 공적자금을 투입해서라도 살려내려 했는데 이는 기업이 보다 혁신적으로 변화하는 데 방해가 되었다. 1936년 이후 루스벨트의 두 번째 재임기간 동안 월급과 세금은 함께 올랐고 이것이 모든 투자와 신기술 유입을 막는 결과를 낳았다. 루스벨트의 선임자로 자유교환을 마비시켰던 허버트 후버(Herbert Hoover)로부터 시작된 이런 투자와 신기술의 중단으로 미국 경제는 무기력한 사회주의 쪽으로 흘러가고 있었으며 부의 창출이 아닌 가난의 악순환이라는 결과를 가져왔다. 하지만 아이러니하게도, 모든 노동자들이 재무장하여 노동에 임할 때까지 미국 경제를 무덤에 파묻어버렸음에도 뉴딜 정책으로 루스벨트는 대중적 인기를 얻게 되었다. 뉴딜 정책에 대한 재검토가 필요한 것일까? 오늘날 프레스콧의 뉴딜 정책 재평가에 이의를 제기하는 경제학자들은 거의 없다. 새로운 학문적 합의에 따르자면 루스벨트의 정책은 1930년의 경제 공황을 지속시킨 주범이다. 프랑스의 경우도, 많은 경제학자들이 동의하는 바에 따르면, 레옹 블룸(Léon Blum) 정부가 월급은 올리고 노동 시간을 줄이면서 경제위기가 지속될 수밖에 없었다는 것이다. 이는 당시 자유주의자인 자크 뤼에프(Jacques Rueff)가 비난했던 것처럼 전략적인 실수였다. 뉴딜의 경우에서와 마찬가지로 블룸의 결정들은 단기적으로는 합당했을지 몰라도 결국은 모두가 반경제적인 정치사회적 요구에 굴복한 결과라고 볼 수 있는 것이다.

그런데 미국이나 프랑스의 국민들이 잘 살기 위해서는 경제위기에서 빨리 빠져나오도록 시장의 기능에 맡겨두어야 하는가, 아니면 경제위기를 연장할 수도 있는 사회정책을 펼쳐야 하는가? 이는 경기순환에 직면한 모든 정부에 항상 던져지는 질문이다. 오늘날 경제위기를 막기 위한 정책이 일관성 없이 펼쳐진다면 그 정책은 오히려 경제위기를 심화시키는 결과를 초래하고 말 것이라는 사실을 명심해야 한다.

2
부를 위한 제도들

풀기 어려운 문제를 하나 내 보자. 왜 어떤 나라들은 부자이고 또 어떤 나라들은 가난한 채로 오랜 기간을 지나온 걸까? 18세기 다른 문화권의 나라들이 침체에 머물러 있을 때 서유럽만이 도약할 수 있었던 정황이나 조건은 무엇이었을까? 현대의 경제학자에게 가난의 원인을 분석하는 것은 중요하지 않다. 왜냐하면 오래 전부터 가난이란 인간의 공동 운명 같은 것이라 여겨졌기 때문이다. 그보다는 서구가 발전했던 이유를 살펴보고 거기에서 출발하여 발전의 조건들을 연구하는 편이 훨씬 빠를지도 모른다. 애덤 스미스(Adam Smith)에서 칼 마르크스(Karl Marx), 프레데릭 바스티아(Frédéric Bastiat)에 이르기까지, 2세기 전부터 이 주제를 두고 많은 가설들과 이론들이 쏟아져 나왔다. 기후조건, 지리조건, 봉건제도, 문화, 종교, 정치 등이 연구의 고려대상이 되었다. 경제학자들은 저마다 성장의 기적을 이해하기 위한 단순한 열쇠를 찾아 왔다. 경제발전을 위해서는 이탈리아인들이나 네덜란드인들처럼 항구도시에 살아야 했을까? 아니면 일본처럼 봉건제를 타파하거나 독일처럼 프로테스탄트가 출현하든지, 한국에서처럼 유교를 신봉하면 될까? 스위스는 항구가 없고 이탈리아는 프로테스탄트의 나라가 아니며 싱가포르는 열대지역이다. 쏟아져 나온 많은 가설들만큼이나 이들을 하나하나 반박할 예들은 많다.

그렇다고 해서 이런 이론적 탐구들이 실상에 적용 못할 만한 것들도 아니다. 왜냐하면 이런 이론들은 실제로 상당한 영향력을 가지고 있기 때문이다. 이런 이론들은 정치적 논쟁의 방향을 조절하기도 하고 정부나 경제발전을 담당하는 국제기구들의 선택을 결정해주기도 했다.

1944년에 창립되어 현재 워싱턴에 위치한 세계은행은 그 시대의 주된 경제학설을 바탕으로 끝없이 정책을 저울질하고 있다. 경제발전에 대한 해석 그리고 거기에서 제시하는 다양한 해결 방안에 따라서 세계은행은 정책을 바꿔나간다. 지금은 사라졌지만 1960년대에는 기간산업에 재정을 쏟아 부어야 했다. 1980년대엔 공공부문의 민영화와 공공지출의 수지균형이 만병통치약처럼 여겨졌지만 그조차도 잘 관리되지 못했다. 그 다음으론 좋은 정권 그리고 선거를 통해 선출된 청렴한 지도자와 공무원이 성장의 열쇠로 여겨졌다. 물론 국민들이 그들에게 압력을 가할 수 있다는 조건 아래서 말이다. 하지만 중국의 경우는 이런 논리를 뛰어넘는다. 필요하다고 생각되는 제도들이 갖추어지기도 전에 경제성장이 시작된 것이다.

그럼 국제기구의 원조가 하나의 해법이 될 수 있을까? 지지하는 쪽에선 아직까지도 국제기구의 원조가 충분치 못하다며 이를 늘리면 경제성장이 뒤따를 것이라고 말한다. 한편 다른 쪽에서는 이런 원조로 발전을 이룬 나라는 어디에도 없었다고 반박한다. 그러나 최근엔 아주 새로운 가설이 등장했다. 성장의 원동력이 다름 아닌 제도에서 온다고 주장하는 이론이다.

부는 오래 전부터 이어져 왔다

경제원조는 소용이 없을 것이다. 훌륭한 통치? 그것도 도움이 되지 않는다. 그렇다면 좋은 경제정책? 성장에 필수적인 제도를 갖추고 있지 않다면 국가는 아무것도 보장해주지 못한다. 그렇다면 이상적인 제도란 어떤 것인가? 법치국가, 올바른 사법부, 은행들, 정치적 압력으로부터 자유로운 기업들, 정해진 약속이나 계약의 준수 등이 그것들이리라. 이런 제도들은 어디에선 존재하고 어디에선 존재하지 않는다. 게다가 각각의 지역 문화들과 결합하면서 매우 다양한 양식의 제도들이 공존한다. 하지만 이 제도들이 발전의 토대가 된다는 것만은 틀림이 없다. 거의 모든 경제학자들이 공감하는 바대로, 이 점은 서구 모델 이외에는 다른 형태의 발전을 찾아볼 수 없다는 데서도 알 수 있다.

유럽의 근대 경제는 이런 제도들과 더불어 탄생했다. 아니, 더 정확히 말한다면 이런 제도들이 태어난 곳은 바로 유럽이다. 역사적으로 유럽에는 이런 제도들이 근대국가보다 앞서 생겨났다. 은행과 상인 길드들은 13세기 이탈리아 지방에서 생겨났는데, 이때는 아직까지 근대국가나 어떤 안정적인 정권도 존재하지 않았다. 그럼 미국의 경우는 어떠한가? 이런 상업적, 금융적인 제도들을 만든 건 바로 식민 통치자들이었는데, 그들은 이미 영국이나 독일, 네덜란드 등에서 이러한 제도들을 실제로 보고 경험했었다. 유럽 이외의 나라들로는 일본이 19세기에 이런 제도를 들여왔고, 한국이나 싱가포르, 태국, 인도네시아 같은 나라들은 20세기에 뒤를 따랐다. 그리고 이 모든 나라들이 실제 경제발전을 이루었다. 인도는 영국의 식민지 유산을 가지고 있으며 중국은 서구를 그대로 모방하고 있다. 하지만 아직 가난하고 제도도 갖추지 못한 나라들의 경우가 남아 있다. 왜 가난한 나라들은 이런 제도를 받아들이지 않고 있으며 결정적으로 지금의 '나쁜 선택'을 강요당하고 있는 것일까?

이 문제에 대해 연구한 두 명의 선구적인 경제학자가 있지만 둘은 서로 반대되는 해석을 내놓고 있다. 그 중 이스라엘과 미국에서 성장한 스탠퍼드 대학교의 에이브너 그레이프 교수는 문화, 특히 종교적 가치가 이러한 제도들을 선택하는 결정적 기준이 된다고 말한다. 또 다른 한 명은 터키계 미국인이며 MIT 교수인 대런 애서모글루인데, 그는 식민지 유산과 계급투쟁이 좋은 제도 또는 나쁜 제도를 선택하도록 이끈다고 말한다. 두 가정 모두 역사가 발전에 강한 영향을 미친다는 걸 보여준다. 그레이프는 부유함도 가난과 마찬가지로 아주 오래 전부터 유래하는 것이라고 말한다.

에이브너 그레이프는 경제발전의 역사, 지리적 근원을 12세기 지중해 지방에 두고 있다. 두 개의 이탈리아 대도시인 제노바와 베니스 그리고 지중해 근동과 중앙아시아 등지에서 국제적으로 상업이 번성하면서 중세의 경제혁명이 일어났다는 것이다. 이는 먼 미래 유럽의 번영을 위한 기초가 되었는데, 6세기 후 영국에서 일어난 산업혁명은 이 경제혁명의 뒤를 잇고 여기에 근대성이 결합된 것이다. 산업화 이전 이미 자본을 모을 수 있는 무역과 부르주아 기업가들의 조합들이 생겨난 것이다. 이런 상업적 혁명에 덧붙여 어떻게 이탈리아의 도시들이 활동의 중심이 되고 계속 우위를 점해나갔는지에 대해서도 설명할 수 있을까? 당시 이탈리아인들의 동방 파트너, 즉 중동의 나라들은 가난으로 침체에 빠져들고 있었는데 말이다.

고문서(古文書)에 따르면 당시 중세의 상업의 주역들은 제노바인(人)

과 마그레브인(人)이라 불리는 두 집단이었다. 그레이프는 제노바인들이 초기에 지녔던 힘과 그 힘을 지속할 수 있었던 근본은 현대적인 제도들을 만들어낸 능력에서 주로 비롯되었음을 보여준다. 은행, 어음, 신용장, 주식회사와 같은 제도들은 그들이 시작하여 오늘날까지 이어오는 제도들이다. 한편, 카이로에 있는 유대교회당의 게니자[2])에 보관되어 있는 마그레브인들의 고문서를 살펴보면 이들도 제노바인들과 마찬가지로 편리한 제도들을 시행하고 있었음을 알 수 있다. 그럼 마그레브인은 어떤 사람들이었을까? "서방으로부터 온" 이들은 유대교를 믿고 아랍 문화를 가진 사람들이다. 바그다드에서 온 상인들이었지만 근거지를 카이로로 옮기기 전까지 북아프리카 마그레브 지방에 정착해 살았으며, 무슬림 왕조들의 흥망성쇠에 따라 이리저리 자리를 옮겨 다녔다.

　제노바인과 마그레브인 두 민족 모두 유능한 협상가들이었으며 활동적이고 진취적인 성향들을 지녔지만 둘의 기반은 같지 않았다. 마그레브인들의 조직과 공동체의 연대감 그리고 개인의 참여의식은 가문을 바탕에 두고 있었다. 하지만 이런 형태의 관계는 쉽게 무너질 수 있으며 조직의 관계가 한 번 끊어지면 다시 복원할 적법한 수단이 없었다. 이와 달리 제노바에서는 공동체들 간의 교섭이 아니라 개인 대 개인의 교섭이 주를 이루었다. 개인 각자는 문서화된 계약에 따라 사업에 참여했고, 가문을 들먹이는 대신 현실적으로 보증이 될 만한 것을 바탕으로 돈을 빌렸다. 제노바의 큰 상단들은 이렇게 가문이 아닌 협동심으로 뭉쳐 있었다. 주식회사 제도는 개인 각자가 위험부담을 떠안는 제도였다. 반면 마그레브의 상인들에게 경제적 위기는 고스

---

[2] 교회에서 더 이상 사용할 수 없을 만큼 낡은 성경 사본을 따로 보관하는 곳. — 역주

란히 가문의 위기가 되고 이 때문이 그들의 야망은 제한을 받을 수밖에 없었다. 제노바인들은 법치로 국가를 다스리게 하기 위해 약한 정치권력, 그리고 자신들이 직접 선택할 수 있는 정치권력을 만들었다. 이런 도시국가 형태는 이탈리아의 모델이 되었고 근대 대국들이 출현하기 전 유럽으로 확산되었다. 제노바의 모델은 오랫동안 유지되었지만 또 다른 조직인 마그레브인들의 것은 사라졌다. 마그레브 상인들은 오래 전부터 아랍세계에 있던 유대인 상단들에 흡수되었고 제노바의 상인들은 이탈리아인이 되었다. 그런데 마그레브인들은 어떤 이유로 제노바의 것 같은 좋은 제도들을 받아들이지 않았을까? 그레이프는 아마 이러한 좋은 제도들이 그들의 가치관, 그들의 세계관 그리고 그들의 신념과 어긋나는 것이었기 때문일 거라 말한다.

번영의 기초가 된 개인주의

제노바는 기독교에 바탕을 둔 개인주의 사회라고 볼 수 있다. 가족의 단위는 크지 않고 핵가족에 가깝다. 이것은 그리스 로마 시대에 정착한 제도로 기독교에 의해 더욱 견고해지면서 유럽의 전통이 되었다. 기독교에서 죄와 대속은 개개인의 문제이다. 개인과 개인을 연결해주는 것은 혈연이 아니라 결혼 계약을 필두로 한 여러 가지 유익한 계약들이다. 기독교 사회에서 여성들은 이러한 결혼 제도에 동조하고 있으며 원칙적으로 결혼을 강요당하지 않는다. 이러한 점은 동양권, 특히 유대계 마그레브인들이 속한 아랍 사회의 문화와는 정반대다. 마그레브인들에게 있어 공동체를 벗어난 개인은 있을 수 없다. 공동체를 떠난 개인은 곧바로 개인적·경제적 신용을 잃는다는 것을 뜻한다. 가족을 배제하고는 홀로 어떤 일도 시도할 수 없는 것이다. 여성들은 어떠한가? 그들에겐 어떤 권리도 없으며 오직 남편이나 가족에게 종속된 존재일 뿐이다. 에이브너 그레이프에 따르면, 기독교와 개인주의로 대표되는 서구사회와, 유대계 혹은 무슬림으로서 공동체적 사회로 구성되는 동양사회의 상반된 특징을 보여주기 위해서는 여성들의 지위를 살펴보는 것만으로도 충분하다.

이렇게 해서 서양에서는 법치주의이며 계약과 신용, 주식회사 등이 정착할 수 있는 문화가 만들어진 것이다. 그레이프에 따르면 국가를 포함하여 서양의 모든 제도들은 가문이나 부족 공동체를 대신해 세워진 대체물이다. 개인들의 혈연관계를 대신하여 합리적 관계가 형성된 것이다. 이전의 마그레브인들이나 오늘날 무슬림 아랍인들에게 이런 제도들은 옳지 못한 것들이다. 그들의 종교문화가 이 제도에 반대되는 가치를 지니고 있기 때문이다. 유대계 마그레브인들은 신으로부터 집단적으로 소명을 받았다고 생각하는 민족이다. 유대인 개개인이 신으로부터 선택된 것이 아니라 유대 민족 전체가 선택된 것이다. 이슬람에서도 마찬가지다. 무슬림들은 각자 자신의 행동에 책임을 져야 하지만 올바른 처신은 자기가 속한 공동체의 결속을 위해 필요하다. 이슬람 사회도 유대계 마그레브인들과 마찬가지로 공동체사회인 것이다.

그레이프는 이런 개인주의적 사회, 공동체적 사회의 분류를 13세기에서 현대로 옮겨와 적용한다. 중동의 아랍국가나 무슬림이 발전을 이루지 못한 것은 발전에 필요한 제도들을 받아들이지 못했기 때문이라는 것이다. 그들이 지닌 가치와 신념이 제도들을 밀어내고 따라서 경제적인 관점에서 보면 부정적인 선택으로 이어지는 것이다. 또 그레이프는 이라크에서 미국의 정책은 실패할 것이 분명하다고 예견한다. 사회적 규범은 외부의 힘을 통해 억지로 세워줄 수 없는 것이기 때문이다. 그러면 아랍 사회에서 가난은 그들 공동체의 전통으로 말미암아 도저히 극복될 수 없는 문화적 운명일까? 이 문제에 대해 그레이프는 신중한 태도를 보인다. 현대 경제는 어떤 경제학자도 예측할 수 없는 의외성이 넘쳐나기 때문에 쉽게 예단할 수 없다는 것이다.

이해관계가 역사를 움직인다

에이브너 그레이프와 마찬가지로 대런 애서모글루도 가난의 기원이 오래 전으로 거슬러 올라간다는 사실에 동의한다. 하지만 그는 가난의 기원을 정신이 아닌 정치에서 찾는다. 이를 보여주기 위해 그는 아메리카 대륙의 식민지화와 서구사회 민주주의의 출현에 대해 집중적으로 연구했다. 그레이프를 비롯한 대부분의 신세대 경제학자들처럼 대런 애서모글루도 사회학, 정치학, 역사학에 이르기까지 다방면에 깊은 조예를 가지고 있다. 그의 견해에 따르면 정치학은 완전히 학문적인 것이어서 정치학을 가지고는 왜 어떤 나라는 민주주의이고 어떤 나라는 민주주의 국가가 아닌지, 또 어떤 나라에서는 민주주의가 지속되는데 다른 나라에서는 그렇지 못한지 충분히 설명할 수 없다. 그럼 역사학은 어떤가? 역사학자들도 마찬가지로 그 이유를 설명할 수 없다. 역사학자들은 역사 속 주인공들의 행동을 그대로 묘사할 뿐 그 행동들의 인과관계를 알 수도, 예견할 수도 없기 때문이다. 대런 애서모글루에 따르면 오직 경제학자들만이 수학적인 도구를 이용하여 집단적 행동들을 정확히 분석하고 이해하고 예측할 수 있다. 이에 대해 역사학자들은 경제학자들이 여러 복잡한 사건들 중 자기들이 단순화시킨 이론―적어도 거짓은 아니지만―에 맞는 면만을 선택적으로 탐구할 뿐이라고 반박한다.

　대런 애서모글루는 개인들이 자신의 물질적 이익을 추구하는 방향으로 움직인다고 본다. 보다 잘 살기 위한 욕구나 그 부를 지키려는 노력이 인간사회의 원동력이라는 것이다. 물론 다른 동기에서 온 요인들이 있을 수 있고 감정적·이데올로기적 특징들도 있을 수 있다. 하지만 이런 것들은 집단행동 모델을 세우는 데는 중요치 않다. 물질적 이익이라는 한 가지의 기준 위에서 출발한 모델로도 사회변화를 설명하기에 충분하다. 왜냐하면 개인들 스스로 경제적으로 합리적이라 생각하며 행동하기 때문이다. 개인적으로 보면 경제적으로 합리적인 사람도 있고 그렇지 않은 사람도 있고 또 다른 요인들이 개입되어 있을 수도 있지만 그 때문에 집단의 행동모델이 변하진 않는다.

　애서모글루에 따르면 사상이 세상을 지배하는 것이 아니며, 오직 이익만이 역사의 동력으로 작용한다. 그러니까 경제는 기초 토대와 같은 것이고 이데올로기는 상부구조와 같은 것이다.

　애서모글루의 모델은 아주 간단하다. 정치제도가 민주적이냐 반민주적이냐, 또 민주주의라면 지속적이고 안정적이냐 아니면 불안정하냐를 문제로 삼는 것이다. 애서모글루는 민주적 혹은 반민주적 제도 내부의 미묘한 차이는 민주주의와 반민주주의의 대립보다 중요하지 않다고 말한다. 마찬가지로 독재정치냐 전제정치냐의 구분은 이것들이 함께 속한 반민주의 범주만큼 중요하지 않다. 애서모글루는 자신의 모델을 세우기 위해 오컴의 면도날이라 알려진 이론을 적용한다. 13세기 영국의 논리학자였던 오컴은 부수적인 것을 검토함으로써 이성적 사유를 복잡하게 만드는 것은 어리석은 일이라 주장했다. 오컴의 면도날로 부수적인 사항들을 잘라내고 간결한 원칙을 만들어보면, 전체 사회는 대중과 엘리트들의 대립이라는 구조로 나누어짐을 볼 수 있다. 엘리트들은 권력이나 부를 획득하는데, 일반적으로는 둘 모두를 차지하는 수가 많다. 이때부터 모든 정치적 제도는 대중과 엘리트의 관계에 따라 결정되고 움직인다. 민주주의에서는 대중이 결정을 하고 반민주주의 사회에서는 엘리트들이 결정권을 가진다. 각 그룹들은 자신들의 이익을 최적화하는 방향으로 행동한다. 민주주의로 인해 모든 것을 잃게 될 경우 엘리트들은 민주주의에 반대할 것이다. 대중이 권력을 차지한다면 부자들의 소유권을 몰수하고 부의 재분배를 위한 새로운 세법을 만들어낼 것이다. 서양의 역사를 보면 대중이 경제성장 없이 지속적인 반민주주의 체제를 받아들이는 것을 관찰할 수 있는데 이는 이 부당함이 견딜 만한 것이기 때문이다. 하지만 경제성장의 시기, 예를 들어 산업혁명 직후 같은 상황에선 힘의 관계와 욕구가 변하는 걸 볼 수 있다. 대중은 이제 명확한 부당함을 인지하고 극대화된 경제발전에 따른 수익 배분을 요구한다. 그럼 엘리트들은 왜 대중들에 굴복하는 것일까? 엘리트들은 민주주의를 받아들이는 것이 거부할 때보다 치러야 할 대가가 적다고 판단하면 대중에 굴복한다. 민주주의를 받아들이는 일이 그것을 진압하는 일이나 혁명을 겪는 것보다는 낫다는 것이다. 이런 계산들은 민주주의로 갈 것인가 말 것인가를 결정한다. 또 이를 통해 엘리트들에 의해 세워진 민주주의가 대중혁명에 의한 민주주의보다 시련에 더 잘 견디는 까닭도 설명할 수 있다.

  이 이론 모델의 가장 놀라운 점은 이것이 실제 역사를 서술하고 묘사함과 동시에 실제 적용도 가능하다는 점이다. 대런 애서모글루와 함께 19세기 영국의 역사를 살펴보기로 하자. 1832년까지 영국은 세습 귀족들에 의해 통치되었다. 한데, 1832년부터 선거인단의 수가 기하급수적으로 불어나 400명이었던 것이 80만 명으로 전체 인구의 14%에 육박하게 되었다. 그리고 1867년에 단행된 새로운 선거개혁법으로 선거인단의 수는 더 늘어나 2천5백만의 남성들에게 투표권이 주어졌다. 그 수는 1884년에 다시 한 번 크게 증가했으며 1918년에는 모든 남성들이 선거권을 가지게 되었다. 그리고 급기야 1928년에는 여성에게까지 선거권이 확대되었다. 애서모글루에 따르면 이런 일련의 개혁들은 엘리트들이 대중의 불만에 부딪혔을 때 감행한 경제적 선택의 결과라는 것이다. 그리고 대중들의 불만족의 단초는 항상 경제성장에서 찾아볼 수 있었다. 각 단계마다 대중들은 최대한의 경제적 이익을 요구했고 이러한 저항이 사회질서를 위협했다. 마치 게임을 하듯 엘리트들은 사회적 눈금을 계산해 보고 양보가 억압보다 싼 대가를 치를 것이라 판단되면 조금의 민주주의를 양보해 사회적 평화를 보장하고 산업에 필요한 노동력을 공급하며 심지어 전쟁 동원까지 하는 것이다.

애서모글루는 반대의 경우로 아르헨티나를 예로 든다. 아르헨티나의 민주주의는 불안정했는데 이는 엘리트들이 사회적 평화를 얻기 위한 어떤 경제적 필요성도 느끼지 못했기 때문이다. 아르헨티나의 엘리트들은 대부분 식민 통치자들의 후예였다. 이들 식민 통치자들은 경제를 근대적으로 발전시키려는 야심이 없었다. 그들은 황무지에 가까운 토지에서 임대료를 얻는 데 만족했다. 콩이나 재배하면서 늘 이런 식으로 살았다. 토지 소유자들에겐 노동력도 별로 필요가 없었다. 중국이나 한국으로 수출함으로써 생긴 소득은 도시를 뒤덮는 소요에도 아무 영향을 받지 않았다. 그래서 아르헨티나의 민주주의는 생산과는 무관하게 단지 재분배에 대한 대중들의 요구로만 이어졌다. 생산과 분배, 경제와 정치의 분리는 엘리트들과 대중 사이 힘의 관계를 불안정하고 복잡하게 만들 수밖에 없다. 아르헨티나의 민주주의는 신기루가 되어 버렸고 경제발전도 들쭉날쭉해졌다. 애서모글루는 식민지화의 역사를 기억하지 않고는 식민지가 되었던 나라들의 발전 방식과 현재의 제도에 대해 절대로 이해할 수 없다고 결론 내린다. 경제발전 모델에서 보듯이 라틴 아메리카에서 대중들에 대한 엘리트들의 태도는 식민지의 역사를 그대로 투영하고 있다. 이 이론은 아르헨티나의 경우를 통해 왜 라틴아메리카에서는 대중의 재분배 요구가 경제성장 요구보다 먼저 나타났었는지 설명해 준다.

대런 애서모글루에 의해 발전된 이론은 싱가포르에 이르러 가장 극적인 예를 보여준다. 싱가포르에는 하나의 정당이 나라를 지배하는 데도 대중은 어떤 불만도 가지지 않는다. 이는 경제적 이익이 대중과 일반 대중 출신의 엘리트들 사이에서 공평하게 분배되기 때문이다. 이런 경제 논리로 우리는 안정적 독재정치의 논리를 충분히 설명할 수 있다.

민주주의를 상부구조로, 경제를 하부구조로 여기는 이 이론은 마르크시즘의 부활이라 할 수 있을까? 애서모글루는 이를 부정한다. 그가 엘리트와 대중을 나눈 것은 마르크스주의자들이 부르주아와 프롤레타리아를 대립시킨 것과는 다르다. 그는 자본주의 최후의 위기에 대한 마르크스의 끔찍한 분석에 더 이상 동조하지 않는다. 자본주의는 잘 유지되고 있다. 따라서 애서모글루는 자본주의의 대안을 찾지도 않으며 혁명을 확산해야 한다고 주장하지도 않는다. 설명의 핵심이 유물론적이라는 점에선 마르크시즘과 같지만 마르크시즘과 달리 그는 거기서 어떤 예언도 끌어내지 않는다. 민주주의가 엘리트와 대중 간의 분배에 대한 경제적인 필요에 의해 성립된 것이 아니라면 그 어떤 민주주의도 정착하거나 안정을 이룰 수 없다고 그는 보고 있다.

그렇다면 민주주의는 경제발전에 반드시 필요한 것일까?

경제위기를 감소시키는 민주주의

대니 로드릭은 민주주의와 경제발전이 상호 의존관계에 있으면 더할 나위 없겠지만 사실상 이 둘 사이의 상호의존 관계를 입증하기는 어렵다고 말한다. 로드릭은 애서모글루와 같은 터키 출신이지만 애서모글루가 터키 출신의 미국인인 데 반해 로드릭은 세파라드(séfarade)[3]이다. 애서모글루가 MIT 교수인 반면 로드릭은 정치학교인 하버드 대학의 케네디 스쿨 교수이다. 하지만 두 사람 모두 경제학계에서는 떠오르는 별과 같은 존재들이다.

민주주의와 성장 사이의 상호관계란 무엇인가? 칠레는 피노체트의 독재 시대에 라틴아메리카의 다른 이웃 나라들보다 더 빠른 성장속도를 기록했다. 전제주의 국가인 중국은 오늘날 자유주의 체제인 인도를 앞질러 발전하고 있다. 과거의 예를 보더라도 민주주의와 성장 사이의 관계는 명확치 않다. 전제주의적 제도 속에서 일본과 한국은 비약적으로 발전했다. 또 19세기 말 황제 치하의 독일은 공화주의 프랑스나 의회주의의 영국과 비등한 속도로 발전했다.

비록 민주주의와 성장의 관계가 명확하지 않더라도 독재정치가 경제도약에 필요하다고 여기는 데에 로드릭은 반대한다. 그럼에도 전제적인 제도를 바탕으로 전성기의 소련이나 1960년대 아시아의 용들, 현재의 중국 모두가 경제적인 파워를 갖추게 되었다. 투자를 집중

---

[3] 지중해 연안국에 사는 유대인. —역주

시키고 임금을 조절하기 위해 강한 정부는 꼭 필요한 것일까? 민주주의와 경제성장 사이의 이런 관계를 한마디로 설명할 수는 없다. 인도나 브라질, 남아프리카공화국 또는 모리스 섬 같은 민주주의 나라들도 잘 나가고 있기 때문이다. 반대로 북한에서 콩고에 이르기까지 많은 독재국가들은 국민들을 극도의 빈곤 상태에 빠뜨리고 있다. 독재와 경제의 상관관계를 논하는 것은 역사 속에서 용도 폐기된 이데올로기적 선택을 되풀이하는 것에 지나지 않는다. UCLA 교수인 로메인 와차르그(Romain Wacziarg)와의 공동연구에서 로드릭은 최근 20여 년 동안 동유럽과 사하라사막 이남의 아프리카 그리고 라틴아메리카에서 민주주의가 성장에 전혀 걸림돌이 되지 않았음을 보여주었다. 모든 나라에서 성장률과 민주주의는 서로 다른 두 개의 축이 굴러가듯 발전하고 있다.

그렇다면 민주주의라는 요소가 경제에 아무런 영향도 주지 못한다고 결론 내릴 수 있을까? 로드릭은 이에 대해 민주주의가 빚어낸 아주 이례적인 세 가지의 결과를 보여준다. 그 중 가장 인정받는 것은 재분배에 관한 것이다. 한국과 남아프리카공화국에서는 민주주의를 통해 다른 비민주적인 나라들보다 더 평등하게 성장의 결과를 재분배할 수 있었지만 전제국가인 중국은 성장에서만 좋은 본보기를 보였을 뿐 재분배는 그렇게 하지 못했다.

민주적인 제도 안에서는 정부가 왜 보다 큰 이익을 가져다줄 개혁을 제대로 감행할 수 없는지를 이해하는 것이 참으로 어렵다. 로드릭은 1980~1990년대의 소위 '워싱턴 협정'이라는 이름의 효과적 정책을 편 아프리카 나라들을 관찰함으로써 이에 관한 이론을 전개한다. 이런 일련의 자유주의적 조치들로 인해 상거래의 국경이 열려 소비가격은 낮아졌으며 각 지역의 기업들은 생산경쟁에 뛰어들었다. 이러한 조치들은 아주 많은 사람들에게 이익을 가져다주었음에 틀림없다. 그 중에서도 누구에게 가장 큰 이익을 가져다주었을까? 경제성장이 지속되고 있는 상황에서는 누가 승리자가 될지 아무도 미리 확신할 수 없기에 그 답은 알 수 없다. 로드릭에 따르면 미래의 승리자가 누가 될지 알 수 없기 때문에 정치인들은 그들과 미리 손을 잡을 수 없다. 하지만 잃는 것이 누구인지는 알 수 있다. 그것은 관료들, 독점권을 가진 기득권자들이다. 이런 불균형의 게임에서는 현상유지자(statu quo)가 곧 승리자가 될 것이다. 왜냐하면 게임의 승리자가 누구일지 알 수 없어 그들이 조직화할 수는 없어도 게임의 패배자가 누가 될지는 자신들이 알고 있기 때문이다. 아프리카에서 볼 수 있었던 이 민주적 제도하에서의 '현상유지자(statu quo)의 폭정' (이것은 밀턴 프리드먼의 표현이다)은 서구유럽에서 개혁이 얼마나 어려운가를 반증해준다. 개혁을 받아들이기 위해 그 정당성을 증명하는 것만으로는 충분치 않다. 개혁의 효과는 불균형하게 나타나기 때문이다.

　로드릭은 민주주의에 관한 이 이론에 아주 결정적이고 주요한 해석을 덧붙인다. 그것은 민주주의가 경제위기를 이겨낼 수 있게 만든다는 것이다. 1998년 아시아 전역을 뒤흔든 경제위기 때 한국이나 타이완은 빠르게 부진에서 빠져나온 반면 인도네시아와 같은 독재국가는 혁명으로 무너지기 직전의 경제적 패닉상태에 빠졌었다. 민주주의는 기업가, 조합, 공무원 등 관련자들이 함께 위기에서 빠져나오기 위한 비용을 새로이 분배하는 데 합의하도록 만든다. 그러나 민주주의 외의 체제에서는 이런 협상이 불가능하다. 생각을 좀더 확대해서 중국의 경제성장에 제동이 걸리는 위기 시나리오를 가정해 보자. 우리는 중국 정부가 이럴 때 어떤 식으로 손실을 재분배하게 될지 예상하기 힘들다. 지금까지 중국 공산당은 모두에게 혜택이 미칠 수 있는 이윤의 분배만을 생각해 왔었기 때문이다.

누구도 위기의 가능성에서는 예외가 될 수 없다. 그런데 민주주의는 경제위기를 잘 극복하지만 독재정치는 제대로 극복하는 경우가 드물다. 따라서 민주주의에 관해서는 다음과 같은 단 하나의 경제적 논리만 성립한다고 보면 된다. 즉 민주주의가 경제성장에 있어서는 불필요할지 몰라도 그것을 한 단계 도약하게 해준다는 것이다. 다시 말해 민주주의가 불확실성을 감소시켜 주는 역할을 한다.

보이지 않는 자본

국가의 부를 가능케 하는 열쇠가 무엇인지 고민하는 가운데 (국가의 부는 어디에서 오는가? 21세기 자본의 척도는?) 세계은행은 제도들의 눈에 보이지 않는 경제적 가치를 수량화하려는 시도를 해왔다.

법치국가라는 제도가 국가 자본의 57%를, 교육이 36%를 차지한다는 결과가 나왔다. 법치국가라는 제도에 대한 평가는 투자자들을 위한 신용평가 기관 등의 판단에 근거했다. 스위스의 경우 100을 기준으로 했을 때 99.5라는 수치가, 미국은 91.8, 나이지리아는 5.8이라는 수치가 나왔다. OECD 국가의 평균은 90이고 사하라 이남의 아프리카 국가들의 평균은 28이었다. 오랫동안 발전을 위해 결정적으로 중요하다고 여겼던 천연자원은 실제 국가자본의 1%에서 3%만의 중요성을 가지는 것으로 조사되었다. 이런 자연자원에 제도나 교육처럼 보이지 않는 자원을 더하면 실제 국민 일인당 보유자본과 국가 발전의 근간이 되는 공동자산을 계산해낼 수 있다. OECD 국가 국민 한 사람당 평균 자본은 44만 달러인데 이 중 1만 달러가 자연자본, 7만 달러가 실물자본(기업이나 사회적 인프라, 부동산 등)이었으며 나머지 35만 4천 달러가 보이지 않는 자본이었다. 이 평가에서 스위스는 국민 일인당 자본 64만 달러의 잠재적인 부를 지닌 나라로, 1위를 기록했다. 반면 나이지리아는 석유자원을 가지고 있음에도 불구하고 2,748달러의 자본을 가진 것으로 조사되었다. 콩고 등 몇몇 나라들은 마이너스의 자본을 가진 것으로 평가되었는데, 이 나라의 제도들이 천연자원을 파괴하면서도 국민들을 점점 가난으로 몰아가고 있기 때문이었다. 국가 자본의 이런 차이는 당연히 소득의 차이로 이어진다. 미국 노동자 한 사람이 41만 8천 달러의 자본을 발휘하는 반면 멕시코인 한 사람은 6만 2천 달러(이 중 6,000달러가 석유자본)의 자본만을 발휘한다. 각 나라의 노동자들은 각기 비슷한 노력을 기울이지만 수입이나 생산량에서는 차이가 난다. 잠재적인 국가 자본에 따라 차별화가 이루어지는 현상을 통해 우리는 미국으로 건너간 한 명의 멕시코계 이민자가 어떻게 자국에 있을 때보다 노동을 통해 7배 이상의 생산과 그만큼의 수입을 가져갈 수 있는지 설명할 수 있다. 무엇보다 국가의 부는 그 나라의 보이지 않는 자본에 달려 있는 것이다.

이런 개념을 통해 우리는 아르헨티나의 몰락 등 마땅한 분석방법이 없어 난제로 남았던 경제학의 해묵은 수수께끼들을 풀 수 있었다. 아르헨티나 국민들은 활동적이지 않은 것도 아니고 교육을 받지 못한 것도 아니며 그렇다고 천연에너지 자원이나 농업자원이 부족한 것도 아니다. 그런데 20세기 초만 해도 세계 5위의 경제력을 가졌던 그들이 20여 년 전부터 경기침체에 허덕이다가 지금은 겨우 국민소득 5,000달러의 세계 후진 그룹으로 뒤처진 이유가 무엇일까? 단 하나의 원인은 비물질적인 자본이 점진적으로 잠식되어 왔기 때문이다. 정치제도와 경제제도의 지속적 악화와 함께 비물질적 자본이 감소하면서 변화가 심하고 예측할 수 없는 아르헨티나라는 이미지가 생겨났고, 이로 인해 투자와 재투자가 감소하며 국가 생산성이 서서히 약화된 것이다.

이런 가설을 통해 우리는 국가만이 수익을 가져다줄 수 있다는 결론에 도달할 수 있지 않을까? 경제학에서 자주 보아 왔듯이 그 대답은 매우 미묘한 문제로 남게 될 것이다.

정직한 거래를 보장해주는 감시자가 없으면 시장은 그 기능을 제대로 발휘할 수 없다. 하지만 경제 규모가 작거나 거래가 이웃끼리로 한정돼 있어 서로 거래 상대를 잘 알고 있다면 감시자가 필요없다. 그레이프의 연구에 따르면, 마그레브인들처럼 수준 높은 사회에선 공동체 의식만으로도 계약을 보증할 수 있었다. 그러나 제노바인들의 경우, 거래의 규모가 커지기 시작하면서 잘 모르는 사람들과의 시장거래에서 좋은 결과를 보증받기 위해선 중립적인 국가의 필요성이 커졌다. 경제가 발전할수록 더 독립적인 공공권력을 원하게 되는 것이다. 하지만 이 공공권력엔 양날의 칼이 존재하는데 그것은 비용이 크다는 것이다. 국가에겐 세금으로 충당해야 할 일정한 비용이 필요하다. 그 비용은 큰 기업보다 작은 기업에게 더 부담스러울 것이며 따라서 작은 기업의 성장을 방해하게 된다. 뒤집어 말하면 만일 국가가 없다면 작은 기업이 부담할 비용은 줄어들 것이다. 경우에 따라 기업가들은 국가에 도움을 청할 것인지 아니면 국가 없이 갈 것인지 선택할 수 있다. 시칠리아가 오랫동안 그런 상황에 있었는데, 이곳에서 상인들은 계약의 안정성을 보증받기 위해 일정한 가격을 치르고 마피아에 의존할 수도 있고 아니면 국가에 의존할 수도 있었다. 기업가들은 높은 고정비용이 드는 공공기관의 보호를 받을까 아니면 싼 가격이지만 조금은 불안한 사적 기관의 보호를 받을까 선택하게 되는 것이다. 이러한 선택 상황은 브라질처럼 지하경제가 큰 부분을 차지하는 많은 나라에서 공통적으로 볼 수 있다. 지하경제에서 활동하는 기업가는 국가비용을 지불하지 않으며 또한 국가로부터의 보호 혜택도 없다. 국가가 아닌 기관의 중재를 통하면 단기간에 수익을 더 올릴 수 있을진 몰라도 거리가 멀거나 잘 알지 못하는 상대들과는 무역이 불가능하며 거래 규모도 키울 수 없다.

높은 고정비용을 지불하는 국가냐 아니면 즉각 요청에 응해주는 마피아냐의 극단적 선택만 놓고 볼 때 어느 한 쪽에만 완전히 속해 있는 경제체제는 현재 존재하지 않는다. 선진국에서도 마피아는 사라지지 않고 있다. 예를 들어 일본의 어떤 계약에서는 야쿠자 조직이 국가보다 비용이 적게 들고 효과는 더 클 수 있다. 국가비용이 비싼 선진국에서도 특정인들 간이나 기업 내부 거래의 상당수가 국가의 보증을 받지 않고 신용을 바탕으로 비정규적으로 행해지곤 한다. 신용은 자본의 보이지 않는 궁극요소이지만 이를 수치로 측정하기는 어렵다. 단 프랜시스 후쿠야마(Francis Fukuyama) 같은 몇몇 경제학자들은 사회적 신용의 정도에 따라 경제성장을 설명하기도 한다. 그럼 후쿠야마의 주장처럼 신용은 오직 문화적인 것들에서 비롯되는 것일까? 계약 파기의 경우 최후의 보증인은 국가일 수밖에 없겠지만, 신용거래 또한 우리 주변에 널리 퍼져 있음을 우리 모두 잘 알고 있다.

성장의 보증수표 역할을 하는 제도들에 대한 고찰은 우리를 경제학의 새로운 합의나 패러다임으로 이끌고 있다. 그것은 보증인 없는 시장경제는 존재할 수 없으며 가장 좋은 보증인은 결국 국가라는 사실이다. 그리고 이 보증의 비용은 가능한 한 싸게 드는 것이 바람직하다. 그러면 어떻게 국가가 제공하는 서비스의 비용을 조절할 수 있을까? 비용이 덜 들수록 경제는 더 번영할 것이다. 그렇다고 이 비용을 절대값으로 고정시킬 수는 없다. 종종 이 비용은 권력관계와 이해대립에 따라 결정되기도 한다. 현대 정치학의 의미는 바로 이 비용이 최고로 정당하게 책정되도록 합의하는 데 있다.

3
실질화폐

　의학만이 인간을 구제하는 유일한 학문은 아니다. 경제학도 인간을 구제해주는 학문이다. 인플레이션을 생각해 보자. 벌써 과거가 되어버린 80년대만 해도 인플레이션이라는 사회적 병은 거의 모든 나라에 영향을 미쳤었다. 유럽에서는 대략 연 10%의 물가상승만으로도 경제성장이 멈추기 충분했고, 기반이 약한 기업들은 파산을 감내해야만 했다. 자본을 가진 사람들에겐 새로운 사업을 만드는 것보다 투기가 더 이익이 됐다. 높은 금리 때문에 투자는 위축됐고 물가가 오르고 급여가 지연되면서 연금생활자들이나 저임금 노동자들은 더 가난해졌다. 게다가 돌팔이의사처럼 엉터리 경제학자들도 있어 인플레이션을 정당화시키는 데 앞장서고 있었다. 이 엉터리 경제학자들은 물가상승은 걱정할 일이 아니라고 말한다. 그러면서 환자에게 '약효를 높이듯' 재산 가치를 높이고 신용 소비를 유도하지 않느냐 반문하기도 하고 인플레이션으로 인해 기업가들이 미래를 보고 뛰어들지 않느냐고 말하기도 했다. 이러한 기이한 경제론은 케인스적 은유의 유산으로 어떠한 경험적인 자료나 근거도 없는 이론이었다. 물론 몇몇 경우에서는 우연이나 일시적 현상으로 인플레이션과 경제성장이 순간적으로 맞물릴 수도 있다. 그렇지만 그 이상도 이하도 아니다. 환자는 엉터리 의사를 통해서도 치료가 될 수 있지만 국가는 엉터리 경제학자들보다 오래 살아남아야 하는 것이다.

　인플레이션보다 더 심각한 사례가 소위 하이퍼인플레이션이다. 물가는 하루가 멀다 하고 뛰어오르고 돈은 휴지조각이 되어버리는 상황이다. 하이퍼인플레이션은 성장을 저해하는 데 그치지 않고 사회를 붕괴시켜 버린다. 사회혼란으로 참을 수 없게 된 대중들은 독재치하에서나 겨우 안정을 찾을 수 있게 된다. 나폴레옹과 히틀러, 마오쩌둥, 라틴아메리카의 군사독재자들이 모두 하이퍼인플레이션이라는 상황에서 등장한 인물들이다. 물론 하이퍼인플레이션이 이들 독재자들이 등장하게 된 유일한 이유는 아니었지만 말이다. 우리는 이제 하이퍼인플레이션 아래서는 민주주의가 버텨낼 수 없음을 알고 있으며, 하이퍼인플레이션의 시기를 통해 좋아지는 경제가 결코 없다는 사실도 알고 있다.

인플레이션에 대한 시카고 학파의 승리

　아프리카의 몇몇 나라들(특히 짐바브웨 같은 나라)의 드문 경우를 제외하고 이제 이러한 불행의 경험들은 먼 과거의 일이 되어 버렸다. 오늘날 온 세계는 안정된 통화와 예측 가능한 물가 속에 살고 있다. 이제는 사라져 버린 천연두나 소아마비 같은 풍토성 질병들의 경우에서 보듯 우리는 그런 것들이 존재했었는지, 또 그것을 없애기 위해 얼마나 많은 과학적 노력이 있었는지조차 기억하지 못한다.

　인플레이션을 이겨낸 데는 무엇보다 시카고 대학의 한 학파와 그

지도자인 밀턴 프리드먼(Milton Friedman)의 공헌이 결정적이다. 프리드먼은 1960년대 인플레이션이라는 병을 파스퇴르가 이루었던 혁명적인 방법으로 이겨냈다. 프리드먼은 인플레이션이 물가상승의 결과가 아니라 사실은 그 반대임을 증명했다. 당시 유럽에서 정부가 행했던 물가조절 방식으로는 인플레이션을 막을 수 없었다. 프리드먼은 물가상승은 언제나 정부가 발행하는 통화의 과잉 때문에 생기는 것이며 인플레이션은 정부의 후한 인심의 결과 외에는 다른 이유가 없다고 주장했다. 이러한 국가의 의미 없는 통화 남발은 어떤 방법으로도 소비나 투자를 활성화할 수 없으며 결코 수요를 '재개' 시킬 수도 없다. 시카고 대학의 로버트 루카스는 1965년 합리적 예측이라 이름 붙은 이론에서 인플레이션이 실제 구매력을 창출하지 못하는 통화적 허상이라는 사실을 경제 주체들이 어떻게 알아차리는지 보여주었다. 소비자들은 경기부양이 가능하도록 협조하지 않으며 정부의 기대와 달리 자신들의 태도를 바꾸지도 않는다. 이 합리적 예상 이론은 왜 경기 부양이 제대로 진행될 수 없는지 설명한다. 이는 1970년대 처음으로 케인스 학파의 정책들이 서구 경제에서 대규모로 실험되었을 때 어째서 실효를 거두지 못했는지 설명해준다. 합리적 예측 이론의 유효성을 증명하려면 아르헨티나의 경우를 살펴보면 될 것이다. 아르헨티나 정부가 인기를 얻기 위해 매번 통화팽창으로 구매력을 '창출해낼' 때마다 상인들은 국가의 화폐가치가 떨어질 것을 예상하여 미국 달러로 물건값을 받아내려 했다.

　실제로 통화팽창은 공공지출에 충당되면서 보이지 않게 국민들의 세금을 올리는 결과를 초래한다. 물가상승은 이렇게 모르는 사이 가난한 사람들에게 부담을 주는 것이다. 결국 국가는 물가상승을 통해 이익을 챙기게 되고 금이나 달러 같은 자국 통화 이외의 화폐를 가진 특권층들만 이익을 보게 된다. 프리드먼은 인플레이션을 끝내기 위해서는 공공부문의 적자폭을 줄이고 필요 이상의 화폐를 남발하지만 않으면 된다고 말한다.

프리드먼은 화폐의 흐름이 이를 발행하는 국가에 의해 인위적으로 결정되는 것을 막기 위해선 화폐의 경쟁을 유도해야 한다고 지적했다. 바로 화폐의 교환성을 의미하는 것인데 여기에 교환율까지 유연성 있게 적용한다면 화폐는 정확한 실제 가치로 고정될 수 있다. 이럴 경우 대중들은 보다 올바른 화폐의 가치를 실현하기 위해 국가가 유발한 잘못된 화폐를 멀리하게 된다.

또한 이 화폐 이론은 화폐 발행을 국가가 아닌 독립적인 은행에 맡기면 인플레이션에 대한 유혹으로부터 정치인들을 떼어놓을 수 있다고 지적하고 있다. 프리드먼과 루카스의 이론에 덧붙여 에드먼드 펠프스는 1960년대 초 어떻게 인플레이션이 고용체계를 망가뜨렸는지 설명하고 있다. 프리드먼, 루카스 그리고 펠프스는 국가가 성장을 조절할 수 있다는, 그리고 금리 조절과 화폐 발행을 통해 실업을 조정한다는 '허상'을 완전히 무너뜨려 버린다.

과학적이면서 상식적인 이 이론은 오랫동안 비판을 받아왔고 일부에서는 여전히 비판받고 있지만 그 비판의 이유는 전혀 합리적이지 못하다. 인플레이션으로 이익을 보는 사람들, 다시 말해 공공권력을 가진 사람들과 그들을 따르는 무리들이 아무런 통제도 없이 마음대로 통화를 주무를 수 있는 특권을 양보하지 않으려는 것이다. 인플레이션을 옹호하는 집단의 이런 저항은 늘 그렇듯 편향적이며 전혀 과학적이지 못하다. 하지만 인플레이션 위에서 성장을 이뤄낼 수 있다고 주장하는 정치인들은 1990년경부터 점차 사라지고 있다. 조절에 의한 성장은 이제 신화로만 존재하는 것이다.

IMF의 좋은 충고

로고프(Rogoff)는 아프리카를 제외한 거의 모든 곳에서 일어나고 있는 경제성장이 경제학과 시카고 학파의 승리로 가능했다고 설명한다. 프리드먼의 제자이자 경제학자인 로고프는 2001년부터 2005년까지 IMF(국제통화기금) 총재를 역임했다. 그는 이 기간 동안 인플레이션에 직면해 있던 정부들을 차례로 만나 IMF의 통화정책 처방에 따라줄 것을 설득했다.

IMF는 두 가지 기능을 하고 있다. 하나는 일반적으로 알려진 기술적 고문의 역할이고 또 다른 하나는, 자주 비난을 받곤 하지만, 금융위기에 처한 나라들의 은행 역할을 하는 것이다. UN 가입국들의 관리 은행인 IMF는 자주 정치적 융자를 해준다. 이는 현 체제를 구제해주기 위한 것으로(1986년 고르바초프의 경우가 대표적이다) 상환을 받기 위해서는 아니다. 완전히 손해를 보는 이런 대출은 오히려 지도자들로 하여금 경제발전에 필요한 개혁들을 미루게 만든다. 그 결과로 생긴 혼란이 순전히 자신들 탓임에도 불구하고 IMF의 탓으로 돌리도록 지도자들에게 구실을 만들어주는 것이다. 재원을 낭비하는 지도자들의 이러한 위선과 무능력에도 불구하고 이들은 가난한 나라들의 부채를 탕감해주어야 한다는 생각을 가진 예술가들이나 종교 지도자들 그리고 몇몇 국가 지도자들의 동의를 얻어내고 있다. 사실 이들 나라의 부채 대부분은 자금을 가로채는 지도자들의 부패에서 생겨난 것이다. 많은 비난에도 불구하고 가난한 나라들의 부채가 결코 상환되지 않는다는 점을 로고프는 지적한다. 부채를 진 가난한 나라들이 오히려 기부나 새로운 대출의 형태로 매년 자신들이 진 부채의 연 상환 예정금에 상당하는 높은 액수의 돈을 가져갔다는 것이다. 부자 나라들로서도 이 부채 탕감이 부담되는 일은 아니다. 따라서 가난 때문에 어쩔 수 없는 빚이라 믿으며 양심의 가책을 덜려 하고 있다. 하지만 로고프에 따르면 상황은 심각하다. 부채의 탕감으로 인해 자금 남용은 되풀이되며 유감스럽게도 이 때문에 대출금과 기부금을 효율적으로 사용케 하는 제도들을 만들어내지 못하는 결과가 빚어지고 있는 것이다.

IMF의 전 총재인 미셸 캉드쉬(Michel Camdessus)는 IMF의 기능 중의 하나가 무능력한 국가지도자들의 먹이가 되어 주는 것이라 말한 바 있다. 그러나 다행히도 오늘날 IMF는 더 이상 재원이 남아 있지 않으며 찾는 고객도 없어졌다. 터키가 마지막 고객이었는데 터키는 2007년 빚을 모두 갚았다. 만약 IMF가 하나의 기업이었다면 논리적으로 볼 때, 임무를 마쳤으니 사라져야 한다. 그러나 IMF도 관료적 형태의 기관이라 계속해서 다른 불필요한 기능들을 만들어내며 존속하고 있다. IMF가 카운슬러의 역할을 한다는 점에선 불필요한 기관은 아닐지 몰라도, 할 일이 거의 없는 일만여 명의 국제공무원을 거느리고 있다는 점은 과히 충격이 아닐 수 없다.

미국이나 독일의 모델에 따라, 전문가들에 의해 조절되는 전지전능한 독립 중앙은행을 창립한 것은 과거 IMF가 이뤄낸 가장 큰 업적 중 하나다. 중앙은행들은 많은 후진국들의 통화를 안정시켰는데 다행인 점은 대부분의 후진국에서 잘못된 통화 외에는 더 이상 경제를 불안정하게 만드는 요인이 없다는 점이다. 2004년부터 세계의 평균 인플레이션율은 연 3.5%로 떨어졌다. 이는 거의 무시해도 좋을 만한 수치이며 전례가 없는 일이다. 이러한 통화의 안정성과 예측 가능성만으로도 아프리카나 중동의, 자원도 산업도 없는 나라들에서 거의 연 5%

의 새로운 성장을 이끌어낼 수 있다. 경제의 안정화만으로도 투기와 자본 이탈을 막고 상업거래와 투자를 유도할 수 있는 미래에 대한 기대를 부추기기에 충분한 것이다.

덧붙여 로고프는 중앙은행이 독립적이라는 것만으로는 충분하지 않다고 말한다. 자유로운 자금의 흐름 또한 안정을 위해서는 꼭 필요한 요소라는 것이다. 자본의 세계화가 이루어져 각 정부의 요구나 압력이 필요 없게 되지 않는 한 어떤 중앙은행도 그 요구나 압력에 저항할 수 없기 때문이다.

인플레이션을 끝내는 일은 경제라는 학문과 좋은 제도들 그리고 개방된 경제체제에서 인플레이션을 불가능하도록 만드는 세계화가 조화롭게 어우러져야 가능하다. 세계화는 화폐간의 경쟁력을 부추겨 물가의 안정을 보장해주거나 심지어 물가를 낮게 끌어내린다. 오늘날 자국보다 훨씬 값이 싼 중국산 수입품들은 서방세계 전체의 물가 안정에도 공헌하고 있다. 이런 세계화로 말미암아, 오랫동안 인플레이션(이는 미국 이익 주도 경제의 징후이다)으로 경제가 마비되었던 프랑스 같은 나라에서는 중앙은행이 독립하기도 전 이미 물가 안정이 이루어졌다. 프랑스의 인플레이션은 유로화와 프랑크푸르트에 있는 유럽중앙은행(ECB)이 생기기 전 이미 대외적인 경쟁으로 인해 사라졌다.

불안정한 유로화

유럽중앙은행의 첫 번째 목표가 인플레이션을 막는 것이었다. 하지만 이제 더 이상 인플레이션이 일어나지 않는 마당에 중앙은행을 꼭 만들 필요가 있었을까? 예를 들어, 유로화를 받아들이지 않은 영국에선 더 이상의 인플레이션은 없지 않은가? 로고프에 따르면 유럽중앙은행은 그 무엇보다도 정치적으로 기획된 "고귀한 실험"이며 돌이킬 수 없는 유럽 통합의 상징이다. 그러면 설령 국가가 의도적으로 인플레이션을 유도한다 해도 이 은행이 존재함으로써 인플레이션이 저지될 수 있을까? 로고프는 확실하게 '노'라고 대답한다. 그는 유럽중앙은행보다는 세계화가 더욱 확실히 물가를 안정시켜준다고 생각한다. 그러면 유로화의 역할은 무엇일까? 궁극적으로는 달러화와의 경쟁을 위한 것인데 로고프는 유로화의 이런 야심은 당연하지만 아직까진 불확실하다고 생각한다.

달러는 유일하게 널리 인정된 보유 기능의 화폐이다. 따라서 이로 인해 미국인들이 상당한 이익을 얻는다는 데는 의심의 여지가 없다. 미국인이 아닌 사람들이 달러화를 보유하려는 욕심으로 축적하는 달러화는 미국으로 하여금 다른 나라들보다 낮은 이율로 돈을 빌리고 투자할 수 있게 해준다. 로고프는 이런 이점을 가지고 미국이 챙기는 액수가 500억 달러에 이른다고 평가하고 있다. 유럽과 비교하여 연 1%의 추가 성장을 가능케 하는 액수인데 선진국들의 경제성장률이 2%를 맴돌고 있음을 감안할 때 이 달러화로 인한 이익은 경제성장의 반 이상을 차지하는 셈이다. 그러니까 달러화를 유로화로 대체하려는 유럽의 야심은 너무나 당연한 것이라고 할 수 있다.

한데 로고프는 유럽의 결정적인 실수가 달러화에 상응하는 효과를 얻기 위해 단지 유로화만을 만드는 것만으로 충분하다고 믿은 데 있다고 말한다. 그리고 사실 이것만으로는 충분치 않았다. 유로화와 달리 달러화는 오래 기능했던 만큼 예측 가능한 화폐다. 어떤 기본 방침을 가지고 연방준비제도이사회(Federal Reserve Board)가 달러를 조절하고 있는지 우리는 알고 있기 때문이다. 반대로, 앞으로 유로화가 어떻게 관리될지 우리가 예측할 수 있기엔 아직 시기상조다. 유럽중앙은행에 대한 유럽 정부들의 간섭과 공격이 너무나 많기 때문이다. 중앙은행에 대한 유럽 정부의 공격 때문에 유로화의 미래는 불투명하며 유럽인들이 유로화를 통해 얻을 수 있는 이점도 줄어들었다. 달러화의 힘은 미국의 훌륭한 금융시장 조직에 기반을 두고 있다. 시장의 기능이 원활한 미국의 금리는 낮을 수밖에 없다. 반면 유럽은 복잡한 국가 통제와 통합된 금융시장의 부재로 합의를 더디게 만들고 보다 비싼 가격을 치르게 만드는 것이다. 로고프는 유럽이 보다 낮은 금리로 출자를 유도하기 위해서는 유로화나 복잡한 규제가 아닌 단일화되고 단순한 금융시장이 시급하다고 주장한다. 어떤 경우에도 유로화가 시장의 자유화를 대신할 수는 없다는 것이다.

 유로화가 비판의 대상이 되는 또 다른 이유는 '강한' 유로화가 유럽의 경제성장에 저해요소가 되고 있기 때문이다. 로고프의 말대로라면, 우리는 외환시장에서의 정확한 화폐 가치를 알 수 없다. 2007년 현재 1달러당 유로화의 가치는 1.3이다. 하지만 2002년 당시 1달러당 0.80유로였을 때도 사람들은 별 근거도 없이 유로화가 너무 약세라고 이야기했었다. 최근 아시아 화폐에 대해 달러화가 약세를 보이면서 달러화에 대한 유로화의 가치도 올라간 것이다. 그렇다면 얼마의 환율이 유리한지 따지기보다는 실제 경제에서 이런 환율이 어떤 효과를 주는지 생각해보아야 할 것이다. 사실 환율의 효과는 거의 없다고 봐도 좋을 정도로 약했다. 2007년 독일은 유로화의 강세에도 불구하고 더 많은 수출을 기록했다. 반면 프랑스에서는 독일과 같은 유로화 강세 속에서 수출이 줄어들었다. 그러므로 프랑스의 수출 약세의 원인은 유로화가 아닌 프랑스 제품의 낮은 경쟁력에서 찾아야 할 것이다. 로고프는 더 장기간의 예로, 30년 동안 일본 엔화의 가치가 3배로 뛰었지만 일본의 수출 역시 3배로 늘어났던 점을 상기시킨다. 이것은 화폐의 가치는 수출에 있어, 특히 제품이나 복잡한 서비스산업에 있어 아주 사소한 원인에 불과함을 뜻하는 것이다.

따라서 사실상 환율과 경제는 서로 다른 선 위에서 진행되는 것이라 볼 수 있다. 그런데 한 국가의 경제체계 안에서는 환율의 변화에 따라 많은 수혜자들과 피해자들이 생겨날 수 있다. 또 기업들 안에서도 환율에 대한 의존도가 크냐 작으냐에 따라 이익이 재분배되기도 한다. 유로화가 오르면 석유 수입은 줄어들지만 항공기의 가격은 올라간다. 그러므로 유로화와 유럽중앙은행이 경제성장을 저해한다는 이유로 이들을 비난하는 것은 책임 소재를 비켜가는 것이다. 오히려 경제성장 저해의 책임을 기업들의 경쟁력 약화나 과도한 시장 규제에서 찾는 것이 옳을 것이다.

로고프는 인플레이션을 막는 특권을 유럽중앙은행에 줌으로써 성장을 저해한다는 비난도 아무 근거가 없다고 주장한다. 인플레이션은 본질적으로 세계화 때문에 억제되고 있는 것이며 유럽중앙은행은 성장이나 사회적 안정 그리고 유럽 각 정부의 요구 등에 따라 금리를 정할 뿐이다. 그러므로 유럽중앙은행에 대한 공격은 시대착오적 이론의 잔영에 지나지 않으며 특정 집단의 이익을 챙기기 위한 방어수단이거나 경제에 대한 무지함에서 오는 오해의 하나라는 것이다.

하지만 로고프도 프랑크푸르트에 있는 유럽은행 말고 몇몇 다른 중앙은행들이 투자가 위축될 정도로 과도한 금리책정을 폄으로써 인플레이션의 위험에 계속 시달리고 있다는 점은 인정하고 있다. 브라질이 그런 경우인데, 브라질은 과거 악몽과도 같은 하이퍼인플레이션을 경험했기 때문이다.

로고프는 밀턴 프리드먼의 바람대로 적정한 인플레이션율이 꼭 제로일 필요는 없다고 주장한다. 인플레이션율 제로라는 것은 여론과 시간에 따라 바뀌는 경제주체들을 설득하기 위한 정치적 수사에 불과하다는 것이다. 로고프는 실제 약간의 물가상승은 실제성장에 전혀 방해가 되지 않는다는 현실적인 접근의 필요성을 오래 전부터 충고해 왔다. 로고프는 인플레이션율 제로에 집착하는 광신도들이 오히려 자신들의 입지를 좁게 만드는 결과를 초래한다고 비판한다. 그들의 극단적인 의견에 휩쓸려 경제학자 조셉 스티글리츠(Joseph Stiglitz) 같은 선동가들이 초긴축재정을 요구하고 있다. 극단주의는 다른 극단주의를 불러오기 마련이다. 긴축에 집착하는 사람들은 상황을 지나치게 과장하고 있지만 이를 비판하는 측에선 자신들의 주장을 뒷받침할 만한 어떤 근거도 제시하지 못하고 있다. 로고프는 스티글리츠가 노벨 경제학상을 받은 사람이지만 세계화와 화폐의 교환성을 거부하면서 경제발전에 이르게 된 단 하나의 예도 찾아내지 못할 것이라고 말한다.

실패의 기술, 아르헨티나의 재앙

경제는 실행의 예술이라 할 수 있다. 하이퍼인플레이션의 덕을 본 사람들이 개혁을 방해하기 위해 정치적 수단을 마음껏 발휘하는 사회에서 훌륭한 화폐제도를 적용하려면 훌륭한 화폐의 효력을 인식하는 것만으론 부족하다. 안정된 새로운 화폐를 만들기를 원하는 대다수 사람들의 공감대와 나라를 조종하는 정치적 마피아들 사이의 극명한 대립을 보여준 한 예가 바로 아르헨티나의 경우이다.

1990년대 아르헨티나는 오랜 경기침체에서 벗어날 기회를 맞았었다. 새 대통령 카를로스 메넴(Carlos Menem)과 그의 경제장관인 경제학자 도밍고 카발로(Domingo Cavallo)는 투명한 제도, 특히 진정한 화폐의 부재로 인해 50년 동안이나 아르헨티나 경제가 침체되었음을 인정했다. 부자들은 미국달러를 사용하고 있었으며 그들은 농산물 수출로 외국에서 벌어들인 돈을 본국으로 송금하지 않았다. 더욱 상황이 나빠진 가난한 사람들은 지방정부의 화폐를 사용하고 있었다. 이 두 계층 사이에서 아르헨티나 중산층들은 미국달러로 돈을 저금하였는데 그 돈은 아르헨티나 은행에 예치되고 있었다. 아르헨티나의 국가화폐는 페소인데 너무나 예측하기 어려워서 물건의 가격들이 달러에 맞춰 책정되고 있었다. 이런 아르헨티나에게도 달러를 국가화폐로 채택할 기회가 있었다. 카발로 장관은 완전하고 단순한 달러화(化)를 시도하려 했지만 몇몇 국수주의자들의 반대를 두려워하여 곧 포기하고 말았다. 그렇게 되었다 하더라도 달러화의 가치가 요동치고 있어서 아르헨티나는 유럽이나 일본과의 교역에서 가격을 제대로 제어할 수 없었을 것이다. 카발로는 매우 훌륭한 방법으로 비쳐졌던, 그러나 결국 파국적인 결말로 이어진 대안을 내놓았다. 그것은 달러화의 비축으로 안정성을 보장받아 본 달러에 대한 페소화의 가치를 고정시키자는 것이었다. 이렇게 되면 아르헨티나 사람들은 페소화와 달러화를 구분 없이 사용하게 된다. 카발로는 이 두 화폐를 등가화함으로써 페소화가 점차적으로 정상화되길 기대했다. 그런 다음, 결국 실행되지 못한 두 번째 단계에서 그는 국제무역 시장에서 고정된 시세에 따라 페소화가 정상적이고 전환 가능하며 유동적인 화폐의 기능을 다하길 기대했다. 그러나 이런 새로운 페소화에 대한 신뢰는 너무나 약해서 아르헨티나 사람들은 장기계약이나 담보 대출은 계속 달러화로 거래하였으며 페소화는 그저 단기 거래에서나 사용될 뿐이었다.

아르헨티나의 중앙은행도 역시 페소화와 같은 환율을 보장받기 위해 달러화로 빚을 내고 있었다. 카발로에게 쏟아졌던 주된 비난대로 1달러에 대한 페소화의 가치가 너무 비쌌던 걸까? 수입은 넘쳐나고 수출은 점점 어려워졌다. 그러나 카발로는 높아진 페소화의 가치 때문에 기업가들이 고도의 기술을 필요로 하는 생산품들을 수출하게 될 것이라 믿었다. 만약 오랜 경험이 있었다면 이런 고상한 경제순환이 가능했을지도 모르겠다. 하지만 불행히도 아르헨티나 정부는 무책임했고 제정신이 아니었다. 카발로가 한편에서 성공적으로 화폐를 안정시키고 있었던 데 반해 다른 한편에서 대통령은 무한정으로 공적자금을 낭비했다. 페론주의의 전통 속에서, 역시 페론당 출신인 카를로스 메넴 대통령은 공적자금을 풀어 유권자들의 표심을 얻는 데 정책의 초점을 맞추었다. 더욱이 선거 패배가 임박해지면서 정부는 공공사업 분야와 지방정부에 특히 많은 돈을 쏟아 부음으로써 그들의 충성을 받아내려 했다. 아르헨티나 은행들은 신용 위험도에 대한 어떤 평가도 없이 지방정부에 돈을 빌려주었다.

외국의 금융시장에서는 과거 아르헨티나 정부가 파산한 경험이 있음을 상기하며 매우 불안해하고 있었다. 각국에서 빌린 차관도 점점 짐이 되고 있었다. 카발로는 전혀 예상하지 못했던 상황에 봉착하게 되었다. 그는 페소-달러화의 등가제를 포기해야 했을까? 결국 국가에 합법적인 통화를 정착시키려는 그의 모든 노력은 허사로 끝나고 말았다. 설사 평가절하를 단행했다 하더라도 달러화로 약정을 맺은 부채에 대한 상환능력을 이미 상실했기 때문에 아르헨티나는 파산상태에 이르렀을 것이다.

2001년 메넴의 뒤를 이은 지도자들은 파산의 길로 접어들었다. 그들은 부채를 동결했고, 평가절하를 단행했으며 여기에 '페소화 전환(Pesofication)'이라는 책략까지 썼다. 아르헨티나 국민들이 은행에 예치해 둔 달러화는 새 페소화로 환산되어 옛 통화의 33%의 가치만 인정되었다. 새 화폐에 대한 신뢰로 페소를 예치했던 사람들은 졸지에 재산의 3분의 2를 빼앗기게 된 것이다.

  반면 부채가 있던 사람들에겐 행운이 찾아왔다. 그들이 졌던 부채의 3분의 2가 줄어든 것이다. 페소화 전환이 엉뚱하게도 아르헨티나 국민들의 부를 새롭게 재분배하도록 만든 것이다. 몇몇 사람들이 미리 계획한 것은 아니지만 이는 오래 전부터 망설여 왔던 경제 쿠데타와 맞먹는 비중의 사건이었다. 부채가 있는 사람들은 대부분 대기업이나 지방정부들이었다. 달러화에서 재평가된 페소화로 다시 전환됨으로써 이들은 하룻밤 사이에 빚의 3분의 2를 변제해버린 셈이 되었다. 당연히 제도의 희생자들은 돈을 빌려준 쪽이었다. 외국에서 아르헨티나에 투자를 했거나 아르헨티나에 돈을 빌려준 사람들은 투자하고 빌려준 금액 가치의 3분의 2를 잃어버리게 된 것이다. 아르헨티나 내에서도 소액 예금주들이나 노년을 위해 달러화로 재산을 모아두었던 퇴직자들은 이 화폐 전환으로 막대한 피해를 입게 되었다. 이런 협잡의 결과로 불평등한 사회구조가 더 심화되었음은 물론이다.

  아르헨티나의 미래는 어두웠다. 아르헨티나 정부가 국제 부채의 상환을 거부하고 이 나라 채권자들이 재산의 3분의 2를 몰수당하는 상황 속에서 그나마 남아 있던 국가의 합리적인 제도들까지 붕괴되었다. 가장 눈에 띄게 드러난 결과가 국내외 투자의 감소였다. 아르헨티나 화폐에 대한 신뢰가 그런대로 회복되기까지 몇 년의 시간이 필요할 것이다. 성장은 그만큼 지연될 것이며 국가는 그나마 원료 수출에 의지하여 유지될 것이다. 안정적이고 투명하며 정치적 책략으로부터 자유로운 제도가 없으면 아르헨티나는 긴 쇠퇴의 늪에서 헤어날 수 없을 것이다.

더 유감스러운 일은 이런 환란에도 불구하고 경제학자들의 모임을 제외하곤 나라 안에서 이에 대한 심각한 분석이 나오지 않고 있는 것이다. 반대로 정치적 열정이 또다시 이 나라를 흥분상태로 몰아넣었다. 그 주역은 화폐 쿠데타의 장본인인 마피아들인데 이들은 자신들을 통해 이익을 챙기고 있는 미디어들을 동원, 정치의 희생양이 되어버린 도밍고 카발로에게 책임을 전가하고 그를 비난하는 데 열을 올리고 있다. 그렇다면, 아르헨티나 화폐를 정상화시키려는 노력을 정당화하기 위해 카발로가 자유주의를 내세웠던 점으로 볼 때 아르헨티나 시장경제에서는 자유주의가 통하지 않는다는 반증이 성립되는 걸까? 사실 자유주의는 아르헨티나에서 진행되었던 것과는 반대로 정치의 독립성과 확고한 경제제도를 필요로 한다. 하지만 아르헨티나 정치권의 싸움은 차분한 사고보다는 국수주의적 열정에 호소하고 있었다. 그 결과 아르헨티나엔 페론주의 지도자들(2004년부터 네스토르 키르치네르(Nestor Kirchner)와 크리스티나(Christina) 키르치네르 부부 정권)이 다시 집권함으로써 이전의 상태가 되풀이되었다. 2007년 또다시 인플레이션이 도래했고 사회 인프라 구조는 약해졌으며 투자는 사라지고 1975년 무렵의, 콩 작물 수출 시세에 의해 성장이 좌우되던 시대 수준으로 되돌아갔으며 산업투자가 없어 실업이 지속되고 있다. 주변국인 칠레나 우루과이 그리고 브라질의 좌파 정부들도 좋은 화폐 없이는 좋은 경제가 있을 수 없다는 사실을 인정하고 있다. 그러나 아르헨티나는 이러한 상식적인 경제 법칙이 자기들 국가 경제에는 해당되지 않는다는 듯 행동하고 있다.

정치적 화폐―중국의 위안화

중국이 남아 있다. 이제 베이징의 정부가 600억 달러(2007년)를 적립한 것을 걱정해야 될 때인가? 중국 지도부는 무역에서 벌어들이는 수익―특히 북미와의 무역에서 수익이 크다―을 유통시키지 않고 쌓아두고 있다. 이 수익금은 적은 이자지만 확실한 안정이 보장되는 미국의 국고채권으로 단기 예치되어 있다. 그래서 만일 중국 지도부가 그 자산을 단기간에 회수하면 달러화는 붕괴될 것이다. 이렇게 되면 피해자는 누가 될까? 미국인들은 금리 상승으로 구매를 축소할 것이고 중국인들의 경제번영은 미국인 소비자들에게 의존한 것이었기 때문에 중국은 미국보다 더욱 심각한 상태에 빠져들 것이다. 두 번째 단계가 되면 달러화의 약세로 미국산 제품들은 세계 시장에서 경쟁력을 얻게 되는 반면 중국산 제품들은 불리해진다. 또 중국의 수출 증대가 더없이 좋은 품질의 제품 때문이 아니라 싼 가격으로 이루어졌던 만큼 결국 중국인들이 피해를 입으며 새로운 무역수지의 균형이 맞춰지게 될 것이다. 그러므로 중국은 벌어들인 돈을 미국 금융시장에 맡기는 것보다 수익의 많은 부분을 자국 시장에 투자하는 것이 바람직하다. 케네스 로고프는 매번 이 점을 중국에게 설명하려 했지만 쇠귀에 경읽기였다. 또 그는 중국의 화폐를 전환 가능하게 하고 중국 위안화의 실제 가치를 시장이 알아서 정하도록 하라고도 이야기했지만 더이상 설득을 포기했다.

저렴한 중국산 제품의 '습격'을 받고 있는 미국의 주장처럼 중국 위안화는 인위적으로 저평가된 것일까?

중국 위안화의 '약세'에 대한 반발의 진원지는 단순 가전제품이나 중국 수입품과 경쟁해야 하는 섬유제품 같은 비교적 단순한 제품을 생산하는 미국 기업들이다. 하지만 미국의 몇몇 철 지난 생산 활동의 몰락에 대한 변명을 위해 중국 위안화는 적절한 희생양이 될 수 없다. 중국 위안화의 약세에 대한 이런 반발은 유로화의 강세를 비난하는 것과 같은 발상에서 비롯된다. 그런데 일반적인 의견과는 반대로, 로고프는 중국 위안화는 오히려 고평가되어야 한다고 생각한다. 그의 설명에 따르면 중국의 예금자들은 자기 재산을 아주 낮은 이율을 보장하는 국립은행에만 예치할 수 있다. 그러나 중국의 금융 시장은 결국 개방을 피할 수 없을 것이며 이 때 중국의 예금자들은 더 좋은 조건의 다른 은행에 돈을 맡기려 할 것이다. 이렇게 되면 중국 위안화는 붕괴되고 만다. 중국의 지도자들이 달러화를 쌓아두려고만 하는 것도 이런 두려움 때문이 아닐까?

그러면 중국 지도자들이 중국 위안화를 다른 화폐들처럼 전환 가능한 화폐로 만들길 거부하는 진짜 이유는 무엇일까? 위안화의 조절이 중국산 제품의 가격을 인위적으로 낮출 수 있게 하기 때문에? 로고프는 이 말을 전혀 믿지 않는다. 왜냐하면 전환 가능한 위안화는 통제되는 위안화보다도 낮게 떨어질 수 있기 때문이다. 그의 말에 따르면 위안화를 통제하려는 진짜 이유는 다분히 정치적이다. 위안화가 전환 가능한 화폐가 아니기 때문에 중국인들은 예금을 자유롭게 예치할 수도 외화와 바꿀 수도 없으며 허가 없이는 자신들의 자본을 유통시킬 수도 없다. 위안화라는 수단을 통해 중국 인민들은 공산당의 지배를 받을 수밖에 없는 것이다. 중국 화폐는 정치적인 화폐이기 때문에 매력적이지도 않으며 미국달러를 선호하는 현상을 결단코 막을 수도 없다. 이런 식으로 중국의 지도자들은 도시 사람들에게만 단기간 이익을 줄 뿐 아무런 유연성도 없는 경제모델을 고집하고 있는 것이다.

만약 세계시장이 둔화된다면 중국경제는 대내외적으로 돌이킬 수 없는 결과를 초래하며 곤궁에 빠져들 것이다.

로고프는 중국인들이 달러를 모아둔다고 해서 그것이 미국이나 중국 그리고 세계 경제에 위험요소가 되진 않는다고 결론짓는다. 미국의 무역적자는 미국에 예치되는 예금으로 보상받기 때문에 더이상 위험요소가 아니다. 미국의 무역적자는 불확실성의 근거는 될 수 있지만 시한폭탄은 아니다. 그러나 중국은 정말 시한폭탄 같은 존재다. 중국의 정치적·경제적 미래는 불확실하다. 로고프는 세계 경제의 큰 위기들은 결코 우리가 쉽게 예상할 수 있는 곳에서 나타나지 않는다고 경고하고 있다.

무지의 위협

2007년 세계경제는 역사상 유례없는 약 5%의 높은 성장을 기록했다. 하지만 사실 이보다 적은 성장만으로도 충분했다. 다시 말해 한 세대(약 30년) 동안 국민 1인당 수입이 두 배로 증가하는, 1년에 약 2.5%의 성장만으로도 충분하다는 것이다. 성장이 이렇게 꾸준히, 세계적으로 계속된 적은 없었다. 그것이 가능했던 이유는 많은 국가들이 좋은 제도와 올바른 화폐로 자유무역에 동참했기 때문이다. 세계 무역만으로도 이런 메커니즘은 가능할 수 있다. 경제위기의 최단기화, 언론과 정치인들이 열광하는 짧은 경기순환 등은 이런 범세계적인 경제성장엔 큰 영향을 주지 못한다. 반면 무역이 중단되면 전체 성장은 완전히 멈추어버리고 만다.

그러면 무역을 중단시킬 수 있는 요소들은 무엇일까? 로고프는 이런 질문을 던진다. 전쟁일까? 하지만 지구상에서 분쟁이 중단되었던 적은 단 한 번도 없다. 역사의 눈금 안에서 모든 분쟁은 국지적이고 내부적이었으며 따라서 세계 무역에는 큰 영향을 주지 못했다. 전 지구를 강타한 격동만이 경제성장을 무너뜨릴 수 있을 것이다. 아니면 예상치 못한 생태학적 위험이 우릴 그렇게 만들 수도 있다. 그것은 실재하는 자연재앙일 수도 있고 자연재앙의 위험을 막는답시고 내놓는 잘못된 경제정책일 수도 있다.

또 우리는 기술혁신의 중단에 대해서도 생각해 보지 않을 수가 없다. 로고프는 기술혁신이 중단되지 않을 것이며 경제성장은 끝없이 계속될 것이라고 믿는 폴 로머(Paul Romer) 등 신경제 이론가들의 낙관론에 동조하지 않는다. 로고프는 과거를 돌이켜볼 때 경제성장은 늘 증기기관, 전기, 커뮤니케이션 그리고 오늘날의 정보기술 등 기술혁신에 의해 이끌어져 왔음을 상기시킨다. 앞선 기술혁신이라는 위대한 자산은 두 경기순환 사이 사이 몇 번 중단된 적이 있긴 하지만 비교적 연속적으로 이루어졌다. 그런데 현재의 경기순환 사이클 안에 들어 있는 우리들은 이 순환이 계속되리란 환상 속에 사로잡혀 있는 것은 아닐까? 로머는 그렇지 않다고 하지만 로고프는 그럴 가능성이 충분하다고 말한다. 진짜 최고의 위험은 경기순환이 끝나는 것이 아니라 경제학자들에 의해 쌓인 지식들을 포기하는 것이다. 하지만 불행하게도 경제위기 때에는 신비주의적 사상이 이성을 쓸어버린다. 경제학의 잘못된 적용, 공황의 폭풍 그리고 선동정치는 합리적인 이성을 마비시키고 마는 것이다.

4
유익한 세계화

한 가지 당황스러운 사실은 전세계의 대부분의 경제학자들이 미국에서 활동한다는 것이다. 이것이 단지 경제학에만 해당하는 현상은 아니다. 미국의 대학이나 연구센터 그리고 기업들은 모든 분야에 있어 세계시장에서 가장 유능한 인재들만을 등용하여 그들을 대접할 줄 안다. 어느 유명한 연구자가 자신의 작업조건이나 학문적 분위기를 마음에 들어 하지 않으면 다른 연구소들이 서둘러 그를 스카우트한다. 이러한 경쟁적 압박은 당사자들에게도 영향을 준다. 바로 이런 압박으로 인해 연구자들은 자신의 권위와 특권을 잃을지 모르겠지만 자신들의 분야에서만은 최정상에 서게 된다. 대부분의 프랑스 학자들은 이런 압박받는 분위기를 좋아하지 않지만 그 중엔 기꺼이 동참하는 사람들도 적지 않다. 굳이 나라를 열거하지 않더라도 대서양 반대편으로부터 건너온 유럽 출신 연구자나 교수들의 수는 놀랄 정도로 많다. 이런 사실은 콜롬비아, 예일, 하버드, 스탠퍼드 같은 유수한 대학들의 연구센터에서도 확인할 수 있다. 특히 하버드에 있는 경제학자들의 3분의 1이 유럽에서 건너온 사람들이다.

자디쉬 바그와티(Jagdish Bhagwati)는 유럽보다 더 멀리서 온 경제학자이다. 인도 북부의 구자라트(Gujarat) 출신인 그는 영국의 케임브리지 대학을 거쳐 뉴욕의 콜롬비아 대학으로 왔다. 세계화를 주도적으로 이끄는 경제학자이자 변호사인 그가 자신의 재능을 필요로 하는 경제 도약기의 조국 인도를 저버린 것은 아주 뜻밖이다. 하지만 정작 바그와티는 그렇게 생각하고 있지 않다. 그는 "자국의 인재들이 외국으로 빠져나가는 것을 지나치게 부정적으로 보는 경향이 있다"고 말한다. 겉보기엔 국가 인재들을 잃는 것 같지만 이것이 외국에서 공동체 의식을 불러일으키게 된다는 것이다. 이런 디아스포라(민족 분산)는 지식을 집적시키고 소통로를 만들어준다. 인도와 한국 그리고 중국이 바로 이런 예다. 민족 분산이 본국의 경제적 성공을 보장해주는 지식의 저장고 역할을 하는 것이다. 바그와티는 인재의 세계화를 비롯한 모든 세계화가 인류의 발전에 유익한 일이라고 결론을 내린다.

경제는 학문이다

세계화 예찬론자로 정평이 나 있는 그에게 자신의 방식이 정말 과학적인지 물은 적이 있다. 그것이 이데올로기적 열정을 선동하는 것은 아니냐는 것이었다. 이에 대해 바그와티는 경제도 다른 모든 학문과 마찬가지 방법으로 전개되는 것이라고 항변한다. 경제학 또한 여러 가설을 세운 다음 그 모델들을 사회적 현실에 대입시켜 맞추어본다. 개인적 호감도가 아닌 현실세계만이 가설들을 유효하게 하거나 폐기시킬 수 있다. 모든 학문적 모델이 그렇듯 경제학의 모델들도 불완전하며 근사치로밖엔 입증할 수 없다. 그래도 18세기 말 스코틀랜드 사람 애덤 스미스가 처음 제기했던 무역이론 같은 경우는 경험적으로 끊임없이 입증되고 있다고 바그와티는 말한다. 무역이론을 처음 주장하면서 애덤 스미스는 무역을 하고 있는 두 나라는 이 무역에 의해 함께 부유해질 수 있다고 주장했다. 무역은 돈을 쓰게 해서 상대 나라로부터 이익을 얻는 것이라는 중상주의 이론과 반대되는 주장이었다. 두 세기 반이 지난 지금, 일반적인 제도 안에서 무역을 하는 모든 나라들은 함께 부를 쌓을 수 있다는 사실이 증명되었다. 그런 결과에 이르는 메커니즘은 설명할 필요도 없거니와, 그로 인한 긍정적인 효과들은 이제 자명한 것이 되었다.

자유무역 이론에 역행하는 결과들은 구소련이나 과거의 인도나 중국 그리고 오늘날의 북한 같은, 무역보다는 자급자족 경제를 추구하던 나라들만 봐도 알 수 있다. 무역을 거부하고선 결코 지속적인 경제발전을 이룰 수 없다. 이 또한 최근에야 확실히 밝혀진 것이다. 왜냐하면 1970년대 몇몇의 경제학자들은 경제발전의 방법으로 여전히 자급자족 경제를 권유하고 있었기 때문이다. 이런 이론은 인도나 이집트를 비롯하여 구소련과 아르헨티나에 이르기까지 여러 나라에서 크게 환영받았다. 끔찍한 재앙이 아닐 수 없다. 이들 나라들의 경험은 이런 이론이 수정되어야 함을 입증했다. 두 축의 리스트들만 작성해보는 것만으로도 이 사실을 충분히 확인할 수 있다. 즉 한 축은 자유무역을 선택했던 나라들(한국, 일본, 중국, 말레시아 등등)이고 다른 한 축은 자유무역 체제를 거부한 나라들(1990년 이전의 인도와 중국, 소련, 아르헨티나 등등)인데 첫 번째 그룹의 나라들은 도약을 이룬 반면 두 번째 그룹의 나라들은 부진을 면치 못하고 있다.

하지만 이런 현실만을 가지고 확신할 수 있을까? 바그와티는 대학 교수로 있으면서 세계화를 설명하고 장려하는 데 대부분의 시간을

4. 유익한 세계화 81

보냈다. 세계화는 아직까지도 세계적인 확신을 얻어내지 못하고 있기 때문이다.

바그와티는 자신의 주장에 반대하는 이들을 관념론자(idéologue) 그룹과 무지한 사람들의 그룹으로 나눈다. 진실한 논쟁이 불가능한 관념론자 무리들은 세계화의 뒤편에 서서 자본주의와 다국적 기업들, 미국인들, 시장의 힘 그리고 자유주의 사상 등을 편협하게 판단하고 비난한다. 그들에게 세계화는 전적으로 혐오스럽기만 한 것이다. 그래서 그들은 세계화라는 큰 무대 속에서 자신들의 혐오감을 자극하는 지엽적이고 특수하며 눈에 띄는 것들만을 찾아내려 한다. 관념론자들 앞에서는 경제학자인 바그와티도 논쟁을 피한다. 그가 사실을 제시하면 이 관념론자들은 허상을 가지고 이야기한다. 허상은 사실보다도 훨씬 설득력이 있어 보일 수 있다. 경제학자가 통계와 익명의 대중들을 상대로 전체를 조망하는 데 반해 관념론자들은 개인적인 경험과 감정을 앞세워 이들에 반발한다. 숫자보다는 상상이 앞서는 것이다. 허상 앞에서 경제학자들은 이론적 모델을 세울 수도 없고 불합리함을 지적할 수도 없다. 그래서 바그와티는 차라리 무지한 사람들을 대상으로 설명하는 것이 좋다고 말한다. 모르거나 잘못 알고 있던 부분들이 있어도 사실을 바탕으로 깨우쳐주면 설득이 되기 때문이다.

세계화와 임금 하락

여기서는 바그와티의 업적 중 가장 큰 부분을 차지하는, 세계화의 유익함에 대한 논거들은 더 이상 언급하지 않겠다. 그보다 우리는 세계화를 끈질기게 따라다니는 두 가지 비난에 초점을 맞추려고 한다. 그 두 가지 중 하나는 세계화로 인해 임금이 낮아진다는 주장이고 다른 하나는 환경 문제이다.

싼 비용으로 제품을 생산하는 나라에서 수입한 물건들로 인해 부자 나라 노동자들의 임금이 낮아지는 것은 세계화의 과정에서 당연한 일일까? 하지만 가장 수입을 많이 하는 나라에서도 평균 임금이 낮아졌다는 보고는 어디에도 없다. 놀랍지 않은가? 실제의 현실이 직감이나 인지하는 것과는 배치되는 결과를 보여주고 있다. 바그와티는 이 명백한 역설을 다음과 같이 설명한다. 예를 들어 중국 등에서 수입한 제품의 가격에는 대략 10% 정도의 아주 적은 임금 부분만이 포함되어 있다. 따라서 경쟁은 임금에 거의 영향을 미치지 못한다. 게다가 세계화나 지역편중 해소의 결과로 한 부문의 고용이 사라지면 다른 부문에서 새롭게 고용이 창출된다. 보통 이렇게 새로 창출되는 고용은 수입이 더 많고 수준도 높다. 세계화는 모든 경제학자들의 위상을 끌어올렸다. 세계화를 가능케 한 경제성장 덕분에 개발도상국에서는 다시 선진국들의 고도 기술 제품들과 연관된 새로운 시장이 생겨난다. 예를 들어 수요가 늘어난 중국에 유럽이 항공기를 팔면 유럽의 노동자들은 보다 더 높은 임금의 일자리를 얻을 수 있다는 것이다. 세계화는 이처럼 값진 경제 사이클을 이끌어내곤 한다.

바그와티는 임금을 낮춘다는 의심을 받는 세계화의 논쟁 뒤에 '황인종의 위협(péril jaune)'이라는 유령이 도사리고 있다고 말한다. 1930년대와 1980년대 서구는 일본에서 온 값싼 제품들의 습격을 받고 있다고 생각했다. 그래서 사람들은 일본이 서구의 시계와 섬유, 자동차 산업을 무너뜨릴 것이라며 두려워했다. 하지만 실제로 그런 일은 절대 일어나지 않았다. 무역을 했던 모든 파트너 국가들은 함께 발전하여 보다 복잡하고 다양한 제품들을 생산하게 되었다. 세계 경제의 역동적인 발전에 초점을 맞추다 보면 세계화에 대한 잘못된 전망의 예를 많이 발견할 수 있다. 경제학자들 중에서도 이러한 실수를 저지르는 예들을 만날 수 있다. 그 중 가장 유명한 경우가 미국의 경제학자 폴 새뮤얼슨(Paul Samuelson)이다. 1950년대에 그는 각 나라가 종국에 같은 가격에 같은 물건을 생산하게 될 것이기 때문에 보편화된 무역은 없어질 것이라고 주장했다. 그러나 세계화의 역동성은 끊임없이 새로운 필요와 새로운 요구를 만들어 낸다는 점을 새뮤얼슨은 간과하고 있었다. 또 그는 한편에서 자유무역을 근간으로 하는 나라들 사이에 차이가 없어질수록 다른 한편에선 그 차이가 더 깊어진다는 사실도 간과하고 말았다. 처음 무역을 시작할 때에는 나라들 간의 이익이 자연조건들로 인해 달라지기도 했다. 그러나 이제 그런 경우는 없어졌다. 자연조건도 임금도 이제 더 이상 격차가 나지 않게 되었다. 대신 보다 덜 물질적인 것들, 이를테면 각 지방의 문화 같은 것이 그 차이를 대신하고 있다. 세계화에도 불구하고 나라 사이의 차별성이 이렇게 지속적으로 나타나는 것에 대한 설명으로 바그와티는 일본의 예를 든다.

일본인들 하면 타고난 장인의 솜씨를 가진 것으로 인정받고 있다. 이것은 그들이 만들어내는 제품들이 한결같이 완벽하다는 데서 입증된다. 여기에는 느림의 미학과 신중함이 요구된다. 하지만 예를 들어 즉각적인 반사작용을 필요로 하는 금융시장의 경우 이 분야를 주도하는 미국인들에겐 큰 행운인 반면 일본인들에게는 이 분야에 재능을 발휘하는 일이 어렵다. 이렇게 동양과 서양의 무역은 임금의 차이보다 문화적 차별성과 상호보완적 토대 위에서 이루어지는 것이다.

아무리 그래도 세계화를 받아들인 서구의 나라에서 몇몇 분야, 특히 생산업이나 근거리 이동이 가능한 서비스 분야의 임금이 실질적으로 낮아지는 것은 사실이다. 바그와티도 눈에 보이는 이런 사실들까지 부인하진 않는다. 하지만 세계화는 이런 사실들과는 아무 상관도 없는 것이다.

산업혁명 때부터 모든 혁신은 생산성 향상을 동반했기 때문에 초기엔 관련 활동의 임금 저하를 초래하곤 했다. 생산방법의 변화라든지 업종간 이동 등 변화의 시기에 임금 노동자들은 수입의 감소를 감내해야 하지만 이는 보다 높은 보수의 노동으로 도약하기 위한 과정일 뿐이다. 이를 우리는 'J 곡선'이라 부른다. 세계화가 종종 'J 곡선'이 이루어지는 속도를 빠르게 하지만 그렇다고 세계화가 이 곡선의 원인은 절대 아니다. 하지만 바그와티도 인정했듯이, 일반적으로 'J곡선'의 움푹한 부분에서 빠져나오는 것을 평균적으로 보았을 때 그렇다는 것이다. 그러니까 'J곡선'이 어느 한 노동자나 어느 분야의 고통스런 상황을 반영하는 것은 아니다.

여기서 바그와티가 강조하는 것은, 전체적으로 보아 유익한 세계화와 거기서 발생하는 일탈적인 결과는 명확하게 구분해야 한다는 것이다. 이념이나 무지, 혹은 개인적 이해관계 때문에 정부가 세계화에 노출된 특정 분야에 보호주의를 발동하다간 경제 쇠퇴는 물론 모든 사람들의 임금 하락을 초래할 수도 있다는 것이다. 이런 유형의 재난은 자급자족 경제를 시도했던 모든 나라들에서 쉽게 발견할 수 있다. 이와 반대로 세계화와 기술 발전을 꾀해 특정 직업군의 힘든 변화 과정을 이겨낸 공동체나 국가들도 있다. 하지만 세계화주의자인 바그와티는 태평스럽거나 무기력하게 시장의 자율성이 모든 것을 해결해 준다고 생각하지는 않는다.

세계화와 환경 파괴

경제발전을 이끄는 세계화가 천혜의 자연들을 오염시키고 있는 것은 사실이다. 오염 문제는 중국이나 브라질, 인도처럼 경제도약을 막 시작한 나라들에서 더 심각하다. 이 나라들은 산의 나무들을 베고 석탄을 사용하는 등 다소 원시적인 방법으로 자연을 파괴하고 있다. 이러한 환경훼손과 동시에 환경문제에 민감한 중산층과 지나친 환경파괴를 비난하는 미디어들 그리고 비정부 단체들도 생겨나고 있다. 경제가 발전함에 따라 정치적·국가적 혹은 국제적 압력 때문인지, 고갈되는 자원에 대한 걱정과 사회의식이 자리 잡아가기 때문인지, 아니면 환경에 대한 가치를 인식하기 때문인지, 생산의 방법이 점점 자연과 보조를 맞추려는 쪽으로 나아가고 있다. 이는 경험으로도 확인할 수 있는데, 일반적으로 국민소득이 5,000달러를 넘으면서부터는 환경에 대한 인식도 바뀜을 알 수 있다. 이런 환경의 변화 가운데 단순하고 원시적인 자연훼손을 대신하여 집약적인 에너지가 사용된다. 세계화 자체가 환경을 파괴하는 것은 아니지만 많은 가난한 나라들까지 경제발전이 이루어지면서 세계화는 환경과 발전을 두고 새로운 선택의 기로에 서게 될 것이다. 이와 함께 경제학자들에게는 새로운 연구과제가 주어질 것인데 그것이 바로 환경의 경제학이다.

그렇다면 자연에는 어느 정도의 가치를 매길 수 있을까? 한 브라질 사업가가 중국의 소비시장을 겨냥하여 콩을 경작하려 할 때 아마존의 숲의 가격은 거의 공짜다. 숲은 무료로 개간될 수 있기 때문이다. 그러나 상파울로나 파리의 생태학자들에게 이 아마존의 숲은 무한한 가치를 지니고 있다. 그렇다면 이런 차이를 어떻게 조절해야 하는가?

현재로서는 경제학자들도 이 문제에 정확한 답을 내릴 순 없다. 아마존 숲은 아직까지도 어떠한 객관적 가치평가도 받아보지 못했다. 이 환경의 가치에 지구 온난화 같은 보다 장기적 안목에서의 환경위험까지 더해지면 문제는 보다 복잡해진다. 현재의 아마존 숲의 가치를 모르는 상태에서 온난화라는 부정적 대가를 무시하고 콩 가격만을 계산하면서 콩을 심기 위해 나무를 베는 것이 과연 합리적인 행동일까? 경제학자들이 언젠가는 이 문제에 대해 합리적으로 답변하게 될 날이 올 것이다. 그렇게 되기를 바라기에 대화와 타협이 바람직한 방안이라고 할 수 있다. 처음 발전을 시작할 때는 강한 드라이브를 걸겠지만 이에 대해 걱정의 목소리가 새어나오면서 점점 부드러워질 수밖에 없다. 바그와티는 경제학자들이 그저 현실세계를 정확히 그려내는 데에만 만족하면서 절대적 완벽성을 기대하는 사람들을 실망시키고 있음을 인정한다. 하지만 반대로 경제가 결코 완벽할 수 없음을 그들도 인정해야 할 것이다.

문화적 예외

전체적으로 볼 때 세계화가 경제성장에 유익한 것임에 틀림없다. 하지만 농업과 문화 부문에서는 자유무역의 예외를 인정해야만 하는 걸까?

농산물은 자유무역주의와 보호무역주의 사이에서 많은 의견 충돌이 일어나는 곳 중 하나다. 문화에 대한 고려와 위생에 대한 염려, 식품을 해외에 의존하지 않고 어느 정도 해결하려는 의지, 그리고 지방 농가의 이익 등 문제들을 현명하게 배합하려다 보니 오늘날 유럽과 북미의 농업은 세계화의 뒤편에 머물고 있다.

그런데 선한 의도에서든 나쁜 이유에서든 농업의 보호무역 때문에 치러야 하는 비용은 상승했다. 부자 나라의 소비자들과 납세자들 그리고 수입을 회피해 온 가난한 나라들이 치러야 할 비용은 두 배가 되었다. 보호주의를 채택하고 있는 유럽이나 미국, 일본, 한국 같은 나라들 중 이 제도의 진짜 수혜자들은 누구일까? 아마 등뒤로 자신들의 이익을 숨긴 채 자신들의 이미지를 관리하고 있는 극소수의 사람들일 것이다. 그렇다면 농업 보호무역으로 인해 손해를 보는 사람들은 누구일까? 셀 수 없이 많은 사람들이 여기 해당한다. 보호 무역을 위한 보조금을 지불해야 하는 납세자들과 아무런 정보도 얻지 못한 채 먹거리를 위해 필요 이상으로 지출해야 하는 소비자들, 그리고 자신들이 경작한 농산물을 수출할 수 없는 아프리카나 브라질의 농부들이다. 아마도 사하라 사막 이남에 있는 아프리카의 거의 모든 나라들이 특히 면화와 설탕 등에서 유럽과 미국의 보호무역의 피해자들일 것이다. 바그와티는 농업 보호주의는 시장 확보를 위한 기술을 필요로 하지 않기 때문에 기술 발전을 지연시키며, 보호된 산업 분야에서는 기업정신이라는 것이 아무 역할도 못하기 때문에 결국 도태될 것이라고 지적한다. 게다가 보호주의는 무역을 통해 국가가 벌어들일 수 있는 상당한 이득을 박탈해 버린다. 모든 형태의 보호주의는 비슷한 결과를 초래하며 남반구뿐만 아니라 북반구에서도 성장을 둔화시킬 것이다.

논쟁적인 이 주제에 대해 바그와티는 급진적 자유주의자들보다는 덜 과격하고 유연한 태도를 보인다. 급진적 자유주의자들은 선두에 서서 보호주의자들의 요새를 공격한다. 바그와티가 농업에 대한 지원과 무역거래에 방해되는 것을 구분해야 한다고 말해도 소용이 없다. 그는 특정 분야나 특정 계층의 구성원을 보호하는 것은 민주주의 정부의 몫이며 그 정부의 선택이라 이야기한다. 하지만 그 선택은 자유무역주의와 세계화에 방해가 되지 말아야 하고 전체의 이익을 위한 것이어야 한다. 바그와티는 국가가 농산물의 자유거래를 방해하는 장애물을 없앤다는 조건하에서 개인 자격으로서 농민들에게 보조금을 지급하는 것을 수용한다. 유럽과 미국에서의 농민 보호도 바로 이러한 방향, 즉 생산물에서 생산자로 옮겨가는 것을 원칙으로 해야 한다는 것이다. 그렇다면 사람을 돕는 것과 생산물을 돕는 것을 어떻게 구분할 수 있을까? 이 어려운 판단은 국제무역기구(WTO) 재판부에 넘겨질 것이다. 바그와티는 브라질 정부가 2006년에는 미국의 면화 산업 보조금에 대해, 2007년에는 유럽의 설탕 산업 보조금에 대해 WTO로부터 유죄 판결을 이끌어 낸 것에 대해 크게 환영하는 입장이다. 그러나 이 재판소는 아직까지 제 역할을 못하고 있으며 재판관들도 정치성을 띠고 있다. 그래도 유죄 판결을 받은 나라들은 벌금을 피하기 위해서라도 결정을 무시하진 못한다. 이쯤이면 국제적으로 합의된 경제적 권리를 향한 첫걸음을 떼었다고 할 수 있을 것이다.

좋은 제도들의 뒷받침이 없으면 유익한 세계화는 이루어질 수 없다. 주권국가가 아니면 국내시장은 자주적으로 관리될 수 없고 합당한 제도가 없으면 세계무역도 기능을 할 수 없는 것이다. 이러한 제도들은 아직 초보적이지만 발전해 가고 있다. 반세계화주의자들이 요구하는 규정들을 WTO가 도입하고 있음에도 국제무역기구에 대해 거센 공격을 퍼붓는 것에 대해 바그와티는 무지에서 나온 행동이라 일축한다.

그럼 문화도 농업처럼 특별대우를 받을 만한 것일까? 프랑스와 한국에서 주장하는 문화적 예외라는 개념은 미국인들에게는 이해할 수 없는 것들이다. 이 사안에 대해 미국인들이 악의적이어서가 아니다. 세계의 모든 문화들이 그들에게는 동일한 것이기 때문에 왜 문화적 정체성이라는 것이 지켜져야 하는지 경험상 이해할 수 없기 때문이다. 바그와티는 여기서 해결책도 없는 철학적인 논쟁에 갇히지 말 것을 주문한다. 만약 정부가 자국의 영화산업을 지지하고 싶다면 그렇게 하라는 것이다. 단 자유무역을 침해하지 않는 범위에서 말이다. 프랑스와 한국에서 오래 전부터 유지해온 영화 쿼터제를 위한 투쟁은 인터넷 시대에 더 이상 의미 없는 행위가 될 것이다. 세계화는 더 이상 선택의 문제가 아니라 현실 자체인 것이다. 세계화는 경제성장과 함께 불안과 근심을 안겨주었다. 그 중 어느 한쪽도 부정할 수 없겠지만, 바그와티의 주장은 이 문제들을 서로 분리하여 다루어야 한다는 것이다.

현실로 나타난 우려

우려가 현실로 나타났다. 나와 대화하면서 바그와티는 세계화로 인해 모든 경제활동들이 불안정하거나 앞으로 불안정해질 수 있다고 시인했다. 애덤 스미스의 시대에 비교우위는 명확했다. 기후조건, 커뮤니케이션, 노하우 등은 안전을 보장받았다. 예를 들어 열대지방에서 오렌지를 생산하는 사람은 영국에서는 절대 오렌지를 생산할 수 없다고 확신할 수 있었다. 그런데 오늘날의 상황은 더이상 그렇지 않다. 과거엔 멀리 떨어져 있어 경쟁이 필요치 않을 것이라 생각했던 시장에 갑자기 예외의 상황이 불쑥 나타난 것이다. 물론 지구가 평평하지 않기 때문에 지역간의 특색은 여전히 남아 있다. 자연의 혜택이나 지형, 문화, 정치 그리고 인식의 차이가 시장간의 차이를 만들기도 하지만 그것은 그리 크지 않다. 이제 더 이상 안정적인 수익이란 없으며 세계화는 지역 기업들의 파산을 가속화시키고 있다. 반 세기 전 오스트리아의 경제학자인 조셉 슘페터(Joseph Schumpeter)는 이를 "창조적인 파괴"라 설명한 바 있다. 세계화가 이전 것보다 더 많은 이윤을 내는 새 분야를 만들어내기 때문이라는 것이다. 그래도 파괴는 파괴다. 그러므로 각국의 정부는 한 분야에서 다른 분야로 보다 쉽게 변해가도록 유도할 방법을 모색해야 한다. 세계화에서 가장 마지막까지 제약으로 남는 것이 바로 노동과 시장의 유연성이다.

미국인들은 유럽인들에 비해 세계화를 더 잘 받아들인다. 세계화에 가장 잘 적응하는 미국이 유럽보다 더 높은 경제성장을 이루어내고 있다. 바그와티는 두 대륙 간에 직업에 대한 인식이 다르다는 점을 이야기했다. 미국의 직업윤리가 미국인들로 하여금 직업을 일 자체로 받아들이게 하는 반면 유럽인에 있어서 직업은 수입을 위한 일자리이자 자신의 지위로 인식한다는 것이다. 그래서 미국인들은 쉽게 직업을 바꿀 수 있지만 유럽인들은 지위를 바꾸는 걸 쉽게 용인하지 못한다.

두 대륙의 이런 차이는 세계화로 인해 손해를 보는 우수 산업을 프랑스 정부가 열심히 보호하려는 까닭을 설명해준다. 그런데 국가가 우수 산업들을 보호하려 노력하는 이런 행위를 비난할 수 있을까? 바그와티는 국제경쟁에서 살아남기 힘든 기업을 보호해서 그 기업을 살려내거나 국가경제 발전에 한몫을 하도록 변화시킨 단 하나의 예도 보고된 적이 없음을 지적한다. 국가의 우수 산업들이 실패하고 있다는 사실은 기업이 국가라는 보호자의 테두리에서 벗어나 시장에 노출되었을 때 명확해진다. 그것이 국내용 우수 산업이라면 상황은 또 달라진다. 이 경우 경쟁의 거부는 국내 소비자들에게 세 부담을 가중시킨다. 그리고 실제 수익을 내는지 어떤지 의심스럽지만, 어쨌든 수익을 내게 한다는 명분으로 질이 떨어지는 기업의 제품을 더 비싼 가격을 주고 사도록 강요한다. 그럼 여기서 국가의 이익이란 명분으로 행해지는 보호주의의 결정적인 한 예를 들어보자. 이것은 경제학적 분석에서 아주 유명한 예로 남아 있다.

  1980년대 아르헨티나 정부는 '불의 땅(Tierra del Fuego)'[4]의 발전을 유도하기 위해 산업 특구를 만들었다. 여기서 국내 기업에게 세금 혜택을 주고 외국에 대해서는 관세장벽을 쳐서 전자제품을 조립하도록 했다. 국내 기업들은 우슈아이아(Ushuaia)란 곳에 현지공장을 두고 텔레비전들을 조립했다. 그런데 이곳의 텔레비전 가격은 세계 텔레비전 가격의 3배에 달했고 여기서 텔레비전을 분해하고 조립하느니 차라리 수입하는 게 더 유리한 지경에 이르렀다. 이 모험은 결국 10년 동안 소수의 기업가와 이곳 수천 명의 노동자들에게만 이익을 주었을 뿐이다. 이 모험을 위한 비용은 텔레비전을 사도록 강요당한 아르헨티나의 소비자들과 보조금을 위해 세금을 냈던 아르헨티나의 납세자들에게 모두 전가되었다. 또 '불의 땅'에 재원이 몰려 있었기 때문에 다시 일어설 수 없었던 다른 기업들의 잠재적 임금노동자들도 피해를 본 셈이었다. 더 절실한 도움을 필요로 하는 곳이 있음에도 공적 자금을 이곳 '불의 땅'에 있는 국가 우수 산업에 써버림으로써 가난한 아르헨티나 서민들은 식수도 제대로 공급받을 수 없었고 교육이나 치료도 제때에 받을 수 없었다.

  이보다는 덜할지는 몰라도, 부자 나라든 가난한 나라든 결국 같은

---

4) 남아메리카 끝에 있는 커다란 섬. —역주

분석을 적용할 수 있는 비슷한 예들은 곳곳에서 찾아볼 수 있다. 이처럼 가시적인 이익만 따져볼 것이 아니라 전체적인 손익계산을 먼저 따져 보아야 한다.

국가 우수 산업의 비효율성이 증명되었음에도 불구하고 보호주의자들의 반성은 어디서도 찾아볼 수 없다. 포퓰리즘을 추구하고 소요를 두려워하는 그들의 논리는 정치적인 것일 뿐 경제적이지 못하다. 1830년 프랑스 경제학자인 프레데릭 바스티아는 어떤 풍자적 글에서 양초를 파는 상인들이 햇빛과의 불공정한 경쟁을 하고 있다며 항거할지 모른다고 꼬집었다. 바스티아는 "양초를 파는 상인 중엔 항상 햇빛에 대해 불평하는 사람들이 있는 법"이라고 말했다. 이때 '양초를 파는 상인들'에 대해 경제학자들이 할 수 있는 일은 정부가 그들의 역할을 대신해 달라 주장하는 것이 아니라 정부의 선택이 가져올 실제 결과들을 알려주는 것이다.

우리는 반세계화주의자가 될 수 있을까?

균형잡힌 시각을 가졌다 할 수 있는 바그와티도 미국 등지에서는 시장주의 이념가로 통한다. 하버드 대학의 경제학 교수인 대니 로드릭은 바그와티를 '자유주의 무역의 신봉자'라고 부른다. 미국인이 대부분인 경제학자들 사이에서도 세계화에 대한 격렬한 비난이 없진 않다. 로드릭은 세계화가 사회를 혼란스럽게 하고 권력을 재분배하며 새로운 불평등이(새로운 불평등이 이전의 불평등을 대신한다는 표현이 더 옳을 것이다) 생겨나는 것은 부인할 수 없는 사실이라 말한다. 그는 세계화주의자들의 이데올로기 때문에 각 국가들이 WTO에게 외국산 제품의 확산으로부터 자국을 보호할 권리를 빼앗기는 건 불합리하다고 주장한다.

"세계화를 신봉하는 것은 좋지만 광신은 곤란하다." 대니 로드릭이나 노벨상 수상자인 조셉 스티글리츠 같은 미국 내 반세계화주의자들의 비판 또한 이 말로 요약할 수 있다. 하지만 이들 또한 경제학자들이기 때문에 바그와티와 같은 분석 도구를 사용하고 있다. 따라서 이들 또한 세계화가 가난을 타개하게 해 주고 세계에 전체적인 이익을 가져다준다는 것을 의심하지는 않는다. 이들의 대립은 학설보다는 실천의 방법 때문에 생긴다고 볼 수 있다. 보다 일반화시켜 말하면 경제학자들 사이의 이념적 대립은 성장이라는 유일하고 측정 가능한 기준에 모두가 동의함에 따라 차차 사라지고 있다. 성장이라는 종합적인 지표로 인해 이제 정의나 행복 같은 추상적인 미덕이 아닌 입증된 효과를 통해 정책이나 이론들을 판별하게 된 것이다. 이러한 발전으로 말미암아 경제학은 가장 힘든 학문이 되었다. 경제학에서 특정한 의견이 차지하는 영역은 점점 줄어들고 있으며 경제학은 이제 결과의 학문이 되었다.

경제학자들 말고도 세계화에 반대하는 사람들은 많다. 하지만 그들이 하는 주장은 대부분 경제적이지 못하다. 예를 들어 노동조합이나 기업인 연맹처럼 자신들이 속한 집단의 이익을(이것이 그들의 권리이기도 하지만) 보호하기도 하고, 환경보호론자들처럼 부자 나라 사람들이 꿈으로 그리는 자연생활로의 귀의를 권장하기도 한다.

또 세계화의 거부는 로비에도 유리하게 작용한다. 로비단체들의 재원은 상당부분 그들이 보호하는 농업이나 특정 산업 분야의 고객들로부터 나온다. 이 압력단체들은 국수주의나 복고주의 또는 환경보호적인 열정을 앞세워 마치 자신들이 전체의 이익을 보호하는 것처럼 포장하기도 하기 때문이다. 반대로 세계화에 우호적인 압력단체들은 그 수혜자들이 분산되어 있는 데다, 세계화로 인해 얻는 자신들의 이익에 대해 제대로 인식조차 못하고 있기 때문에 그 입지가 상대적으로 좁다. 싼 값으로 옷이나 전자제품을 구입할 수 있어 구매력이 개선된 소비자는 세계화와 자신의 삶의 수준과의 직접적인 관계를 따져보지 않는다. 어쩌면 이 소비자는 일생에 한 번도 세계화를 위한 집단행동에 참여하지 않을지 모른다. 마찬가지로 자유무역으로 설탕을 수입할 때 책정될 가격보다 무려 7배나 더 비싼 가격으로 설탕을 산다고 해도 미국이나 유럽의 소비자들은 자유무역주의자의 압력단체에 가입하려 하지 않을 것이다. 소비자들은 보호무역으로 인해 지불하는 필요 이상의 가격에 대해 무지할 뿐만 아니라 수백만의 소비자들이 그 초과 가격을 분담하기 때문에 개인이 부담하게 되는 것은 작게 느껴진다. 또 소비자들은 세계화된 상품을 시장에서 볼 수조차 없기 때문에 보호된 상품과 세계화된 상품의 가격을 비교할 수도 없다. 자유무역으로 인해 이익을 얻게 되는 소비자들이 뭉치려면 중국이나 한국에서 생산하는 텔레비전이나 전화기, 컴퓨터 등을 한순간에 없애 보면 가능할 것이다. 이러한 이론적 실행만이 자유무역주의자들이 바라는 정치적 변화를 이끌어낼 수 있다.

  자유무역을 지지하는 사람들이 압력단체들이나 정부로부터 공격을 받더라도, 또 압력단체들의 영향을 받은 언론들이 세계화의 이익보다는 손해를 과장하는 데 열을 올려도, 세계화는 계속 진행된다. 이 무슨 조화인가? 또 다른 자유무역 전문가인 프린스턴 대학의 경제학자 진 그로스먼(Gene Grossman)은 두 가지 설명을 내놓는다. 그의 설명에 따르면 첫째로, 각국 정부는 특정 집단의 이익을 저지할 수 있는 능력을 가지고 있다. 또 그들은 명확하게든 막연하게든 자유무역이 경제성장에 유리하다는 사실을 알고 있다. 소위 국가관리론이라 불리는 이 이론은 외교정책에 주로 적용된다. 여론에 관계없이 정부는 국가 전체의 이익을 위한 결정을 택하게 되어 있다는 것이다. 두 번째 이론은 정부들이 선거를 의식한다는 것이다. 정부가 압력단체들의 의견을 존중하는 것 같지만 사실 정부도 반세계화주의자들 그룹이 소수라는 걸 잘 알고 있다는 것이다.

또 한 가지 잊지 말아야 할 것은, 국가가 장애가 되지 않는다면, 아니 장애가 된다 해도, 세계화는 국가의 금지를 잘 피해 기업의 주도 아래 자발적으로 진행돼 나갈 것이라는 사실이다.

세계가 곧 우리나라

자유무역에 대한 이런 논쟁은 혹 시대에 뒤떨어진 것이 아닐까? 진 그로스먼은 경제라는 세계는 그 해설자들보다 더 빠르게 변화한다고 말한다. 그럼에도 사람들은 프랑스는 브라질에서 콩을 사오고 폴란드에 자동차를 판다는 식으로 국가 간, 상품 간 거래에 대해 끊임없이 이야기한다. 하지만 실제로 국가는 더이상 무역의 주연배우가 아니며 우리가 거래하는 것도 더이상 상품이 아니라 직능일 뿐이다. 초국가적이 된 기업들은 이제 더이상 국가에 의지하지 않으며 애국심에 의해 기업의 전략을 세우지도 않는다. 기업들은 완성된 물건들을 수입하고 수출하는 데에만 만족하지 않고(물론 많은 기업들이 수출입의 업무를 하고 있다) 세계지도 위에 상대적으로 이익을 줄 수 있는 곳을 표시하여 일을 배분한다. 여기에서 이익은 단지 임금에 관계된 것만은 아니다. 어떤 나라, 어느 도시, 이를테면 스웨덴의 어느 거리,

스리랑카, 실리콘 밸리 같은 곳도 그 지역의 전통(북부 이탈리아의 섬유산업)이나 언어(모로코나 인도의 전화국), 개성(파리나 뉴욕), 높은 수준의 금융제도(런던), 신뢰성 높은 사법부(독일), 강한 학문적 전통(스위스 바젤의 약학) 등과 임금을 통하여 세계 유일의 비교우위를 점할 수 있다. 이런 비교우위의 세계지도 위에서 기업들은 상품이나 최종 서비스로 귀착되는 직능들을 만들어내고 분배하고 모으는 역할을 하고 있는 것이다. 여기서 얻어지는 상품이나 서비스에서 국적은 더 이상 의미가 없다. 이제 어떤 컴퓨터가 어느 나라 제품인지 아무도 말할 수 없게 될 것이다. 따라서 이제 좋은 정책은 경계를 나누는 것이 아니라 자신들의 우위를 가꾸어 나가는 것이 될 것이다.

II
미국 연구소

경제학은 과연 미국적인 학문인가? 사실 우리가 접하는 대부분의 경제학자들은 설령 미국인이 아니더라도 미국에서 자라거나 경력을 쌓은 경우가 많다. 그러나 이러한 현상은 경제학에만 국한된 것이 아니라 모든 분야의 학문에서도 마찬가지인데 이는 미국의 우수한 대학들과 깊은 관련이 있다.

대학이 우수하다는 점은 세계 지식 시장이나 기술혁신 그리고 경제성장에서 미국이 우위를 지키는 주요한 원인이다. 따라서 우리는 왜 폴 로머가 미래의 국가경제가 혁신을 단행하는 능력에 달려 있으며 그 능력은 제3의 분야라 불리는, 공적인 것도 아니고 사적인 것도 아닌, 고등교육의 질에 달려 있다고 주장하는지 알 수 있다. 많은 미국의 경제학자들, 특히 캐롤라인 혹스비(Caroline Hoxby) 같은 사람들은 교육의 우수성을 확보하기 위해 교육에서도 기업이 하는 것과 같은 개혁이 이루어져야 한다고 주장한다.

교육에 대한 이런 접근은 미국만의 독특한 것일까? 미국적인 것이 곧 세계적인 것은 사실이지만 그것은 세계가 미국화하고 있기 때문이 아니라 미국이라는 나라가 세계의 실험실 역할을 하고 있기 때문이다. 즉, 무엇이든 새로운 것은 미국에서 먼저 실험되곤 한다.

이러한 생각은 종종 미국의 경제학자들로 하여금 미국적인 것과 보편적인 것을 혼동하게 만든다. 게리 베커(Gary Becker)가 모든 개인들은 자신도 모르는 사이 기업인처럼 행동한다고 이야기할 때, 그의 합리적 행동론이 모든 문화에 공통적으로 적용될 수 있을까? 이에 대해 비판하는 행동주의 경제학자들은─그들도 모두 미국인들이지만─그의 이론이 인간의 충동적인 선택을 충분히 반영하지 못한다고 비판한다. 순수이성의 이름으로 합리주의 경제학자들은 '작은 정부'를 주장하지만 이들을 비판하는 쪽에서는 국가가 우리를 보호해주기 원한다. 하지만 누구도 미국에 유익한 것이 세계의 나머지 나라들에는 해악이 될 수 있다는 사실을 생각하지 않는다.

5
아이디어 생산

　기존의 많은 경제학자들이 마르크스주의자들처럼 미국의 성장이 경기순환의 일부이며 경제위기를 동반할 것이라고 확신하고 있었다. 그런 가운데서도 미국은 1980년대 초부터 경제성장에 속도를 붙이기 시작했다. 이 시점을 계기로 진정한 의미의 경기순환이나 큰 경제적 위기는 더 이상 없어진 듯하다. 주식시장의 불안이나 2007년의 서브프라임 모기지론 같은 돌발 상황은 경제 위기를 유발하는 요인이라기보다는 나쁜 기업들과 나쁜 부채들을 청산하는 정화시스템 같은 것이다. 미국과 다른 선진국들에서도 경제성장은 느리게 또는 빠르게 진행될 수 있지만, 전체적으로 보면 끊이지 않고 지속적인 경제성장이 이루어지고 있다고 본다. 그러면 경제성장이 이토록 단절 없이 이루어지는 이례적인 현상은 어디서 온 것일까? 로머(Romer)는 이것이 '아이디어' 때문이라고 말한다. 이 아이디어란 개념을 경제의 다른 척도인 인적 자본과 혼동해서는 안 된다. 인적 자본이 아이디어를 만들어내는 건 맞지만 이렇게 만들어진 아이디어는 자신을 만들어준 인적 자본과는 다른 독립적인 길을 가게 된다. 한 번 만들어진 뒤에는 아이디어만큼 재생하기 쉬운 것도 없기 때문이다.

오늘날 경제 성장의 원인

폴 로머는 소프트웨어와 인터넷 시대의 경제학자 세대에 속한다. 그는 전기의 등장이 엄청난 기술적 혁명이 되었다고 말한다. 폴 로머 이전의 사람들은 경제발전이 자본과 노동의 조합의 결과물이라 생각했다. 즉 자본과 노동 사이의 효과적인 조합이 경제성장을 이끈다는 것이다. 전통적이라 할 수 있는 이 모델에서는 자본과 노동의 만남, 즉 돈과 사람의 만남이 시장에서 이루어진다고 보았다. 그리고 오늘날 시장은 제3의 세력 즉 국가의 지배를 받는다. 사실 많은 이론적 논쟁들은 자본과 노동, 시장과 국가 사이의 대립구도를 바탕에 깔고 있었다. 적어도 1990년 폴 로머가 '내생적 기술의 변화'라는 이름의 '신 성장'에 관한 이론을 발표하기 전까진 그랬다. 이 이론에서 로머는 경제라는 게임 속에 제3의 요소로서 혁신이란 개념을, 제3의 파트너로서 비영리단체란 개념을 도입했다. 폴 로머는 이렇게 해서 언론 등에서 '신 경제' 또는 '지식 경제'라 부르는 이론을 설립했다. 폴 로머는 매스미디어의 은유적 표현을 비판하고 수학적 언어를 중요시했다. 이론 모델의 열렬한 신봉자인 그는 이런 모델들을 언어보다 높이 평가한다. 그의 접근 방식은 현실과 수학적 모델들 사이를 끝없이 오가면서 양쪽을 풍요롭게 만드는 것이다.

그러면 경제적 아이디어란 무엇일까? 아마 제조와 상표, 형태, 디자인, 설계도, 제작과정, 작업방식, 경영기법, 계산방식, 그리고 기존의 것들을 합법적 또는 비합법적으로 재생산하는 것 모두가 경제적 아이디어에 속할 수 있을 것이다. 로머는 혁신이라 해서 늘 특별한 것만 말하는 것은 아니라고 지적한다. 혁신이란 새로운 기술이나 혁명적인 발명과 같은 것만 일컫는 것이 아니라는 뜻이다. 아이디어는 아주 평범하고 보잘것없는 것들 속에서 경제적으로 멋진 결과를 끌어내는 것을 말한다. 강연에서 로머는 미국 기업의 창의성을 그에게 느끼게 해주었던 평범한 경험을 즐겨 이야기하곤 한다. 그는 스타벅스가 어떻게 서로 다른 크기를 가진 세 종류의 커피컵에 맞는 한 가지 뚜껑 모델을 만들어냈는지 즐겨 설명한다. 로머는 뚜껑을 규격화한 것이 큰 경제력을 산출해내는 매우 기발한 아이디어라 이야기한다. 컵 디자인의 심플함 같은 것은 표면적인 성과에 불과하다. 컵과 뚜껑을 만들어낸 것이야말로 산업공학의 진정한 쾌거인 것이다.

아이디어를 다른 생산요소들과 구별하는 것은 그것의 저장 가능성이다. 아이디어는 컴퓨터 프로그램 안에 저장할 수 있다. 에너지나 인적 자본, 물질 같은 다른 생산요소들은 쓸수록 고갈되지만 아이디어는 써도 다시 복원된다. 이는 작은 시장에서보다 미국 같은 큰 시장에서 더 유리하다. 아이디어는 인적 자본에 따라 결정된다. 인적 자본이 풍부하고 교육수준이 높을수록 아이디어는 더 풍부하게 샘솟는다. 얼마 전까지만 해도 기술혁신은 경제성장의 외부적 요인으로 간주되었다. 그러나 로머에 의하면 이제 기술혁신은 성장의 근간이 되었다.

그렇다면 아이디어는 개인적인 자산일까 아니면 공적 자산일까? 아이디어는 모방이 가능한 것이니만큼 상품화하기도 어렵고 필요에 따라 사적 시장이나 국가 내에서 불쑥 튀어나오는 것도 아니다. 특히 미국 같은 자유주의 사회에서 아이디어들은 이익을 추구하는 분야나 공공분야가 아닌 제3의 분야에서 싹트고 발전한다. 이 제3의 분야는 기업이나 국가 등이 아니라 대학이나 재단 같은 곳들이다. 그 기원이 그러하듯 아이디어는 복제될 수 있다는 점 때문에 완전히 공적이지도 않고 그렇다고 완전히 사적이지도 않은 범주에 속한다.

아이디어의 세계 시장

경제성장을 계속 이어가기 위해 국가들은 아이디어를 생산해낼 수 있는 정책들을 채택해야 한다. 따라서 상업적이지도 않고 공적이지도 않은 제3의 분야를 키우는 것이 중요하다. 로머는 이런 면에서 미국보다 훌륭한 모델은 없다고 이야기한다. 등록된 특허나 노벨상 수상자 또는 세계 각지에서 모여드는 수준 높은 연구자들의 수를 고려해 보면 미국이 이 분야에서 얼마나 큰 효율성을 갖추었는지 알 수 있다. 공적이지도 사적이지도 않은 영역이지만, 기술혁신의 생산자인 제3의 분야는 미국의 시장 모델에도 효력을 발휘하고 있다. 전문학교나 대학교, 연구센터들은 기금을 모으고, 교수나 학생들을 불러 모으기 위해 경쟁한다. 로머는 미국이 기술혁신 시장을 주도하는 이유가 바로 이런 경쟁에 있음은 의심의 여지가 없다고 말한다. 대학들과 학생들, 교수들 모두가 경제적 자극에 따라 반응한다. 많은 아이디어들을 끌어내기 위해서는 공적 보조금들을 포함해 이러한 자극을 증대시키는 것만으로도 충분하다. 미국에서는 보조금이 기관에 따라서가 아니라 연구자들의 프로젝트에 따라 지급된다. 보조금을 받은 연구자들은 자신들을 환영해줄 만한 기관만 선택하면 되는 것이다.

그러나 미국이 앞서가는 것을 당연시해서는 안 된다. 로머는 중국 대학들의 발전에 주목하고 있다. 그럼 유럽은? 그는 유럽엔 더 이상 새로운 것이 없다고 말한다. 그가 보기에 이전에 연구를 주도했던 독일이나 영국, 프랑스의 대학들은 침체되어 있고 획일적이며 중앙집권적이다. 어떤 경우도 이러한 관료주의적인 세계에서는 획기적인 아이디어가 나올 수 없다. 그나마 다행인 것은 프랑스의 국가 수뇌부나 기업 수뇌부가 이제 이런 점을 인식하고 있다는 것이다.

프랑스에서는 2006년부터 국가와 개인분야가 공동 출자하여 대학가에서 우수인재 폴(pôles d'excellence)을 설립하였으며, '테마 연구 조직망(Réseaux thématiques de recherche)'을 통해 우수 두뇌들이 미국으로 빠져나가는 것을 막으려 노력하고 있다. 경제학에서는 '장-자크 라퐁-툴루즈 재단(Fondation Jean-Jacques Laffont-Toulouse)' 과장 티롤이 주관하는 '시앙스 에코노미크(Sciences économiques)', 그리고 프랑수아 부르기뇽이 이끄는 '파리경제학교(École économique de Paris)' 등의 기관이 이런 야심을 펼치고 있다. 최근 들어 금융 관련 직업이 인기를 끌면서 연구나 공학 분야 학생들이 미국을 떠나고 있다. 미국에서 특별한 매력을 발견하지 못한 여타 전문분야의 전공자들이 공부를 계속하기 위해 다른 나라로 발길을 돌리는 것이다. 중국이나 인도 그리고 브라질의 국력이 신장되면 인재의 역류 현상이 일어날 수도 있다. 이렇게 되면 더 이상 일방이 아닌 쌍방향의 세계화가 이루어질 것이다.

기술혁신을 막는 지적 소유권

과도한 보호는 아이디어 보급에 오히려 제동을 건다. 반대로 아이디어가 충분히 보호되지 못한다면 아마(확실하지는 않지만) 아이디어 생산의 길 자체가 막혀버릴 것이다. 일부 실용적인 아이디어들은 되도록 빨리 복제되는 것이 좋다. 의약품이나 백신처럼 생명을 구할 수 있는 아이디어들이 이에 해당한다. 어떻게 하면 지적 소유권을 통해 발명자들의 의욕을 꺾지 않고도 모든 아이디어를 적당한 시간 안에 복제할 수 있을까? 게다가 어떻게 하면 시급한 아이디어들을 더 빨리 복제할 수 있을까? 그 중도적 방법으로 로머는 '약한 소유권'이라 부르는 좁은 길을 제시한다. 이 논쟁에서만은 로머도 자본가 기업들이나 그들을 지원하는 정부의 손을 들어주지 않는다. 무엇보다 경제성장이 우선이기 때문이다. 현재의 아이디어를 지나치게 보호해주는 것보다 새로운 아이디어가 탄생하도록 장려하는 게 훨씬 중요하다고 로머는 판단하는 것이다. 그렇다면 지적 소유권의 약탈행위가 횡행하는 중국을 어떻게 보아야 할까? 로머로선 이런 현상마저도 별로 놀랄 만한 일이 아니라고 생각한다. 개발의 초기 단계에서는 지적 소유권 존중에 대한 인식이 부족할 수밖에 없기 때문이다. 앞선 것을 모방하는 것과 상표를 위조하는 것은 분명 구분되어야 할 것이다. 하지만 모방은 중국의 성장에 매우 유익한 기능을 한다. 중국뿐만 아니라 나머지 국가들에게도 모방은 유익한 것이라 볼 수 있다. 그렇다 하더라도 이런 식의 경쟁은 불공정한 것이 아닐까? 불공정한 것은 사실이다. 하지만 이런 불공정 경쟁이 오히려 서양의 기업들로 하여금 중국보다 한 발 앞서서 더 나은 상품을 개발하도록 부추기는 것이다.

조금은 의외일지 모르겠다. 하지만 로머의 이런 입장은 현존하는 기업의 보호보다는 성장에 더 유리하게 작용한다는 점에서 많은 경제학자들로부터 공감을 얻고 있다. 기업들을 보호하는 것은 변호사의 임무일 뿐이다. 하지만 특허가 독점과 특권을 조장한다고 보는 경제학자들의 눈에 소유권은 기술혁신에 그리 도움이 되지 않는다.

지적 소유권의 부담에 대해 기술하면서 로머의 두 제자인 볼드린(Michele Boldrin)과 레빈(David Levine)은 서양 역사의 흐름 속에서 특허권이 어떻게 기술혁신에 도움이 아닌 방해가 돼 왔는지 지적하고 있다. 이러한 역설이 시작된 것은 증기기관을 발명한 제임스 와트 때부터였을 것이다. 1769년 제임스 와트는 런던 의회로부터 특허권을 획득함으로써 자신의 발명품을 보호받을 수 있었다. 이 특허의 보호 아래 와트는 30년 동안 자신이 발명한 기계를 개선할 수는 있었지만 상업화하는 데는 방해가 되었고, 경쟁자들이 그의 독점권을 침해하는 건 막을 수 있었지만 자신도 경쟁자들이 특허를 낸 다른 유용한 혁신 기술들을 차용할 수 없었다. 볼드린과 레빈은 와트의 독점권으로 인해 산업혁명이 30년은 늦어졌다고 결론을 내린다. 증기기관은 특허 기간이 만료된 뒤에야 비로소 발전할 수 있었던 것이다. 지적 소유권이 소유자에게 해가 된 또 유명한 예는 프랑스의 기업 '라 퓌신(La Fuchsine)'의 경우다. 이 기업은 1864년 염색약에 대한 특허 전매권을 얻었지만 기술개발은 거기서 멈춰졌고 기업은 결국 망하고 말았다. 그 사이 경쟁 기업들은 프랑스를 떠나 특허제도가 없는 스위스의 바젤로 옮겨갔고 프랑스의 희생으로 바젤은 유럽 염색약의 중심지가 되었다.

그래도 연구자의 막대한 비용부담을 생각할 때 제약은 기술혁신을 위해서라도 특허권이 꼭 필요한 분야가 아닐까? 그러나 제약 분야 쪽에서 늘 되풀이하는 이런 주장은 역사적 사실과는 배치되고 있다. 이탈리아 제약 산업의 경우, 특허권이 도입된 해인 1978년 이전이 이후보다 훨씬 많은 약을 개발한 것으로 나타났다. 오늘날 지적 소유권을 인정하지 않는 제네릭 약품[1]들이 많이 나돌고 있지만 이는 미국이나

---

1) 특허 보호 중인 의약품에 반대되는 개념으로 특허가 만료됐거나 특허보호를 받지 않는 의약품을 통칭하는 말. ─역주

유럽의 제약 연구소들이 세계의 여타 산업들보다 높은 이윤을 내는 데 아무런 방해가 되지 않는다. 그러니 특허권이 실제 연구를 위한 투자를 유도하는 것인지 반문하지 않을 수 없다.

볼드린과 레빈은 특허로 얻을 수 있는 이익에 대한 기대 때문에 많은 연구소들이 필요하고 유익한 것을 만들기보다 수익성이 높은 쪽의 개발에 힘을 쏟는다고 지적한다. 그들이 지적 소유권의 폐지를 주장하는 것은 아니다. 하지만 적어도 이들에게 있어 지적 소유권은 경제성장을 이루는 데 있어 꼭 필요한 요소는 되지 못한다. 기업들은 특허등록이 필요치 않은 기술혁신을 이루었을 때에만 비로소 상업적 이익을 얻을 수 있다. 와트의 경우에서 보듯이 특허권은 이익을 독점권으로 전환하도록 만들며 단지 수익을 낼 수 있는 발명만을 강요하기 때문이다.

로머에 따르자면 오늘날의 와트에 해당하는 인물이 바로 빌 게이츠(Bill Gates)다. 그럼 마이크로소프트가 세계 전체의 발전에 해가 되고 있다는 말인가? 로머는 그렇다고 대답한다. 마이크로소프트사는 독점권을 남용함으로써 경쟁사들의 활동을 정체시키고 자신들의 프로그램들보다 더 뛰어난 새로운 아이디어가 나올 가능성을 차단하고 있다.

사실 정보산업의 가장 창의적인 시기는 프로그램들이 모두 특허를 받기 이전의 실리콘밸리에서 이루어졌다. 현대 정보산업의 발전이 전통적으로 컴퓨터 생산의 중심지인 보스턴 지방이 아닌 실리콘밸리에서 이루어졌다는 사실은 놀랄 만하다. 컴퓨터 생산의 중심지가 캘리포니아로 이동한 것이 단지 기후조건 때문이었다고 설명할 수 있을까? 그렇지 않다. 가장 설득력 있는 설명은 지적 소유권의 보호가 매사추세츠보다는 캘리포니아에서 조금 덜 심하게 이루어졌기 때문이라는 것이다. 매사추세츠에서는 일정 기간이 지나지 않아 한 기업에서 다른 기업으로 지적 소유권을 옮기는 것이 불법이었지만 캘리포니아에서는 그렇지 않았다. 따라서 실리콘밸리에서는 엔지니어들의 이동과 상호간의 지식 교류에 있어 비교적 유리했다고 말할 수 있는 것이다.

'유연한' 소유권을 옹호하는 폴 로머는 1990년대 말 마이크로소프트사의 독점권을 파기하려 했던 미국 사법부의 시도를 높이 평가한다. 그는 10년 전 ATT사의 전화기 독점권이 박탈됐던 사건을 상기시킨다. 독점권이 사법부에 의해 박탈되자 얼마 지나지 않아 모바일폰과 광섬유, 인터넷 등이 등장했다. 그래서 로머는, 마이크로소프트사가 독점권을 잃게 될 때 거기에 질식해 있던 경쟁사들이 어떤 것을 창조해낼지 상상해 보라고 주장한다. 미국에선 사법부의 조치가 실패로 돌아갔지만 2007년 유럽의회가 마이크로소프트사의 독점지위 남용을 비난하고 나선 상태다.

창조적 파괴

로머는 말한다. 발전된 경제체제하에서는 기술혁신에 유리한 법이 가장 중요하며 나머지는 부차적일 뿐이라고.

경제학에서 과거에 대한 향수는 좋은 충고자가 될 수 없다. 유럽인들은 미국인들보다 과거의 향수에 젖는 것을 좋아한다. 그리고 그 대가를 경기침체로 치르고 있는 중이다. 유럽의 주요 기업들은 거의 모두가 오래된 기업들이다. 아니 '지나치게' 오래되었다고 말해야 한다. 반대로 미국은 사라진 기업들로 공동묘지를 이룰 지경이며 지금도 사라져 가는 기업들로 넘쳐나고 있다. 항공기 제조사인 팬 암(Pan Am)사와 정보회사인 왕(Wang)사 그리고 크라이슬러사는 매각되었다. 유럽과 달리 미국 시장은 구글이나 마이크로소프트, 아마존 같은 신경제 기업들이 주도하고 있다. 20년 전만 해도 이 기업들은 존재하지 않았으며 다른 데서는 지금도 이런 기업들을 찾아볼 수 없다. IBM사는 지금 어떻게 되었는가? 이 늙은 공룡은 컴퓨터 제조라는 낡은 경제를 중국의 레노보(Lenovo)사에 넘기고 시스템이란 이름의 새로운 경제로 갈아탐으로써 겨우 살아남을 수 있었다.

로머는 모든 정부가 현존하는 기업들을 보호하려고만 하는 것에 대하여 유감을 표한다. 미국 정부가 크라이슬러를, 프랑스 정부가 불(Bull)이나 톰슨(Thomson)을 구제한다는 명분으로 시장에 개입할 때마다 기술혁신은 제자리걸음을 했기 때문이다. 정부의 개입은 결과적으로 누구를 만족시키는가? 무엇보다 기업들의 주주들이 수혜자가 될 것이다. 그리고 그 기업에서 일하고 있던 노동자들? 아무래도 기업보다는 사람을 '우선 수혜의 대상'으로 보는 것이 맞을 것이다. 하지만 주주들을 구제하는 데 돈을 투자하느니 그 돈을 인재 양성에 투자하는 편이 훨씬 낫다.

로머의 말에 따르자면 실업에 대처하고 임금을 높일 수 있는 유일한 현실적 대안은 바로 인재 양성이다. 임금이 오르길 바라는가? 그러기 위해서는 먼저 교육이 필요치 않은 노동력을 점차적으로 소진시켜야 한다. 낮은 교육 수준의 노동인력이 줄어들면 기업들은 더 높은 임금의 교육 받은 노동인력만을 가지게 되기 때문에 어쩔 수 없이 기술혁신을 이루게 된다. 교육 수준을 높이는 것만이 임금을 높이는 유일한 수단임은 역사가 입증하고 있다.

미국에 유리한 것

기술혁신, 대학의 독립성 등의 필요성에 대한 로머의 분석이 미국 이외의 나라에서도 통용될까? 그의 이론이 보편적으로 적용될 수 있다면 최적 성장률과는 차이가 있는 유럽의 경우도 설명해줄 수 있을 것이다. 반면 그의 이론이 미국의 상황만 묘사한 것이라면 유럽과 미국이 서로 다른 궤도에서 따로 나아가고 있음을 의미할 것이다. 이 두 개의 가정도 유럽의 어떤 나라인가에 따라 달라지겠지만, 로머의 이론은 미국이 상대적으로 유리함을 이야기하고 있는 것은 사실이다. 비영리성을 띠는 제3분야에서 미국의 힘은 다른 곳과는 비교할 수 없이 많은 연구자와 잠재된 혁신 기술을 가지고 있다는 점에서도 확인할 수 있다. 많은 학생과 연구자들 중에는 미국인도 있고 미국인이 아닌 사람들도 있을 것이다. 하지만 이런 사실이 아직까진 미국에 불리하게 작용하고 있지 않다. 이들 대부분이 지적 소유권의 보호가 잘 되어 있는 미국에 머물면서 자신들의 특허권을 미국에서 출원하고 있다. 또 미국은 혁신 기술을 상업화할 수 있는 기회가 가장 풍부한 곳이기도 하다.

국가들 간의 경쟁이 의미가 있다면, 중국과 인도 또는 유럽이 미국을 따라잡기 전까지 후발주자의 나라들은 미국과 동등한 수준에 이르도록 교육 인프라를 구축하여야 할 것이다. 로머가 설명한 대로 아이디어들은 무(無)로부터 불쑥 솟아나오는 것이 아니라 그것이 만들어지고 적용될 수 있는 분위기 속에서 가능한 것이다. 그렇게 되면 물론 좋겠지만, 베이징이나 봄베이 또는 파리에서 당장 옛 마이크로소프트를 땅 속에 묻어버릴 새로운 마이크로소프트가 불쑥 솟아나지는 못한다. 왜냐하면 마이크로소프트는 마술로 생겨난 것이 아니라 현재 존재하는 문화의 폭발에서 생겨난 구체적인 증거물이기 때문이다. 만약 내일 당장 마이크로소프트사가 자리를 빼앗긴다 해도 아마 그 자리를 채우는 것은 또 다른 미국 기업일 것이다.

과연 유럽 나라들의 정부들은 이런 신경제의 본성을 잘 이해하고 있을까? 통화정책이나 세금정책에서 보듯이 우리가 유럽의 경제정책이라고 부르는 것들은 아직까지도 낡아빠진 구조 속에 갇혀 있다. 미국 이외의, 경쟁적인 기술개발을 이룰 만한 인프라를 가지고 있지 못한 나라들은 미국을 따라가거나 기술을 혁신하고 완성하기보다는 그저 미국을 모방하는 데만 급급한 상태다.

이런 상황은 경제적 측면만을 묘사한 것이다. 다시 말해 부를 창출하고 그에 따른 성장을 이끌어내는 일에 관련된 것이다. 물론 사회적 연대감이나 국가 특유의 문화와 같은 수량화할 수 없는 가치들이 더 중요할 수도 있다. 비현실적이지만, 이런 비물질적 가치들이 물질적 토대를 필요로 하지 않는다는 가정하에서 말이다. 그러나 길이 없는 곳을 좇아 경제성장을 이루려 하는 것은 더 적합하지 못한 행동일 것이다. 객관성과 냉철함은 경제학의 주요 가르침인 동시에 우리의 앞날을 이끄는 힘이기도 한 것이다.

6
교육기업

　교육경제학 분야의 권위자인 캐롤라인 혹스비는 경제학계에선 보기 드문 여성 경제학자이자 아프리카계 미국인으로도 널리 알려져 있다. 캐롤라인 혹스비에게 있어선 교육도 여타의 다른 기업들과 마찬가지로 하나의 기업이다. 그녀는 교육에 대한 감상주의적 태도와 정치적 판단을 모두 유보한 채 그 교육기업이 과연 수익이 나는 기업인지를 먼저 생각한다. 일단 교육사업에 투자하는 자본이 상당한 액수에 이르게 되면 이러한 질문이 터무니없는 근심만은 아니라는 게 그녀의 주장이다. 그렇다면 어떻게 교육사업의 생산성을 산출해낼 수 있을까? 초기에 투자하는 비용을 계산하는 것은 비교적 간단하다. 다른 분야의 사업들과 마찬가지로 단순히 돈만 생각하면 되기 때문이다. 하지만 학생들이 학교를 마치게 될 때 이 학교라는 기업에서 생산한 것은 무엇이며 그것을 어떤 식으로 평가해야 할까? 한 나라 전체의 규모로 볼 때 교육에서 생산하는 것은 인적 자본이라고 볼 수 있다. 양적으로든 질적으로든 이 인적 자본에 경제발전 여부가 달려 있다. 그러나 이 인적 자본을 정확하게 측정할 수 있는 도구는 없다. 이론상으로 따지면, 각 개인이 학업과정을 이수하는 데 드는 비용을 계산하고 이 초기 투자비용을 같은 사람이 평생을 통해 생산하는 양과 비교해 보면 될 것이다. 이것이 불가능하다면 경제학자들은 학생들이 이 '기업'을 마치고 나올 때 얻은 학업의 평균 성적을 통해 교육 시스템의 효율성을 평가할 수 있을 것이다. 미국에서는 언어와 계산 영역을 완전히 숙달시키기 위해 마련된 국가시험을 실시하고 있는데 이 시험으로 옛날 학생과의 수준 비교가 가능하다. 그런데 지금은 고등학교 졸업시의 학력 수준이 낮아지고 있는 추세다. 또 다른 근심스러운 지표는 고등학교 학생들의 출석률 또한 저조하다는 점이다.

프랑스에서는 이렇게 학력 수준을 잴 수 있는 제도조차 마련되어 있지 않다. 바칼로레아 합격률이 학력 수준의 지표가 될 수도 있겠지만 바칼로레아는 전과 동일 수준으로 출제되지 않기 때문에 올바른 학력 비교의 수단이 될 수 없다. 학생들의 수준이 높아졌는지 바칼로레아의 수준이 낮아졌는지도 우리로선 알 수 없다는 얘기다. 미국에서는 학력 수준의 저하가 국가적 근심거리로 대두되고 있으며 미국 경제의 미래에 어두운 그림자를 드리우고 있다. 경제가 인적 자본의 질을 바탕으로 이루어진 만큼 그 미래도 인적 자본에 달려 있을 수밖에 없기 때문이다.

학력 수준은 낮아지고 있는가?

국가시험이 완벽한 지표가 될 수는 없지만 상당한 의미는 있을 수 있다. 국가시험을 통해 한 개인의 진로뿐 아니라 학생들의 경제적 생산성 정도도 어느 정도 예견할 수 있기 때문이다. 물론 학업성적이 나빴던 학생도 아주 뛰어난 기업가가 될 수 있지만 일반적으로 그런 경우는 매우 드물다. 시장은 학업 수준과 경제적 효율성 간의 개연성 있는 관계를 알고 있으며 이 때문에 첫 임금을 책정할 때 취득한 학위를 많은 부분 참작하는 것이다. 미국에서는 경제가 이 '형체 없는 물건'에 달려 있는 만큼 교육의 프라임은 점점 커지고 있다. 만약 이 프라임을 사용하여 얻어진 결과가 그에 상응하지 못한다면 임금이 낮아지는 것은 너무나 당연한 일이다.

경제성장률이 인적 자본의 변화에 연동되어 있기 때문에 인적 자본은 매우 중요하다. 그러면 이 인적 자본은 누가 책임지는가? 지적 능력을 지닌 당사자인 개인? 혹은 교육 시스템? 캐롤라인 혹스비에 따르면 당연히 교육 시스템에 그 책임이 있다. 학교를 졸업할 때 치르는 국가시험의 성적이 낮아지고 있다면 이것은 국민의 지적 능력이 점차 쇠퇴하는 징후가 아니라 전체 교육 시스템의 생산성이 낮아지고 있다고 봐야 하기 때문이다. 즉, 학교 수준이 낮아지니까 학력 수준도 낮아지는 것이다. 특별한 한 개인에 해당하는 얘기가 아니라 평균적으로 볼 때 그렇다는 것이다. 다시 말해 실력 없는 교사와 잘 관리되지 못하는 나쁜 학교들이 원인이 되고 있는 것이다. 나쁜 선생님의 문제는 나쁜 학생의 문제보다 좀더 쉽게 대처할 수 있다. 교육경제학자들은 교육기업의 생산성을 개선시키기 위해 개혁을 단행하라고 주장한다. 이 또한 쉬운 일은 아니다. 모든 것이 변화하고 있는 가운데서도 역설적이게 오직 학교만 그 상태로 머물러 있다. 캐롤라인 혹스비에 따르자면 그 이유는 학교가 독창성이 결여되어서도 아니고 해결책이 없어서도 아니며 단지 개혁에 대한 강한 반발 때문이다.

그럼 교육개혁의 첫 번째 장애물은 무엇인가? 그것은 과거에 대한 향수다. 유럽과 마찬가지로 미국도 과거를 이상화하며 옛날의 좋은 교육자들이나 공립 또는 공화주의적 학교를 그리워한다. 캐롤라인 혹스비는 이것이 근거 없는 이상화라고 비판한다. 옛날 교육에 투자되었던 자금은 너무나 적은 액수였고 학생 수도 적었다. 또한 산업화 전단계 혹은 산업화 단계에서는 경제체제에 대한 교육 분야의 영향력도 적었다. 또 교육자라는 사회적 지위만으로도 충분히 동기유발이 될 수 있던 시기였으므로 실력 있는 선생들을 아주 낮은 임금으로 고용할 수 있었다. 경제도 지금보다는 덜 경쟁적이었으며 학위 취득자들, 특히 여성들이 기업의 많은 수익을 내는 분야에서 활동하는 일이 드물었다. 하지만 이제 고용시장은 완전히 바뀌었다. 오늘날 학위는 학교나 기업에 들어가기 위한 수단이 되었다. 특히 기업들은 일반적으로 보다 많은 임금을 지불하면서 더 높은 효율성과 자발성을 통해 그만한 가치를 보상받는다. 미국의 학교들은(대학들까지) 유럽과 마찬가지로 (교직원에 대한) 급여가 매우 낮고 승진도 공로에 의해서가 아니라 재직 연수에 따라 결정된다. 훌륭한 교육자가 교육에 몸담을 수 있는, 혹은 그들이 학교를 떠나지 않게 하기 위한 보장이 전혀 되어 있지 않다. 이는 대서양 양쪽이 똑같이 겪고 있는 문제다. 그러므로 교육 문제에서는 지나치게 전통적인 사고에 얽매이지 않고 경제적 자극으로 교육기업의 생산성을 개선하는 것이 바람직하다. 캐롤라인 혹스비는 이러한 노력이 초등학교보다 고등학교에 먼저 적용되어야 한다고 생각한다. 왜냐하면 미국에서는 고등학교가 가장 약한 고리가 되었기 때문이다.

그럼 초등학교는 어떨까? 그녀에 의하면 초등학교는 교육의 장소라기보다는 보육의 장소다. 과목도 몇 안 될 뿐더러 어휘나 셈 같은 것은 깊은 경제적 고려도 전체적 개혁도 필요로 하지 않는다. 또한 고등학생들이 학교를 결석하는 비율은 상당한 데 반해 초등학생이 학교에 나오지 않는 일은 드물다. 하지만 고등학교는 다르다. 고등학교를 졸업할 무렵의 학력 수준 저하는 심각한 문제가 된다. 고등학교가 비효율적이라는 또 다른 증거는 대학에 입학하는 고등학생의 수는 늘어나고 있는데도 대학에서 끝까지 학업을 마치는 학생의 비율은 줄어들고 있다는 것이다. 고등학교를 마칠 때의 학력 수준이 낮아지면서 높은 수준의 고등교육을 제대로 따라가지 못하는 것이다. 이러한 점에서 미국이나 프랑스는 서로 닮아 있다고 볼 수 있다.

교육 보증수표

어떻게 하면 고등학교의 생산성을 높일 수 있을까? 이론상으로는 간단하다. 아이디어 시장에서 이를 쉽게 발견할 수 있는데, 캐롤라인 혹스비가 유일하게 옹호하는 이 방법은 밀턴 프리드먼이 고안해 냈으며 1970년대 프랑스에서는 '교육 보증수표(chèque-éducation)'라는 이름으로 알려진 '바우처 시스템(Voucher System)'이다. 이 교육 바우처 제도는 밀턴 프리드먼이 창안한 이론이라서 그런지 "초자유주의적" 제도로 인식되면서 공공서비스 분야에 자본주의 방식을 침투시킨 예로도 널리 알려졌다. 그러나 사실은 전혀 그렇지 않은 것이, 교육 바우처 제도는 공공서비스 분야와 양립하면서 공공교육제도 안에서 행해지는 한 방법일 뿐이지 공공교육을 민영화하자는 것이 절대 아니다. 캐롤라인 혹스비도 이 제도는 교육의 공공서비스를 없애자는 것이 아니라 이를 보다 생산적으로 만들자는 제3의 방법이라 말한다.

이 제도의 원리는 간단하다. 교육이라는 공공서비스를 책임지고 있는 국가나 주정부 또는 지방 공공기관들이 가정의 수입에 관계없이 가정과 아이들을 위해 사립이든 공립이든 교육받을 수 있는 교육 보증수표를 발행해 주는 것이다. 부모들은 자유로운 선택권을 가짐으로써(물론 아이들의 선택도 존중된다) 취향과 기호에 따라 가장 적합한 학교를 선택할 수 있다.

밀턴 프리드먼은 이 교육의 '소비자들'이 자신들에게 맞는 최선의 교육기관이 어딘지 잘 안다고 본다. 또한 이렇게 해서 '소비자들'은 일방적으로 강요되는 학교 교육 지침에서 해방될 수 있다. 학교측에서도 교육 바우처는 학교 예산의 전부 또는 일부를 해결할 수 있는 수단이 된다. 선택된 학교는 발전할 것이고 그렇지 못한 학교들은 망하거나 사라질 것이다. 또 이 제도를 실행함으로써 학교들은 학생들을 끌어들이기 위한 경쟁에 뛰어들 것이다. 학교도 가장 좋은 교사들을 채용하고 가장 좋은 교육방법을 채택해야만 학생들을 끌어들일 수 있다.

하지만 이 부분에서 교사들이나 교육의 수준에 따라 달라지는 급여나 비용을 고려해야만 한다. 그러므로 교육 바우처는 교육기관의 경영면에서 완전한 자율성이 동반되어야만 가능한 제도이다. 이론상 이 제도는 학교들이 최상의 조건을 만들어내기 위해 기업 마인드를 가지고 학교를 운영할 수 있는 훌륭한 사이클을 생산해낼 것이다.

미국의 교원조합 단체들은 만장일치로 이 교육 바우처 제도를 반대하고 있다. 이들은 이 시스템 때문에 부모들이 자녀들을 같은 인종들끼리 묶어 학교에 다니게 만들 것이라 주장한다. (사실 같은 마을 안에서 비슷한 사람들끼리 그룹을 짓는 일은 어제오늘의 일이 아니다.) 또 이들은 어느 학교가 가장 적합한지 부모나 아이들도 잘 알 수 없기 때문에 학교들의 허황된 주장에 놀아나게 될 것이라고 말한다. (사실 학교들이 발표하는 성적표는 학교의 질과 수준을 판별하는 훌륭한 지표가 된다.)

이 교육 바우처 프로젝트는 이미 30여 년 전부터 정책 시장에서 활용 가능성이 비쳐졌지만 교원조합 단체들의 전방위적 반대에 부딪혀 거의 실행되지 못했다. 1987년 캘리포니아 주에서는 교육 바우처 제도의 실시 여부에 대한 모의투표를 실시했지만 주민들에 의해 거부되었다. 부모들 자신이 누구보다 본인들에 유리한 교육제도 개혁을 멀리한 것이다.

그러면 교원조합은 어떤 주장을 하며 주민들을 설득했을까? 가장 주요한 방법이 바로 과거에 대한 향수였다. 교원조합이 낸 텔레비전 광고는 앞에서도 언급한 바 있는 '공화주의 학교'에 대한 향수를 부추겼다. 미국과 같은 이민국가에서는 과거의 향수에 프랑스만큼이나 민감하게 반응한다. 다시 말해 학교는 곧 국적이 만들어지는 장소인 것이다.

교원조합 단체들과 주민들의 맹렬한 반대에도 불구하고 플로리다 주와 밀워키 주를 비롯한 여러 곳에서 이 교육 바우처 시스템은 실행되고 있다.

설득력 있는 실험

실험 결과를 통해 이제 밀턴 프리드먼 이론의 가치를 정확히 평가해 볼 수 있다.

캐롤라인 혹스비도 인정했듯이 플로리다의 경우는 부분적으로만 타당성을 인정받았다 할 수 있을 것이다. 플로리다의 장점이라면 정치적 도시라는 점인데 이곳은 공화당과 민주당으로 정확하게 양분되어 있다. 교육 바우처 제도는 처음엔 떨어진 고등학교의 수준을 만회하기 원하는 두 당 모두에게 환영받았다. 이 제도가 좌파적이지도 우파적이지도 않다는 증거다. 그러나 결국 두 당 중 어느 곳도 이 제도를 채택하지 않았는데, 이유는 이 제도가 학교 예산의 아주 적은 액수만을 보장해주기 때문이었다. 사실 이러한 단순한 제약은 오히려 교육 기관장들이 학교의 생산성에 대해 심각하게 고민하는 계기가 됐어야 한다. 즉 교육방법에 대한 교육 바우처(보증수표)로 작용했어야 한다는 얘기다.

밀워키의 시도는 보다 좋았다. 경제학자들의 관점에서 보면 밀워키의 시도는 거의 완벽에 가까운 것이었다. 밀워키에서 교육 바우처는 1998년에 도입되어 2002년에 폐지되었다가 많은 시의원들의 교체가 이루어진 2004년 재도입되었다. 캐롤라인 혹스비로서는 시행 이전, 시행 중, 시행 이후의 효과를 모두 계산해낼 수 있는 기회였다. 밀워키는 특히, 멕시코 이민자인 히스패닉계 미성년들이 많았는데 이들 대부분의 학교 성적은 좋지 않았다. 교육 바우처가 시행되기 이전 학생들은 '격리된(Ghetto)' 지역에 있는 학교로 강제 배정받았다. 하지만 교육 바우처 제도를 시행하면서 밀워키의 모든 가정은 도시의 학교에 골고루 학생들을 배정하는 효과를 볼 수 있었다. 이제 히스패닉계 부모들도 학교기관들이 발표한 성적표를 보고 자녀에게 맞는 학교를 선택할 권리를 갖게 된 것이다.

캐롤라인 혹스비는 매우 현실적인 이런 시도들을 통해 정확한 결과들을 측정할 수 있었다. 그에 따르면 밀워키 전체 학생의 5%에서 10% 가량 학생들이 성적 향상을 보였다. 특히 그 지방의 원주민들보다는 히스패닉계 아이들의 성적 향상이 두드러졌다. 밀턴 프리드먼 이론이 예측한 것처럼 부모들의 자유선택으로 빈곤한 계층이 더 많은 이익을 얻었고 전체의 생산성도 향상된 것이다.

눈부실 정도의 성공은 아닐지 모르겠다. 하지만 이런 진전은 그로부터 혜택을 받은 학생들의 인생을 변화시킬 것이며 경제 전체에도 긍정적인 효과를 가져올 것이다. 또 캐롤라인 혹스비는 바우처 제도의 시행 여부를 떠나서 오직 시스템의 창조만이 교육기관 전체를 역동적으로 변화시킬 수 있을 것이라 보았다. 다시 말하자면 전체적인 안정성을 향상시키는 것이 중요하다는 것이었다. 또 플로리다의 경우에서 보았듯이 우리는 이 실험을 통해 교육의 진정한 덕목이 무엇인지 돌아볼 수 있었다.

그 장점이 입증되었음에도 불구하고 교육 바우처 제도는 부정적인 입장을 지닌 조합들과 도처에서 충돌을 빚고 있다. 밀턴 프리드먼의 이론으로부터 많은 영향을 받은 칠레 같은 나라는 교육 바우처 제도를 정식 교육제도로 채택하고 있다. 하지만 그 성과는 미미한데, 그 이유는 공립학교들보다 비싼 사립학교에 학생들을 보낼 수 있을 만큼 충분한 교육 바우처를 정부에서(1990년 피노체트 군부 출범 이후 좌파 정권들) 지원해주지 않았기 때문이다. 게다가 공립학교 내에서도 부모들이 투명하게 학교를 선택할 수 없다. 학교장들이 학교 성적표의 공개를 거부하였기 때문이다.

교육 바우처 시스템을 원칙적으로 받아들였다 하더라도 이런 식으로 제도를 잘못 적용하면 특권층만 사립학교에 보내고 대부분의 학생들은 형편없는 공립학교에 방치되는 결과를 초래해 가난한 사람들에겐 오히려 해가 되는 제도로 변질된다. 그래서 교육 바우처 제도의 이론대로라면 지양되었을 사회계층간의 차별 문제를 공립 교원 노동조합이 오히려 심화시키는 결과를 빚고 있는 것이다.

협약 학교

밀워키 모델이 보여준 뚜렷한 이점에도 불구하고 경쟁적으로 이 제도를 시행하려는 움직임은 일어나지 않았다. 교육 바우처는 미국에서는 여전히 변두리 이론으로 남아 있고 반발을 불러일으키기보다는 거부되고 있다. 하지만 이 제도는 아직 교육 개혁 전략의 초벌그림에 불과하다. 캐롤라인 혹스비가 희망을 걸고 있는 또 하나의 작은 교육 개혁 시스템이 있는데 그것이 바로 '차터 스쿨(charter school)'이다. 이 제도는 아직까지 중등교육 시장에서 겨우 1%밖에 시행되지 않고 있지만 성장 속도는 교육 바우처보다 빠르다. 아마 이 제도의 컨셉이 미국인들의 정서나 관습에 더 잘 맞기 때문인 것 같다.

차터 스쿨은 영리를 목적으로 한 사기업(가장 규모가 큰 에디슨 컴퍼니(Edison Company)는 전 예일대 총장인 벤노 슈미트(Benno Schmidt)가 이끌고 있다)이나 비영리단체 또는 개인이 설립한 중등학교다. 이 기업들은 학교의 시설이나 교육방법 그리고 학교 경영방식을 상세하게 명시한 계약을 지방 관청과 체결한다. 계약서에 따르면 학생 선발이나 교사의 임금 등에 대한 자율권을 학교가 갖도록 되어 있다. 일반적으로 차터 스쿨이 공립학교들보다 전체적인 비용이 덜 드는데 그 이유는 아마 차터 스쿨들이 공립학교들보다 재정 관리를 더 잘하기 때문일 것이다. 프랑스의 사립학교처럼 무료이지만 미국의 차터 스쿨들은 보다 많은 자율권을 누릴 수 있다. 프랑스와 또 다른 점은 종교학교는 무료가 아니라는 것이다.(미국에도 많은 종교계 학교가 있는데 모두 사립이며 재정은 전적으로 학부모에 의존하며 공공기관과 어떤 계약도 하지 않는다.)

차터 스쿨들은 미국적 전통에 따라 각각의 독창성을 살려 분교들을 설립할 수 있다. 이때 각 분교의 재정이나 교육은 표준화되며 각각의 분교들은 다른 분교들과 경험을 공유할 수 있다는 이점을 가진다. 학교 관리자나 교사들 또한 한 재단 안에서 경력을 쌓을 수 있다. 이런 체인점 형식의 학교는 하나의 상표가 되어 부모들이 적절한 판단을 내리고 학교가 제공하는 '상품'의 특징을 미리 알아볼 수 있도록 해 준다. 또, 한 차터 스쿨의 기준에 익숙한 사람이라면 거대한 영토 안에서 다른 곳으로 이사할 경우라도 동일한 상표의 제품이 그러하듯 동일한 내용의 교육을 보장받을 수 있다.

이런 상표의 논리가 교육 바우처 제도보다 교육계에 더 큰 영향력을 행사하게 될까? 판세가 완전히 뒤집히지만 않는다면 캐롤라인 혹 스비도 그러길 바라고 있다. 하지만 차터 스쿨의 성공은 역설적이게도 차터 스쿨의 확산에 걸림돌이 되고 있다. 학교 재정을 담당하는 공공 관청들이 자본주의적 기업들이 교육을 통해 이윤을 낸다는 사실을 인정하려 하지 않기 때문이다. 차터 스쿨이 경쟁관계에 있던 공립학교들을 누르고 너무 '잘 나가자' 차터 스쿨들이 공공기관의 학교재정 부담금을 낮추어 주었음에도 국가나 도시들이 학교에 대한 공적 보조금을 줄이려 하고 있는 것이다. 앞에서 언급한 에디슨 재단은 성공했음에도 불구하고 이익을 내거나 주주들에게 배당금을 준 적이 한 번도 없다. 그래도 이러한 경험을 통해 교육 생산성은 높아졌고 교육 바우처나 차터 스쿨은 여론이나 공공재정 담당자들의 교육 생산성에 대한 인식을 유도하고 있다. 교육에 투자되는 예산은 선거로 뽑힌 관리들에게 교육에 투여된 공적 자금과 측정하기 어려운 것으로 여겨졌던 결과들 간의 긍정적인 관계에 대해 뒤늦게나마 다시 생각해보도록 만들고 있는 것이다.

세계의 명문대학들

놀랍게도, 미국 여론은 고등교육에 있어서는 이미 원칙이 된 자율경쟁을 중등교육에 적용시키는 데 주저하고 있다. 유럽 대륙과 달리 미국에서는 대학이 학생 선발, 교육방식, 재원 출자 등에 완전한 자율권을 지니는 데 대해 거부감을 갖지 않는다. 캐롤라인 혹스비는 대학에서는 열매를 맺고 있는 경쟁의 원칙이 왜 중등교육에는 미치지 못하는가를 밝히려 노력해 왔다. 이는 아마도 중등교육기관들이 공화주의적 화합의 기능을 고수하고 있기 때문일 것이다. 반면 미국의 대학들은 엘리트들을 골라 선발하기 때문에 이러한 공화주의적 기준에선 벗어난 것으로 비춰지고 있다. 사실 미국의 공립이나 사립대학들은 엘리트들을 유치하면서도 '다양성'이란 이름 아래 엘리트주의에 입각한 차별의 모습을 보여주지 않으려 노력을 기울여 왔다.

1960년대부터 대학 입학 기준은 교수들이나 학생 집단 모두가 미국 사회의 다양성을 반영할 수 있는 형태로 끊임없이 발전해 왔다. 대학들이 가난한 학생들이나 소수민족 학생들에게 장학금을 주거나 학자금을 대출해 주는 식의 다양성 추구는 차별 철폐라는 법률적 강제성만 가지곤 설명이 되지 않는다는 것이 캐롤라인 혹스비의 설명이다. 학생 선발 할당제가 금지되어 있는 것도 그런 이유에서다. 대학의 이런 다양성을 설명하기 위해선 경제적 생산성만으로도 충분하다. 학생들의 진학 경로를 연구한 결과에 따르면 대학 지원자들은 보다 많은 다양성을 추구하는 대학에 더 많이 지원하고 있는 것으로 드러났다. 한 기업을 경영하게 될 때에 대비하기 위해 학생들은 학업 과정을 통해 학위를 받은 후 현실사회와 접촉할 수 있는 기회를 더 많이 얻고

자 한다. 이런 다양성이 법으로 강제되지는 않지만 경제적으로 합리적이기 때문에 학생이나 대학들은 그것을 인정하고 있는 것이다.

또, 미국의 대학에 들어가는 데 드는 비용이 무엇 때문에 점점 비싸지고 있는지도 경제적 논리로 설명할 수 있다. 예전에는 대학이 대부분 지역적 특성을 띠고 있어 인근의 학생들만을 선발했다. 그러다가 국가 내에서 대학들의 경쟁이 이루어지면서 보다 비용이 많이 드는 과목들에 투자를 하게 되었고 높은 임금을 주더라도 될 수 있으면 가장 능력 있는 교수진을 채용하게 되었다. 이런 대학들이 지금 세계에서 가장 경쟁력 있는 대학이 되어 세계 여러 나라의 학생들이 입학을 희망하고 있으며 세계 각국의 교수들 또한 이들 대학에서 강의하기를 소망하고 있는 것이다. 결과적으로 비용은 오르고 전문화는 가속화되어 왔다. 이것은 교수들에게도 유익한 일이고 학생들에게도 유익한 일인데, 현재 그들이 투자하는 비싼 학비가 훗날 고용시장에서 높은 임금을 보장받을 수 있는 조건을 만들어주기 때문이다.

프랑스나 독일처럼 고등교육이 무상으로 실시되면 시장은 민감하게 반응하지 않는다. 비싼 사립대학이 보다 권위를 가지고 장래에 더 높은 보수를 보장해준다면 학생들은 빚을 지는 한이 있어도 무료의 공립대학보다 학비가 비싼 사립대학을 선호하게 될 것이다. 이런 이유와 기준을 가지고 외국 학생들도 세계시장의 문을 두드리고 있는 것이다. 쉽게 알 수 있듯이, 프랑스나 독일처럼 대학이 무상인 시장에서는 외국인들이 상대적인 이점을 찾을 수 없다. 더구나 무상교육은 유일한 재정 후원자인 국가에만 의존하게 함으로써 대학들을 가난하게 만든다. 이제 두 대륙 간의 간격은 점점 벌어지고 있다. 유럽에서는 학생 한 명당 일 년에 5천 유로가 투자되는 반면 미국은 4만 유로가 투자되고 있다.

이런 세계적 경쟁에 뛰어들지 않은 미국 외의 다른 나라 대학들은 훌륭한 학생들이나 교수들을 잃게 될 위기에 처해 있다. 소용돌이를 그리며 낮아지고 있는 나라의 인적 자본은 결국 쇠퇴에 직면하고 말 것이다. 프랑스의 이런 위기를 잘 알고 있는 장 티롤은 한 명의 연구자가 미국으로 떠나는 것은 연구자 한 사람의 문제를 넘어선 인적 자본의 손실로 이어질 것이라 주장하고 있다. 자국에서는 자기가 받은 교육의 덕을 볼 수 없을 것이며 자신들이나 후학들이 창출해낸 혁신의 이익도 결국 유학을 받아들이는 나라에 빼앗기게 될 것이라는 게 전체 학생들의 생각이다.

미국이 현재 자국 내의 수많은 대학에서 공부하는 학생들만 잘 유지한다면 아무도 미국을 따라잡을 수 없을 것이다. 미국에서 공부를 마친 중국이나 인도 또는 다른 나라 학생들이 자기 모국으로 돌아간다 하더라도 미국이 앞서가는 것을 어찌할 수 없을 것이다. 지식 교환의 균형추는 여전히 미국에게 유리하도록 기울어져 있다. 미래에는 미국으로의 두뇌 유출이 중등교육에까지 확산되지 않으리라 아무도 장담할 수 없다. 지금도 아시아나 아프리카 혹은 중동의 엘리트들 사이에는 자녀들이 미국 대학에 쉽게 진학할 수 있도록 미리 유학 보내는 일이 일반화되었다. 세계의 교육시장이 이미 내일의 경제지표를 만들어가고 있음을 알 수 있다.

7
완전 합리성

"이념은 정치적 선택에 아무 영향도 미치지 못하며 사회를 움직이는 진정한 힘은 물질적 이익"이라고 게리 베커는 선언한다. 현대 경제학자 중 가장 자유주의적이고 최고의 영향력을 가진 인물이 한 말 치고는 의외로 온건하다. 하지만 게리 베커가 시카고 대학교에서 기초를 쌓은 '합리적 행동 이론'은 그의 세계관을 명확히 보여준다. 이 학파에 따르면, 사람들은 마치 기업가가 최대 이윤을 추구하듯 자신의 물질적 이익을 극대화하는 방향으로 행동한다. 우리가 어떤 행동을 선택하는 비결이 이 안에 숨어 있다고 베커는 말한다.

하지만 여기서 말하는 건 복수의 '우리'일 뿐이며 개인 한 사람 한 사람의 행동을 이야기하는 것은 아니다. 다만 주어진 집단에서 평균적으로 '최적 경제(optimum économique)'를 추구하는 방향으로의 선택 경향을 보인다는 것이다. 이런 선택은 의식적일 수도 있고 무의식적일 수도 있다. 베커는 자기 이론의 정당성을 주장하기 위해 개인 심리학의 이론과 문화 분석까지 동원한다. 어쨌든, 그가 밝혀낸 바에 따르면 우리 모두는 합리성에 따라 행동하며, 현실 속에서 개인의 행동이 이에 어긋나는 경우가 있어도 결국 최종 결과는 같다는 것이다.

예를 들어 가족 안에서의(이 가족경제학은 그의 논의의 출발점임과 동시에 게리 베커의 연구에서 가장 논란이 되는 부분이기도 하다) 선택결정은 마치 기업이 경제적으로 최대 이윤을 찾는 것과 똑같은 방식으로 이루어진다. 가족의 행동, 이를테면 가족계획이나 자녀교육, 결혼연령, 이혼 등의 선택 문제들을 시장에서 기업이 적용하는 이론 모델과 비교한 결과 게리 베커는 둘의 전략과 결과가 비슷하다는 사실을 밝혀낸다. 그리고 게리 베커가 내린 결론은 보편적으로 우리의 행동은 이성적이라는 것이었다. 시장경제는 바로 이러한 인간 본성의 반영이며 이에 역행하는 시장개입은 엉뚱한 결과를 가져올 것이라는 게 그의 주장이다.

이윤 결정론

이윤이 모든 것을 결정한다는 이론은 존 메이너드 케인스(John Maynard Keynes)의 유명한 예언에 배치된다. 1930년 케인스는 자신의 저서 『일반 이론』의 결론 부분에서 다음과 같이 말했다. "실용정신을 지닌 사람들은 자신이 모든 지식의 영향으로부터 자유롭다고 믿는다. 하지만 때론 자신도 모르는 사이에 이름조차 기억할 수 없는 경제학자들의 이론에 휘둘리곤 한다. 그것이 옳든 그르든 정말 위험한 것은 이념이지 눈앞의 이윤이 아니다."

둘만을 놓고 본다면 지식인들, 특히 경제학자들은 케인스의 말에 더 큰 공감을 표시할 것이다. 하지만 케인스의 주장이 증명할 수 없는 것임에 비해 베커의 이론은 옳든 그르든 통계적 연구에 근거를 두고 있다. 사실 경제적 가치보다는 대립 집단의 힘겨루기가 정치적 의사

결정에 영향을 미친다는 설이 더 설득력이 있다. 하지만 베커는 인간의 자유교환의 역사를 파헤침으로써 이윤이 이념에 앞선다는 사실을 예증한다. 18세기를 지나면서 경제학자들은 자유교환에 전폭적인 지지를 보냈다. 그리하여 지난 3세기 동안 그들은 특정 집단의 이익을 강요하는 정치적 조치에 맞서 자유교환의 우월성을 주창하여 왔던 것이다.

덧붙여 베커는 주장한다. 어떤 이념이 오랫동안 유지되어 왔다면 그것은 권력관계의 변화 등 새로운 이익관계와 잘 부합했기 때문이다. 이처럼 이념은 새로운 정치세력의 동인이라기보다는 새로운 이익관계를 감추기 위한 겉포장에 불과하다. 하지만 게리 베커는 스승인 프리드리히 하이에크(Friedrich August Von Hayek)의 주장을 좇아 경제위기 상황에서는 이념도 필요하다고 인정한다. 정치나 경제 시스템이 붕괴되는 상황에 대비하여 대체 시스템이 있어야 한다는 것인데, 이를 하이에크는 "대체 유토피아(utopie de substitution)"라 불렀다.

조금 냉소적인 면도 있지만, 용의주도함을 가지고 게리 베커는 자신의 강의와 저서, 칼럼을 통해 50년 동안 꾸준히 합리적 행동 이론의 선구자 역할을 해왔다. 그의 이론은 흔히 경제정책이라 부르는 것을 분석하고 제안하는 데 그치지 않는다. 베커는 '호모 에코노미쿠스(경제적 인간)'를 사회학이나 심리학의 영역으로까지 확대하여 적용한다. 그의 가족 경제학이 이를 잘 보여준다. 그의 경제 지상주의는 사회학자들, 특히 자유주의에 반대하는 학자들의 반발을 불러일으키곤 했다. 합리적 행동 이론이 이데올로기 문제를 너무 단순하게 바라본다는 것이다. 그러나 사회학자들에겐 미안한 말이지만, 경제학이 측정 가능한 학문인 반면 사회학이 그렇지 못하다는 사실을 자신들도 인정해야 할 것이다.

게리 베커의 뒤를 이은 신세대 경제학자들은 합리적 행동뿐 아니라 우리의 일상행동과 일탈행동에 대해서도 깊이 있는 연구를 해왔다. 특히 그들은 일탈행동에 남다른 관심을 보였는데, 범죄자, 매춘부, 마약중독자들도 최대 이익을 실현하기 위해 행동하는가가 가장 큰 관심사였다. 그런 맥락에서 게리 베커는 (밀턴 프리드먼과 함께) 합리성이라는 명목 아래 모든 마약들을 조건 없이 합법화하자고 주장하는 최초의 경제학자로 기록된다.

마약의 합법화

베커는 설명한다. 만약 마약을 합법화한다면 일반 기업들이 그것을 생산하고 거래할 것이다. 기업들은 이제 폭력에 의존할 필요가 없이 경쟁을 통해 마약을 거래하게 된다. 마피아나 암거래 조직은 더 이상 존재할 이유가 없어지고 따라서 시민사회와 국제사회는 평화로워질 것이다. 시장 논리에 따라 질 좋은 고급 브랜드의 마약제품들이 생겨날 것이고 더 이상 피를 부르는 사건과 사고도 발생하지 않을 것이다. 이렇게 되면 마약 가격도 내려가 이를 얻기 위해 폭력, 범죄, 매춘 등에 의존하는 일도 드물어질 것이다.

그렇다면 가격의 하락이 마약 소비를 증가시키진 않을까? 베커가 가장 염려한 부분도 이것이었다. 하지만 수요는 세금을 통해 억제할 수 있다. 담배의 경우를 통해 우리는 이미 가격과 소비의 함수관계를 충분히 알고 있다. 가격을 올리면 청소년들이 처음부터 담배와 접할 기회가 줄어들며 자연히 니코틴 의존에 빠질 가능성도 없어진다. 뿐만 아니라 가격을 올리면 이미 습관화된 흡연자의 수도 줄어들 것이다. 흡연자(또는 마약 수요자)들 또한 시장의 신호통제에 따라 움직이는 합리적 소비자인 것이다. 이런 경제적 반사작용은 생리학적 의존성까지도 극복할 수 있게 한다. 그렇다면 제품들이 완전히 사라질 때까지 세금을 매겨 가격을 올릴 수도 있지 않은가? 그렇진 않다. 왜냐하면 담배에 대한 지나친 과세는 암거래를 부추길 것이기 때문이다. 합법적 과세 시장과 암거래 시장 사이 가격의 차이가 암거래상이 감수할 수 있을 만한 위험을 넘어서는 순간 담배의 암거래 시장은 수익사업이 된다. 역시 합리적 기업가이기도 한 밀거래상은 벌금형이나 감옥에 갈 위험성 등을 비용으로 계산해낸다. 여기서 담배 거래의 이윤이 높다고 판단하면 기꺼이 위험을 감수하게 되는 것이다.

똑같은 논리를 마약의 합법화에도 적용시킬 수 있다. 지나친 세금으로 불법이나 폭력이 다시 개입하지 않도록 주의한다면 세금 조절만으로도 사회가 용인할 정도까지 마약 수요를 조절할 수 있다. 여기에서 한 발 더 나아가 베커는 담배뿐 아니라 경우에 따라선 마약에 대해서도 과세를 완화해야 한다고 주장한다. 왜냐하면 이런 세금은 누구보다도 최대 소비자인 하류층에 부담을 주기 때문이다. 가난한 사람들에게 먼저 영향을 미치는 과세는 형평성과 정의의 원칙에 어긋난다는 것이 그의 주장이다.

마약을 합법화하려면 무엇보다도 소비를 줄여나가야 하며 마약으로 인한 범죄에도 엄격한 처벌이 뒤따라야 한다. 마약이 개인의 책임감마저 마비시키지는 않기 때문이다. 이는 처벌을 강화하면 음주운전이 줄어든다는 사실로도 잘 알 수 있다. 술에 취한 운전자라 할지라도 나름 합리적으로 행동한다는 것이다. 마찬가지로 자유시장 아래서는 마약중독자들도 현재의 금지 상태에서처럼 비이성적으로 행동하지는 않을 것이다.

베커의 이런 논리가 기존관념을 허무는 파격으로 보일지도 모르겠다. 그의 논리는 언제나 문화적 허구(신화)나 사회의 기성관념을 무시한 채 진행되기 때문이다. 하지만 그의 예증들을 탁상공론이라 밀어붙일 수만은 없다. 자신의 논리를 증명하기 위해 그는 인간행동을 연구하고 수치로 환산할 수 있는 사실들만을 근거로 내세우기 때문이다. 이런 근거들은 모두 참이라 할 수 있으며 다만 그가 내리는 결론만이 독창적일 뿐이다. 다른 사람들이라면 그와 다르게 결론을 내리고 다른 대안을 제시했을지도 모르겠다. 하지만 베커가 늘 주장하듯 인간 본성을 거스르는 정책은 의도와 다른 엉뚱한 결과를 가져올 뿐이다.

이민의 가격

같은 논리로 게리 베커는 이민에 대해서도 묘안을 내놓는다. 이 또한 경제적으로 사회문제를 해결하자는 발상이다.

베커의 말을 들어보자. 이민자를 한 사람의 기업인이라고 볼 때, 밀입국을 기도하는 사람은 목적지 국가에 가기 위해 투자를 하는 것이다. 먼저 거간꾼에게 사례금을 주어야 할 것이고, 공무원도 매수해야 할 것이며, 신변의 위험도 감수해야 한다. 하지만 일정 기간 내에 투자를 넘어선 수익을 얻을 것이라 기대하기 때문에 일을 감행하는 것이다. 베커가 내린 처방은 이민의 유입을 제어하기 위한 최선의 방법은 규제가 아니라 그에 상응한 대가를 받는 것이라고 한다. 그러면 합법 이민과 불법 이민의 구별은 유료 이민과 무료 이민으로 대체될 것이다. 또 입국 비용은 이민자나 허용국이 기대하는 수익에 따라 결정될 것이다. 받아들이는 나라는 이민자들로부터 경제적 수익을 얻지만 동시에 사회적 비용도 감수해야 한다. 이 비용이 선택 이민국의 이민 가격을 결정할 것이다.

베커의 접근방식은 이번에도 논란을 불러일으켰다. 하지만 미국에서는 일부 정책에 실제로 반영되기도 했는데, 일정 금액을 투자한 사람에겐 즉시 그린카드를 발급해주는 제도가 그것이다. 2007년 조지 W. 부시 대통령은 세금을 내는 불법 이민자들을 일정 기간 합법화해 주자고 제안했다. 결국은 실패로 끝났지만 이 또한 베커 이론의 유용성을 간접적으로 인정한 조치였다.

범죄의 대가

마약에 대한 베커의 주장은 실제 정책에 거의 영향을 미치지 못했다. 이민에 대한 주장도 마찬가지였고 범죄에 대한 처벌의 문제도 사정은 같았다. 분석을 계속하기 위해 베커는 새로운 이해당사자들(범죄 피해자, 지주)을 묶어 공동작전을 펴는 것이 자신의 합리적 계획 이론을 설득시키는 데 유리하다는 사실을 깨달았다.

1960년대부터 베커는 범죄자들의 경제행위를 수치로 환산하기 시작했다. 법이 온건하고 법관들이 관대하고 경찰들이 무능해질수록 위험은 줄어들며 따라서 범죄는 해볼 만한 사업이 된다. 이때 베커의 해답은 단순하다. 범죄가 횡행하면 처벌을 강화하면 되는 것이다. 그렇다면 사형제도도 그만큼의 효과가 있을까? 사형제의 범죄 억제력은 거의 없다고 알려져 있다.

하지만 베커에 따르면 그것은 실제 사형이 집행되지 않고, 사형을 언도받는 일도 거의 없기 때문이다. 다시 말해 범죄자들은 법이 아니라 실제 주변의 활동영역 속에서 실제로 형벌이 집행되고 있는가에 따라 더 영향을 받는다. 범죄자 검거율, 형 집행률, 조기 가석방률 등은 범죄 발생에 현행법보다 더 큰 영향을 준다. 그래서 베커는 결론 내린다. 윤리적으로 사형제도에 반대하는 것은 정당하지만 사형이 범죄를 억제하는 효과가 없다고 주장하는 건 잘못이라고.

1980년대 들어 미국에선 이런 논의가 범죄 공리주의라는 이름으로 대중으로부터 인정받기 시작했다. 그 결과는 엄격한 법 제정과 집행으로 나타났고 더불어 범죄율도 낮아졌다. 범죄의 수익성이 줄었기 때문일까? 톨레랑스 제로(tolérance zéro, 무관용주의)를 주창했던 베커의 대답은 '예스'였다. 확실히 톨레랑스 제로와 미국에서의 범죄율 감소는 직접적인 관련이 있다. 베커주의자들의 주장대로라면, 미국의 부정적인 면으로 비쳐지는 범죄율 증가는 오히려 예비 범죄를 억제하는 교통신호 역할을 한다는 것이다.

베커가 관찰한 바에 따르면, 징벌을 통한 억제효과는 폭력이나 술집에서의 싸움질 같은, 얼핏 통제가 어려워 보이는 범죄에도 적용된다. 국가 간 통계 비교 연구를 바탕으로 그는 폭력이나 알코올로 인한 범죄들도 처벌의 위험이 높아지면 진정된다는 사실을 입증했다. 알코올이나 다혈질적인 성격 때문에 사고를 치는 사람들도 이성적인 사람들처럼 행동하거나 자제할 수 있다는 것이다.

미국 대도시의 범죄 감소에 대한 설명 중엔 베커의 것과 배치되는 주장들도 있다. 범죄자들이 마약 성분을 흥분제 성향의 크랙(crack)[2]

---

2) 마약 중 코카인의 일종. ─역주

에서 진정제 성향의 헤로인으로 바꾸었기 때문이라는 주장이 그것이다. 코카인이 헤로인으로 대체됨으로써 범죄가 감소했다는 것이다. 어떤 이들은 코카인 가격의 일시적 하락이 폭력 건수를 줄어들게 했다고 설명하기도 한다. 그것을 구입하기가 그만큼 쉬워졌기 때문이다. 하지만 이 양자택일론은 자신의 합리적 행동 이론과 배치되지 않으며 오히려 뒷받침해준다고 베커는 주장한다. 소비자들이 크랙을 포기한 것은 그 위험성이 증가했기 때문이라는 것이다. 그들은 대체물을 찾아 합리적으로 이동했을 뿐이다. 자신의 가설들을 포기하기는커녕, 베커는 보다 많은 인수(因數)들이 들어간 더 복잡한 모델들을 가지고 이를 설명하고 있다.

그의 제자 중 한 사람인 브라질의 경제학자 호세 셰인크먼(José Scheinkman)은 미 대륙에서의 범죄 확산에 주목하며 베커학파의 뒤를 이은 범죄이론을 완성했다. 범죄자들은 문화, 소득 등과 관계없이 일정 시간, 일정 공간 속에서 나타났다가 사라지곤 한다. 셰인크먼은 사회학자들 사이에 '모방(imitation)'이라 알려진 이런 현상들을 수치를 통해 명확히 드러낸다. 범죄는 모방을 통해 그것을 받아들일 만한 집단들 속으로 확산된다는 것이다. 셰인크먼이 예상 범죄의 출현을 통계를 통해 수학 모델로 정립하지 않았다면 이는 진부한 관찰에 그쳤을 것이다. 하지만 셰인크먼의 모델 덕분에 범죄 가능성을 지닌 집단(예를 들어 고향을 떠난 이민자 사회 등)이 어느 정도의 인구밀도에 이르렀을 때 범죄가 나타나기 시작하는지 예측할 수 있게 되었다. 이 모델은 수리경제학이 사회학의 도움을 받지 않고도 때로는 경험적 관찰에서 예측 가능한 수학으로 전환할 수 있다는 사실을 잘 보여준다.

미덕의 본질에 대하여

합리성이 범죄를 설명해 줄 수 있다면 마찬가지로 미덕 또한 설명해줄 수 있다. 부르주아 사회에선 미덕이라 불리는 것도 경제지표에 따라 좌우되기 때문이다. 이런 바탕 아래 베커는 징세제도가 혼인율과 이혼율에 어떤 영향을 미치는지 밝혀냈다. 예를 들어 부자들의 이혼율이 적은 것은 그들이 가난한 사람들에 비해 이혼으로 잃을 것이 상대적으로 많기 때문이다. 또 베커는 아버지의 자식 부양 의무나, 위자료 지급, 배우자를 포기하는 문제 등에 법률이 얼마나 큰 영향을 미치는지 밝혀내기도 했다. 국가의 개입은 흔히 우리가 가치관이라 부르는 것에도 결코 중립적일 수 없다. 그렇다면 가치관과 공공의 개입은 서로 상충하는 것일까? 여기서 게리 베커는 토크빌을 인용한다. 『미국의 민주주의』란 책에서 토크빌은 다음과 같은 사실을 지적했다. "미국이라는 국가가 개입을 덜 할수록 시민들은 보다 책임감을 가지고 더 솔선수범하게 된다."

게리 베커에 따르면, 통제 없는 경제의 논리는 효용성의 원칙뿐만 아니라 소위 윤리에까지도 도움을 준다. 합리성이 지배하는 부르주아 윤리관은 오늘날도 경제적·사회적 질서를 확고하고 효과적으로 지켜주고 있다. 여기에 제약이 생기면 개인들은 더 절약하고, 좋은 습관을 지니려 노력하고, 스스로 더 책임감을 가지려 한다. 하지만 정부가 개인이 책임을 질 부분까지 지나치게 간섭하면 개인은 이런 습관을 잃어버리고 말 것이다.

합리성만을 가지고 미덕을 설명하려는 게리 베커에 반박하기 위해 사회학자나 모럴리스트들은 이타심이란 개념을 내세운다. 이타심이란 경제적으로 볼 때 비합리적인 것이고 따라서 우리가 물질적인 동기에 의해서만 행동하지 않는 증거라는 것이다. 일견 반박의 여지가 없어 보이는 이런 주장을 베커는 끊임없이 논박해 왔다. 가족이란 테두리 밖에서는 이타심이란 걸 찾아보기 힘들다는 것이다. 베커는 주장한다. 미국에서 수많은 기부가 행해지지만 실제로 기부하는 금액이 얼마나 되는가? 이타심의 증거라는 게 고작 가정수입의 2.5%밖에 안 된다. 더구나, 기부의 절반은 예배, 결혼식, 장례식 등 되돌아올 서비스에 대한 대가로 교회에 바치는 헌금이라는 것이 베커의 설명이다. 교회에 내는 이런 헌금을 이타심의 발로로 보기는 힘들다. 반면 가족 간에 발휘되는 이타심에 대해서는 부인하기 쉽지 않다. 하지만 가족 간의 이타심 또한 합리적 행동 이론을 강화해 줄 뿐이다. 가정 안에서의 이타심도 계산된 행위이기 때문이다. 가장 보편적이고도 중요한 가족의 결합은 수입의 공유를 통해 이루어진다. 물론 그 기초가 되는 것은 부부간의 사랑일 것이다. 하지만 부부의 사랑이 없더라도 수입을 공유하는 것은 경제적으로 유리한 행위이다. 수입의 공유를 통해 커플 각자는 수입을 최적화할 수 있는 것이다.

베커는 같은 논리로 장 티롤이나 롤랑 베나부(Roland Bénabou) 등이 반론의 근거로 삼는 '관대함'에 대해서 논박한다. 프랑스의 두 경제학자들은 묻는다. 보상받을 것이 없는데도 인도주의 단체에 기부하는 행위가 과연 합리적 행동에 속할까? 하지만 경험적 연구를 통해 베커는 사람들이 겉으로 드러나는 경우에 더 관대해진다는 사실을 밝혀낸다. 관대함은 감추기보다는 적극적으로 드러내려는 속성을 가지며, 익명의 기부는 아주 예외적인 경우일 뿐이다. 사실 완전한 익명의 기부는 의미가 없으며 거기엔 반드시 실질적 이익이 숨어 있다고 봐야 한다. 결국 관대함이란 것도 타인의 인정이나 자기애 같은 어떤 보상을 목적으로 이루어진다는 것이 베커의 주장이다. 이처럼 겉으로 드러난 휴머니즘 안에는 합리성이란 덫이 숨어 있다.

베커에 반대하는 사회학자들과 경제학자들은 여러 형태의 반대논리를 가지고 그의 '경제 제국주의'를 반박한다. 하지만 반대자들의 격렬한 공격에도 베커는 오히려 태연하다. 쏟아지는 반박은 오히려 과학적 행위의 증거가 된다는 것이다. 칼 포퍼가 말했듯이 반박당할 수 있다는 것은 곧 과학적으로 참이라는 말이 된다. 같은 논리로 이념이나 종교에 대해 반박할 수 없는 것은 그것이 과학적이 아니라는 증거라고 칼 포퍼는 말했다.

비합리성의 부흥

2007년에 나는 베커에게 어떤 상황이 그의 이성적 행동 이론을 설명 곤란하게 만드느냐고 물어보았다. 그는 주저 없이 '이슬람교도들의 순교행위'라고 말했다. 이슬람은 그에게도 친숙한 종교다. 바로 그의 아내가 이란 출신이기 때문이다. 하지만 자진하여 자살 테러를 감행하는 행동은 그의 모델로 설명하기 어렵다. 베커 이론의 한계이자 동시에 일반 경제이론의 한계일까? 하지만 경제는 늘 집단적 신화(허구)라는 현실과 부딪치며 투쟁해 왔음을 상기해야 한다.

베커는 또 환경보호론 앞에서의 낭패감에 대해 나에게 고백했다. "정말 온난화가 진행되고 있는지 어떤지는 확실히 모르겠습니다. 확실한 것은 현재 이것에 대해 합리적으로 토론하는 것이 불가능하다는 사실입니다." 게리 베커는 이상기후의 위험이 감지되자마자 기술적인 해결 방법을 찾을 수 있을 거라고 용기 있게 주장한다. 하지만 그의 생각에 이 분야의 논쟁은 거의 종교적인 양상으로 흘러가고 있으며 극렬 환경주의자들의 주장은 저주의 수준에 이르렀다.

이렇게 경제학은 끊임없이 신화(허구)에 의해 위협받아 왔으며 때론 스스로 통 속에 빠져들곤 한다. 어떤 오해 때문인지 베커는 시카고 대학 시절의 제자인 스티븐 레빗(Steven Levitt)의 베스트셀러에서 이름을 따온 '프리코노믹스(Freakonomics, 괴짜경제학)의 대부'라는 별명을 얻게 되었다.

프리코노믹스나 한계효용 경제학파들은 베커의 모델을 통해 왜 스포츠에서 속임수가 나오는가, 매춘부는 어떻게 요금을 결정하는가, 축구 관중은 얼마에 암표를 살 것인가 등등 일탈행동과 일탈현상들을 설명했다. 이 연구들은 예측 능력을 가진 개인들이 자기가 속한 사회의 규약이나 그를 조건 짓는다고 여겨지는 문화에 따라 행동하기보다는 자율성을 가지고 행동한다는 사실을 입증하고 있다. 다시 말해 모든 문명 속에 사는 모든 사람들은 합리적이며 그들의 모든 행동들은 합리성이란 말로 설명할 수 있다는 것이다.

최적 경제 연구가 어떻게 극히 예외적이고 설명이 불가능한 행동들까지 밝혀낼 수 있는지 보여주기 위해 스티븐 레빗은 『왜 마약 거래상들은 엄마와 함께 사는가?』라는 책을 출간했다. 관련자들을 만나고 주변 자료들을 모은 끝에 그는 경쟁 상태에 있는 시카고 지역 마약 거래상들의 평균 수입이 맥도날드 매장 등 비전문직장 고용인들의 평균 임금과 비슷하다는 사실을 밝혀냈다. 그의 결론은 마약 거래상들의 경제능력은 엄마 집에 얹혀 살 정도밖에 안 된다는 것이었다. 그럼에도 비슷한 임금을 받는 합법적인 직업보다 훨씬 위험한 직업을 계속 유지하는 것은 이들이 조직 안에서의 성공을 꿈꾸며 살고 있기 때문이다. 하지만 레빗은 장기적으로 마약의 가격이 떨어지면 거래상들의 수입도 낮아지고 결국 합법적인 경제활동으로 돌아설 것이라 예측한다. 마약 거래상들 역시 합리적인 기업인이기 때문이다.

8
순수이성의 한계

칼 포퍼는 과학적이란 것은 곧 거짓이거나 날조 가능성을 증명할 수 있다는 것이라고 말한다. 역으로 이념이나 종교는 논박될 수 없는데, 왜냐하면 거기엔 본질적으로 비판이 끼어들 여지가 없기 때문이다. 게리 베커의 의견대로라면 끊임없는 반론을 불러일으키는 합리적 행동 이론은 따라서 매우 과학적이다.

여기서 합리적 행동 이론에 대한 두 가지의 대표적 반론들을 소개해 보기로 하자. 첫 번째는 투기처럼 별로 합리적으로 보이지 않는 경제활동이다. 두 번째는 개인의 행동이 합리적이라는 사실 자체를 인정하지 않는 행동경제학(behavioral economics) 또는 신경-경제학(neuro-économie) 분야의 이론들이다.

이들은 우리 모두가 신경학적으로 비이성적인 존재일 뿐만 아니라 개인의 이익과 욕구를 분리해서 생각하는 것도 불가능하다고 주장한다. 이런 논쟁들 속에서 절대적 참을 찾으려는 독자는 결국 아무 해답도 얻어내지 못할 것이다. 본래부터 과학은 이런 식으로 논란 속에 발전해 왔기 때문이다.

열정의 논리

　대체 어떤 논리로 돈의 유혹에 빠진 투기꾼들의 비이성적 행동들을 설명할 수 있을까? 이에 대한 해답을 구하려 했던 사람이 바로 미국에서 활동하는 브라질 출신의 교수 호세 셰인크먼이다. 셰인크먼이 지적한 대로 17세기 네덜란드인들의 튤립 구근 투기에서 최근엔 2000년의 닷컴 버블(dot-com bubble) 사태에 이르기까지 투기 거품의 역사는 매우 깊다. 하지만 튤립 구근 투기이든, 주식 시장에서 신생 인터넷 회사 주식을 모조리 매입하는 행위이든 결국 그 메커니즘은 같으며 모델화하여 설명할 수 있다.

　투기의 시작은 어떤 실제적 사건이나 발명, 혁신 등에서 생겨난다. 네덜란드에 수입된 튤립 구근도 처음엔 누구나 탐내는 신제품이었으며 인터넷 또한 기술, 경제적 면에서 하나의 혁신이었다. 하지만 새롭다는 것만으론 투기의 충분한 조건이 되지 못한다. 때문에 금은 전혀 새롭지 않지만 아직도 투기의 대상이 되고 있다. 따라서 거기엔 투기의 열망을 부추기는 제3의 인물이 존재해야 한다. 셰인크먼은 이들을 가리켜 '충고자'라 부른다. 충고자는 이름난 전문가일 수도 있고 재정 컨설턴트일 수도 있으며 저널리스트나 해설가 또는 예술비평가일 수도 있다. 무엇보다 충고자는 자신의 사업 밑천인 명성을 잘 관리해야 한다. 다른 사람들과 마찬가지로 그 또한 스스로 기업인이기 때문이다. 아차 하는 사이 혁신의 징후나 좋은 사냥감을 놓치게 되면 그 또한 명성과 함께 고객도 놓치고 만다. 이렇게 '충고자'에게는 기회를 놓치지 않는 것이 중요하다. 그리고 혁신의 기미를 감지하거나 찾아냈다 생각하면 즉시 그 가치와 이익을 뻥튀기해야 한다. 이런 오버

액션은 전문가로서 그의 명성에 도움을 주며 새로운 고객도 불러모은다.

혁신과 충고자의 호들갑이 결합함으로써 튤립 구근이나 현대예술품 또는 주식 열풍이 시작된다. 투기 거품이 일어나는 것은 이들의 거래가 축적되면서부터다. 예를 들어 증권가에서 어떤 주식이 일 년에 100차례 정도 거래되었는데 어느 순간 거래가 매주 100회로 늘어난다면 이게 바로 거품이다. 셰인크먼이 조사한 바로는 모든 거품들은 통계수치상 비슷한 과정을 거치며 또 비슷한 모델을 만들어낸다.

주기성(週期性) 외에 거품의 중요한 특성 중 하나는, 주식의 매매가격이 실제 기업 가치나 기업의 기대수익 등과 아무 연관성 없이 형성된다는 것이다. 그러면 이런 투기 구매자들은 비합리적인 사람들일까? 꼭 그렇지만은 않다. 투기자들이 배당을 바라고 주식을 사들이는 것은 아니기 때문이다. 그들은 확실성 때문이 아니라 투기현상이 계속됨으로써 시세보다 높은 가격에 물건을 팔 수 있으리란 기대로 구매하는 것이다. 투기자들은 비합리적인 것이 아니라, 셰인크먼의 말을 빌면, 보통 사람들의 심리가 그러하듯 스스로를 과신할 뿐이다. 주식 투기자들은 자신이 남들보다 많이 알고 있으며 따라서 시장을 장악할 수 있으리라 믿는다. 이렇게 보면 투기가 오래 지속되는 현상도 그리 부조리한 일이 아니다. 셰인크먼은 펀드매니저들이 빠지게 되는 딜레마에 대해 이야기하고 있다. 펀드매니저도 투기가 거품이란 걸 잘 알고 있다. 그러면 그들이 투기와 일정한 거리를 두어야 하는 걸까? 그렇게 한다면 매우 합리적인 사람이라 할 수 있을 것이다. 그럼에도 그는 그렇게 하지 못한다. 고객들이 좋은 기회를 놓친 그를 질타할 것이기 때문이다. 너무 현명한 탓에 펀드매니저는 고객들을 놓칠 것이고 고객들은 그보다 무모한 펀드매니저 경쟁자에게 투자를 맡길 것이다. 아무리 합리적이라 해도 펀드매니저는 투기자들을 불러모으지 않으면 안 된다. 투기에서 합리적인 것이 반드시 논리적인 것은 아니라는 말이다.

경험적 자료를 토대로 한 수학적 버전의 셰인크먼 모델은 현대예술품 시장, 중국 투자, 중국 부동산 직접투자, 상하이 증시 투자 등 다양한 분야에 적용해 볼 수 있다.

그러면 과연 중국에의 투자를 거품이라 할 수 있을까? 중국의 주식시세는 실제 기업의 가치(아무도 그게 얼마인지 모른다)와 아무 연관성도 없이 형성되어 있다. 그럼에도 충고자들은 중국에 투자하라고 열심히 권장한다. 중국에 투자하지 않는다면 고객과 주주들은 그들을 떠날지도 모른다. 앞에서 말한 거품의 특성과 함께 중국 시장의 거래 횟수를 볼 때 중국이 거품이라는 사실은 확실하다. 그렇다면 이런 현상이 지속되는 것이 투자자 자신에게도 이로울까? 다시 말해 투자자 자신들이 언제 거품이 붕괴될지 예측할 수 있는 걸까? 그건 불가능하다. 셰인크먼의 모델은 거품의 형성과 그것의 발전 과정만을 밝혀줄 뿐 그 끝을 알려주지는 못한다. 분명 그 종착점은 있겠지만 말이다. 그럼 거품은 어떤 양상으로 붕괴될까? 기일은 알 수 없지만 붕괴의 원인은 분명 알 수 있다. 거품은 공급이 수요를 넘어설 때 무너지기 시작한다. 그렇게 될 때 기업이나 대상물의 가치는 투기로 뻥튀기되기 전의 실제 가치로(또는 제로 선까지) 폭락한다. 이제 투기자들은 다음번 열풍을 꿈꾸며 셰인크먼 모델이 되풀이되길 기다리게 될 것이다.

이 모델을 통해 정치적 교훈이나 하다못해 예방 대책이라도 끌어낼 수 있으면 좋겠지만 사정은 그렇지 못하다. 한편으론 합리적이고 다른 한편으론 불합리한 투기는 예측이 불가능한 인간의 본성을 그대로 반영하고 있는 것이다. 뒤에 이어지게 될 신경-경제학 이론에서는 인간 본성과 경제적 합리성 간의 더 심각한 불일치에 대해 설명할 것이다.

일관성 없는 '자아들'

데이비드 레입슨(David Laibson)이 실험 대상자들에게 지금 즉시 100달러를 가지는 것과 1개월 후에 110달러를 가지는 것 중 어느 걸 선택하겠느냐고 물었다. 대부분 지금 즉시 100달러를 갖겠다고 대답했다. 경제적으로 볼 때는 이치에 닿지 않는 선택이다. 비슷한 실험을 또 하나 했다. 지금 당장 초콜릿을 먹겠느냐 아니면 과일을 먹겠느냐 하는 질문이었는데 대부분 초콜릿을 먹겠다고 대답했다. 그러나 일주일 후 초콜릿과 과일 중 어떤 걸 선택하겠느냐 물어보면 대부분 사람들이 과일이라 대답했다. 초콜릿이든 돈이든 사람들은 일정 기간 경과 후의 이익보다는 당장의 욕구충족을 원한다는 것이다. 일정 기간을 놓고 볼 때는 건강을 위해 초콜릿보다 신선한 과일을 먹는 게 낫고 높은 이자율을 적용하여 110달러를 받는 것이 더 유리하다. 단기간의 선택에서 나타난 결과에 대해 피실험자들도 장기적으론 그 선택이 자신에게 덜 이득이 된다는 것을 알고 있다. 장기적으로 보느냐 단기적으로 보느냐 하는 질문 방법에 따라 뇌의 기능이 다르게 작용한다는 사실은 실험 대상자들의 뇌를 스캔하여 촬영해 보아도 알 수 있다. 하버드 대학에서 신경-경제학과 행동경제학을 개척한 레입슨도 자신이 원하고 예상했던 결과를 얻어냈다. 초창기부터 지금까지 미국에서 개인 또는 그룹 차원에서 행해진 같은 유형의 모든 실험들이 행동경제학의 창시자가 제시한 이 가설을 뒷받침하고 있다. 다시 말해, 호모 에코노미쿠스(경제인류)들은 고전주의 경제학이 주장한 것처럼 그리 합리적인 존재가 못 된다는 것이다.

1979년 기존 경제학적 성과에 심리학과 신경학이라는 최신 학문을 접목해 새로운 학문적 접근을 시도한 인물이 바로 이스라엘 출신의 경제학자 아모스 트버스키(Amos Tversky)와 다니엘 카네만(Daniel Kahneman)이다. 이 새로운 경제 분야는 카네만에게 2002년 노벨 경제학상을 안겨주기도 했다. 이 분야의 창시자들과 레입슨 등 후계자들은 애초부터 고전 경제학, 그 중 특히 게리 베커가 정립한 합리적 행동 이론에 대해 근본적인 회의를 품고 있었다. 통계를 전제로 한 고전 모델은 개인의 경제적 선택 방식에 대해서는 관심을 기울이지 않았다는 것이다. 게리 베커가 자주 이야기하듯 사람들의 평균은 "전체적으로 그런 경향을 지니며" 이 선택은 합리적인 것이다. 하지만 레입슨에 따르면 "그런 경향을 지닌다"는 말이 그들에게 회의를 불러일으킨다. 왜냐하면 행동주의 경제학자들이 알기 원하는 것은 우리가 실제 생활에서 무언가 선택할 때 구체적으로 어떤 방식을 취하느냐 하는 것이기 때문이다. 그리고 현실 속에서 개인이 합리적이란 이런 가설은 의심스러울 뿐이다.

레입슨에 따르면 우리는 한순간 또는 일정 시간 동안 상반된 욕구와 충동의 갈림길에 서곤 한다. 한 순간, 선한 행동을 할 것인가 악한 행동을 할 것인가, 내 일을 먼저 할 것인가 남을 도와줄 것인가, 돈을 쓸 것인가 투자할 것인가 등의 상반된 욕구에 의해 분열을 겪게 된다는 것이다. 다시 말해 순간적으로 자아는 둘 이상으로 갈라지게 된다. 더구나 시간을 길게 놓고 보면 자아는 더더욱 많은 분열을 겪게 될 것이다. 초콜릿을 먹는 것은 지금 당장은 나를 만족시키지만 미래의 나에게는 해가 된다. 담배를 피우면 당장은 만족스럽지만 결국은 건강을 해칠 것이다. 그럼 담배를 끊어버릴까? 그래야 하겠지만 내일부터! 이런 행동은 모든 의존성 중상에 자주 나타난다. 하지만 내일이 되면 나는 모레로 실행을 연기할 것이다. 왜냐하면 나에겐 미래보다 현재가 더 중요하기 때문이다. 이렇게 사람들은 미래에 대해선 느긋한 태도를 보이지만 현재에 대해서는 성급해진다.

인간의 행동이 합리적이며 적어도 늘 그런 경향을 지닌다고 가정하는 고전 경제학에서는 이런 행동의 불합리성을 간과해 버린다. 이에 대해 행동주의 경제학자들은 선택적 모델을 제안한다. 그것은 현재에 대한 선호도와 미래에 대한 무관심의 정도를 계산에 넣은 모델이다. 이 무차별곡선(courbe d'inconséquence)[3]은 일견 논리적인 듯하지만 한순간을 놓고 보면 전혀 그렇지 못하다. 이렇게 행동주의 경제학자들은 관찰 가능한 실제 행동을 대상으로 삼고 있다.

미국 기업들을 대상으로 한 실험에서 레입슨은 고전 경제학자들이 믿었던 합리적 행동과 실제 행동 사이에 괴리가 있음을 수치로 보여주었다. 현실 속에서 우린 자주 자신에게 불리한 비합리적 선택을 한다. 제안의 방식이 어떠냐에 따라 얼마간 자신의 이익에 반대되는 행동을 하게 되는 것이다. 다니엘 카네만의 유명한 실험이 이를 설명해 준다. 피실험자에게 이기면 150달러를 따고 지면 100달러를 잃는 동전 던지기를 제안했다. 논리적으로 따지면 피실험자들은 제안을 받아들여야 한다. 하지만 거의 모든 사람들이 게임을 거부했다. 위험을

---

[3] 개인의 동일한 만족이나 효용을 나타내는 곡선. 이 곡선 위의 점에 해당되는 수량의 조합이 실현되면 어느 조합이나 소비자에게 같은 만족을 주기 때문에 차별이 없다. —역주

회피하려는 심리적 특성이 합리적인 계산보다 우세했기 때문이다. 게임을 하는 사람은 자신을 상대로, 즉 나를 상대로 게임을 벌이고 있는 것이다.

레입슨이 또 다른 비슷한 실험을 했다. 미국의 기업에 근무하는 여러 무리의 회사원들에게 매우 유리한 조건의 퇴직연금 플랜을 제안했다. 이를 통해 레입슨은 대상 회사원들이 내용이 아닌 선택의 방식에 따라서 가입하거나 거부한다는 사실을 발견했다. 거부 의견을 표시한 사람들을 제외하곤 자동으로 연금에 가입될 때 95%의 회사원들이 연금에 가입했고 5%만 거부의사를 표했다. 반대로 가입할 사람만 의사표시를 할 경우 50%는 가입하고 50%는 가입을 하지 않았다. 세 번째 경우, 회사원들이 가입하거나 가입하지 않거나 둘 중 하나를 반드시 표시해야 할 때(다시 말해 둘 중 하나를 반드시 택해야 할 경우) 75%가 이 플랜에 가입했고 25%가 거부했다. 타당성 확보를 위해 레입슨은 같은 회사에서 동시에 사원들의 그룹을 다시 나누어가며 실험을 반복했지만 결과는 마찬가지였다.

만약 이 회사에 합리적 행동 이론을 적용한다면 100%의 사원들이 유리한 조건의 퇴직연금 플랜에 가입해야 맞다. 이것이야말로 논리적 최적 상태일 것이다. 하지만 현실 속에서의 결정은 선택하는 방식에 따라 50%에서 95%까지 차이가 났다. 최적과 실제 사이의 이 격차는 순간선택에서 우리 행동에 일관성이 없음을 말해준다. 미래가 멀리 있을수록 현재 자아와 미래 자아 사이의 경제적 충돌은 커지는 것이다. 앞으로 세상이 복잡해질수록 회사원들이 스스로의 자유로운 판단을 포기하고 합리성을 지닌 오피니언 리더의 추천에 결정을 맡기는 일은 잦아질 것이다.

레입슨의 즉각적 보상에 대한 선호는 굳이 이론이나 수치로 나타내지 않아도 상인들 사이에 흔히 볼 수 있다. 물건을 사고 한 달 또는 일 년 동안 지불을 유예하는 조건은 자동차나 보험상품 판매 테크닉으로 효과가 널리 입증되었다. 2007년 미국을 강타한 서브프라임 모기지론 위기는 직접적으론 이런 마케팅 기법들이 자주 쓰이면서 발생한 것이다. 지불능력이 떨어지는 고객들은 가격을 즉시 지불하지 않아도 된다거나 첫 해 이자가 없다는 조건에 쉽게 발목을 잡힌다. 합리적 행동 이론의 추종자들이라면 이 현상에 대해 그들 스스로가 자기 행동에 대해 잘 알고 있었거나 잘 아는 것처럼 행동함으로써 계산된 위험성을 감수한 것뿐이라고 말할 것이다. 하지만 레입슨 같은 행동주의 경제학자들은 이 설명에 이렇게 반대할 것이다. 고객들이 얼마나 비합리적이고 순진한가를 잘 알고 있는 보험업자들이 소비자들을 상대로 농간을 부린 것이라고!

국가의 복권

합리적 행동과 감정적 행동, 두 이론은 정책적으로도 다른 입장을 보인다. 만약 합리적 행동 이론이 맞다면 보험 시장에 대한 규제책 같은 건 도입되지 않을 것이다. 하지만 레입슨 쪽에 동의한다면 소비자를 현혹하는 감언이설과 서비스 제공은 금지하는 것이 맞다. 그렇다면 레입슨이 경제를 국유화하자는 데 동의하고 있다고 보아야 할까? 만약 우리 모두 합리적이지 못하다면 국가가 우리의 충동적인 행위를 방지해 주는 것이 옳을 것이다. 또 국가가 우리를 대신하여 우리의 미래와 더 나은 이익을 보장해 주어야 할 것이다. 그렇게 보면 행동주의 경제학이 생기기 전부터 있던 의무적 노후연금 제도는 인간 행동의 비합리성을 미리 예고한 제도인지도 모른다. 하지만 이런 새 이론이 직관에만 의존하고 있다고 비난해선 안 된다. 이 이론 또한 우리들의 비합리성을 수치화하고 이것을 신경정신학적 결정론과도 연관시켜 도출한 것이기 때문이다. 이렇게 우리는 직관을 넘어서 과학으로 나아가게 되는 것이다. 행동주의 경제학이 국가주의로 귀결될 거라 결론짓는 것은 그들을 오독하는 것이다. 왜냐하면 이 이론에선 개인뿐 아니라 국가를 포함한 경제 주체들 모두가 비합리적이라 간주하기 때문이다. 선거 등과 관련해서는 국가도 장기적 판단을 무시하고 즉각적인 보상을 선호한다. 국가의 이런 비합리성은 개인의 비합리성보다도 위험하다. 그들이 행사하는 힘은 개인의 힘보다 크기 때문이다. 따라서 개인처럼 비합리적인 국가 권력 또한 통제를 받아야 마땅하다.

합리적 행동 이론가들이 국가의 존재가 거의 필요 없는 완전 자유시장을 옹호한다면 행동주의 경제학은 지나치지 않은 범위 안에서 국가의 권능을 인정한다.

비슷하지만 보다 신중한 입장을 보인 인물이 있다. 1970년 미국의 자동차 중고시장의 간단한 분석을 통해 경제학의 신기원을 이룩한 미국의 유명한 경제학자 조지 애컬로프다. 애컬로프에 따르면 모든 경제주체들이 동등한 정보를 가진다면 시장경제는 완전에 접근할 수 있다. 하지만 실제상황은 그렇지 못하다. 중고차 거래상이 고객과 거래를 할 때 그는 고객이 가지지 못한 정보를 점유하고 있다. 따라서 이들 사이엔 정보의 불균형이 생긴다. 애컬로프가 든 다른 유명한 예에서도 사정은 비슷하게 나타난다. 부동산 시장에서 중개인은 부동산 구매 예정자들이 지니지 못한 정보를 가지고 있다. 이런 정보 불균형의 증거로 애컬로프는 미국에서 부동산 중개인들이 시장가격보다

싼 가격에 자기 집을 구입한다는 사실을 밝혀냈다. 중개인들은 가지고 있는 불균형한 정보를 스스로 불리하게 사용할 이유가 없는 것이다. 애컬로프는 결국 시장엔 반드시 제3자의 감시가 있어야 한다고 결론을 내린다. 하지만 제3자가 반드시 국가여야 할 필요는 없다. 정보의 공정성을 보장하는 수단으론 상표나 품질규격 같은 것들도 있다. 애컬로프도 레입슨처럼 도를 지나치는 것에 대해 경계해야 한다고 말한다. 어떤 경제 행위자들도 완벽하지 않으며 어떤 경제 체제에도 결함은 있기 때문이다.

티롤(Tirole)의 기준

그럼 국가의 소비자 보호와 전체주의적 통제 사이에 어떻게 경계선을 그어야 할까? 장 티롤은 사회적 요구가 그 기준이 될 것이라 본다. 장 티롤은 이런 요구가 합법적으로 공식 표출되어 국가가 개인을 열정으로부터 보호해야 할 두 가지 상황을 예로 든다. 담배의 중독성과 거기서 벗어나려는 흡연자들의 욕구를 좌절시키는 담배회사들의 서비스 공세에서 벗어나려면 국가의 개입이 정당화되어야 한다고 티롤은 이야기한다. 마찬가지로 신용결제에 따른 소비수요 증가도 많은 사람들을 지불 곤란한 상태와 후회로 이끌기 때문에 구입을 취소할 수 있는 유예기간을 강제하는(미국처럼 프랑스에서도 이 법이 시행되고 있다) 게 적법하다. 하지만 영어로 'cooling off period'라 부르는 이 유예기간 제도가 오히려 충동구매를 부추긴다고 알려져 있기도 하다.

티롤은 시장가격을 통한 정책이 사람들의 행동을 최적에 이르도록 만든다는 게리 베커의 주장과 거리를 둔다. 베커는 담배를 정당한 가격에 팔아야 한다고 주장하지만 티롤은 소비자들의 현명한 소비를 이끌기 위해선 세금을 매겨야 한다고 주장한다. 감정적 소비의 측면을 무시하는 베커와 달리 티롤은 이 부분까지도 시장에 반영한다. 또한 티롤은 극도의 간섭주의를 표방하는 레입슨과도 차별을 둔다. 미국의 서브프라임 모기지론 위기에서 보듯 소유권을 향한 다수의 욕구를 존중하기 위해서라도 시장의 자유는 유지되어야 한다. 다시 말해 계약을 이행하지 못하는 소수만을 보고 국가 제재라는 사회적 요구를 끌어낼 수는 없다는 것이다.

이에 대한 중도적 대책은 정보제공의 의무화일 것이다. 행동주의 경제학이 말하듯 순간적인 선택에서 미래의 결과에 대한 정보 부족 경향이 나타난다면 정보를 통해 소비자들이 자기 선택의 귀결이 무언지 잘 인식하도록 이끌어주어야 한다. 하지만 티롤이 덧붙여 말하듯 정보의 의무화가 지나친 관료주의로 나타나선 안 된다는 것도 주지의 사실이다.

티롤의 기준들이 모든 상황들에서 해결책이 될 수는 없다. 하지만 그가 시장 만능주의와 국가 통제주의 사이에서 프랑스인의 정신이 지향하는 중도의 길을 찾고 있음은 확실하다. 경제가 늘 그렇듯 이론 안에서나 실제 속에서나 완벽한 해결책은 없으며 덜 나쁜 해결책만 있을 뿐이다.

III

국가들의 수렴

인류의 3분의 1은 아직도 빈곤 속에 빠져 있으나 3분의 2는 빈곤에서 빠져나왔다. 이는 인류 역사상 유례없는 발전이다. 지난 30년 간 5억의 인구가, 특히 중국과 인도가 개발 도상국에 진입했다. 종국에는 모든 국가들이 복지 향상에 수렴하고 가장 풍요로운 국가들과 비슷한 생활방식을 취하게 될 것이다. 역사적 차원에서 보면 이러한 수렴은 매우 빠르게 이루어진 것이다. 성장기에 있는 경제들은 공통적으로 매년 6%의 성장률과 아울러 12년 사이에 생활수준이 두 배로 뛰어올랐다.

　이러한 성공들이 확인되고 전체적으로 그 경험들이 확산된 것은 대부분 경제학자들의 업적이다. 그래서 확증된 논리들과 확인된 경험들 사이에서 국가들을 빈곤으로부터 풍요로 이끌어 줄 올바른 길을 그려보는 것이 가능해졌다. 자연자원이 부국이 되는 데 꼭 필요한 것은 아니며, 국제적인 원조가 발전의 열쇠도 아니고, 경제계획이나 경제의 국유화는 오히려 역효과를 가져오지만 기업과 상업의 자유는 어떤 문화권에서든 좋은 처방이라는 것이 증명되었다. 그 어디에서건 좋은 경제정책을 적용하는 바로 그 순간부터 국가가 수렴하게 될 것이라는 점이 증명되었는데, 1960년대부터는 아시아의 용들이, 그리고 이어서 인도, 중국, 브라질이 증명해보였다. 바로 그것이 수렴이론[1]의 주역인 하비에르 살라-이-마르틴(Javier Sala-i-Martin)이라는 스페인 경제학자가 우리에게 설명한 것이며, 아시아와 라틴아메리카에서 계속 이어지고 있는 경험들이 증명해 보이고 있는 것이다. 이제 남은 것은 아프리카뿐이다. 아프리카에게는 성장이 기대할 만하면서도 가능성 있는 유일한 미래이다.

---

1) 수렴이론 : 서로 다른 것끼리 시간이 경과함에 따라서 비슷해진다는 관점에서 현상을 설명하는 이론. 현대의 경제체제, 사회체제와 산업화를 둘러싼 논의 가운데 하나의 유력한 입장을 형성하고 있다. 즉 자본주의체제와 사회주의체제는 정치권력기구와 경제관리체제, 이데올로기 등 각기 다른 체제 밑에서 산업화가 진행되지만 사회구조가 변화해감에 따라서 공통의 특징을 띠게 되며, 결국은 서로 비슷해진다는 것이다. 자본주의체제는 국가의 기능을 강화하여 집권화와 계획적 요소를 많이 받아들이지 않을 수 없는 반면에, 사회주의체제는 분권화와 시장경제를 도입하지 않을 수 없게 되어, 두 체제 모두 이데올로기를 수정 내지 포기하게 되고 이데올로기보다 오히려 과학기술에 의한 생활의 향상과 사회의 통합관리가 중요하게 대두된다고 역설한다. 이 이론과는 달리 각기 다른 문화와 사회는 독자적인 개성을 지니고 그 진화와 발전에 있어서도 독자적인 길을 걷는다는 것을 강조하는 이론을 '확산이론'이라고 한다. ―역주

9
대중 빈곤의 종식

하비에르 살라-이-마르틴(Javier Sala-i-Martin)이 20년 더 일찍 태어났다면 바르셀로나에 머물면서 자본주의의 위기에 대해 연구했을 것이다. 하지만 한 세기 사이에 시장경제는 더 이상 위기에 놓여 있지 않게 되었으며, 시장경제가 사회주의, 자급자족 체제, 계획경제를 몰아냈음이 분명해졌다. 시장경제가 서방세계와 '아시아의 용들'이라 불리는 국가들에만 한정되었을까? 시장경제는 지구 전체를 장악했고, 성장은 세계적인 추세가 되었다. 살라-이-마르틴은 그 점을 확실히 인정했고, 경제학자의 의무는 자기가 사는 시대를 따르고 동시대인들에게 봉사하는 것이라고 말했다. 바로 그러한 생각이 그를 뉴욕의 컬럼비아 대학으로 이끌었고, '빈곤 국가들의 개발' 분야에서 인정받는 전문가가 되도록 만들었다.

두 가지 성장

개발 관련 경제학자들은 경제성장을 '조방형(extensive)'과 '집약형(intensive)'이라는 두 가지 형태로 구분한다. 인구가 증가하고 생산이 인구와 같은 속도로 증가한다면 그것은 조방형이다. 예를 들어 새로운 땅을 개간한 덕분에 이루어지는 성장으로서, 꾸준한 기술력이 함께 하는 경우이다. 한편, 주민 일인당 생산량이 실제적으로 증가하는 때부터 성장은 집약형이 된다. 이러한 발전이 자유교역의 결과일 때는 애덤 스미스 형(形)이라고 규정될 수도 있다. 분업과 전문화 덕분에 교역은 양쪽 경제 파트너의 부(富)를 증대시켜준다. 교역에 의한 이런 성장은 "프로메테우스적 성장"(에릭 존스의 표현)으로 이어지지 않으면 조만간 체력이 떨어지고 마는데, 이 프로메테우스적 성장은 개혁에 기반을 두고 있다. 18세기 말 이후로 영국에 이어 유럽 전체와 미국이 급속도로 성장했다. 그리고 무한히 성장할 것처럼 보였는데, 바로 프로메테우스적이었기 때문이다. 위기들? 어떤 해에는 다른 해보다 성장이 느린 때도 있고, 어떤 나라들은 덜 민첩하기도 했지만, 어찌됐든 모두가 발전하였다. 시장경제에 참여한 나라들 중 그 어느 나라도 침체되지 않았고, 어느 나라도 경기가 후퇴하지 않았다. 유럽과 미국의 경제를 그토록 어렵게 만들었던 1930년의 세계경제 위기나 1973년의 세계경제 위기 같은 것은 아주 멀리 있는 듯이 보였다. '위기가 더 이상 없다면 경제 메커니즘을 배우는 게 무슨 소용이란 말인가?'라고 카탈로니아 출신의 젊은 경제학자 살라-이-마르틴은 생각했다.

살라-이-마르틴으로서는 카탈로니아에서 미국으로 건너가는 것이

어려운 일은 아니었다. 미국 대학들의 홍보팀들은 우수한 학생들을 찾아내서 그들이 거부할 수 없는 제의를 하기 위해 전세계를 돌아다니니까. '미국에서 부귀영화와 명성을 얻을 수가 있는데 무엇 때문에 스페인의 가난한 대학에 머물러 있겠는가?' 하고 살라-이-마르틴은 자문했다. 경제학이나 다른 학문들의 노벨상 수상자 대부분이 미국인들 또는 미국에 정착한 외국인들에게 돌아가고 있다. "미국에서는 대학들이 각자에게 최고가 되도록 압박하는데, 지적 완성이나 연구는 다른 모든 인간 활동과 마찬가지로 고무, 격려에 의해 촉진된다."고 살라-이-마르틴은 말했다. "유럽의 대학들이 쇠퇴한다면 그 이유는 그들이 선발과 경쟁을 거부하기 때문" 이라고도 그는 말했다.

수렴이론

하비에르 살라-이-마르틴은 2005년에 세계 빈곤의 감축에 관한 연구를 발표하면서부터 명성이 비약적으로 높아졌다. 그는 136개국(콩고민주공화국은 자료가 없어서 제외됨)의 국민소득 통계에 대한 연구를 바탕으로 하여 절대빈곤이 1970년부터 확실히 감소하는 중이라는 점을 보여주었다. 살라-이-마르틴은 그것을 국가들의 '포괄적 수렴' 이라고 부른다. 세계은행이 정한 '빈곤' 의 기준인 1인당 하루 1달러(또는 각 지역에서 1달러와 맞먹는 구매력)를 적용해 보면, 가난한 사람들의 수는 지난 30년 사이에 3분의 1로 줄어들었다. 즉, 4억2천8백만 명의 인구가 빈곤에서 벗어났다. 이러한 경제적 행복의 근원에는 교역에 의한 세계화와 시장경제의 일반화가 깔려 있다. 둘 다 여태까지는 궁핍밖에 모르던 문명들을 변화시켰다. 이런 현상에서 하비에르 살라-이-마르틴은 국가들이 수렴하고 있고 모든 국가들이 OECD의 부국들 같은 지배적인 모델에 가까워진다고 결론지었다.

빈국들이 마침내 부국들을 따라잡게 될까? 모방은 개혁보다 비용이 덜 들어가므로 그렇게 예상해볼 수도 있다. 이 최소비용은 가난한 국가들이 어떻게 부국들보다 더 빨리 발전하여 그들에게 가까이 가게 되는가를 설명해준다. 하지만 베끼는 것은 수익성이 떨어지게 되므로 이에 따라 가난한 나라들의 성장은 둔화되어 부자 나라들과 성장 속도를 나란히 하게 된다. 장기적으로는 개발 도상에 있는 경제들 모두가 개혁을 주도해 가는 나라들과 같은 속도로 발전하게 될 것이다. 덜 개발된 나라들은 개혁의 선구자가 되지 않는 한 계속 선진국들 뒤에 남아 있게 될 것이다.

하비에르 살라-이-마르틴의 이러한 결론들은 이 주제에 관한 기존 생각들을 반박하고 있다. 아니다, 가난한 국가들이 점점 더 가난해지지는 않고, 부자 나라들은 점점 더 부자가 된다. 부자들은 계속해서 더 부유해지지만 빈자들은 덜 가난해지고 부자들에게로 수렴한다. 검증 가능한 자료들을 바탕으로 하고 있음에도 불구하고 이 수렴이론에 대해 경제학자들 전체가 동의하지는 않는다. 하버드의 랜트 프릿체트(Lant Pritchett)를 포함한 일부 경제학자들은 확산이론을 주장하고 있다.

관측 가능한 같은 현실에서부터 어떻게 상반된 결론들에 도달하게 된 것일까? 준거들을 바꾸면서 그렇게 된 것이다. 살라-이-마르틴이 한 것처럼 국민 소득을 고려하는 대신, 세계화가 문명들을 평범하게 만들어버린다는 이유로 세계화에 적대적이기도 한 프릿체트는 각 가구(家口)가 신고한 소득에 바탕을 두고 수렴이론을 비판한다. 여론조사들은 회계 통계들이 공시하는 소득보다 종종 낮은 소득을 드러내 보인다. 하지만 모든 체제들에서 신고된 수익을 저평가하는 것은 바람직하지 못한 게 아닐까?

또 다른 논란이 수렴이론 지지자들과 확산이론 지지자들을 갈라놓고 있다. 국민 소득에다 공공 지출을 포함시키는 것이 적절할까, 포함시키지 않는 것이 적절할까? 살라-이-마르틴은 학교나 공중보건이 빈곤을 경감시키는 소득 항목이라고 간주하면서 공공 지출을 국민 소득에 포함시켰다. 그의 반대자들은 공공 지출이 군대 지출이나 가난한 사람들에게는 조금도 혜택이 가지 않는 사치스런 지출을 포함하고 있다고 반박한다. 살라-이-마르틴에 따르면 그것은 잘못된 문제 제기이다. 왜냐하면 시간과 공간 속에서의 비교는 그 어떤 것이든지 항구적이고 비교 가능한 준거들에서 출발해야만 가치가 있기 때문이다. 1960년 이후로 각국의 국내총생산 비교 외에는 그 어떤 비교도 존재하지 않는다. 예전에는 추측에 의한 것일 뿐이었다. 1600년에 중국인들의 생활수준이 유럽인들의 생활수준보다 더 높았는지 아닌지 그 누구도 모르지 않는가? 하지만 오늘날의 자료들은 이론의 여지가 없으므로, 수렴이 확실하다.

이론의 부인(否認)

국가별 국민 소득을 비교하는 대신 국적을 고려하지 말고 각 개인의 소득을 비교해야 하지 않을까? 랜트 프릿체트는 지리적 요인이 아니라 각 개인만을 중시한다는 점에서 개발 관련 국제기구들과 구별된다. 최선의 개발정책이란 각 개인이 어떤 특정한 국가에 소속되어 있느냐를 고려하지 않고 그들을 부유하게 만들어주는 정책일 것이다. 그런데 개인의 차원에서 볼 때 가난한 나라에서 부유한 나라로 이주하는 것보다 더 빠르게 부유해지는 방법은 없다. 프릿체트는 그래서 미국, 유럽, 일본 같은 부유한 나라들에게 한시적으로 '초청 근로자' 프로그램을 이용하여 이민자들을 대거 받아들이라고 제안한다.

이론적으로는 프릿체트가 틀리지 않다고 살라-이-마르틴은 응수한다. 하지만 한 근로자를 그 자신의 공동체에서 빼내어 그를 착취한 다음 다시 그의 고국으로 돌려보내는 것이 과연 발전일까? 프릿체트의 계획은 실제적으로는 실현될 가능성이 전혀 없다. 근로자들을 받아들여야 할 나라들이 거부할 것이 분명하고, 그 못지않게 근로자들의 고국도 그 기획에 대해 회의적일 것이기 때문이다. 이에 대한 논란은 활발하지만 보다 현실적인 살라-이-마르틴은 무엇보다 나쁜 경제정책에 대응할 좋은 경제정책들의 효율성을 증명해 보이기를 희망하고 있다. 정책이란 국가 차원의 것이므로, 국가들 간의 비교만이 빈곤에 대한 투쟁에서 유익한 결과를 빚어낸다.

빈곤의 퇴조는 너무 객관적인 현상이어서 그렇게 된다 해도 자기에게는 아무 이득도 없다고 생각하는 사람들에게는 마음에 들지 않는 것일까? 하비에르 살라-이-마르틴은 마르크스주의 경제학자들을 비난한다. 그들은 미국 대학들에서 사라지기는커녕 고질적으로 남아 있고, 언제나 자본주의의 위기만을 쫓으면서, 세계의 가난한 사람들이 혁명가가 되기만을 꿈꾸고 있다. 그들은 국제구호기관, 세계은행 같은 국제기관들, 큰 NGO(비정부기구)들 또는 옥스팜(Oxfam)[2] 유형의 단체들처럼 보다 영향력 있는 기관들도 비난한다. 가난이 그들의 존재 이유이므로 그 어떤 나쁜 소식이라 하더라도 그것이 그들을 뒷받침해 주는 것이면 무조건 환영하고 있다.

경제학자들 사이의 논쟁은 이데올로기를 피할 수 없다. 하지만 어띤 경제학자들은 다른 경제학자들보다 더 엄정하긴 하다. 살라-이-마르틴은 자신의 자유주의적 성향을 감추지 않고 정치적 욕망이 아니라 실제적 경제에 뿌리를 두고 있다. 그는 모두가 역량을 발휘할 만한 모델들을 경제학자들이 지지하지 않는다며 애석해하고 있다. 그리고 그는 20세기에 나쁜 정책들이 전염병이나 전쟁보다 더 많은 약자들을 죽였다는 사실도 환기시킨다. 1920년대의 우크라이나 농부들, 1960년 중국의 대약진운동, 1970년 아랍의 사회주의, 2007년 짐바브웨에서의 국유화 등이 그런 것들이다. "에이즈보다 경제 착오로 인한 잘못 때문에 더 많은 사람들이 죽어가는 일이 흔하다."라고 살라-이-마르틴은 말한다.

아프리카의 확산정책

수렴정책이 보편화되긴 했지만 모든 국가가 다 채택하고 있는 것은 아니다. 중국 덕분에, 그리고 최근에는 인도 덕분에 빈민들의 총 숫자는 대거 줄어들었다. 그런데 이것은 일종의 혁명이다. 30년 전에는 빈곤이란 기본적으로 아시아적 현상이었다. 1970년에는 빈민들의 27%가 동남아시아에서 살고 있었는데, 오늘날에는 빈곤이 아프리카적 문제가 되어버렸다. 빈민들의 68%가 아프리카에 살고 있는 반면

---

2) Oxfam(Oxford Committee for Famine Relief) : 제2차 세계대전이 한창이던 1942년에 연합군의 해상 봉쇄에도 불구하고 영국 옥스퍼드의 시민들이 적의 손에 붙잡혀 있는 그리스의 여자들과 아이들에게 도움을 주기 위해 곡식을 배로 보내기 위해 투쟁한 것을 계기로 결성된 구호단체로서 지금도 옥스퍼드에 본부를 두고 있다. 현재 80개 이상의 회원국을 중심으로 전쟁난민이나 빈민들을 돕는 활동을 국제적으로 펼치고 있다. ㅡ역주

아시아에는 19%밖에 없다. 아프리카는 수렴에서 벗어나 있다. 그런데 아프리카 밖의 수렴은 실효성 없는 경제정책보다 실효성 있는 경제정책을 따른다는 조건하에서 빈곤으로부터 벗어날 수 있음을 보여주고 있다. 개발에 대한 이론적 의문은 더 이상 존재하지 않는다. 올바른 길이 이제 경계표를 세워놓았고 많은 나라 국민들에 의해 도입되고 있기 때문이다. 발전에 관한 문제는 더 이상 일반적인 발전 문제가 아니라 아프리카의 발전이라는 개별적 문제가 되었다고 살라-이-마르틴은 말한다.

수렴이론에서의 미묘한 차이 또한 받아들여야 한다. 국가들 간의 진정한 수렴이 그 국가들 내부에서 모든 계층에 차별없이 이루어지는 것은 아니다. 중국이나 러시아뿐만 아니라 미국에서도(브라질에서는 아니다), 부자들과 빈민들 사이의 격차는 다양한 수준에서 커지고 있다. 하지만 보편화된 성장을 바탕으로 하는 이런 지역적 확산들이 세계적 수렴을 막지는 못한다. 다른 말로 하자면, 개인들이 모두 부유해지긴 하지만 어떤 이들은 더 빠르게 또 어떤 이들은 그보다 느리게 부유해진다는 얘기다. 전반적인 성장에도 불구하고 불평등이 심화되는 나라들의 경우, 살라-이-마르틴은 정당한 세계화를 문제삼는 것이 아니라 다소간 민주적인 국내정책들이나 교육기회의 불평등 또는 러시아나 중국에서처럼 관료들에 의한 자원 약탈 등을 문제삼는다. 근본적으로는 발전적인 세계적 모델을 지역적 불완전이 의심케 만든다면 참으로 애석한 일일 것이라고 그는 말한다.

살라-이-마르틴은 자신이 내린 결론들이 열렬히 받아들여지지 않는 것에 대해 힘들어한다. 그는 이데올로기적인 선입견과 물질적 이해관계를 비난한다. 하지만 자유주의적이건 아니건 간에 경제학자들이 이렇게 인기가 없는 이유는 경제학의 성격에 기인한 것이 아닐까

추측해본다. 경제학자는 인간의 존재를 숫자들로 축소시키고 모든 개인성을 통계들로 축소시키기 때문에 인기가 없을 수밖에 없다. 미디어의 시각으로 본 통계들의 냉정함이 무슨 가치를 띨 것이며, 연민의 척도에서 본 굶주린 아이의 시선은 어떤 가치를 띨 것인가? 경제학자의 객관주의와 연민 사이의 불균형은 진심에서건 잘못 알아서건 간에 연민 또는 분노를 연기(演技)하는 사람들에게 각자 자신의 특색대로 이용된다. 경제학자는 좋은 경제가 대중들을 끌어올려서 종국에는 각 개인에게 최선의 운명을 안겨주게 되기를 희망하면서 (개인보다는) 큰 집단들을 다루고 있다.

성장에서 행복으로

개인의 운명은 경제 번영에 의해 다소간 영향을 받게 마련이다. 우리는 행복을 측정할 수는 없다. 그렇다 해도 행복에 기여하는 요소들은 손에 쥘 수 있는 소득에 의해 제약되기는 한다.

그것을 확인할 수 있을까? 네덜란드 로테르담의 에라스무스 대학에서 루트 베노번(Ruut Veenhoven)은 95개국의 '국민총행복'을 분류하는 데이터베이스를 만들어냈다. 이 개념은 국내총생산과는 반대로 객관적이지는 않지만 여론조사에 기반을 두었다. 그 결과들은 별로 놀랍지 않다. 평균적으로 가장 행복하다고 생각하는 국가들은 경제도 경쟁력 있고 사회도 민주적이며 잘 이끌어져 가는 부유한 국가들이다. 시장경제에 대해 애착이 별로 없는 국제기구들과 특히 UN은 국가 발전을 측정하기 위해 경제와 관련된 것이 아닌 다른 준거들을 만들어냈다. 그 중 가장 잘 받아들여지고 있는 것이 UNDP(United

Nations Development Programme, 유엔개발계획)의 '인간발전지수'이다. 이 지수는 교육과 수명을 고려한다. 그런데 이번에도 놀랄 일은 없다. 그렇게 해서 얻어진 분류는 국내총생산에 의해 얻어진 분류와 다르지 않기 때문이다. 국내총생산은 수명과 교육을 조건 짓는다. 경제가 행복을 가져다주지 않는다 해도 행복에 기여하는 것은 분명하다.

소위 사회문제라고 불리는 문제들의 대부분은 결국 발전 속에서 해결된다고 살라-이-마르틴은 말한다. 고전적인 사례들인 환경과 민주주의를 생각해보자. 개발 초기에는 자연이 훼손된다는 것이 확인되었다. 하지만 현재 태국이나 말레이시아처럼 일인당 국민소득이 5,000달러를 넘어가면 생산성이 높아지고 집약적 성장이 이루어지면 자연자원을 덜 소비하게 된다. 마찬가지로 부유한 나라들은 민주화되어 민주적으로 남아 있는 경향을 보이는 반면, 가난한 나라들은 민주화가 되는 경우도 드물고 설사 된다 해도 계속 민주적으로 남아 있지도 못한다. 민주주의와 소득 사이에 어떤 상관관계가 존재하는 걸까? 우리는 시장경제가 성장, 시민사회, 제도들을 동시에 생겨나게 한다고 생각해보기도 한다. 거기에서 민주주의는 거의 자연발생적으로 생겨난다. 살라-이-마르틴은 그것을 인정하긴 했으나 그것에 관해 설명하지는 않는다. 그것은 하나의 사실이며, 그에게는 그것으로 충분했던 것이다. 마찬가지로 그는 세계화와 성장이 짝을 이뤄 함께 진행된다고 확언했다. 사하라 남쪽의 아프리카처럼 세계화도, 교역도, 자본도 없는 곳에서는 성장도 없다. 그 또한 기정사실이다. 살라-이-마르틴에 따르면, 그것이 분명히 확인된 사실인 판국에, 세계화와 발전 사이의 관계에 대한 의문은 너무 많은 시간을 할애할 가치가 없는 것이다.

물질적 소득이 증가하면 다른 형태의 안락도 함께 따라오는 병존상태는 인도-영국 경제학자인 아마르티아 센(Amartya Sen)의 유명한 반론과도 상응한다. 아마르티아 센은 "도구적 자유"라고 자신이 명명한 측정 불가능한 준거들을 발전 측정에 도입했다. 도구적 자유란 정치적 자유, 경제적 편의성, 사회적 기회, 투명성의 보장, 보호된 안전을 가리킨다. 그런데 성장이 결여되면 그런 자유들이 실현되지 못하는 한편, 성장은 그런 불가침적인 가치들을 만들어낸다. 고전적인 양적 성장과 아마르티아 센식(式)의 질적 발전 사이에 추정된 대립은 그래서 흥미로운 논의거리이긴 하나 실제로 그런 논의가 존재하지는 않는다.

복합성

발전으로 향하는 길은 곧게 난 듯이 보인다. 서방 경제 특유의 조건들인 개혁, 기업 정신, 사유재산권, 훌륭한 교육, 합법적 정부, 견고한 제도들을 따라하는 것으로 충분해 보일 것이다. 지난 30년 간의 경험이 증명한 바에 의하면, 이런 제도들은 기독교 문명이건 유교문명이건 불교문명이건 또는 회교문명(터키, 말레이시아)이건 간에 그 어떤 문명권에서도 제대로 기능을 발휘할 수 있다. 올바르고 논증된 이 점을 인정하고 나면, 통제하지 못하는 숱한 지역적 상황들은 일단 접어놓아야 한다. 발전 중인 국가들이 실제로 서방의 모델에 합류하긴 했지만 자신들의 문화적·정치적 관행에 맞추어 적용했다. 그런데 이렇게 적용하는 동안 놀라운 일이 발생했다. 그 어떤 서방의 경제학자도 중국이 자본주의와 경쟁을 채택하면서도 사유재산권은 인정하지 않고 발전하게 되리라고 생각지 못했을 것이다. 중국인이 아닌 그 어떤 전문가도 그 길을 택하라고 충고하지 않았을 것이라고 살라-이-마르틴은 실토한다. 중국 특유의 상황과 중국 관료들이 담당한 전통적인 역할이 어쩌면 그와 같은 중국식 합(合)명제를 설명해주는지도 모른다. 그 경험은 독특한 만큼 다른 데서 반복될 수 없다(단, 같은 이유로 베트남만 제외하고). 중국은 그래서 자유주의 이론의 경계에 놓여 있지만, 그렇다고 해서 그 이론을 부정하지도 않는다. 중국은 경쟁의 원칙을 필두로 하여 시장경제의 규범들을 존중하는 한에서 발전한다. 그래도 중국의 이러한 상대적인 성공이 자유주의자들을 당황하게 만든 것은 사실이다.

지역적 요구들에 발전의 보편적 모델을 어떻게 적응시킬 것인가? 우리가 무엇을 해야 할지 대충 안다고 치더라도, 그것을 어떻게 해야 하는지는 잘 모르고 있다. 외국의 전문가들은 이런 적응을 성공시키는 일에 대해서는 준비가 잘 안 되어 있다. 살라-이-마르틴은 그 증거로서 세계은행을 지목한다. 40년 전부터 세계은행은 이런저런 유행을 따랐으나 괄목할 만한 발전이라고는 하나도 가져다주지 못했다. 시기별로 세계은행의 관료들(18,000명)은 가난한 나라들에게 사회기반시설에의 투자, 인적 자본에의 투자, 공공예산의 균형, 좋은 가버넌스[3], 부패에 대한 투쟁, 그리고 이제는 좋은 제도들의 창설을 강요하고 있다. 세계은행이 노력을 집중시키고 있는 아프리카에서는 아무것도 제대로 되어 가는 것이 없다. 조언이나 결정이 외부에서 오기

---

3) 세계은행에 따르면, '가버넌스'란 사회의 문제들과 사안들을 다루는 데 있어서 정치적 권위를 실행하고 제도적 자원들을 이용하는 것을 가리킨다. 한편, 유엔개발계획에 따르면, 제도들의 올바른 기능과 그에 대한 일반대중의 합의를 의미하기도 한다. ─역주

때문일까? 아니면 세계은행에서 원조가 발전의 열쇠라고 믿고 싶어해서일까? 선진국들 중 그 어느 나라도 원조를 받아서 발전한 것이 결코 아님에도 불구하고, 원조(또는 채권 포기)가 발전의 기반을 형성해줄 수 있다고 그들이 생각하고 있다는 것은 당혹스러운 일 아닐까? 아프리카를 약화시키는 것이 혹시 원조는 아닐까?

아프리카는 자선의 희생자

아프리카는 자신들의 불행에 대해 책임이 있는 걸까? 아니면 아프리카 사람들은 다른 사람들의 희생자들일까? 살라-이-마르틴은 그런 의문들을 던진다. 빈곤의 원인을 따져볼 때 해당 지역의 책임을 부정할 수는 없다. 전쟁, 부족주의, 자연자원 약탈 등은 아프리카 지도자들이 저지른 일들이다. 방치해두었던 자원들을 그 나라 엘리트들에 의해 약탈당하고 있는 나라의 좋은 사례인 나이지리아를 생각해보자. 1965년부터 2000년까지 나이지리아 일인당 국민소득은 나아지지 않았다. 국가는 석유 수출로 3조 5천억 달러를 축적했는데도 말이다. 보다 정의로운 경제 모델이었다면 전혀 혜택을 입지 않았을 2%의 국민이 이 수익을 독식했다. 30년 전부터 아프리카 국가들은 보츠와나만 빼고는 모두 이웃 국가들이나 바로 자신의 국민들에게 전쟁을 선포했다.

아프리카는 희생자일까? 그렇기도 하다. 설사 희생자이기만 한 것은 아니라 해도, 살라-이-마르틴은 유럽의 보호주의에 그 탓을 돌리고 있다. 그는 유럽, 일본, 미국으로부터의 농업지원금들을 혐오스런 것으로 규정한다. 그런 제도는 교역을 막을 뿐만 아니라 아프리카 사람들로 하여금 사업을 벌이지 못하게 억제하는 결과를 빚는다. 하지만 아프리카인들이나 서방세계 사람들에 의해 저질러진 그 모든 실수들 가운데서 가장 처참한 실수는 아프리카인들을 잠재적 사업가들로 인식하지 않으려는 태도일 것이다.

　서방세계 사람들은 자신들이 모든 것을 생산하고 싶어하기 때문에 아프리카 기업들에게 자리를 조금도 남겨주지 않고 있다고 살라-이-마르틴은 말한다. 원조를 통해 우리는 지난 역사적인 죄들을 상쇄시키면서 그럼으로써 아프리카인들을 구호대상자라는 위상 속에 가두어버린다. 원조는 시장경제의 논리와 반대되는 논리를 따르기 때문에 필연적으로 효과가 없을 수밖에 없다고 살라-이-마르틴은 덧붙인다. 시장에서는 생산자가 소비자를 만족시키려 애를 쓰는 반면, 원조에서는 기부자를 만족시키려 애쓰게 마련이다. 의도하지 않았겠지만 원조는 UN이나 세계은행 또는 후원자들을 행복하게 만들어줄 뿐이지 않은가? 최선의 의도가 아프리카에서는 최악의 결과로 나타난다. 유럽에서 대단한 명성을 누리고 있는 '공정무역'에 대해 생각해보자. '공정무역'이란 인도주의적 조직들이나 서방 기업들이 협력이라는 이름으로 아프리카의 생산품들을 시장 가격보다 높은 가격으로 사는 것을 말한다. 그렇다면 확인된 결과는? 아프리카의 생산자들은 횡재라 여기면서 서방 선진국들이 찾는 물건들을 생산하는 데 주력한다. 그렇게 해서 과잉생산이 유발되고 재고가 쌓여서 가격은 폭락하게 된다. 결국, 생산자는 파산하고 만다. 유일하게 정당한 원조는 결핵, 말라리아, 에이즈를 퇴치시킬 의학적인 해결책들을 가져다주는 것이라고 살라-이-마르틴은 평가한다. 그런 것들은 아프리카인들이 스스로 해결할 수 없는 일이니까.

　아프리카에서는 경제학자들의 얘기를 듣지 않는다고 살라-이-마르틴은 애석해한다. 그런 것이 아니라면, 그들이 좋은 경제학자들에게 귀를 기울이는 것이 아니거나…… 살라-이-마르틴은 아프리카의 기반을 일으켜 세우려고 가수인 보노(Bono)의 지지를 받으며 꾸준한 캠페인을 벌이고 있는 컬럼비아 대학 동료 제프리 삭스(Jeffrey Sachs)의 얘기를 듣고는 격노했다. 삭스의 저서 『빈곤의 종식』에 의해 널리 알려진 논거는 원조가 불충분하기 때문에 발전에 기여하지 못한다는 것이었다. 만약 원조를 받는 사람들이 1년에 9백억 달러까지 올려 받게 된다면 아프리카는 도약할 것이라는 얘기였다. 그것을 증명해보이기 위해 삭스와 그의 후원자들은 아프리카의 모범 마을들에 재정 지원을 했는데, 살라-이-마르틴은 그 마을들을 '포템킨 마을들'[4]로 여기며 비난한다. 삭스는 아프리카의 국가 원수들이나 서방의 큰 원조기관들의 수장들로부터 스타 대접을 받고 있다. 그는 진실보다 인기를 더 추구하는 걸까? 살라-이-마르틴은 감히 그럴 생각을 하지 못한다. 컬럼비아 대학은 순진함을 가장하고서 제프리 삭스의 연구업적의 질뿐만 아니라 그의 카리스마 때문에 그를 임용했다. 대학들은 교수, 학생, 재정지원을 끌어들이기 위해 자기들끼리 벌이는 경쟁 속에서 적절한 배합을 근간으로 하는 임용을 하고 있다. 그래서 학문적으로 엄정한 연구자들에다 미디어의 관심을 끌고 있는 연구자들을 추가한다.

---

4) 1787년 러시아에서 예카테리나 여제(女帝)가 새로 합병된 크림 반도로 시찰을 갔는데, 그 지역의 지사인 그레고리 포템킨이 빈곤하고 누추한 마을 모습을 감추기 위해 두꺼운 종이에 아름다운 풍경을 그려 넣고서 여제가 지나가는 강둑에 세워두었다가 여제의 배가 지나가고 나면 다음 장소로 그림들을 옮겨 설치하여 그 지역이 마치 훌륭하게 개발된 듯 눈가림을 하였다. 이 에피소드에서 비롯된 용어인 '포템킨 마을'은 따라서 실상을 속이고 겉만 번지르르한 것을 가리키거나 임시방편적인 것을 가리킨다. ─역주

마침내 살라-이-마르틴은 자신의 희망을 중국인들에게로 옮겼다. 아프리카에 웬 중국인들일까? 중국 기업들이 아프리카에 상륙하자, 서방세계는 그것을 보고 중국 기업들이 아프리카 대륙의 원자재들을 약탈할 것이라고 결론지었다. 당장에는 가격이 올라갔지만, 그 수익이 아프리카 주민들에게 도움이 되는 일은 드물었다. 그렇지만 중국의 개입은 보다 진정한 개발을 촉발시킬 수 있는 다른 얼굴도 갖고 있다. 중국인들은 사업가로서 정착하여 그 지역의 노동력을 채용하고, 중국에서보다 더 낮은 비용으로 현지에서 생산을 한다. 이것이 아프리카 산업화의 시발점이 되지 않을까?

가난한 나라들에서는 기업 정신이 전통이나 지역적 관습에 얽매이지 않는 소수민들에서 비롯되는 경우가 흔하다. 아프리카의 중국인들은 과거 유럽의 개신교도들, 터키의 그리스인들, 브라질의 레바논 사람들처럼 되지 않을까? 그렇게 되기를 기다리면서 살라-이-마르틴은 이 중국인들에게서 큰 덕목을 알아보았다. 그들은 양심에 거리낌 없이 아프리카를 객관적 시각으로 보고, 아프리카에서 시장과 근로자들을 알아보고, 원조가 아니라 사업이라는 의미에서 따져본다. 아프리카인들이 필요로 하는 것이 바로 그것이다. 아프리카는 산업화에 의해 성장 규칙들을 적용하면 수렴하게 될 것이다.

너무 포괄적인 이론들

살라-이-마르틴이 옳긴 하지만 그 이치가 개발에 어떤 효과를 갖고 있을까? 아비나쉬 딕시트는 수렴 이론에 대한 질문을 받자 그런 의문을 가지게 되었다. 인도 출신의 미국인이면서 프린스턴 대학의 발전

전문 경제학자인 딕시트는 50년 전부터 발전을 주제로 출간된 모든 책에 대해 냉소적인 분석을 한 것으로 유명하다. 그는 그 책들에서 세 단계로 분류되는 유행들을 간파했다. 1960년대에는 계획경제 추진 국가들의 보호를 통한 자본 축적의 필요성, 1980년대에는 민영화와 예산 균형을 기초로 한 좋은 경제정책들의 증진, 2000년에는 개발의 필요불가결한 조건이라고 할 수 있는 좋은 제도들의 선택 등이 그것들이다. 딕시트는 그때 그때의 이데올로기적 영향들을 간파했다. 1960년대의 사회주의, 80년대의 자유주의, 그리고 2000년대의 소위 '민주화주의'. 하지만 이런 이론들은 언제나 현실보다 뒤처져서 발전되는 만큼 미래에 대한 처방보다는 이전의 실패를 설명하려는 시도가 강하다. 또한 그 이론들은 전체적인 상황들을 묘사하기에는 너무 포괄적이며, 구체적인 행위들을 규정해줄 만큼 충분히 실용적이지도 못하다. 그렇지만 딕시트는 그 불확실한 이론들이 헛된 것이라는 결론을 내리지 않고, 그 이론들이 처방적이기보다는 설명적이라고 올바르게 판단하고 있다. 그는 또한 그 이론들이 예방적 효능이 크다는 것도 인정한다. 그 이론들은 하지 않는 것이 좋을 것들에 대해 경계하게 해준다. 발전 이론가라면 실무가들에게 "만약 저기로 가고 싶다면 여기서 출발하지 않는 것이 좋겠다"는 것을 설명해줄 수 있어야 한다고 딕시트는 말한다.

또 다른 발전 전문 경제학자이자 이론가이며 실무가인 프랑수아 부르기뇽은 세계은행에서 몇 년을 보낸 후 수렴이론에 대해 마찬가지로 비판적인 시각을 갖게 되었다. 그가 보기에 포괄적인 것은 본질적인 것을 파묻히게 만드는 것 같았다. 그런데 부르기뇽에 따르면, 본질적인 것은 구체적인 것들 속에 있다. 그래서 살라-이-마르틴에 의해 확인된 전체적인 발전은 우선 인도와 중국의 역할로써 설명된다. 수렴이론은 그러므로 최빈국들의 경기침체를 검토해보게 된다. 부르기뇽은 아프리카를 균일한 집합체로서 카테고리화하는 것에 반대하면서 국가별, 심지어는 지방별로 따져보는 쪽을 선호한다. 아프리카의 어떤 국가들은 연평균 5%라는 무시하지 못할 성장주기에 들어서 있는데, 부르기뇽이 'G13'이라 부르는 13개 국가가 이에 속한다. 하지만 이 '아프리카 G13'이라는 개념 또한 과도한 낙관주의와 일반화라는 과오를 범하고 있다. 그 G13에는 모리셔스처럼 아프리카라고 하기 어려운 나라, 보츠와나처럼 광석이 풍부한 나라, 실제적으로 발전하고 있는 가나 같은 나라, 예측 불가능한 베닌 왕국 등이 함께 들어가 있기 때문이다. 부르기뇽은 국제 원조에 대한 너무 급진적인 판단들에는 모두 반대한다. 국제 원조에 대한 제프리 삭스의 열렬한 지지에 대해서도 그렇고, 살라-이-마르틴의 부인주의(否認主義)에 대해서도 그렇다. 여기에서도 다시 진실은 구체적인 것들 속에 있을 것이다. 원조가 없다면 아프리카에서 어떤 일이 벌어질지 알 수 없다고 부르기뇽은 말한다. 혹시 빈곤이 더욱 심화되지는 않을까?

이런 논쟁들 너머에 살라-이-마르틴, 딕시트, 부르기뇽을 이어주는 합의점이 하나 있다. 이들 모두가 빈곤을 벗어나려면 산업화와 도시화의 과정을 필연적으로 거칠 수밖에 없다는 점에 동의한다. 그 어떤 농촌경제도 노동력 과잉을 흡수하지 못할 것이고, 많은 젊은이들을 돈벌이가 되는 일자리에 모두 통합시키지 못할 것이기 때문이다. 그런데 아프리카의 산업화는 특히 힘들다는 것이 판명되었다. 살라-이-마르틴이 비난하는 선입견들 때문일까? 식민지 시대 동안 누적된 낙후성 때문일까? 아프리카 정부들이 제대로 관리되지 못해서일까? 부정부패가 공공재원을 소비나 해외유출로 빼돌려서 그런 걸까? 이 모든 이유들이 정확히 맞는다고 부르기뇽은 인정한다. 뿐만 아니라, 중국과 인도가 저가(低價)로 시장들을 이미 장악하고 있는 판국에 아프리카는 너무 늦게 뛰어든 셈이다. 게다가 세계무역기구가 수출 지원이나 국내 시장 봉쇄 같은 예전의 고전적 책략들을 금지하고 있다. 그런데 이런 방식들은 아시아나 브라질의 산업적 도약을 가능케 한 방식들이었다. 아프리카를 위해서 예외를 두어야 할까? 그렇게 되면 비(非)아프리카 국가들도 특별대우를 요구하게 되어 세계 시장이 와해될 위험이 있다.

아프리카가 수렴하지 못하도록 금지하는 것은 위선이 아닐까? 아프리카 문화들 속에 발전에 장애가 되는 것은 아무것도 없다는 것을 모두가 인정한다. 원조가 발전의 대체물이 결코 될 수 없음도 모두 알고 있다. 하지만 아프리카 산업화의 문제는 국제적인 논의들에서 우선순위가 아니다. 성장의 동력으로서 이 산업화를 대신할 수 있는 것은 아무것도 없는데도 말이다. 살라-이-마르틴처럼 아프리카의 산업화 문제에서 중국인들에게 기대를 걸어야 할까? 그 계획은 사변적으로 보인다. 하지만 50년 전에 한국을 필두로 하여 아시아의 용들이 산업사회가 되리라고는 아무도 생각하지 못했다는 점을 떠올려 보자.

10
아시아의 용들

　특별히 가난하고, 위치도 나쁘고, 적들에 둘러싸여 있고, 과거에는 식민지였으며, 국제적인 전쟁들과 내전으로 황폐해지고, 문맹 농민들로 가득하고, 양반들에 의해 지배되고 있으며, 게다가 자연자원이 결핍되어 있는 나라를 선택해보라. 그 나라를 임의적인 선, 예를 들어 북위 38도선을 따라 반으로 갈라놓아서 교역도 중단되고 행정구역들도 쪼개지고 가족들도 흩어지게 해보라. 그 어떤 발전도 하기 힘든 최악의 조건들을 다 모아놓고 상처로 얼룩진 그 나라의 북쪽과 남쪽에 근본적으로 반대되는 두 가지 경제정책들을 적용해보라. 그리고 반세기 동안 시간이 흐르도록 놔두어보라. 그런 다음 비교해보라.

　그렇다. 한국을 얘기하는 거다. 북한의 일인당 국민소득은 7,000달러*로 올라갔고, 남한은 20,000달러로 올라갔다. 각종 공공 징수를 제하고 나면 소비할 수 있는 소득의 격차는 확연히 더 벌어져서 북한은 약 300달러, 남한은 15,000달러이다. 남한의 성공은 북한의 실패만

＊세계은행수치(World Bank Figure)를 사용. 북한 정부가 제공한 수치로 계산된 것이므로 신뢰성에 문제는 있으나, 막대한 군사 비용까지 포함된 것임. ―저자주

큼이나 이론의 여지가 없는데, 늘 그랬던 것은 아니다. 1945년에 소련인들과 미국인들 사이에서 한국이 나뉘고, 1950~1953년에 이르는 내전으로 인해 분단 상황이 심각해지자 이로운 쪽은 북한이었다. 북한에는 석탄이 많고, 1930년대에 일본의 식민지 개척자들에 의해 산업들이 자리잡은 상태였다. 반면, 남한은 전체가 농경지였다. 게다가 1960년대에는 북한의 공산체제가 발전 전문 경제학자들이 당시 추천하던 전략을 적용하여 봉쇄된 국경 뒤에서 국가의 계획으로 중공업을 주도해갔다. 이전의 소비에트에서 영감을 얻은 이 '수입 대체' 모델은 합리적인 듯이 보였고, 단기적으로는 비효율적이지 않았다. 스탈린의 소련에서 영감을 받은 중국도 이에 합류했고, 아르헨티나, 인도, 소련 치하의 유럽처럼 개발을 추구하는 몇몇 다른 나라들도 동참했다. 외부에서 얼른 보면 이 모델은 방문객에게 강한 인상을 줄 수도 있었다. 공장들이 쑥쑥 올라갔고, 인민들이 작업을 하고 있었으니까. 하지만 좀더 지켜보면, 대부분의 생산품들이 질이 나쁘거나 판로가 없어서 쓰레기장으로 가버리는 것을 간파할 수 있었을 것이다. 살 만한 물건이 없었기 때문에 임금으로 소비를 할 수가 없었다. 지금은 다 알려져 있는 이 모든 사실이 오랫동안 알려지지 않은 채로 있었다. 때로는 일부러 모른 척하기도 했다. 자본주의의 거부, 마르크스주의적 선전, 자본주의도 아니고 공산주의도 아닌 제3의 길에 대한 꿈들은 경제학을 오래도록 혼란스럽게 만들었다.

 1970년대에 프랑스를 위시하여 유럽에서는 경제학 교육시 사회주의의 계획경제와 자본주의의 자유경제, 수입 대체 전략과 '수출 증진' 등의 대안을 동등하게 다루었다. 파리고등정치학교(Sciences-Po)와 프랑스국립행정학교(ENA)에서는 마치 국민들에게 선택권이 있고 그 모든 길들이 발전으로 이어지기라도 하는 양 두 전략들을 동등하게 다루는 것이 엄격히 준수되었다. 결과들에 대해 무지한 이런 멍청한 공평함은 그 시절의 관료들과 식견 있는 또는 식견 없는 정치가들 세대의 정신 속에 흔적을 남기게 된다.

본보기 실험실로서의 두 한국 사례만으로도 발전 또는 저개발로 이어질 수 있는 좋은 전략들과 나쁜 전략들이 존재한다는 것을 1970년대부터 이해할 수 있게 되었다. 경제학은 애초부터 지리적 조건, 기후, 자연자원, 문화, 종교 등 이 모든 요인들에다 발전을 연결시키려고 애를 썼는데, 이 요인들은 결정적인 영향이 전혀 없었다. 한국 사례만 봐도 충분히 알 수 있다. 한국의 사례는 경제정책이란 올바르든지 그릇되든지 할 뿐이라는 것을 증명해주었다. 좋은 정책이 선택되어 적용될 수 있어야 바람직하다. 남한은 어떻게 성공했을까?

권력의 자리에 오른 경제학자들

"우리는 유리한 상황의 혜택을 입었던 것이다. 하지만 그런 상황들이 꼭 재현되는 것은 아니다!"라고 사공일[5]은 말했다. 미국의 버클리 대학에서 공부를 한 사공일은 한국 발전의 분석가이자 핵심 주역으로서 "한국은 운이 좋았다"는 것을 인정했다. 그런데 행운이 정치적으로 올바르지는 않았다. 1962년에 박정희 장군이 정권을 장악했는데, 그는 독재자이긴 했지만 식견을 갖추고 있었다. 북한은 남한을 위

---

5) 박정희 정권 시기부터 한국개발연구원 부원장(1973~1982)을 역임하였고, 이어지는 모든 정권에서 청와대 경제수석비서관(1983~1987), 재무부 장관(1987~1988), 대통령 경제자문회의 위원(2001~2004) 등을 맡았다. 최근 이명박 대통령직 인수위에서는 국가경쟁력강화특위 위원장이기도 했다. ─역주

협했고, 남한은 미국의 도움으로 생존해나가고 있었다. 발전을 하지 않는다면 어떻게 독립을 유지할 수 있겠는가? 박정희는 경제학자가 아니었지만 일본, 대만, 홍콩이 연 10% 이상의 성장을 기록하고 있는 것을 보고 치밀하게 연구했다. 세계의 다른 곳들에서도 박정희보다 식견이 더 많지는 않지만 그 못지않게 실용주의적 정신을 갖고 있는 독재자들이 후에 동조하게 될 경제정책과 리더십을 보여준 것이다. 스페인의 프랑코나 칠레의 피노체트 같은 그런 독재자들 말이다.

한국에 좋은 경제정책을 적용하기 위해 독재자가 필요했을까? 좀 더 포괄적으로 말해서, 가난한 나라들의 발전에 강력한 권력은 필수불가결한 것일까? 독재자들에 이어 민주적인 지도자들을 위해서도 일했던 사공일은 그 점에 대해 독재 정치가 필수불가결한 것은 아니라고 결론짓는다. 민주주의적인 인도(India)가 자유주의적 모델에 가담하지 않았는가? 경험적으로 보았을 때 중요한 것은 체제의 성격이기보다는 전략의 선택과 그 전략을 견지하는 리더십이다. 박정희와 더불어 남한은 리더십을 갖추게 되었다. 한국은 에너지 자원도 없는 데다가 미국의 원조는 사라질 형편이었으므로 유일한 해결책은 수출이었다. 박정희는 자신에게 조언을 해줄 경제학자 팀을 곁에 모아놓았다. 그것이 한국개발연구원(KDI: Korean Development Institute)이다. 미국과 독일에서 공부한 전문가들로 구성된 이 KDI는 한국 발전에 관한 계획들을 결정하였다. 소비에트 모델의 강압적인 계획들이 아니라, 그 당시 프랑스의 계획일람표 양식처럼 도달해야 할 목표들을 정리해 놓은 목록이었다. 바로 그 시절에 인도의 계획들이 기획면에서는 세계에서 가장 완벽한 것으로 여겨졌으나 결과적으로는 하나도 목표에 도달하지 못했다고 사공일은 회상한다. 그런데 한국에서는 그 반대였다.

경제학자들에 의해 구상되고 주도된 국민 경제가 흔한 일처럼 보이긴 하지만 이는 아시아에서 드문 일이었다. KDI와 비견될 만한 기관은 일본(통산성)과 대만에만 있을 뿐이다. 미국에도 대통령 곁에 경제학자들로 구성된 자문위원회가 존재하긴 하지만 그 역할은 프랑스의 정책위원회(Commissariat au Plan)만큼이나 미미하다.

사공일은 전문가들에게 주어진 이러한 신뢰를 고전적인 한국의 행정 전통으로 설명한다. 한국의 군주들은 중국 황실 모델의 영향을 받아서 행정 관료들을 시험을 통해 채용하였다. 그렇게 해서 가장 학식이 뛰어난 사람들이 공직에 들어왔다. 1960년대의 한국에서도 이 관습은 지속되었다. 하지만 오늘날에는 그러한 점이 덜해졌다. 사기업들이 공직보다 더 매력적인 활동무대를 제공하기 때문이다. 그런데 한국 정부부처들의 특징은 여전히 대학교수들, 종종 경제학자들로 북적댄다는 점이다.

공자와 기업

이렇듯 1960년대의 남한은 개발로 선회한 리더와 국제적인 교육을 받고, 일본에서 수출 증진을 성공시킨 모델에서 영감을 얻은 전문가들로 구성된 팀을 갖추고 있었다. 이제 수출만 하면 되었다. 그런데 한국은 기업가들을 계산에 넣었던 것일까? 흔히 하는 질문이지만 잘못된 질문이라고 사공일은 말한다. 경제에 관한 책들은 최근까지 끊임없이 기업 정신에 대해 질문을 던졌다. 그런 정신이 모든 문명에 존재하는지 아닌지? 그것이 존재하지 않는다면 쇠약한 기업가들을 대체하는 일이 국가 소관은 아닌지? 독일의 사회학자 막스 베버는 이런 문제 제기에 대해 책임이 있을 수도 있다. 베버가 자본주의의 기원을 프로테스탄트 윤리를 지닌 사회그룹의 존재를 통해 설명하면서(『자본주의의 윤리』는 1900년에 출간되었다), 기업 정신의 문화적 결정론을 믿도록 유도했기 때문이다. 1930년대에 막스 베버는 아시아가 유교문화 때문에 발전할 수도 없고 자본주의 모델을 받아들일 수도 없을 것이라고 했다. 유교문화는 기업 정신에 필수불가결한 개인주의와 상반되는 가치들인 순응주의, 전통의 답습, 공동체주의 등을 촉구한다고 베버는 자신의 책에 써놓았다. 소비에트의 지도자들이 국가의 견인차 역할을 중시한 것은 부분적으로는 그 문화적 결정론이라는 이름하에서였다. 기업 정신은 러시아 사람들의 사고방식 속에는 존재하지 않았을 것이다!

1960년대에 미국에는 보스턴의 피터 버거를 필두로 하여 막스 베버의 신봉자들이 많이 있었는데, 그 당시 미국에서 출간된 숱한 저서들이 여전히 유교사상을 통해 아시아의 불가피한 빈곤과 중국이나 한국의 발전 불가능을 설명하고 있었다. 10년 뒤, 같은 이상주의적 사상을 가진 학파가 일본, 한국, 대만에서의 유교사상이 지니고 있는 경제적 덕목을 찬양하는 저서들을 내놓아야만 했다. 프랑스의 세르주 크리스토프 콜름을 포함하여 다른 이상주의자들은 아시아 용들의 도약이 유교보다는 불교와 불교적 가치들에 기인한 것이라고 평가했다.

만약 한국이 유교 때문에 발전되지 못했다가 이어서 유교 덕분에 발전한 거라면 유교의 어떤 특성들이 이런 결과를 낳게 했을까? 발전 전문 경제학자들은 복종적인 태도, 개인주의의 거부, 순응주의, 전통의 답습 등을 유교의 성격으로 규정했다. 하지만 이런 가치들은 뒤집어질 수도 있다. 유교적 순응주의가 기업 정신에는 해가 될 테지만 표준화된 산업에는 유익할 것이다. 한국이 조립에 뛰어난 것도 그렇게 설명될 수 있다.

사실상 이런 특징들은 공자에게 도움을 청할 필요도 없이 전통적인 농촌 사회들 대부분에서 발견되는 것들이다. 또 다른 잘못된 시각은, 한국에서 유교가 유일한 종교 전통이 아니라는 점을 고려하지 않은 데서 비롯된다. 한국의 유교는 불교와 기독교와 경합을 벌이고 있는데, 불교나 유교 둘 다 완전히 개인주의적이다. 신앙들 간의 경쟁이 기업들 간의 경쟁으로 이끌어진다고 예측해보면 어떨까? 필연적인 다원주의에 관한 이 가설은 가톨릭교도들과 프로테스탄트들 사이의 경쟁이 서방 자본주의의 도약에 확실히 기여한 유럽에도 적용될 수 있을 것이다. 반대로, 아랍-회교도 국가들이나 동방정교회 국가들의 경우처럼 유일한 종교사상이 지배하는 곳에서는 부르주아들이 길을 헤쳐 나가기가 힘들다.

종교와 민주주의 간의 관계는 경제와 종교 사이의 관계만큼이나 복잡하다. 그래서 한국에서 1960년대에 학생들과 노동자들이 독재정권에 대항해 봉기하였을 때 그들이 유교사상에 고취되었던 것일까? 리더들이 기독교도인 경우가 많았다. 그런데 공자 또한 지도자들이 능력이 없고 부패한 경우에는 그들에 대한 항거를 호소하였다. 같은 시절, 1주에 60시간씩 직물방적기나 공작기계에 몸을 기울이고 있던 성실한 노동자들은 유교사상을 신봉하였을까, 아닐까? 그보다는 아마도 경제적 빈곤으로부터 빠져나오려고 악착스럽게 일했을 것이다. 내가 보기에는, 당시에 지배적이었고 오늘날의 한국에도 그 흔적들이 남아 있는 권위주의적 규범들은 공자보다는 가난 때문이었고, 얼마간은 농민들의 순종 때문이기도 했고, 정치지도자와 같은 사장들의 권위주의 때문이었던 것 같다. 끊임없이 공자를 들먹이는 것은, 기껏해야 한 사회를 사진처럼 재현하기는 하지만 그 궤적은 설명하지 못하는 거짓된 문화 영역에서 헤매는 것이다.

봉건주의에서 자본주의로

그러므로 기업 정신은 모든 문명들에서 예외 없이 볼 수 있는 것처럼 한국에서도 볼 수 있다. 이 기업 정신을 집단 전체에 이익이 돌아가는 활동으로 이끌어 가느냐 아니면 제로섬 게임으로 이끌어 가느냐 하는 것은 진행 중인 게임의 규칙에 달려 있다.

일본의 지배를 받고 이어서 미국의 지배를 받던 남한은 지주 양반의 손에 놓여 있었다. 지대(地代)는 양반들의 여가활동을 가능케 했고 때로는 지나친 사치를 추구하게 만들기도 했다. 이렇게 부당하고 생산적이지 못한 사회에서 개혁이나 생산을 촉진시키는 힘은 약할 수밖에 없었는데, 그러한 점은 지주에게나 소작인에게나 마찬가지였다. 이러한 빈곤의 안정화는 1905년에서 1945년 사이에 일본인들에 의해 무너지고, 이어서 미국인들에 의해서도 허물어진다.

이 주제가 한국에서는 터부이긴 하지만 한국의 근대화가 일본의 식민지배와 함께 시작되었다는 사실은 부인할 수 없다. 일본인들이 한국에 산업적 효율성을 도입했기 때문이다. 하지만 자립적인 발전이 정말로 시작된 것은 미국의 독려하에서였다. 사회적 공정성과 경제적 효율성에 대한 의지로 고무된 미국 행정부(뉴딜의 개입주의 원칙에 의해 그 당시 형성된 행정부)는 1945년부터 한국에(일본과 대만에 대해서도 마찬가지로) 근본적인 토지 개혁을 강요하였다. 대지주였던 양반들의 토지가 해체되고 재분배되었다.

동아시아에서의 이러한 토지 개혁은 결코 반자본주의적이 아니었고 자본주의를 창시하기 위한 교육적 작업이었다. 마르크스주의의 영향을 받은 개혁들(북한과 중국에서는 토지소유권이 폐지되었다)과는 반대로 남한의 지주들은 토지소유권을 박탈당하는 대신에 이에 대한 보상을 받았다. 농민들은 유리한 은행 융자의 도움으로 땅을 장만할 수 있었다. 소지주들로 구성된 이 새로운 국가로부터 올바르고 도전적인 사회가 출현하기를 미국인들은 기대했다. 필리핀의 경우처럼 미국인들이 토지 개혁을 강요하지 않은 곳들에서는 경제가 봉건적인 채로 남아 있었다. 일본과 대만에서는 토지 개혁이 농민들에게는 빈곤을 벗어날 수 있게 해주었고, 옛 지주들에게는 농업이 아닌 기업 활동으로 전환하게 해주었다. 한국에서는 이 시나리오가 인플레와 6·25 전쟁 때문에 교란되어서 지주양반으로부터 새로운 기업가로 쉽게 넘어가지 못했다. 한편, 한국의 미래 기업가들은 아주 소박한 환경으로부터 생겨났는데(현대의 창업자는 가난한 농민이었다), 이러한 일은 과거의 사회조직 속에서는 가능하지 않았을 것이다.

문화적 부가가치

　1950년, 1960년대에는 전쟁과 인플레에 붙잡혀 있었는데도 한국 기업가들은 투기와 품귀현상을 통해 이익을 극대화하였다. 그들은 일차적인 소비품들을 수입하여 비축해두었다가 가격이 오르면 그것들을 높은 가격에 되팔곤 하였다. 이런 기업가들은 자신들의 관점에서 보면 합리적이긴 했으나 사회 전체에 미친 결과는 부정적이었다. 그러므로 한국의 기업가들은 기업가적 자질이 결핍되었던 것이 아니라 보다 수익성 있는 활동들로 그들의 에너지를 유도할 좋은 경제정책이 없었던 것이다. 그렇다면 어떤 활동들을 말하는가? 시장이 그것을 결정한다고 사공일은 대답한다. 한국의 기업가들은 50년 전부터 국제적인 수요가 그들을 끌어들이는 방향으로 나아갔다. 건설, 섬유, 조선, 전자, 자동차 산업 등이 그러한 것들인데, 이 산업들은 언제나 더욱 고도화된 활동들로 상승곡선을 그리며 발전했다.

초기에는 한국의 노동력이 풍부했고 쌌다. 건설현장(베트남과 사우디아라비아)에서 그런 노동력을 사용하면 높은 수익을 얻을 수 있었다. 그런데 곧 이어서 노동력이 귀해지고 교육 수준이 점점 높아졌다. 기업들은 부가가치가 더 높은 상품을 팔기 위해 연구와 혁신을 통해 다시 변화를 꾀하였다. 같은 때, 중국, 말레이시아, 터키 같은 나라들이 한국 모델을 좇았고, 이런 경쟁은 한국으로 하여금 혁신을 더 높이 더 멀리 밀어붙이게 했다.

'메이드 인 코리아' 브랜드의 진화는 이런 발전을 잘 나타내준다. '메이드 인 코리아'는 초기에는 싸고 조악한 상품을 지칭했었다. 하지만 오늘날에는 최첨단 디자인과 기술을 의미한다(현대, 삼성, LG 등). 가장 최근의 성공을 꼽아본다면, 한국은 문화, 영화, 음악을 수출하고 있다. 이른바 '한류'가 아시아를 휩쓴 다음 미국에 도착했다. 가능한 수출품들 전체 가운데서 문화 '상품'은 가장 강력한 부가가치를 창출하고, 모방하기 가장 힘든 상품이다. 좀더 포괄적으로 말하자면, 한 국가의 이미지는 그 국가의 경제적 성공을 투영하고, 또한 그 이미지는 경제적 성공에 공헌한다. 한국이 비약하기 시작하던 초기에는 케케묵은 이미지('고요한 아침의 나라'라는 별명)나 싸구려 생산국이라는 이미지 외에는 다른 이미지를 갖지 못하고 있었다. 그런데 한국이 알려지기 시작하고 한국의 수출품들이 더욱 정교해지자, 한국의 이미지는 점점 좋아져서 이제는 독특한 문명의 이미지가 되기에 이르렀다. '메이드 인 코리아'는 이제 의미를 갖게 되었고, 일종의 문화적 부가가치 덕분에 수출업자들은 이윤을 증대시킬 수 있게 되었다. 국제적으로 인정받는 큰 브랜드들이 이미지 발전에 공헌한 것이다. 삼성, 그것은 새로운 한국이다.

대개의 경우, 국가들을 분류할 때 세계적으로 알려진 그 나라의 문화 수준이나 잘 알려진 브랜드의 수에 따라 분류해 보면, 그 순위는 그 나라의 경제력과 다소간 일치하게 될 것이다. 이런 식의 파악이 어쩌면 스테레오타입들(프랑스는 호사스러움, 독일은 기술)로 형성되었는지도 모르지만, 스테레오타입들이 물건을 팔 수 있게 해주고, 그 스테레오타입 또한 현실에 바탕을 두고 있다.

"친구들"의 자본주의

이러한 한국의 서사시는 협의체제가 없었더라면 씌어지지 못했을 것이다. 어떤 사람들은 국가와 기업가들의 결탁(패거리 자본주의), 특히 한국 경제를 지배하고 있는 그룹들의 회장들을 가리키는 '재벌들'과의 결탁을 얘기하고 있다. 현대, 삼성, 대우 같은 이런 재벌들은 국가의 후원이 없었더라면 결코 국가적 거대기업, 더 나아가 세계적 거대기업이 될 수 없었을 것이다.

한국 발전의 이러한 특질은 이 나라의 역사에 의해 설명된다. 남한은 식민지화와 내전에서 벗어나면서 독립과 보복에 대한 열망에 사로잡혀 있었다. 오늘날 개발도상국에서 최우선으로 하고 있는 경제 논리였다면 외국인들의 투자에 도움을 청했을 것이다. 현재 중국이 취하고 있는 길이 그것이다. 하지만 한국인들은 일본인들이 자본이라는 가면을 쓰고 다시 올까봐 두려워했기 때문에 한국의 리더들은 다른 길을 선택했다. 서양에서 돈을 빌리기로 한 것이다. 박정희 대통령은 자신의 반공산주의적 논거들에 민감한 정부들이나 기관들을 방문하였다. 그 중에서도 특히 미국과 독일에 관심을 기울였다.(1960년대였다는 것을 염두에 두자.) 당시는 인플레가 심하던 시기였으므로 당당하게 돈을 빌리고 나서 평가 절하된 돈으로 부채를 갚을 수 있게 될 것이라고 믿고 있었다. 국가가 한국의 유일한 진짜 은행이 되었던 것이다. 자기가 선택한 기업가들에게 재정지원을 해주는 위치에 놓인 정부는 선택된 기업들에게 턱없이 낮은 이율로 대부를 해주면서 미래의 승자들을 선정해놓은 것이다. 원칙적으로 그 선정은 효율성이라는 기준에 의해 진행되었다고 실제 그 일에 참여했던 사공일은 말한다. 어떤 영역에서 성공한 기업주가 세계 시장에서 그 기업의 위치를 강화하고 보다 전망 좋은 새 업종들을 개척할 수 있도록 정부가 재정지원을 하는 시스템이었다. 그렇게 해서 재벌들이 형성되었고, 이 재벌들은 1980년대에 남한에서 생산되는 물품들의 30%, 수출품의 80%를 관리하기에 이르렀다. 이런 선정은 결탁, 부정부패, 실책 등을 배제할 수 없었고, 모든 재벌이 대부받은 자금들을 최선으로 사용하지는 못했다. 1998년에 특별히 심각했던 금융위기 때에는 이들 거대기업들 중 일부가 단기자금을 가지고 자신들의 장기투자에 돈을 대거나 인플레 성격이 강한 부동산 투자에 뛰어들었음이 드러났다. 몇몇 재벌은 사라져버렸고, 어떤 기업주들은 실형이 선고되거나 구속되었고(특히 대우 설립자), 또 어떤 기업주들은 특화사업을 통해서나 혁신을 더욱 강화함으로써 1998년의 '아시아 금융위기'를 극복해냈다.

   재벌들의 다양한 행태들에 대해 일괄적인 판단을 할 수 있을까? 모든 도덕관념들을 젖혀두고 엄밀하게 경제적 유용성만 따져 본다면, 한국 경제가 1960~1980년에 연평균 12%의 성장률을 기록했음을 알 수 있는데, 이러한 속도는 오늘날의 중국도 결코 도달하지 못한 수치이다. 재벌들이 없었더라면 남한은 아마도 그 속도에 결코 도달하지 못했을 것이다.

하지만 그 실험은 끝났다. 이제 세계 속에서나 한국에서 게임의 규칙이 변했으므로 그런 경험은 다시 하게 될 수 없을 것이라고 사공일은 평가한다.

1960년대에 재벌들이 해외 시장을 정복하러 나섰을 때 경쟁은 치열하지 않았고, 수요는 어마어마하게 많았다. 한국 상품들의 침공에 대해 보호하려는 생각 자체가 미국인들이나 유럽인들의 의식을 스치지도 않았다. 저가 상품들에 대한 세계의 수요 시장은 아직 통제되지 않은 상태였다. 세계시장 통제는 세계무역기구(WTO)가 창설된 이후에 생긴 일이었으니까. 오늘날이라면, 그 당시 한국에서의 관행들 대부분이 덤핑이라는 이름으로, 그리고 재벌에 대한 국가의 대부나 재정 지원들은 경쟁규칙들의 존중이라는 이름으로 금지될 것이다. 중국의 수출업자들은 지금 여러 장벽에 부딪치면서 잘 극복하고 있지만 한국인들은 과거에 그런 장벽들을 겪지 않았다. 역설적이게도, 국제무역은 우리가 세계화 시대로 들어가기 전이 더욱 단순했다. 다른 변화는 남한의 내부에 도사리고 있는데, 그것은 민주주의이다.

민주주의적 불확실성

남한 군사정권은 과도한 폭력 없이 차근차근 국민이 뽑은 정당들에게 정치권력을 넘겨주었다. 남한은 1988년 이후로 좌파와 우파가 번갈아가며 정권을 쥐게 되었고, 그런 남한은 이웃인 일본이나 그 지역의 다른 모든 체제들보다 확실히 더 민주적이다. 남한에서 대중들의 토론은 활발하고, 재벌들에 의해 대부분 통제되고 있는 인쇄매체들이 감추려 하는 내용들이 웹상에 실린다. 민주화는 정치제도들만 바뀌게 한 것이 아니다. 민주화를 통해 사회가 변화되었고, 직장인들의 태도는 덜 복종적이 되었으며, 기업, 가정, 교육기관, 남녀, 교회 같은 곳에서도 규율이 덜 엄격해졌다. 아시아에서 가장 경직된 것으로 여겨졌던 유교적 도덕관념을 뒤로 하고서 한국인들은 이제 미국인들만큼이나 개인주의적이 되었다. 그들은 중국인들이나 일본인들보다 더 개인주의적이다. 어쩌면 실은 늘 그랬었지만 과거에는 권위주의적 제도들에 의해 억제되어 있었는지도 모른다. 경제도 변했다. 경제의 성장속도는 현저히 느려져서 해에 따라 4%에서 6% 정도를 기록하고 있는데, 이는 독재기간에 비해 2분의 1로 줄어든 것이다. 하지만 유럽이나 미국의 더 발전한 경제들보다는 두 배나 되는 수치이다.

민주화가 이러한 성장속도 완화에 대해 책임이 있는 것일까, 아니면 발전의 새로운 단계로 해석되어야 하는 걸까? 사공일은 민주화 그 자체에 책임이 있다고는 생각하지 않고, 그보다는 1992년부터 정권을 쥐고 있는 좌파정부들의 전략 결핍에 있다고 생각한다. 한국의 좌파는 사실상 사회주의적인 색채가 거의 없다. 북한이 마르크스주의의 신용을 완전히 실추시키고 있기 때문이다. 그래서 한국의 좌파는 재분배에 치중하고, 기업주의 권력을 덜 존중하며, 미국을 덜 사랑하고, 노동조합의 요구에 더 관심을 기울이는 성격을 띨 뿐이다. 이 새 체제 속에서 성장은 더 이상 과거처럼 절대적인 우선순위가 아니었다. 임금은 올라갔고, 노조의 집단 파업들은 생산 리듬을 깼지만, 정부는 개입하지 않았다. 기업의 이윤은 줄어들었고, 투자는 줄어들거나 임금이 더 낮은 필리핀, 태국, 중국 등의 나라들로 떠나버렸다.

한국 모델이 이렇게 진부해지고 이어서 역동성이 떨어지게 된 것이 순전히 좌파의 책임이라고 사공일과 함께 주장해야 할까? 그의 판단은 어쩌면 편파적일 수도 있다. 왜냐하면 완만한 경제성장은 한국인들을 대체해가는 경쟁자들이 늘어나서 그런 것으로 설명될 수도 있기 때문이다. 이런 외부의 위협은 긍정적인 요소이다. 한국으로 하여금 혁신 주기로 들어가게 해주었기 때문이다. 이 혁신 주기에서 한국은 일본보다 뒤에 있긴 하지만 중국보다는 앞에 있다. 한국이 창조적인 파괴를 하도록 강제한 것은 한국의 성공이기도 하다. 한국은 삼성이 해낸 방식으로 새로운 것을 제안하기 위해 과거의 것을 치워버렸다. 이는 미래 업종으로 진입하기 위해서이기도 한데, 한국은 바이오테크놀로지 같은 미래 업종들에서 두각을 나타낼 수 있을 것이다. 이런 상승 주기에서 교육은 결정적인 역할을 하게 될 것이다. 하지만 질적 한계는 아직 뛰어넘지 못했다. 남한에서 유교사상의 잔재는 초중고 학교들이나 대학들에 숨어 있다. 권위주의적 교육은 아직도 학생들의 참여나 창의성을 거의 키워주지 못하고 있다. 미국은 이 영역에서 결정적으로 우위를 고수하고 있어서 우수한 한국 학생들이 미국으로 떠나고 있다. 그런데 중국인들이나 아프리카인들과는 반대로 한국 학생들은 대부분 고국으로 돌아온다. 이들은 여전히 한국인이긴 하지만 세계화가 된 다른 한국인들이다.

남한의 발전은 경제학자들에 의해 드물게 언급되는 비계량적인 요소에 의해 설명될 수도 있다. 그것은 미국의 군사적 보장을 가리킨다. 현재 한국 영토, 일본, 그리고 이웃의 해상에 있는 미국 군대가 한국의 안전을 지켜주지 않았다면, 남한 사람들은 부의 증대보다는 국방에 더 신경을 써야 했을 것이다. 한국뿐만 아니라 중국을 포함한 그 지역 전체를 위해 그러한 관측을 해볼 가치가 있다. 지역적이고 세계적인 번영의 기반이 되고 있는 북아메리카, 유럽, 아시아 간의 교역 흐름은 미국의 이러한 군사적 보호와 해상의 안전에 의해서만 지속될 수 있다. 마찬가지로, 19세기에 규모가 더 작긴 했지만 영국 해군이 첫 번째 세계화를 가능케 했던 것이다. 혹시라도 미국이 세계 경찰 노릇을 그만두기라도 한다면 우리의 번영을 가져다주는 경제 모델은 사라질 수도 있을 것이다.

자유롭고 진취적인 중국인들

발전에 대한 문화적 설명들은 유행이 지났지만 너무 이론화되어서 경제학자들은 때때로 지역적 상황들을 전체적으로 훑어보긴 한다. 사회적 규범들은 발전을 설명하지는 못한다 해도 발전의 방향을 정해주는 데는 기여한다. 같은 전략이 서로 다른 결과들로 이끌어질 수도 있는데, 그것은 문명이나 역사가 일반적인 원칙들을 우회하기 때문이다. 그래서 경제서에서는 아시아의 용들을 같은 카테고리 안에 몰아놓는 것이 관례이다. 그 카테고리에는 기업 정신과 수출을 우선시하여 동시에 같은 속도로 그리고 같은 방식으로 도약한 네 나라가 있다. 하지만 대한민국, 홍콩, 싱가포르, 타이완은 이 공통적인 전략 끝에 비견될 만한 생활수준에 도달했다는 점에서만 서로 비슷할 뿐이다. 단 한 세대 사이에 이 나라들 모두 다 빈곤에서 번영으로 넘어갔다. 그런데 네 나라가 모두 '아시아적'이긴 하지만 여전히 서로 아주 다르다. 아시아의 문화적 다양성은 유럽에서보다 훨씬 두드러진다. 한국인과 대만인 사이의 유사성은 프랑스인과 독일인들 사이의 유사성보다 훨씬 적고, 홍콩과 싱가포르 사이의 거리는 로마와 스톡홀름 사이의 거리만큼이나 멀리 떨어져 있다.

잠시 대만의 상황에 대해 생각해보자. 대만은 사실상 북경의 공산체제에서 분리되던 해인 1949년에 독립한 국가이다. 경제이론에 입각해 보면, 대만은 한국과 같은 길을 취했다. 국가와는 구분된 민간경제, 수출 우선 정책이 그것이다. 한국과 마찬가지로 대만도 1945년까지 일본의 식민지였고, 미국의 경제적·군사적 도움이 1965년까지 상당했다. 하지만 한국은 초기에 국가가 선발한 거대 기업들에 의해 지배되었다. 반대로 대만은 중소기업들이 우글거렸다. 한국은 조선소나 자동차산업처럼 산업적 부가가치가 높고 투자비용이 큰 생산품들에서 전문화되었다. 반면, 대만에서는 섬유, 바이오테크놀로지, 컴퓨터 관련 중소기업들을 개척해나갔다. 한국인들은 기업가들이었고, 대만인들은 상인, 관리자, 금융 중개업자 등으로 형성되었다. 한국의 한 기업을 방문해보면 거의 군대식 관리 스타일과 두드러진 위계질서를 간파하게 되는데, 대만에서는 그보다는 수완과 약간 무질서한 과도한 활동들이 지배하고 있다. 대만인들은 한국인들보다 더 유동적이다. 미국과 중국대륙에서 그들은 첫 투자자들을 찾아낸다. 타이베이 증권거래소장인 우룽-이가 말한 것처럼, 대만은 나라이기보다는 하나의 네트워크이다. 한국인들은 자기네 땅에 닻을 내린 애국자들이지만, 대만인들은 국적으로써 자신을 규정하기가 좀 힘들다. 한국의 한 기업이 세계적인 경쟁으로 어려움에 처해 있으면 그 기업의 관리자들은 은행이나 국가에 도움을 청한다. 한국의 노동조합들은 자신의 회사와 일자리를 지키기 위해 시위를 한다. 같은 상황들 속에서 대만 기업가는 업종도 바꾸고, 심지어는 국가마저 바꾸기도 한다.

한국인들이 자기네를 식민지로 삼았던 일본에 대해 용서할 수 없는 원한을 간직하고 있다는 것을 우리는 안다. 한국인들에게 있어서 일본을 추월해야 한다는 생각은 적극적인 경제활동의 원동력 중 하나이다. 한국에서는 반미(反美) 감정 또한 팽배해 있다. 하지만 대만인들은 미국을 좋아하고 있다. 그들은 미국에 공부하러 가기도 하고 미국으로 이민 가는 경우도 잦다. 더욱 놀라운 것은, 일본도 대만이 선호하는 나라라는 점이다. 일본은 한국의 근대화를 열어 주었지만, 한국인들은 그 점을 결코 인정하지 않을 것이다. 같은 일본의 식민지 개척자들이 대만의 사회기반시설, 농업, 산업도 근대화시켰다. 대만인들은 식민지화가 긍정적이었다고 평가하면서 일본인들에 대해 고마워하고 있다. 식민지로서 지배당했던 국가가 식민지 개척자들에게 그렇게 빚을 지고 있다고 생각하는 경우는 대만밖에 없는 것으로 안다.

비슷한 소득을 갖고 있으면서 행태가 이렇게 다른 것은 비슷한 경제 전략과는 별 관계가 없을 것이다. 그 차이는 서로 다른 문화와 역사로 분명하게 설명될 수 있다. 남한은 민족주의적 왕국과 아시아에서 가장 경직된 유교사상의 후예들이다. 대만인들은 18세기에 황제를 피해 중국대륙을 떠나온 이주자들이다. 정부도 없는 섬에서 그들은 어부, 해적, 상인이 되었다. 19세기부터 대만은 농산물들을 일본으로 수출하여 이익을 남겼다. 1947년에 마오쩌둥에 패한 장제스의 국민군대가 대륙에서 후퇴하여 대만으로 와서 지역 정부를 구성했을 때, 대만인들은 이 새 국가에 대해 모든 정당성을 부인하고 자신들의 경제 세계로 은신해버렸다. 이 대만 정부가 1997년에 민주주의체제가 되었으나, 대만 독립주의자들과 '위대한 중국'에 여전히 충실한 '대륙파'로 나뉘어 이 정부의 권위는 여전히 약했다. 그러한 정부는 기업가들에 대해 영향력이 거의 없었다. 기업가들에게 있어 대만은 고국이기도 하지만 그 못지않게 세계지도 안의 한 영토이기도 했다. 대만인은 무엇보다 중국문명의 호모 에코노미쿠스이다. 그리고 중국문명은 종종 영어권에 속해 있기도 하다. 그에 비해 한국인은 애국자여서 그들에게 있어 경제는 목적이기보다는 수단이다. 아시아의 용들은 여전히 다채로운 형태를 띠고 있다. 경제발전도 세계화도 문화들을 싹 쓸어버리지는 않기 때문이다. 오히려 그 반대로, 경제발전이나 세계화는 그들에게 문화가 꽃피울 수 있는 새로운 수단들을 제공해준다.

11
인도의 기지개

 인도는 오래도록 변화하지 않고 발전하지도 않은 상태였고, 인도 지도자들은 스스로에게 만족스러워했다. 1947년 독립 때부터 1980년대 말까지 이 나라의 성장률은 연 평균 3%를 맴돌았는데, 이는 인도의 인구증가율보다 약간 높은 수치였다. 실제 소득의 증가는 거의 제로 상태였다. 이는 겉보기에는 너무도 자연스런 상태로서, 인도의 경제학자들은 인도의 경제성장률이 일인당 1%라고 빈정거림 없이 밝혔다. 즉, 이는 경제적인 착오라기보다는 인도 문화와 관계된 일이라는 얘기다. 이런 경기침체를 비판하는 사람도 거의 없었다. 인도는 계량적으로 평가할 수는 없지만 상당한 다른 이점들의 혜택을 입고 있었기 때문이다. 거의 안정화된 민주주의, 민간의 평화, 서로 다른 언어들과 문화들과 종교들의 비폭력적인 공존 등이 그런 이점들이다. 이러한 인도의 민주주의가 경기 침체를 막지는 못했으며, 민주주의와 성장이 서로 다른 차원에서 얼마나 발전될 수 있는지 보여주었다. 인도인들이 자유로워졌기 때문에 빈곤을 참기가 덜 힘들어진 걸까? 하지만 현재 인도의 발전은 민주주의가 변질되지 않은 상태에서 시작된 것이다. 침체에서 성장으로 넘어가는 데 꼭 독재를 거쳐야 하는 것은 아니다.

합의에 의한 경기침체

네루가 통치하고 이어서 그의 딸 인디라 간디(Indira Gandhi)가 통치하던 시절, 자기만족이 널리 퍼져 있을수록 인도인들은 그 시대의 지배적인 생각들과 의견을 같이한다는 강점을 가졌다. 발전 전문 경제학자들과 큰 국제기구들 간의 합의는 당시 사회민주주의, 계획경제, 자급자족체제에 호의적이었다. 이러한 것은 그 주제의 권위자인 아르헨티나 경제학자의 이름을 따서 프레비시 이론이라고 불리었다. 이 이론은 영국의 사회주의, 케인스 이론, 소비에트 모델, 막 식민지 상태를 벗어난 제3세계의 민족주의 간의 종합명제였다. 인도는 이 처방을 따랐다. 봉쇄된 국경들 내에서 인도 산업은 엄격하게 국영이었고, 이는 독립 투쟁을 지원한 바 있는 '타타'나 '비를라'처럼 몇 안 되는 거대 민영기업들의 비즈니스를 도와주는 격이 되었다. 독립 투쟁을 후원했던 것에 대한 보상으로 그들은 국내 시장에서 독점과 기득권의 수혜자가 되었다. 타타는 인도에서 오랫동안 팔린 유일한 자동차 '앰배서더'를 생산해냈다. 육중하며 비싸고 관료들에게 딱 어울리는 이 자동차는 자급자족형 인도의 상징이었다. 2008년에 같은 자동차기업 타타는 회사 간부들이나 사업가들로 구성된 새로운 중산층을 만족시키기 위해 가볍고 싼 자동차 '나노'를 출시한다.

인도가 식민지 상태에서 벗어나도록 도와준 점과 겉으로 드러난 산업적 위력 때문에 소련을 찬미하고 있던 네루는 국가가 경제의 '지배

수위'를 조절해야 한다는 레닌의 생각을 차용했다. 산업, 에너지, 교통 같은 기반 구축 영역들은 국영화되고 소비에트 방식으로 관리되었다. 생산품 가격은 비쌌고, 기술적으로는 뒤처졌지만 국영이었다. 노동당적인 영국에 의해 형성된 인도 경제학자들은 경제계획을 훌륭하게 세워놓는 것으로 명성이 자자했다. 섬세하고 복잡한 그 계획은 전문가들로부터 경탄에 찬 놀라움을 자아내게 했다. 하지만 그런 계획은 구체적인 현실과는 거리가 멀었다. 인도의 그 어떤 계획도 공언된 목표에 결코 도달하지 못했다.

이렇게 사회주의적인 인도에서, 지도자들이 땅의 국유화를 포기하였기 때문에 최악은 면하게 되었다. 설사 국유화를 실행하려 했다 해도, 대부분 농민들로 구성된 인도 국민은 그것을 받아들이지 않았을 것이다. 그들 덕분에 인도가 굶어 죽지는 않았다. 그보다 더 좋은 일은, 농경이 1970년대에 혁혁한 '녹색혁명'의 혜택을 입었다는 사실이다. 미국의 농학자인 노먼 볼로그(Norman Borlaug, 1970년에 노벨평화상 수상)와 그의 인도인 제자 M. S. 스와미나단(Monkombu Sambasivan Swaminathan)이 밀이라는 새로운 씨앗을 들여오더니 나중에는 쌀을 들여왔고, 이 두 곡식은 10년 사이에 생산량이 두 배로 늘어났다. 기근의 대륙이었던 인도가 자급자족 체제를 넘어 농산물을 수출하게 되었던 것이다. 그럼에도 1990년대까지는 녹색혁명이 농민들 간에 불평등을 가져왔다는 점을 애석해하는 마르크스주의적 인도 경제학자들이나 외국 경제학자들이 있었다. 사실상, 새로운 곡식들 덕분에 어떤 농민들은 다른 농민들보다 더 적극적인 생산 활동을 하여 더 빨리 부유해지기도 했다.

시대에 뒤진 이런 비판들과는 반대로, 1947년보다 2000년에 두 배로 많아진 인구가 일인당 두 배 더 많은 칼로리를 섭취하게 되었다는 것이 녹색혁명의 주요 결과다. 맬서스는 틀렸다. 식량은 인구보다 더 빨리 늘어나고, 식량이 증가함에 따라 인구 증가는 느려진다. 이런 녹색혁명은 중국을 본따서 출산율 감소를 발전의 선결조건으로서 권장했던 경제학자들의 입을 다물게 만들기도 했다.

인디라 간디가 1974년에 강요하려 했던 강제적 불임시술보다 더 효과적인 피임제는 발전이라는 사실이 밝혀졌다. 세계 어디서나 발전이 시작되면 부모들은 자발적으로 자녀의 수를 줄였다. 그들은 합리적으로 처신했던 것이다. 미래의 전망이 밝아졌기 때문에 각자 수가 줄어든 아이들의 교육에 투자를 했다. 발전하고 있음에도 불구하고 자녀의 수를 여전히 통제하는 곳에서는(공산주의 체제하의 중국이 그런 경우) 성장을 촉진하는 것이 목적인가 아니면 국민을 통제하는 것이 목적인가? 중국에서는 가족계획이 그 정책을 적용하는 임무를 맡은 관료들에게는 축재의 원천이기도 했다. 가족계획을 위반하는 경우 벌금을 물게 했기 때문이다. 인도의 관료들도 종종 부정을 저지르기도 하지만 그보다는 훨씬 평범한 이유들 때문이다.

허가제도(라이선스)의 왕국

이 움직이지 않는 인도에서 가장 독특한 제도는 허가제도였다. 20세기 말까지 인도는 허가제도의 왕국이었으니까. 허가제도는 자급자족 체제나 국영화보다 훨씬 더 비성장에 기여했다. 인도에서는 아무리 작은 기업이라도 그 어떤 기업이든 행정적인 허가 없이는 설립될 수 없었다. 이 허가를 얻기가 어려웠던 만큼 기업은 큰 대가를 치러야 했다. 어떤 상황에서는 장관 선까지 올라가야 했다. 이런 정치-행정적 단계를 거칠 때마다 부패가 만연했다. 가게나 공장에서 일할 권리를 뇌물이나 선거에서의 투표로 협상하곤 했다. 물론 이 허가제도는 겉보기에 합리적인 논거들을 내세운 지도자들에 의해 금지되었다. 허가제도의 목표는 모든 인도인들과 인도의 모든 지역들 사이에서 일자리를 평등하게 분배하는 것이 아니었던가? 허가제도가 없으면 일부 계층 사람들의 기업 정신과 그 사람들의 수동적 태도가 사회적 불균형과 지역적 불균형으로 이어지지 않았을까? 이런 논거들은 정당해보였다. 하지만 실제로는 그러한 점들이 직무유기를 야기했고, 기업 정신을 죽였다. 캐나다, 미국, 영국으로의 대대적인 인도 민족 분산이 야기되었는데, 다른 나라로 가서 도전하기 위해 떠난 '경제 망명자'들은 허가제도 왕국의 자발적 망명자들이라 할 수 있다.

허가제도 왕국은 인도 발전의 원년이라 할 수 있는 1991년에 무너졌다. 어떻게 그토록 오래 지속될 수 있었는가? 인도의 지도자들이 지적(知的)으로 고립되었기 때문이라고 몬텍 싱 알루왈리아(Montek Singh Ahluwalia)가 내게 대답했다. 그들은 한국, 대만, 싱가포르, 홍콩 같은 나라들이 부상하는 것을 보았다. 하지만 그들에게는 이 아시아의 '호랑이들'은 작은 나라들이며 그저 미국의 고객들로만 보일 뿐이었다. 인도의 지도층에서는 자기네가 이 난쟁이들과 비교될 수 있으리라고는 아무도 생각하지 않았다. 그렇다면 소련은? 소련은 성공한 나라로 통했다. 적어도 그 나라가 통째로 무너져 내리는 날까지는 그렇게 생각했다. 그렇다면 중국은? 중국은 인도의 진정한 라이벌이다. 하지만 중국은 1980년까지는 느리게 성장하고 있었다.

"우리를 정말로 깨운 것은 중국의 도약"이라고 몬텍 싱은 말한다. 인도의 경기침체를 의식하게 된 것은 중국이 세계를 향해 개방하고 기업 정신을 해방시켰을 때부터였다고 한다.

정치 지도자들 중에서 처음으로 그것을 깨달은 사람은 1984년에서 1989년까지 수상을 지낸 라지브 간디(Rajiv Gandhi)였다. 그는 국제적인 감각을 갖고 있었다. 자기 어머니가 암살되는 바람에 뜻하지 않게 권력의 자리에 오르게 된 그는 진정한 정치인은 아니었다. 그는 고국에서 멀리 떨어진 곳에서 생활했었다. 인도로 돌아온 그는 아무것도 제대로 되어 가는 게 없는 것을 보고 분격했다. 전화조차 할 수 없었다고 그는 말했다. 라지브는 만모한 싱(Manmohan Singh)이나 몬텍 싱 알루왈리아처럼 미국에서 공부한 경제학자들로 둘러싸였는데, 그들은 자유주의자들이었다. 그들은 항공운항을 자유화했다. '인디언 에어라인'은 독점권을 잃어버렸고, 민영 항공회사들이 다수 생겼다. 인도에서도 자유주의는 효과적이었다는 증거다. 인도의 좌파와 관료들은 그것을 기뻐하지 않았다. 소련이 무너지자 인도 좌파는 자신들의 준거 모델을 잃어버렸다. 소련은 교환무역 방식으로 인도에 석유를 공급해오고 있었는데, 새로운 러시아 사람들은 인도가 사용하지 않는 달러를 요구했다. 더 이상 선택의 여지가 없던 인도는 외국 투자자들에게 문호를 개방하고 달러가 유입되도록 자국의 기업가들에게 수출을 허가해주어야만 했다. 그렇게 해서 허가제도 왕국은 막을 내리고 발전이 시작되었다. 한편, 이 자유주의 혁명은 상황에 의해서만 이루어진 게 아니다. 재난을 예견한 만모한 싱이나 몬텍 싱은 교체용 경제모델에 대해 만반의 준비를 하고 있었다.

권좌에 오른 자유주의자들

자유주의 경제학자들은 그때부터 권력을 쥐게 되었다. 만모한 싱은 1991년에서부터 1996년까지 재정장관을 지내고 2004년부터는 수상 자리에 있다. 몬텍 싱 알루왈리아는 집권당이 어느 당이건 간에 일종의 인도 경제부인 기획위원회를 이끌고 있다. 만모한 싱은 예기치 못한 수상이다. 몸은 허약하고 목소리는 가냘파서 그가 어떻게 그토록 복잡한 나라를 이끌어가고, 자유주의자들과 공산주의자들이 병존하면서 약간 사회민주주의적인 정부를 이끌어갈 수 있는지 사람들은 궁금해 한다. 하지만 그는 지적(知的) 권위의 소유자다. 1991년에 인도 경제를 파산으로부터 구해낸 것도 만모한 싱이었고, 인도의 숨겨진 여제(女帝)였던 소냐 간디가 의회의 집권당을 대표할 인물로 지명했던 사람도 그였다. 만모한 싱이 영국 스타일을 계발한다고 치면, 그와 한편인 몬텍 싱 알루왈리아는 아주 미국식으로 느긋한 스타일이어서, 인도 자유화의 정당성에 대해 논증하고 설득하려 들 때는 늘 기민함을 발휘한다. 몬텍 싱 알루왈리아는 도움을 청하기 위해 대기실에서 기다리고 있는 인도인들보다는 잠시 체류하는 외국 방문객을 더 먼저 맞을 준비가 돼 있는 것이 분명하다. 왜냐하면 인도 경제는 변화하고 있지만 공적인 관습들은 불변이기 때문이다. 사람들은 공적인 문제들이나 개인적인 문제들을 해결해야 할 때면 언제나 권력자들에게 도움을 요청한다. 대기실에서 얼마나 오래 기다리느냐 하는 문제는 중요하지 않다. 면담 요청자는 종일 참고 기다리다가 그 다음날 다시 올 것이다. 수많은 안내원들이 우유 탄 차를 준비하느라 분주한 반면, 면접관들은 복도에서 바닥청소용 마포들을 천천히 밀어내고 있다. 인도 정부는 경제보다 덜 빠르게 움직인다.

　몬텍 싱과 만모한 싱은 둘 다 시크교도이다. 우연일까? 시크 문화는 부의 증대에 호의적인데, 네루를 위시한 사회주의 지도자들 대부분이 속해 있는 브라만 전통의 경우는 그렇지 않다. 하지만 이런 브라만 엘리트를 제외하고는 대개의 인도인들이 기업 정신에 호의적이다. 그러므로 인도에서 자본주의는 정당한 것으로 여겨지고 있다. 인도에 거주하지 않는 인도인들(NRI: Non Resident Indians)은 이러한 자본주의 정당화에서 큰 역할을 하였다. 긍정적 주역들인 그들은 도전을 위해 인도를 떠났고 열심히 일한 덕분에 돈을 벌어 고국으로 돌아왔다. 작더라도 자신의 사업을 벌여 사장이 되는 것이 인도인들 대부분의 야망이고, 자유화 덕분에 이 꿈은 가능해졌다. 인도는 몇 년 사이에 중소기업들의 나라가 되었다.

중앙집권적이 아니고 자발적인 자본주의의 이러한 도약은 대부분 국가와는 멀리 떨어져 있어서 중국이나 한국의 모델들과는 구별된다. 극동에는 국가가 승자들을 지정하는 패거리 자본주의(crony capitalism)가 자리 잡았다고 몬텍 싱은 말한다. 사회주의 인도는 그런 경우에 속했지만, 자유주의 인도는 실제로 더이상 그렇지 않다. 서방에서는 제철산업의 미탈(Mittal)[6]처럼 어마어마한 투자를 하는 것에 대해 놀라고 있지만, 몬텍 싱은 인도 경제의 근대화에 기여하는 무수히 많은 소박한 기업들이 더 의미 있다고 평가한다. 이 중소기업들은 수출도 하고, 멀리 있는 시장들이나 최신 기술들에 친숙해지기 위해 때로는 외국 기업들을 매입하기도 하면서, 그들의 국내시장과 세계의 다른 시장들을 정복하러 나섰다. 인도 경제가 이렇듯 세계화를 진전시키고 있다는 것을 보여주는 좋은 예는 지적소유권의 존중이다. 국가가 개방되지 않았을 때는 무단복제가 당연시되었다. 코카콜라가 인도에서 판매 금지된 후, 인도의 한 생산자가 '캄파 콜라'를 내놓았는데, 축출된 경쟁자 코카콜라의 병과 로고를 모방한 상품이었

---

6) 인도의 철강 재벌 락슈미 미탈. —역주

다. 약품에서도 마찬가지의 일이 벌어졌다. 하지만 이제 인도 기업들은 자신들의 상표를 만들어내고 세계 시장에 자신들의 브랜드를 팔고 싶어한다. 약품이건 농산물이건 컴퓨터 프로그램이건 간에 인도 기업들은 지적소유권의 가치를 발견한 것이다.

중국과의 경쟁에 자극을 받고 있고 중국을 바싹 추격하는 경제성장률(2007년에는 중국이 11%, 인도가 10%)을 기록하는데도 인도의 발전은 더 더딘 듯이 보인다. 외국 관찰자에게 중국의 발전은 가시적인 반면, 인도의 발전은 전혀 또는 거의 보이지 않기 때문이다. 도시들은 아직도 여유롭고, 사회기반시설들은 여전히 황폐하다. 이렇게 눈에 보이는 차이는 중국의 역동성이 인도의 역동성보다 앞서고 있다고 믿게 만든다. 하지만 이런 파악은 피상적인 것이다. 중국에서는 중앙 정부와 지방 정부들이 강력하며, 시민사회란 거의 존재하지 않는다. 중국의 선택은 그러므로 투자와 눈에 띄는 사회기반시설들을 도시 성장 축들에 집중시키는 것이다. 그렇다면 중국에서 보이지 않는 것은? 농촌의 빈곤이다. 인도에서는 중앙 정부나 지방 자치단체들이나 상대적으로 취약하고, 거대한 공공계획들에 투자를 집중시킬 수단들도 없다. 그러므로 인도의 발전은 근본적으로 전 국토에 흩어져 있는 작은 기업들의 업적이다. 이것이 인도 사회와 인도의 민주주의를 반영하고 있다.

"중국 지도자들이 부러운 적도 있었다는 것을 나는 숨기지 않겠다."고 몬텍 싱은 말한다. 인도 정부는 산업 발전에 필수불가결한 사회기반시설들을 갖추는 일에조차 앞에 나서지 않는다. 상당수의 기업들이 지리적으로 고립되어 있거나 통신수단이 부족해 시대에 뒤떨어져 있다. 한편 인도의 서비스 산업은 중국에서보다 더 발달되어 있긴 하지만 그렇다고 해서 그것이 언제나 경제의 견실함을 나타내는 징후는 아니다. 남아도는 농촌 인력을 흡수하기에는 불충분한 근거리 용역인 경우가 대부분이기 때문이다.

이농(離農), 임금철칙

몬텍 싱은 이농(離農)의 필요성에 대해 발전 경제학자들이 공통적으로 갖고 있는 신념을 공유하고 있다. 인도의 발전도 도시화와 산업화를 거치게 될 것이라는 생각이다. 그는 지식인들 사이에 널리 퍼져 있는 막연한 경제적 낭만주의를 반박한다. 지식인들은 농촌 인도를 이상화시켜서 이러한 인도가 기적적으로 번영하게 될 것이고, 도시들은 전적으로 하이테크 서비스들에만 전념하게 될 것이라고 생각한다. 이러한 모델은 제조업들을 고려하지 않는 위험을 안고 있고, 산업화 과정을 건너뛸 수도 있다. 몬텍 싱은 이런 모델을 믿지 않는데, 그 이유는 인도 농민들이 수백만 개의 촌락들에 흩어져 살고 있어서 적절한 공공서비스들을 그들 모두에게 제공하는 것이 불가능하기 때문이다. 몬텍 싱이 보기에는 이 촌락들을 상수도 시설, 학교, 보건진료소들을 갖출 수 있는 마을들로 재편성하는 것이 가장 시급한 최소한의 과제이다.

그렇지만 인도에서 정보산업(IT, Information Technology)의 예기치 못한 성공은 지금까지 유럽, 일본 또는 중국이 세운 전략과는 비교할 수 없는 독특한 전략을 나타내 보여주는 것이 아닐까? 위프로(Wipro), 인포시스(Infosys), 타타(Tata) 등이 난관을 뚫고 컴퓨터 서비스 영역에 진입한 것은 경제적인 의미보다는 상징적인 의미가 더 크다고 몬텍 싱은 말한다. 이 서비스 업계에 종사하는 인구는 인도 전체 인구의 2~3% 정도밖에 되지 않고, 수출에서는 섬유산업보다 작은 부분을 차지하고 있다. 인도인들이 유전적으로 컴퓨터에 대해 천부적인 소질을 갖고 있다는 얘기를 인도에서는 자주 듣거나 읽게 된다. 하지만 그것은 말도 안 되는 얘기다. 컴퓨터에 관한 서사시는 운 좋은 상황들 덕분에 가능해졌던 것일 뿐이다. 공교육을 받은 인도인들이 영어를 구사하는 점, 미국과의 시차(時差) 덕분에 미국인들이 낮에 한 일을 밤에 하청 줄 수 있게 된 점, 좋은 대학들을 나왔으면서도 일자리를 찾지 못한 수많은 인도 수학자들, 이러한 것들이 운 좋게 결합된 결과이다. 그들의 탁월한 재주 덕분에 벵갈로, 하이데라바드, 봄베이의 기업들이 세계 지도에 인도 경제를 기록하는 데 성공했다. 하지만 인도 경제가 일자리 없는 수백만 농민들을 채용하는 일은 결코 없을 것이다.

향후에는 세계 시장을 위해 중국 기업들과 경쟁을 벌이고, 전자, 섬유, 자동차 산업들의 제조와 조립에서 중국인들만큼 능력이 있음을 보여주어야 할 것이라고 몬텍 싱은 말한다. 하지만 인도가 필수적으로 해내야 하는 세계시장으로의 편입을 민주화가 지연시키고 있다.

민주화가 성장을 지연시킨다?

민주주의와 발전 사이의 관계에 대한 물음 없이는 인도의 경제를 생각할 수 없다. 몬텍 싱은 아마도 성장을 촉진시켜야 한다는 강박관념 때문에 제동장치로서의 민주화에 민감한 것 같다. 인도에서의 민주화는 대표성보다는 논쟁에 더 기초를 두고 있다고 그는 설명한다. 모든 것이 끊임없는 논쟁거리이다. 실제로 자유국가들 중에서 언론매체가 인도보다 더 비판적인 나라는 거의 없고, 이런저런 보호 협회들이 그 어느 나라보다도 많고 활동적이다. 인도의 모든 시설계획은 환경, 풍경, 부족문화들에 대한 존중 등등의 이름으로 지체되고 있다. 중국에서는 정부가 일단 결정을 하면 행동에 옮겨지고 주민들이 주저해도 이를 거만하게 무시해버리는 반면, 인도에서는 온갖 것들을 다 따진다. 중국에서 한 수력발전 댐(三峽 댐, 산샤 댐)이 수백만 명의 마을 사람들을 이동시키고 역사적 유적들을 물에 잠기게 했지만 그 어떤 항의도 들리지 않았다. 인도에서는 나르마다 댐 건설을 위해 한 부족을 이동시키는 데 여론, 사법, 미디어, 볼리우드의 스타들, 좌파 지식인들을 동원한다. 댐은 처음보다 훨씬 규모를 줄여 몇 년 후에나 완성될 것이다. 인도나 중국의 발전에 결정적인 역할을 하는 외국 투자자들은 아무런 감정이입 없이 오로지 계산적인 생각으로 투자하는 것이므로 중국을 선호할 것이다. 미래의 결과가 그들이 옳았음을 증명해 줄지 어쩔지는 확실치 않다.

민주주의로 인한 지체가 사회기반시설과 산업화를 짓누르긴 하지만 발전의 지속성을 보장하기도 한다. 1991년 이후로 민족주의적 우파에서부터 공산주의자들을 포함하여 사회민주주의 연합에 이르기까지 다양한 정당들이 정권을 쥐었다가 이양했는데, 그 어떤 정당도 전체적인 전략을 뚜렷하게 바꾸지는 않았다. 그 전략이란 세계로의 개방과 기업정신을 인도의 새로운 경제 원칙으로 삼는다는 것이다. 확실히, 우파는 외국 투자자들에 대해 더 경계를 하고, 좌파는 공공 분야에 더 관심을 기울이긴 하지만, 이런 지엽적인 차이가 전체의 의견에 영향을 끼치지는 않는다. 공산주의자들은 반세기 전부터 캘커타 정권에서 외국 자본들을 탐사하고 면세지역을 설치하는 일에 가장 열성을 보이고 있다. 인도의 좌파는 이제 임금 근로자들을 거의 해고할 수 없게 된 상황이 인도의 산업화와 중국과의 경쟁에서 상당한 걸림돌이 되고 있다는 것을 받아들였다. 그래서 다음과 같은 역설적인 상황이 벌어진다. 산업화가 미비한 인도는 그 나라 규모에 비해 너무 적은 수의 노동자들을 극도로 보호하고 있는 반면, 중국은 이론적으로는 공산주의이면서도 어마어마하게 많은 산업 노동자들에 대해 그 어떤 보호도 허용하지 않는다!

중국과 인도라는 그토록 다른 두 문명 간의 비교이므로 어쩔 수 없이 무모한 비교이긴 하지만 이 비교를 마무리짓자면, 민주주의 때문에 혼잡해진 인도는 결국 전횡적인 중국보다 더 예측하기 쉬워질 것이다. 인도의 경제적 선택은 야당들의 시험대를 거치고 수년 동안 공공 토론을 거친 결과이다. 자유주의적 합의는 지속적인 시간 속에서 다져지고, 민주주의적 정당성 속에 뿌리내리게 된다. 반면, 중국에서는 전략이란 공산당 한가운데 있는 지배 집단의 선호만을 반영할 뿐이다. 중국에서는 그 누구도 다른 방향으로 갈 수 없다는 얘기가 있는데, 그것에 대해 우리는 무엇을 알고 있는가?

잊혀진 제3자

몬텍 싱은 이에 대해 시장이 모든 것에 대한 해답을 갖고 있다고 결론짓지는 않았다. 1984년에 그가 인도의 전략에 대한 책임을 떠맡기 위해 워싱턴의 국제통화기금(IMF)에서 하던 일을 그만두었을 때, 그는 시장의 미덕에 대해 전적인 신뢰를 갖고 있었다. 자유주의적 성장이 사회의 보다 낮은 곳까지 침투할 것이 분명해 보였던 것이다. 20년간 인도에서 경험을 쌓은 그는 애초의 열정을 진정시키고 이제는 성장이 감지될 만한 이득과 거의 상관없이 살고 있는 시장 밖의 인도 주민을 제3자로 평가한다. 이 가난한 사람들은 시장에서 너무 멀리 떨어진 고립된 마을에서 살고 있거나 그들의 문화적 전통이 넘을 수 없는 장벽들처럼 가로막고 있어서 그렇다. 몬텍 싱은 인도 농촌세계의 근본적인 비극들 중 하나로서 위생 결핍과 들판 한가운데서의 배변이라는 끔찍한 습관을 예로 들고 있다. 마하트마 간디도 인도인들 모두에게 각자 자신의 배설물을 땅에 묻으라고 촉구하면서 이 주제에 접근한 적이 있었다. 하지만 그 말을 따른 사람은 드물었다. 위생 결핍에 따른 결과들, 특히 하천이나 지하수의 위생문제는 치명적이다.

   인도 정부는 2007년부터 시골에 변소를 짓도록 재정을 지원하고 있고, 수상은 그런 변소들의 기공식에 주저하지 않고 참석한다. 수상은 ODF(open defecation free)7)이라는 라벨을 얻은 마을들에는 상을 수여한다. 인도에서는 이런 구체적인 사안들에 대해서도 공개적으로 이야기한다. 하지만 그것이 카스트 정신을 감안해서 그런 것은 아니다. 인도 사회의 상류층에서나 큰 도시들에서는 어느 카스트에 속하느냐가 처신에 더 이상 큰 영향을 끼치지 않는다. 하지만 시골에서는 다르다. 변소들을 짓는 카스트는 그 변소들을 관리하게 될 카스트가 아니다. 만약 그 어떤 카스트도 헌신하지 않는다면 변소들은 방기될 것이다. 그런 일이 흔하다고 몬텍 싱은 인정한다. 하지만 문명은 진화한다. 힌두교의 근본적인 문제인 순수와 비순수에 관한 원칙들을 내세우면서 언론매체들은 ODF 마을들을 찬양한다. 젊은 세대에서 어떤 이들은 ODF 마을 출신 남녀끼리만 결혼하기도 한다.

   몬텍이 언급한 또 다른 끔찍한 전통은 남아선호사상이다. 시골에

---

   7) 야외 배변으로부터의 해방. ─역주

서 유아 살해와 선별 낙태가 점점 더 늘어나고 있고, 어머니가 여아보다는 남아의 섭생에 더 신경 쓰는 것이 일반적인 경향이다. 그 결과 여아들은 허약해져서 나중에 심신장애아들을 낳게 될 것이다. 이런 풍속들과 관련된 경제적 효과를 어떻게 측정할 것인가? 인도의 사회민주주의의 구루이자 경제학자인 아마르티아 센은 발전의 측정에 처음으로 문화적 차원을 도입한 사람이다. 그에 따르면 계량적이기만 한 접근으로는 진보를 측정할 수 없다. 그러므로 개인의 자유와 그 자유를 권장하는 제도들도 고려해야 한다. 경제성장률뿐만 아니라 인간의 발전까지 고려하는 이런 접근에서 출발하여 아마르티아 센은 인도가 이루어낸 최근의 성공들을 실제보다 낮게 평가하며, 중국의 성공들에 대해서는 더욱 낮게 평가한다. 고전적 수치들에 한정해도 중국의 일인당 국민소득은 인도에 비해 두 배나 높을 것이다. 하지만 두 나라의 경우에다 자유의 정도와 사회적 지체 정도를 고려하면 이 나라들은 비슷한 결과를 보일 것이다. 아마르티아 센의 이런 접근에 대해 입장을 같이 하고 있는 몬텍 싱은 정부가 이런 태도들을 변화시킬 능력은 없다고 고백한다. 그런 일들은 비정부조직들(NGO)에게 맡기는 편이 낫다. 다행히도 인도에는 비정부조직들이 아주 많다.(중국에서는 비정부조직이 금지되어 있다.)

그러므로 이런 소외된 사람들의 30% 가량은 인근의 활동과 동정에 의해서만 진보하게 되는 것이 분명하다. 그렇다고 해서 거대한 빈곤에 대한 시장의 효율성을 부정하는 것은 아니다. M. S. 스와미나단의 모범적인 활동이 그것을 증명해주고 있다.("정의로운 발전")

스와미나단은 아마도 현재 인도에서 가장 존경받고 있고 가장 존경받을 만한 인물일 것이다. 극도로 겸손하고, 태도에서나 생활방식에서 굉장히 검박하며, 76세의 나이에도 쉬지 않고 활동하는 이 위대한 학자는 볼로그의 씨앗들이 풍토에 적응하고 새로운 농경기술을 도입한 덕분에 수억의 생명을 기근과 영양실조로부터 구제하게 될 것이다. 스와미나단의 이름을 딴 마드라스의 한 재단은 소금기가 많은 물과 가뭄에 견딜 수 있는 씨앗 종자들과 지역의 요구사항에 적응된 유전자 변형 작물들을 선정하면서 과학적인 작업을 계속 하고 있다. 스와미나단은 유전자 변형 작물을 죄악시하는 부자 나라들의 환경주의자들과 뜻을 같이 하지 않는다. 그들은 유전자 변형 작물이 필요하지 않으니까 그러는 것이고, 인도에서 농경은 생사가 달린 문제이다. 이러한 기술적·과학적 업적들 말고도 그는 인도에 대한 비전을 갖고 활발히 일하고 있는데, 이 비전은 마하트마 간디에게서 영감을 얻은 것이다. 스와미나단이 내거는 목표는 분명하게 가장 가난한 사람들을 위한 발전을 꾀하는 것이다. 그는 무엇보다 여성들의 생활수준과 시민의식을 높이려 하고 있다. 왜냐하면 카스트 위계질서 사회 속에서 여성들이 가장 노출된 희생자들이면서 동시에 발전을 가장 잘 이용할 수 있고 사회 안에 시민의식을 가장 잘 확산시킬 수 있을 거라고 생각하기 때문이다. 그래서 스와미나단은 자신의 아내와 함께 과학적 발전, 경제적 발전, 정치적 발전 등을 구별하지 않고 사회적인 활동들을 이끌고 있다. 모든 것이 다 연결되어 있기 때문이다. 퐁디셰리 정부 내에서 마드라스의 측근이었던 그는 여성들을 정치적 압력 집단으로 조직하고, 동시에 그 여성들을 교육시키고 그들에게 새로운 영농기술을 가르쳤다. 국가적인 차원에서 보면 스와미나단은 인도농민협회 회장인데, 이 협회는 산업화에 전념하고 있는 뉴델리 정부가 아직도 그 나라의 대다수를 구성하는 농민 대중의 이익을 소홀히 하지는 않는지 감시하는 조합이다.

인도에 식량자원이 부족하지는 않지만 일부 사람들은 여전히 너무 가난해서 식량을 사지 못하고 있다고 스와미나단은 말한다. 가난한 사람들이 필요로 하는 것은 자선이 아니라 임금이다. 예를 들어, 그는 땅을 전혀 소유하지 않은 여성들도 수입을 얻을 수 있도록 그들이 시장에서 수익성 있는 활동을 할 수 있게 해주려고 노력한다. 그 일환으로서 그는 타밀나두와 퐁디셰리에 버섯 재배를 도입하여 그 여성들이 자신의 생산물로 살아갈 수 있게 해주었다. 버섯을 재배하고 그것을 통해 생활하기 위해서는 오두막집 하나만 있으면 충분하다. 스와미나단의 재단은 농민들이 시장 가격을 알 수 있고 중개상들에게 사기를 당하지 않게 해주려고 마을들에 인터넷을 연결해주기도 했다. 인도에는 이런 유형의 일들이 이외에도 많이 시도되고 있다. 다른 비정부조직들의 주도하에 수많은 지역들에서 행해지는 일들은 간디 정신이 발전과 어떻게 결합되는지 잘 보여주고 있다. 스와미나단은 경제적 자유화를 반대하지는 않으나 하층민들이 시장에 함께 참여할 수 있도록 도우려는 것이다.

간디가 원하던 것

인도에서는 중국에서와 마찬가지로 발전이 풍경들, 도시들, 풍습들을 변화시킨다. 세계는 그렇게 해서 더 균일해지고 땅은 더 평평해진다. 그것을 애석하게 생각해야 할까? 인도인들의 바람은 관광객들이나 이국정취를 좋아하는 사람들의 바람을 이겨내야 하는 걸까?

인도인들이 간디에 이어 네루를 앞장세우고 독립을 위해 투쟁할 때 그들이 바라던 것은 발전이었지, 변하지 않는 문명들의 영속성이라는 이름으로 빈곤 속에서 무위(無爲)의 생활을 하는 것이 아니었다. 사람들은 종종 인도에 대해 마하트마 간디가 불러일으키는 이미지로 착각을 한다. 간디는 서방 사람들이 말하는 것처럼 발전에 대해 적대적이지 않았다. 하지만 발전으로 인해 정의롭지 못한 사회가 될까봐 염려했고, 통제되지 않은 산업혁명이 야기할 수도 있는 존엄성 상실에 대해서도 염려했다. 간디는 병든 사람들에게 인도의 전통 약제보다 더 효능이 있다고 알려진 서양 약제를 권했다. 인도를 횡단할 때는 소가 끄는 수레보다 철도를 선호했다. 하지만 그는 가장 가난한 인도인을 척도로 하여 발전이 판단되기를 바랐고, 그보다 더 바람직한 것은 가장 가난한 인도 여성을 기준으로 하여 판단되는 것이라고 말했다. 간디에게 있어 발전이란 하층민들의 생활조건을 고양시켜주는 한에서만 좋고 정의로운 것으로 보였다. 네루는 간디보다도 훨씬 더 인도가 근대적이고 강력해지기를 원했다. 그는 사회주의에서 발전과 정의의 양립을 발견했다고 믿었다. 처음에는 발전이 목표였지만 그가 선택한 길이 좋은 길이 아니었음이 판명되었다. 세계화와 자유주의의 길이 간디가 인도인들을 이끌고 가고 싶어하던 곳으로 데리고 갈 수 있을까?

비약적인 발전을 하고 있는 모든 경제들이 그렇듯이 인도에서도 자본주의의 지배하에 보란 듯이 뽐내고 다니는 신흥 부유층이 생겨났음을 볼 수 있다. 그들의 풍속은 '볼리우드'라는 봄베이의 영화산업이 거울처럼 비춰주고 있는데, 주위의 빈곤과 대조를 이루어서 서방 사람들에게 충격을 주고 있다. 인도인들은 부정의(不正義)와 카스트들 간의 차별에 익숙해져 있고, 대부분은 아직 볼리우드식 생활양식에 도달하지 못했지만 그것을 갈망하고는 있다.

인도에서 더 논란을 불러일으키는 것은 이제 자유주의 그 자체가 아니라, 그보다는 부의 확산 속도에 관한 것이다. 그 누구도 시장의 효능에 대해 이의제기를 하지 않으며, 시장의 재분배 능력에 대해서 조차도 반박하지 않는다. 하지만 가장 가난한 인도 여성이 경제 발전의 이득을 누리려면 몇 년이나 기다려야 할까? 번영을 꼭대기에서 아래까지 확산시키는 삼투작용은 어떤 속도로 진행될 것인가? 인도 민주주의의 가장 큰 미덕은 이런 질문을 쉬지 않고 제기한다는 점이다. 가능한 최선의 답은 아마도 가장 꼭대기에 있는 몬텍 싱 알루왈리아 같은 사람과 가장 헐벗은 사람들의 최측근에 있는 스와미나단 같은 사람을 결합시킨 활동들 속에 있을 것이다.

12
브라질에 미래는 이미 와 있다

　브라질에서는 그 누구도 엔리케 대통령을 '대통령님' 이라고 부를 생각을 하지 않을 것이다. 모두에게 그는 그저 페르난도 엔리케일 뿐이다. 브라질은 엄청난 사회적 불평등이 몹시 다정한 외양 속에 가려져 있는 독특한 문명을 갖고 있다. 페르난도 엔리케 카르도소(Fernando Henrique Cardoso)는 자기 나라의 경제가 갖고 있는 이미지처럼 두 종류의 상반된 삶을 연속적으로 겪게 된다. 사회학자였던 그는 우선 브라질의 사회분석가였다가, 이어서 1995~2002년 동안 브라질의 대통령이었다. 1960년대에 상파울루 대학에 있었고, 이어서 군부 독재 시절에는 프랑스와 미국으로 망명을 갔다. 카르도소는 자신이 마르크스주의자(marxist)가 아니라 마르크스파(marxian)였다고 말한다. 자기 세대의 모든 지식인들처럼 말이다. 대학에 있는 일부 지식인들은 여전히 마르크스파로 남아 있다. 마르크스파란 브라질 같은 주변국의 가난이 제국주의적 중심인 미국이나 유럽의 부(富)와 연관된 것이라는 세계관을 가지고 있는 지식인들을 가리킨다. '종속

이론'이라 불리는 이 이론은 레닌식 제국주의에 대한 라틴아메리카 버전이다. 오늘날에는 칠레의 산티아고에 자리하고 있는 CEPAL(유엔 산하의 중남미·카리브 경제위원회)8)의 우두머리인 라울 프레비시(Raúl Prebisch)라는 아르헨티나인을 정신적인 스승으로 삼고 있다. 카르도소는 프레비시처럼 이 종속이론으로부터 남아메리카 대륙의 진정한 탈식민지화는 대륙의 산업화를 필요로 한다는 결론을 끌어냈다. 그것은 당연한 이야기였다. 하지만 그는 국내적으로나 대외적으로 그 어떤 경쟁으로부터도 상관 없는 국가 주도형 산업화만을 생각했다. 브라질에서는 그것을 '개발주의'라고 부른다. 거기에서 생겨난 산업들이 능률은 떨어지지만, 그 산업들을 관리하던 관료들과 그 산업들의 소유주였던 군인들, '산업국가'의 고객인 부르주아들, 이 모험에 참여한 노동조합들은 부자가 되었다. 개발주의의 예기치 못한 결과들 중 하나가 사회적 불평등을 심화시킨다는 것이었다. 많은 재산이 국가의 보호하에서 형성되었다. 소기업들과 영세민들에게는 이 온실 속 산업화가 아무 이득도 갖다 주지 않았다. 개발주의는 발전이 아니었다. 그런데도 그 당시 사람들은 브라질이 장래성 있는 나라이고 향후에도 계속 그럴 거라고 말하곤 했다.

이러한 회귀성 국가주의에 이어 델핌 네토(Delfim Antonio Neto)9)를 위시한 브라질 경제학자들이 1970년대에 놀라운 일을 벌였다. 하이퍼인플레이션을 발전 요인으로 정당화시킨 것이다. 브라질의 화폐는 1980년대에 거의 가치가 없었다. 물가는 매일 올랐고, 1993년에는 인플레이션이 연 6,000%에 달했다. 하지만 브라질 행정부는 포르투

---

8) Comision Economica para America Latina y el Caribe. —역주
9) 브라질 전 재무장관. —역주

갈 조상으로부터 물려받은 고도의 기교를 발휘하여 개괄적 물가연동제를 채택했다. 이 물가연동제에 따르면 하이퍼인플레이션은 이론적으로 대수롭지 않은 것이었다. 급료는 물가를 쫓아가기 때문이다. 그러므로 국가는 국가의 지출, 사회기반시설, 산업 투자 등을 위해 뻔뻔하게 화폐를 계속 찍어낼 수 있었다. 이론적으로는 희생자를 만들지 않는 화려한 재정이었다. 이 브라질 모델은 몇 년 동안 유럽 대학들에서 가르칠 정도로 권위를 갖고 있었는데, 무엇보다 이데올로기적인 이유에서였다. 진정한 화폐를 지지하는 밀턴 프리드먼식 통화주의자들이 잘못 생각하고 있음을 증명해주는 것은 아닐까? 사실상 하이퍼인플레이션은 달러 화폐로 생활하는 부자들에게는 부를 더해주었고, 급료가 물가보다 늘 뒤처지는 가난한 사람들은 파산시켰다. 사회적 공포였던 이 하이퍼인플레이션으로부터 제2의 카르도소가 탄생했다. 마르크스파 사회학자였던 카르도소가 브라질 최초의 자유주의적 대통령이 되었던 것이다.

사회적 공포인 인플레이션

역사의 흐름 속에서 인플레이션이 어떤 영향을 끼쳤는지 우리는 알고 있다. 5인 총재정부[10]와 바이마르 공화국을 위시하여 많은 체제들이 나쁜 화폐와 더불어 몰락했다. 1986년 브라질에서는 인플레이션이 군부 독재를 파멸로 몰아갔다. 새로 뽑힌 지도자들인 호세 사르네이(José Sarney), 이타마르 프랑코(Itamar Franco), 카르도소는 국민이

---

10) 프랑스의 1795년에서 1799년의 5인 총재정부. —역주

그들에게서 무엇을 기대하는지 이해했다. 정치적 자유나 경제적 성장보다 우선 화폐의 안정을 바랐던 것이다. 그래서 카르도소는 안정적이고 진정한 진짜 새 화폐를 통용시킴으로써 위대한 업적을 남기게 된다. 브라질의 새 경제는 그런 화폐의 안정화로부터 생겨났다. 화폐가 계속 안정되려면, 국가가 통화량을 안정시켜야 했다. 적자를 없애기 위해 국가는 공무원 채용과 공기업에 대한 보조금 지원을 중단했다. 민영화, 시장 개방을 통한 경쟁체제 등 그 뒤에 이어진 조치들은 자유주의의 영향을 받은 이데올로기적 선택이 아니라 화폐 안정화에 대한 합리적 귀결이었다고 카르도소는 말한다. 카르도소가 목표를 이룰 수 있었던 것은 오로지 브라질 정부가 신중하고, 공무원들이 능력이 있었기 때문이라고 후세 사람들은 강조할 것이다. 정부의 명령을 집행하는 것은 공무원들이니까. 화폐 안정화를 위해 브라질에 필적할 만한 노력을 들인 아르헨티나는 2002년에 화폐 안정화에 실패했다. 아르헨티나 정부는 신중하기보다는 마피아적 성격을 갖고 있어서 재정자원을 초과하면서까지 지출을 계속했기 때문이다.

민주화가 회복된 후에 선출된 지도자들은 그들의 인기가 물가 안정에 얼마나 긴밀하게 연동되었는지를 확인하고 제일 먼저 놀랐다고 카르도소는 말한다. 국민들은 인플레이션이 가난한 사람들에게 부과된 세금이라는 것을 정치 엘리트들보다 더 빨리 이해했고, 일부 경제학자들보다도 더 잘 이해했던 것이다. 브라질의 정치적 경험은 모든 점에서 고전 경제학적 분석을 입증해준 셈이다.

대통령이 된 카르도소는 소위 '통화주의적 처방'을 적용했다. 화폐가 오랜 기간 동안 지속적으로 안정되려면 화폐가 정치권력에서 벗어나 있어야 하고, 국가의 예산을 안정시키는 것이 필요하다. 그러므로 포퓰리즘적 정치적 성향과 유혹에서 벗어나 있는 경제기관들이 브라질에 필요했다. 카르도소는 정부로부터 독립해 있는 중앙은행을 창설했고, 예산의 완벽한 투명성을 처음으로 제도화했다. 브라질 국민이라면 누구나 인터넷을 통해 모든 공공 지출, 부채 상태, 통화 안정에 영향을 줄 수 있는 위험 등을 즉각 알아볼 수 있다. 이러한 투명성은 정치가들과 관료들을 통제하고 있다. 그리고 만약 이를 위반할 때는 누구든 매우 자유로운 브라질 언론을 피하지 못한다. 언론매체는 중앙은행, 예산 집행의 투명성과 더불어 브라질의 새로운 질서의 세 기둥을 형성하고 있다.

정의로운 사회

카르도소는 자신을 자유주의자로 규정하지는 않는다. 사람들은 그런 그를 이해하고 있다. 세계 어딘가에 모든 것을 시장으로 귀결시켜 버리고 사회를 있는 그대로 보고 싶어하지 않으며 민주주의보다는 계몽된 전제주의를 선호하는 초자유주의가 존재한다면, 그것은 라틴아메리카에 있다. 브라질에서 보수주의를 추종하는 사람들이 원용하는 하이에크와 밀턴 프리드먼 같은 대가들도 질리게 할 만한 그런 보수주의이다. 브라질에서 자유주의란 얼마 전에는 군부 독재와 잘 화합했던 기업주들의 이데올로기로 여겨지고 있다.

페르난도 엔리케는 스스로를 사회민주주의자라고 공언했다. 사실상 그는 시장을 인정하면서도 가난에 맞서 싸우는 직접적인 활동들을 배제하고 있지는 않다. 브라질의 국가 수장인 그는 가난한 사람들에 대해 구체적으로 관심을 갖고, 기획에서나 실행에서나 훌륭한 공공부조 모델을 하나 만들어낸다. 브라질의 헤어날 수 없는 빈곤이 무지와 단단히 연결되어 있다는 사실에 기초하여, 아이들을 학교에 보내야 한다는 조건으로 가계에 재정지원을 해주었다. 그 보조금은 어머니에게 지불되었다. 멕시코에서도 전 대통령이었던 비센테 폭스(Vicente Fox)의 자유주의 정부가 이에 필적할 만한 지원제도를 창설했고, 칠레에도 존재한다. 이제 남은 일은 공립학교들의 질을 높이는 일이었는데, 이 '가정 장학금' 덕분에 문맹률이 낮아졌다. 현재 가난한 사람들보다는 차라리 다음 세대를 돕는 것, 그것이 카르도소의 전략적이면서도 잔인한 선택이었다. 브라질은 미래를 더 중시했던 것이다. 우파 대통령 카르도소 때 처음 시작했지만, 카르도소의 승계자이며 일명 '룰라'라고 불리는 좌파 대통령 이냐시오 다 실바(Inácio da Silva) 때도 그랬다.

경제 분야에서는 기관들이 과도 정부의 국내 경기에 대한 개입보다 더 확실한 방법으로 한 나라의 미래에 대한 초안을 잡는다. 하지만 그 기관들이 경기후퇴나 정권교체라는 시험대를 잘 버텨내야만 기대를 걸어볼 수 있다. 브라질의 정치기관들이나 경제기관들은 1995년 이래 잘 버텨왔다. 반(反)자유주의적 조합주의 출신이며 해방신학자들과 대학 내 트로츠키주의자들의 지지를 받은 룰라가 모든 기대와는 반대로 과거의 유산을 고스란히 보존했다. 카르도소 자신도 그 점에 대해 놀란다. 룰라한테는 재화에 대한 직관력이 이데올로기보다 우세했던 것인가? 브라질도 전통적인 나라여서 대립보다는 화합의 나라이긴 하다. 확실히, 룰라의 정적들은, 룰라가 공무원들을 너무 많이 채용하고 선거를 염두에 두고서 사회보조금의 혜택 대상 가정들의 수를 필요 이상으로 늘려놓았으며, 보조금을 받은 사람들을 자신을 지지할 유권자들로 만들어놓았다고 비난했다. 근거 있는 비난이긴 하지만 제도의 연속성이 가져다주는 이점에 비해서는 무시해도 좋을 만한 것이다. 중앙은행의 독립, 화폐의 안정, 시장 개방, 민영화, 재정의 투명성, 가정에 대한 조건적 보조, 이 모든 것들이 잘 유지되었으니까. 카르도소가 해내지 못한 공공적자를 더 잘 억제하는 일까지도 룰라의 책임이었다. 이렇게 해서 얻은 경험은 인도의 성공에 비견될 만하다. 인도에서는 자유주의 경제정책이 민족주의적 우파 정부와 사회주의적 좌파 정부에 의해 지속적으로 관리되었다. 브라질은 인도처럼 경제적 개혁을 성공시켰다. 그 때부터 브라질은 계속적인 발전과 더 나은 사회적 형평성에 필요한 제도들을 갖추게 된다.

중산층의 출현

금융기관들의 견실함, 화폐의 예측 가능성, 상거래의 투명성 등은 신용대부를 근대화할 수 있게 해주었다. 그래서 창업자들은 경제적인 성장과 양립할 수 있는 이율로 대출을 받을 수 있게 되었고, 가정들도 주택이나 자동차 구입을 생각해볼 수 있었다. 신용대출 덕분에 새로운 중산층이 정당의 인기 전술이나 국가의 호혜에 더 이상 기대지 않고 노동을 통해 품위 있는 생활을 할 수 있게 되었다.

국가가 모범을 보여준 새로운 경제적 합리성은 기업가들로 하여금 태도를 바꾸도록 이끌었다. 전통적인 브라질에서는 투기와 야합이 성행했던 반면, 이제 경영자들은 지속적인 사업을 기획하였다. 이제 브라질 사람들은 투자를 하고 시장들을 찾아다닌다. 예전의 풍속이 사라지지는 않았지만 후퇴하고 있다. 브라질 기업들의 정밀성은 아직 세계 제일은 아니지만, 경제학자 마일손 다 노브레가(Mailson da Nobrega)가 관찰한 바처럼 브라질은 제3세계에서 벗어났다.

지속적인 발전에 아직 남아 있는 장벽은 행정부의 부패나 국가의 기이한 성격 같은 제3세계적 성격의 것들이 아니다. 브라질 기업가들은 제1세계의 기업가들처럼 중국과의 경쟁에 불리한 너무 높아진 최소 임금, 해고를 막는 사회법, 반자본주의적 노조들, 수출을 지연시키고 민영화되어야 마땅할 공공기반시설들의 무능력 등에 대해 항의할 뿐이다. 때로는 정당하고 때로는 지나친 이런 불평들은 합리성에 진입하고 구조적 빈곤에서 벗어난 나라의 특성들이다. 브라질은 행정 개혁이 필요하다. 하지만 경제 혁명은 완수되었다. 종속이론 지지자들과 신랄한 마르크스주의자들에게는 아직 언론매체들이나 대학 강단이 남아 있다. 하지만 그들에게는 이제 더 이상 역사의 흐름을 변경시킬 힘이 없다. 그들 중의 한 사람인 페르난도 엔리케 카르도소에 의해 땅에 묻힌 이 마르크스주의자들은 브라질의 과거에 속하고, 신흥 중산층이 브라질의 미래를 보다 겸손하게 대표하고 있다. 진보주의적이라고 평가될 미래 말이다. 새로운 브라질은 발전하는 동시에 더욱 평등해질 것이기 때문이다.

2007년에 브라질은 태국과 더불어 지니계수[11]가 나아진 유일한 나라였다. 전세계적으로 인정되고 있는 이 계수는 주민 중 가장 부자인 10퍼센트의 소득과 가장 가난한 10퍼센트의 소득 사이의 격차를 측정한 수치이다. 브라질과 태국 이외의 나라들에서는 모두 이 격차가 증가했다. 선진국이나 개발도상국에서 부자들은 가난한 사람들보다 더 빠르게 부유해지는 것이 확인되었다. 하다못해 가난한 사람들의 소득이 올라간 나라에서조차 그랬다. 미국에서는 모든 사람들이 평균적으로 더 부유해졌다. 하지만 부자들은 세계 시장에서 언제나 더

---

11) 소득 분포의 불평등 정도를 측정하기 위한 계수. —역주

높은 가치를 띠게 되는 교육 프리미엄 때문에 훨씬 더 빠르게 부유해진다. 중국이나 인도에서도 하층민들의 생활형편이 나아졌다. 하지만 상층 부자들보다는 느리게 나아진다. 브라질에서는 가난한 사람들이 부자들보다 더 빨리 진보한다. 그 나라 역사상 처음으로 빈부 격차가 좁혀지고 있다. 마일손 다 노브레가는 이런 현상을 국가의 개발주의에서 자유주의 경제로의 이행을 통해 설명한다. 인기 전술이나 독점에 의한 부의 편중화는 많은 사람들의 시장 진입으로 대체되었다. 국가주의는 연금을 강화시키지만, 시장은 사회 이동으로부터 생성된다. 브라질의 경제 모델은 형평성을 개선시켰는데, 세금을 통한 재분배나 사회부조가 이룩한 것보다 이것이 더 나았다.

가정에 직접 도움을 주는 것도 이런 형평성에 기여하지만 부수적인 방식에 그친다. 약 1천2백만 가정에 주어지는 가계 보조금은 국부의 0.5%밖에 차지하지 않는다. 하지만 그 보조금은 학교에 보내는 돈으로 쓰일 것이므로 실제로 그 도움의 수혜자는 현재 가난한 세대이기보다는 다음 세대이다. 그러므로 시장은 국가주의보다 당연히 평등에 더 많이 기여한다. 시장은 브라질의 성장이 계속 상승하고 있는 이유를 설명해주기도 한다. 이 성장률은 신용대부, 상업, 교역의 자유화 덕분에 상승하고 있다. 평등과 성장이라는 브라질의 경이적인 성공은 우연한 것이 아니고, 행운의 결과도 아니다. 그것은 발전 이론가들이 가르쳐준 그대로 실천한 좋은 경제의 교훈이다.

브라질의 새로운 경제의 결과인지 원인인지 잘 알 수 없는 비계량적인 마지막 요인을 살펴보기로 하자. 가톨릭교가 펜티코스트[12]파 복음주의 교회로 대체된 것이 그것이다. 많은 가톨릭교도가 펜티코스

---

12) 펜티코스트 운동: 미국에서 생겨난 운동으로서, 성령의 작용을 강조하고 생활의 성성(聖性)을 강조한다. ─역주

트파 복음주의로 돌아섰다. 그 나라에서 가장 번영한 주인 상파울루에서는 이 복음주의자들이 다수파가 되었다. 그런데 그들은 가톨릭교회와 같은 가치들을 전파하지 않는다. 가톨릭교회는 특히 브라질에서 시장 경제에 대해 적대적이고, 해방신학이라는 이름하에 혁명 쪽으로 기울었으며, 레시페[13]의 '붉은 추기경'이라 불리는 돔 헬더 카마라 대주교는 오래도록 해방신학을 상징하는 인물이었다. 1970~1980년대에 돔 헬더는 파벨라[14]에서 야만적 자본주의에 대한 혁명의 뇌관을 보았다. 파벨라는 오늘날 혁명과는 거리가 멀고, 마약 거래나 다른 마피아적 활동들의 중심이다. 그것은 발전이 아니다. 그렇다고 해서 해방신학자들이 기대했던 것도 아니다. 요한 바오로 2세의 영향하에 브라질의 가톨릭교회와 과격파 예수회 수도사들은 자신들의 정치 참여를 완화시켰지만, 복음주의자들에 맞서기에는 너무 늦어버렸다. 미국의 펜티코스트파와 가까운 이 복음주의자들은 빈곤에 맞서기 위한 개인적인 노력을 권장하고, 기업 정신과 더 나아가 부의 축적까지도 이상화한다. 이러한 윤리적·종교적 전환이 시장경제로의 이행과 세계화에의 적응과 더불어 가톨릭교보다는 조화를 더 잘 이루어 새로운 준거들과 새로운 경제 행태들의 출현에 기여했을 수도 있다.

세금을 내면 부자가 된다

다른 모든 가난한 나라들에서처럼 브라질에도 비공식(Informal) 경

---

13) Recife: 브라질 북동부, 페르남부쿠주(州)의 주도(州都). —역주
14) 브라질의 도시 빈민가 판자촌. —역주

제가 판을 치고 있다. 거리의 상인, 수공업자, 목공, 자기 땅이 없는 농민 등은 보잘것없는 수익을 위해 불법으로 일하고 있다. 부동산 등기증도 없고, 직업 수행 권리도 없으므로, 법적 절차를 밟지 않는 것이 의리 없는 정부들이나 탐욕스런 관리들 또는 식민지 개척자 같은 귀족들에 맞서는 경제적 생존전략이다. 페루의 경제학자인 에르난도 데 소토(Hernando de Soto)는 자기네 나라에서 부동산 등기증을 얻는 것이 거의 불가능한데, 이것이 어떻게 신용대출에의 접근을 막고 주변적 활동들을 하게 만드는지 증명해 보였다. 시골에서 부동산 등기증 없이 땅을 점유하고 있는 농민은 투자를 받을 수 없고 경작 주기는 빨라 할 수 없이 코카15)를 경작한다. 페루에서 창업하는 데 필요한 법적인 절차는 공무원들의 배임이나 독직행위까지 포함하여 너무 복잡하고 비용이 많이 들어서 공무원들의 개인적인 보호 없이는 창업을 하기가 불가능하다. 데 소토의 확증은 다소간 정도 차이는 있을지언정 브라질을 포함한 라틴아메리카 대부분의 나라들에 해당된다. 우파 정부는 법의 불평등이나 인기 영합 정책들을 아직 완전히 바꾸지 못했다.

　인포멀 경제의 이러한 면모에서 때때로 어떤 낭만주의 색채가 눈에 띄는데, 그것은 맨발로 뛰는 자본주의와 관료주의를 벗어난 대담한 기업가의 이상화이다. 하지만 인포멀 경제는 가난한 사람들을 빈곤의 악순환에 가둬버리는 생존전략일 뿐이라는 것을 호세 셰인크먼과 아우레오 데 파울라(Aureo de Paula)라는 두 브라질 경제학자가 증명해보였다. 브라질에 있는 인포멀 기업들 중 5만 개의 표본을 바탕으로 한 그들의 연구에서, 그런 기업들은 관리가 잘 될 수가 없고 생산

---

15) 코카인을 추출해내는 관목. —역주

력도 낮을 수밖에 없음이 드러났다. 그리고 그런 기업들의 경영자들은 무능력했는데, 능력 있는 사람들은 정규적인 섹터에 가 있기 때문이다. 그들의 자본은 불충분하다. 보증이 없어서 신용대출을 받지 못하거나 대출을 받더라도 비용이 많이 들기 때문이다. 그런데 임금은 정규적인 섹터와 비슷하므로 이 때문에 수익도 나기 힘들고 발전 가능성도 희박하다. 인포멀 섹터는 그러므로 성장을 저지한다. 게다가 전염성은 높다. 인포멀 기업들은 생산 주기 내내 세금과 규제를 피하기 위해 다른 인포멀 기업들하고만 거래를 하는 경향이 있다. 브라질처럼 상대적으로 가난한 나라에서 인포멀 경제가 차지하는 비중을 감안해보면(전국 생산의 40% 정도를 차지할 것이다), 정규화로의 이행이 성장을 가속화시킬 것이 분명하다. 셰인크먼과 아우레오 데 파울라의 권유에 따라 정부는 2006년부터 세금을 내는 기업들에게 금융적 사면을 제안했다. 세금을 내면 더 이상 고리대금 이율이 아니라 시장 이율로 은행 대출을 받을 수 있다. 데 소토에 의하면, 라틴아메리카에서 인포멀 경제 섹터에서의 이자율은 정규적인 섹터에서의 이자율보다 평균 5배나 높다고 한다. 그러므로 세금을 내는 것, 특히 브라질의 경우에는 부가가치세를 내는 것이 기업가나 국가를 부유하게 만드는 일이다. 부가가치세와 더불어 정규화가 인포멀 경제의 체인을 정규적인 체인으로 대체해준다. 그것이 합법적 상태와 발전 사이의 일반적인 관계에 대한 또 하나의 증거이다.

두 개의 라틴아메리카

카르도소에 따르면, 세계화가 라틴아메리카를 둘로 갈라놓았다.

라틴아메리카 대륙의 한 부분은 새로운 현실에 적응했고, 다른 부분은 새로운 현실의 존재를 부정한다. 카르도소는 적응한 나라들 중에서 칠레를 선두에 놓는다. 라틴아메리카 대륙에서 제일 처음으로 자유민주주의를 시장경제와 결합시킨 나라이다.

　칠레 사람들은 국가들의 진정한 자연적 이점은 기후나 광물에 있는 것이 아니라 안정적인 제도들을 만들 능력이 있느냐 없느냐에 달려 있다는 것을 그 어느 나라보다 먼저 깨달았다. 1981~1990년의 국가 원수이던 피노체트에서부터 2005년부터 대통령직에 있는 사회주의 여대통령 미첼 바첼레트까지 포함하여 칠레는 경제 규칙들을 거의 바꾸지 않았고, 자국의 생산을 세계경제에 적응시킴으로써 세계경제에 성공적으로 편입하였다.

　멕시코, 브라질, 우루과이, 콜롬비아, 페루, 코스타리카, 도미니카 공화국 등은 자유민주주의, 시장경제, 세계화 사이에서 이와 같은 타협에 다양한 속도와 다양한 수준으로 참여했다. 브라질은 그 때부터 라틴아메리카보다는 세계에 더 통합되어 있다고 카르도소는 말한다. 이런 다행스런 결과는 어쩌면 올바른 정치적 선택들에서 비롯되었는지도 모른다. 또한 여기에 역사적인 선결조건들이 몇 가지 필요하기도 했다. 실제로 세계에 편입 중인 브라질과 위에 언급된 라틴아메리카 나라들은 어떤 전통과 식민지 시대로부터 물려받은 권리를 누리고 있었다. 모두가 예전의 도전적인 부르주아 계층과 19세기 때부터 이어져온 자유주의 전통을 갖고 있다. 그리고 모두 시민권과 자유주의를 허용하는 비교적 비슷한 민족 문화를 누리고 있다.

　브라질은 인종적으로는 다양하지만 지주 귀족에서부터 혼혈 농민에 이르기까지 모든 브라질 사람들이 국가에 대한 소속감, 공통적인 혼혈 문화, 미국에서의 아메리칸 드림에 필적할 만한 미래 계획을 공유하고 있다. "우리는 유럽인들이기보다는 아메리카인들"이라고 카르도소는 말한다. "북아메리카 사람들처럼 우리도 흑인 문제를 갖고 있지만 그것이 국가를 분열시키지는 않는다."고 그는 덧붙인다.

　라틴아메리카에 속한 브라질이나 콜롬비아, 칠레는, 작가 가르시아 마르케스(Gabriel García Márquez)가 말하는 마술적 사실주의로 특징지어진다. 국가 수장들은 그 나라들에서 재분배를 기다리고 있는 고객들의 총통일 뿐이다. 석유, 광물, 땅, 공직의 재분배주의가 경제를 대신하고 개발을 대체한다. 라틴아메리카의 그 오래된 도시에서 혁명 신화는 여전히 정신에 강하게 호소하고 있다. 공산주의 혁명이나 더욱이 원주민들의 혁명도 마찬가지다. 원주민들(예를 들어 볼리비아나 파라과이 원주민들)이 국가 사회에 통합되지 않는 것은 이런 혁명적 긴장 때문이다. 볼리비아 같은 나라에서는 식민지 시대로부터 이어져온 인종 간 투쟁에 속하는 싸움이 벌어지고 있다. 이에 대해 유럽인들은 서방의 이데올로기적 언어로 해석하거나 계층적 투쟁으로 해석하는데, 그것은 잘못된 것이다.

　라틴아메리카의 오래된 도시에서는 민주주의란 픽션이다. 한 총통이 다른 총통을 몰아내고, 각 총통의 계획이라고는 더 많이 재분배하는 것이지 더 많이 생산하는 것이 아니다. 기껏해야, 세계적으로 주식 시세가 상승하여 베네수엘라에서는 석유, 아르헨티나에서는 콩의 가격이 오를 때면 번영에 대한 환상이 나타날 뿐이다. 그 지역의 기업가들인 부르주아들을 기반으로 하지 않고 투기에 바탕을 둔 이 나라들의 경제를 살리기도 하고 죽이기도 하는 것은 횡재를 노리는 국제 자본들의 움직임과 세계의 주식 시세이다. 2001년에 아르헨티나에서 그랬던 것처럼 주가가 내려가고 자본이 국외로 빠져나가면 사회는 단번에 무너지고 만다. 단 하나 확실한 점은, 구(舊) 라틴아메리카에서는 모든 것이 늘 안 좋게 끝나는 것이라고 마일손 다 노브레가는 말한다. 그런데 나라마다 좀 차이는 있어서, 베네수엘라에서는 아주 나쁘게, 아르헨티나에서는 좀 덜 나쁘게 끝난다고 한다. 행복의 도취 다음에는 늘 경제 침체와 군부독재의 시대가 이어진다.

이런 구 라틴아메리카가 혁명이라는 이름으로 지식인들에게 끼친 이상한 마력을 넘어서서, 세계는 이제 1960~1970년대와는 완전히 다르다. 차베스식 민중주의자들은 세계 질서를 반박하지만 그렇다고 해서 다른 어떤 대안을 제안하지도 않는다. 소련이 사라지자 정세도 바뀌고 그 이후로 경험도 바뀌었다. 민주주의와 시장을 통해 세계 질서에 통합되는 것 외에는 발전으로 향한 길은 더 이상 존재하지 않는다. 카르도소는 그것을 새로운 사회민주주의라고 부르는데, 독일 시장의 사회 경제를 브라질식으로 해석한 것이다. 자유주의라는 용어는 자유주의의 옹호자들에 의해 망가졌으므로 사회민주주의라고 해두자. 브라질은 신중한 나라가 됐을까? "그렇다, 미래는 시작되었다."고 마일손 다 노브레가는 말한다.

라틴아메리카는 왜 아시아보다 느리게 발전하는가?

30년 전 이래로 라틴아메리카의 경제 상황이 현재(2007년)만큼 호황인 적은 없었다. 이러한 발전은 기본적으로 합리적이고 자유주의적인 좋은 경제정책들, 비교적 안정적이고 예측 가능한 정치제도들과 금융제도들의 창설, 인플레이션과 부채에 대한 관리 개선 덕분이다. 여기에다 라틴아메리카 대륙이 수출하는 일차 원자재들의 가격

폭등이라는 행운이 더해졌다. 아르헨티나 브라질에서는 콩을 수출하고, 우루과이에서는 곡물, 칠레에서는 구리, 볼리비아에서는 천연가스, 베네수엘라와 에콰도르에서는 석유 등을 수출한다. 이러한 호황과 경제적 합리성에도 불구하고 브라질 경제학자 에두아르도 지아네티(Eduardo Giannetti)는 칠레를 필두로 하여 가장 잘 관리된 나라들을 포함한 라틴아메리카 대륙의 성장률이 전반적으로 중국, 인도, 필리핀, 태국의 성적에 비해 확실히 뒤처져 있다는 점을 관찰하였다. 라틴아메리카의 국가들 중 일부는 선진국과 유사한 성장을 하기에 충분한 수준에 이미 도달했어야 한다는 주장은 엄격히 보자면 칠레, 아르헨티나, 우루과이에는 맞을지 모르나 브라질에는 확실히 맞지 않는 얘기이다. 게다가 페루나 볼리비아 또는 콜롬비아같이 가난한 나라들은 더더욱 말할 것도 없다. 그런 차이를 설명해줄 만한 구조적인 이유들, 라틴아메리카 대륙에 내재해 있는 이유들이 어쩌면 존재할지도 모른다. 고전적 경제 분석 도구들이 문화적 이유들보다 그것을 더 잘 이해할 수 있게 해준다.

라틴아메리카 사람들은 아시아 사람들보다 덜 저축하고 덜 투자한다. 그리고 교육에도 아시아인들보다 더 중요성을 두지 않는다. 브라질과 칠레에서는 현재의 역동적인 경제상황들에만 만족하고, 투자는 인도나 중국에 비해 2분의 1정도밖에 안 한다. 산업화 부족, 사회기반시설의 빈약함이 그 점을 증명해준다. 엘리트들은 훌륭한 대학들의 혜택을 받는 반면 기초교육에는 상대적으로 덜 투자한다. 그렇게 투자를 덜 하는 이유는, 단기투자에서나 미래를 위한 투자에서나 투자를 권하는 독려가 미미하기 때문이다. 이유는 간단하다. 라틴아메리카의 재정 부담이 매우 커졌기 때문인데, 브라질에서 특히 그러하다. 도약하는 아시아에서는 그 유례를 찾아보지 못할 육중한 정부들에게 돈을 대주고 있는 것은 세금을 부담하는 기업들이다.

이러한 비대한 국가에 대해서 우리는 역사적 기원을 찾아볼 수 있다. 현재의 정부들은 거추장스러울 정도로 많고 좀스럽던 스페인과 포르투갈의 식민지 개척 관료들의 계승자들이다. 브라질에서는 창업을 할 때도 절차가 복잡하고 기업을 그만둘 때는 훨씬 더 복잡하여 창업이든 폐업이든 의욕을 잃게 만든다. 경제학자 에르난도 데 소토에 의해 조목조목 비난당한 이런 관료주의를 보면 인포멀 경제가 왜 그토록 비중이 큰지 이해하게 된다. 브라질에서 경제활동의 약 반 가량이 변칙 운용인 인포멀 경제라는 사실은, 주민의 반 정도가 합법적인 상태가 아니라는 점을 드러내준다. 바로 이 때문에 브라질 정부가 최근의 경기 호전에도 불구하고 기능장애의 성격을 띠고 있는 것이다. 우리는 호세 셰인크먼 덕분에 이러한 인포멀 경제가 불법으로 설립된 기업들의 발전을 어떻게 가로막고 있는지 알게 되었다.

그런데 경제의 절반이 왜 관료들을 피하려 하는지 식민지 시대의 유물이나 역사로 설명이 될까? 라틴아메리카 정부들의 재정 지출이 심각한 것은 식민지 시대의 유산을 영속시키고 있기 때문만은 아니다. 오늘날 생겨난 문제인 이런 저런 권리 주장과 요구들을 진정시키는 데 엄청난 사회 비용을 들이기 때문에 그렇기도 하다. 라틴아메리카 사회들은 불평등이 심화되어 있어서 사회적 부정의는 잘 용납되지 않는다. 라틴아메리카 대륙이 사회주의 혁명에 그토록 적합하고, 민중주의라 불리는 운동들이 그토록 횡행했던 것은 우연에 의한 것도 아니고 지역적 특질 때문도 아니다. 체 게바라, 피델 카스트로, 베네수엘라의 차베스, 멕시코의 마르코스 부사령관, 볼리비아의 모랄레스 등은 대다수의 국민들이 견디기 힘들어하는 사회적 분열 때문에 생겨난 인물들이다. 이런 분열의 기원은 아직도 계속되고 있는 무거운 과거로 거슬러 올라간다. 정복자들의 원주민 착취, 고금리(高金利), 광물, 석유, 거대 농경지 등을 기반으로 한 경제가 그것이다. 애초부터 유럽의 식민지 개척자들은 라틴아메리카에 착취를 하러 온 반면, 북아메리카에서는 유럽의 식민지 개척자들이 정착하여 그 땅의 가치를 높이려고 하였다. 이것은 식민지 개척자들의 출신에서 비롯된 것일까, 아니면 남아메리카에는 일손이 넘쳐난 반면 북아메리카에는 일손이 부족한 때문이었을까? 사실, 북아메리카에서는 투자를 한 것이고, 남아메리카에서는 착취를 한 것이다.

1940년대와 1970년대의 국가사회주의 정책들이 이런 소수를 위한 착취 체제를 근본적으로 바꾸어놓지는 못했다. 예를 들어, 아옌데의 마르크스주의적 정부가 실행한 칠레의 구리 국영화는 옛 외국 소유주들의 연금을 공무원들의 몫으로 전환시켜 놓았을 뿐이다. 볼리비아의 주석 국영화나 베네수엘라의 석유 국영화도 마찬가지였다. 라틴아메리카에서의 사회주의는 사회를 전체적인 발전에 포함시키지는 못한 채, 소유권과 그 이익을 사적(私的) 귀족층에서 공적(公的) 귀족층으로 이동시켰을 뿐이다.

라틴아메리카에서의 민주화는 1930년대의 민주화 때나 군부독재의 축출(이들 군부독재도 경제개발로 대중들을 통합하는 데 실패했다) 이후 1980년대의 민주화 재건 때 대중에게 일자리와 정부 보조금을 나누어줌으로써 겨우 사회적 안정을 얻어낼 수 있었다. 라틴아메리카 체제들의 특징인 이 인기영합주의는 유권자들의 표를 사는 동시에 사회운동들도 와해시키려 했다. 그래서 페르난도 엔리케 카르도소는 대통령 임기 동안에 혁명이라는 유령을 멀리 쫓기 위해 미래의 경제 제도들을 확실히 설립하였지만, 그럼으로써 공공 지출을 증가시키기도 하였다.(이 지출은 10년 사이에 국가재정의 26%에서

35%로 올라갔다.)

　공적으로든 사적으로든 투자를 희생시키면서 사회비용을 부풀리기만 하는 혁명에 대한 이런 강박관념은 가난한 사람들이 도시로 몰려든 이후로 심각해졌다. 체 게바라가 볼리비아의 농민들을 동원하려 했을 때나 브라질의 가톨릭교회가 땅 없는 농민들을 뒤흔들어놓고 있었을 때, 반란이 일어난 곳들은 엘리트들이 살고 있는 곳으로부터 멀리 떨어져 있어 보이지 않았다. 하지만 대대적인 농촌 탈출로 농민들이 대도시로 향하면서 이 프롤레타리아들은 대도시 교외에 자리 잡았다. 상파울루, 보고타, 리마에서는 가난한 사람들이 도시로 들어와서 파벨라를 형성하며 가장 부유한 동네들의 후미진 곳을 차지하였다. 공공 보조금은 가난한 사람들에 대한 두려움, 그리고 동네 폭력 같은 실제적인 폭력에 임시적으로 대응하는 하나의 방법이었다.

　전체적으로 보면, 혁명에 대한 두려움에 세금이 더해져서 기업가들에게 장기적인 투자를 하고 싶은 그 어떤 욕구도 생겨나지 않게 만들었다. 그래서 단기투자를 선호하거나 외국에 자본을 유치시키거나, 미래가 불안정하기 때문에 가능한 한 소비해버리는 편을 선호한다. 어쩌면 라틴아메리카 문화가 이런 즉흥성과 소비를 불러왔는지도 모르지만 이런 문화가 객관적인 경제적·사회적 상황들에 의해 더욱 강화된 셈이다.

　사회적 불평등에 대한 이론적 해결책은 교육의 확산일 것이다. 이 나라들의 인적 자본이 질적으로 우수해지고 눈에 띄게 늘어나면 불평등뿐만 아니라 심지어는 차별도 줄어들 것이고, 출신을 별로 따지지 않는 경제로 이어질 것이다. 하지만 확인된 바는 그 반대이다. 라틴아메리카의 거의 모든 곳에서 교육은 불평등을 반영하고 구체화시킨다. 멕시코에서부터 아르헨티나에 이르기까지 대학들은 사립대학이고 학비가 비쌀수록 훌륭하다. 사립 초중고교들도 질이 좋으며 학비가 비싸다. 반면, 공립학교들은 가난한 아이들이 다니고 수준도 떨어진다. 교육이 국가의 무형 자본을 강화하고 사회운동들을 와해시킬 수 있다는 것을 지도자들이 모르고 있거나, 전통적인 엘리트들이 자신들의 특권을 공고히 해주는 이런 차별을 기꺼이 받아들이기 때문이다. 아니, 어쩌면 그 두 이유가 합쳐졌는지도 모른다.

민주적이고 자유주의적인 정부로서는 교육에 투자하는 것이 쉽지 않은 것도 사실이다. 왜냐하면 교육에 투자하자면 공공비용이 늘어나기 때문이다. 이러한 점은 라틴아메리카 대륙이 보편적으로 겪고 있는 딜레마이다. 칠레는 이런 딜레마를 빠져나가려 시도하고 있다.

칠레의 해결책

라틴아메리카에서 칠레는 경제적·사회적 경험들의 실험소이고, 대륙의 다른 나라들이 주의 깊게 관찰하는 선구자이기도 하다. 이런 위상은 이상하게도 피노체트 장군(1973~1989)의 대통령 재직 시절로 거슬러 올라가는데, 피노체트 때문이기보다는 예기치 않던 그의 주변 인물들 때문이다.

살바도르 아옌데의 기업 국유화에 이은 인플레이션과 생산 중단이라는 상황에 직면하게 되자, 경제에 무지했던 피노체트는 칠레에서 가장 유명한 대학인 산티아고 가톨릭 대학교의 경제학자들에게 자문을 구했다. 이 경제학자들은 시카고 대학과 예전에 체결된 협약에 이어 정도 차이는 있지만 모두 다 밀턴 프리드먼의 이론들에 영향을 받은 상태였다. 그렇게 해서 그들은 자기네 나라의 역사에 관여하게 되었고 '시카고 보이즈16)'라는 이름으로 경제사의 세계연대기에 이름을 남기게 된다. 그들은 마치 하얀 백지 또는 검은 칠판에나 그럴 수 있듯이 완전히 새로운 시도를 했다. 자유주의 경제원칙들을 칠레에 적용한 것이다.

　기업들은 민영화되었고, 화폐는 독립적인 중앙은행에 의해 안정되었으며, 시장들은 규제가 완화되었고 국경은 개방되었다. 하지만 칠레 수출의 절반을 차지하는 구리 산업은 이론을 벗어났다. 어쩌면 군부가 이 자원의 관리 권한을 보유하고 싶어했기 때문일는지도 모른다. 민주주의가 1990년 이후로 재건되었음에도 불구하고 오늘날에도 구리 판매 수익의 10%는 군인들에게 직접 주어졌는데, 원칙적으로는 가상의 적에 대비하여 무기를 사기 위한 몫이었다. 이런 예외를 제외하고는 전반적인 자유주의가 실행되었고, 칠레는 라틴아메리카에서 가장 빠르게 성장하고 가장 빠르게 빈곤이 해소된 나라가 되었다.

　자유교역이 특히 효과적이어서, 칠레 사람들이 세계 시장에서 온 제품들을 저렴하게 소비할 수 있게 해주었고, 칠레 기업들로 하여금 전세계 시장에 포도주, 생선, 과일처럼 점점 가치가 높아가는 생산물들을 수출하도록 독려했다.

　피노체트가 물러나자 시카고 보이즈 중 대부분은 가톨릭 대학교로 돌아가 다시 강의를 하고 있다. 하지만 기독교민주주의자들이든 사회주의자들이든 간에 그 다음에 정권을 이양받은 민주주의적 정부들 중 그 어떤 정부도 자유경제에 대해 문제제기를 하지는 않았다. 이러한 연속성이 칠레에 이롭게 작용했을 것이고, 이웃 국가들, 특히 페루

---

16) 시카고에서 훈련받고 로널드 코즈와 밀턴 프리드먼의 영향을 강하게 받은 경제학자들. — 역주

와 브라질에 영향을 끼쳤을 것이다.

하지만 새로운 라틴아메리카에서 이제는 일반 규칙이 되어버린 경제 자유화가 더 이상 칠레의 독창성이 될 수는 없다. 칠레가 이룩해낸 것은 평범한 것이라는 점이 시카고 보이즈 중 하나인 경제학자 롤프 루데르스(Rolf Luders)가 관찰한 바이다. 독창적인 것이라고는 단 하나, 피노체트와 자유주의 경제학자들 간의 예기치 않은 결탁이었다고 한다. 오늘날, 칠레에게 아직도 선구자의 지위를 부여하는 진정한 개혁은 사회정책이다. 칠레의 성장은 전반적인 생활수준을 높여주고 빈곤을 줄여주었지만 불평등을 해소하지는 못했다. 교육을 많이 받은 사람과 그렇지 못한 사람들의 생활수준은 격차가 더 벌어지게 되었다. 이에 따라 칠레에서의 사회정의에 대한 요구는 라틴아메리카 대륙의 다른 국가 못지않게 강렬하다. 하지만 칠레에서는 그런 요구가 빈곤문제보다는 재분배에 더 무게가 실리고 있다.

공공지출을 과다하게 늘리는 바람에 기업의 발전이 저해되는 일이 없도록 하면서 재분배를 하려면 어떻게 해야 할까? 칠레에서는 공공서비스를 추가로 제공하기보다 '바우처'에 관한 밀턴 프리드먼의 제안을 전체적으로 적용시켜서 개인들의 요구를 지원해줌으로써 해결하고자 했다. 학교 영역에서는 빈곤한 가정이 사립학교 또는 공립학교를 선택할 수 있는 '바우처'를 받게 되는데, 부정사용을 피하기 위해 실제적으로 필요한 것들을 명확히 적은 카드를 구비해야 한다. 원칙적으로는 올바르고 평등주의적인 이 제도가 실상 제대로 운용되지는 않는다. 왜냐하면 바우처의 금액이 사립학교에 가기에는 불충분하고, 공립학교들은 학교 성적의 발표를 거부하기 때문이다. 각 가정의 선택은 그러므로 허망한 것이다. 반대로, 사회복지 주택에 입주할 수 있게 한 방식은 효과적이다. 하층민에게 국가가 보증을 서 주면 담보 대출을 받을 수 있고, 민간 시장에서 주택을 구입할 수 있다. 국가는 사회복지 주택들을 직접 건설하지 않고, 공공지출을 과중하게 키우지도 않는다. 국가가 건설업자가 아니기 때문이다.

　칠레의 방식이 가장 높이 평가되는 부분은 퇴직연금제도이다. 이 제도는 사회 정의와 경제적 효능을 연결시켰다는 평가를 받고 있다. 칠레 사람들은 누구나 최소한의 공공 퇴직연금제도에 가입하거나 개인연금을 들어서 저축을 하거나 둘 중 하나를 선택해 가입해야 한다. 개인연금제도들은 국가가 인가해준 보험회사들에 의해 관리되는데, 보험회사들 간에 경쟁을 벌이고 있다. 그러므로 이 시스템의 논리는 학교 바우처 제도에 비견될 만하다. 어떤 경우에서든 학교, 주택, 퇴직연금제도는 완전한 민영화가 아니다. 국가가 하층민들에게 공공보조를 해주면서 이런 혜택에 접근할 수 있도록 보장해주기 때문이다. 하지만 교육, 보건, 주택, 퇴직연금제도 등의 공공 서비스를 관리하는 것은 민간 섹터의 소관이다. 사회주의적이지도 않고 자유적이지도 않은 칠레의 방식은 경제 원동력에 너무 영향을 주지 않으면서도 연대의식과 효율성을 결합시킨 방식이다. 칠레의 좌파는 그 방식이 명백히 불완전한 점을 비난하긴 하지만 그렇다고 해서 그들이 '메이드 인 시카고' 모델을 문제삼지는 않는다. 아마도 새로운 라틴아메리카는 여전히 칠레 모델과 비슷해질 것이다. 그리고 구(舊) 라틴아메리카는 여전히 예측 불가능할 것이다.

IV

사회주의로부터 벗어나기

1980년대까지 교수, 경제학자, 기자들은 소비에트 사회주의의 조직과 결과들을 서방 자본주의의 조직 및 결과들과 비교해야만 했다. 레이몽 아롱(Raymond Aron)은 두 시스템이 여전히 다르면서 변하지 않을 거라고 생각했고, 모리스 뒤베르제(Maurice Duverger) 같은 사람들은 두 시스템이 각각 상대편에게서 더 낫다고 추정되는 것을 차용하면서 서로 비슷해질 것이라고 예언하였다. 그리고 이들에 대해 쓸데없이 내기들을 많이 했다. 소비에트 시스템이 사라진 후로 자본주의는 이제 더 이상 서양적이 아닌 보편적인 것이 되었다. 자본주의에 대한 비판이 요구되긴 하지만, 더 이상 존재하지 않는 어떤 모델과의 비교가 아니라 자본주의 자체의 야심과 관련해서 비판되어야 한다. 과거를 뒤돌아보면 공산 진영에서나 서방 진영에서나 소비에트 사회주의를 그렇게 오래도록 진지하게 취급했다는 사실이 놀랍기만 하다. 소비에트 사회주의는 결코 현실적인 대안이 아니었으며, 군사적 규율에 의해 부과되었기에 60여 년 간 기능해왔고, 그들도 자신의 원칙들을 전적으로 존중하지는 않았다. 어디에나 존재하는 경제계획이라는 표면 뒤에서 소련인들이나 중국인들은 그 시스템을 우회시켜야만 겨우 생존할 수 있었다. 널리 확산돼 있던 암시장은 시장 금지에 맞서는 자생적인 생존 전략의 하나였다.

두 번째로 놀라운 일은 야노스 코르나이가 '사회주의 시스템'이라고 부르는 것에서부터 자본주의 시스템으로의 전환에서 보이는 놀라운 속도와 평화적인 성격이다. 소비에트 사회주의가 몰락한 후, 어떤 사람들은 러시아인들이나 폴란드인들이 18세기에 꿈꾸었던 유토피아적 사회주의의 방식으로, 즉 소비에트적이지도 않고 자본주의적이지도 않은 협동조합을 기반으로 한 '집단경제'라는 제3의 길을 창출해내기를 기대하거나 희망했다. 이런 제3의 길을 믿지 않고 자본주의를 원했던 사람들 중 많은 이들이 호모 소비에티쿠스가 호모 에코노미쿠스에게 자리를 내주게 되려면 한 세대를 참고 기다려야 할까봐 염려했다. 하지만 그렇게 오래 기다릴 필요는 없었다. 폴란드의 '연대(連帶, Solidarity)' 소속이었다가 나중에 자유주의자들의 리더가 된 도날드 투스크(Donald Tusk)가 천명한 것처럼, 관련 당사자들이 "정상적인 경제 속에서 사는 것"을 원했으니까. 만약 사회주의냐 자본주의냐 하는 논의가 이미 증발해버린 과거에 속하는 문제라면, 다른 문제들이 그것을 대체하고 있다. 특히 시장과 민주주의 사이의 관계에 대한 문제가 그것들 중 하나이다. 중부 유럽, 러시아, 중국의 변화들을 관찰해 보면, 마치 자본주의와 민주주의가 두 개의 서로 다른 판 위에서 발전한 듯이 모든 일이 벌어지고 있다. 자본주의는 필연적으로 민주주의로 이끌어진다고 확신했던 사람들로서는 러시아나 중국의 지도자들을 보면 당황스럽다. 이 두 나라와 중앙아시아에서는 안정적인 형태를 유지할지 아닐지 알 수 없는 권위주의적 자본주의가 형태를 잡아가고 있다. 그것에 대해 사람들이 불균형이라고 결론 짓게 될까? 민주주의는 자본주의 없이 존재하지 않는 반면, 자본주의는 민주주의 없이도 잘 지낼 수 있다.

  이행(移行)에 대해 쓴 다음 장(章)들에 터키가 끼어 있는 것을 보고 사람들은 놀랄 것이다. 터키를 포함시킨 것은 의도적이었다. 내가 보기에 과거 터키의 경기침체는 그 나라의 이슬람 문화에 기인한 것이 아니라 국가 주도의 경제에 원인이 있었기 때문이다. 터키가 국가주의에서 자유주의로 이행되면서 성장이 빨라졌는데, 이는 시장이 모든 문화에서 기능할 수 있고 사회국가주의는 그 어떤 문화에서도 발전을 가로막는다는 사실에 대한 증거이다.

13
대전환

　다뉴브 강 쪽으로 난 발코니에서 야노스 코르나이는 자신이 살고 있는 부다페스트에서 실제적인 사회주의보다 더 오래 살아남은 것이 무엇인지 생각해보았다. 그것은 '사회주의 진영'을 형성하면서 모든 도시들에서 똑같이 볼 수 있었던 1960년대의 소비에트 건축물인 기다란 콘크리트 장벽들일 것이다. 1990년에 중부유럽이 자유민주주의로 전환하기 전, 헝가리는 소련의 속국들 중에서 가장 경직된 나라는 아니었다. "사회주의 진영 중 우리는 가장 유쾌한 병영에서 살고 있었다."고 코르나이는 회상한다. 헝가리 사람들에게 강요된 체제는 그 나라의 음식 이름을 따서 '사회주의-굴라쉬[1]'라고 불리었다. 반란에의 유혹을 잠재우기 위해 정부는 암시장과 작은 규모의 사기업들을 허용했다. 이 옛 시스템이 어떻게 기능했는지 이해하기 위해 코르나이는 공기업들이 손으로 열리지 않는 맥주병들을 제조하여 사기업들

---

[1] 굴라쉬 : 쇠고기, 양파, 고추, 파프리카 가루를 재료로 하는 수프로서 헝가리 음식이다. —역주

로 하여금 병마개따개 제조를 통해 번창하도록 해주었다는 점을 환기시킨다. 이 혼합경제는 다른 형제국가들에서 찾아볼 수 없는 약간의 안락함을 보장해주었다. 그렇지만 헝가리는 여전히 병영이었고 공산주의였다.

이론적으로나 실제적으로나 자본주의 또는 사회주의, 이 두 가지 경제시스템 외에는 존재하지 않고, 또 그럴 수밖에 없다. 이 두 시스템 각각의 내부에서 국가적 변수들이 서로 충돌하긴 하지만, 그 변수들이 시스템의 기반에 영향을 미치는 일은 결코 없다. 그러므로 예를 들어 '시장의 사회주의' 같은 제3의 길은 없다. 사회주의를 떠나면 그때는 정말로 자본주의로 들어가기 위함인 것이다. 누구도 그 둘 사이에서 오래 머물러 있지는 못한다.

시스템으로서의 사회주의

코르나이의 저서들은 모두 이 두 시스템에 대한 경제 분석과 한 시스템에서 다른 시스템으로의 전환 방식들을 전적으로 다루고 있다. 사회주의 진영에 남아 있는 사람들 중 가장 유명한 경제학자인 그의 삶은 그가 분석한 역사와 뒤섞여 있다. 그는 그 역사를 안으로부터 그 누구보다 잘 묘사해놓았다. 코르나이는 생각의 자유와 글쓰기의 자유를 전혀 희생시키지 않고도 어떻게 탄압에서 살아남을 수 있었을까? 그의 저서들이 비교적 기술적인 성격을 띠고 있어서 그 점이 아마도 그를 보호해준 것 같다. 우리가 곧이어 확인하게 되겠지만, 사회주의에 대한 그 어떤 결점도 코르나이의 메스에서 벗어나지 못했지만 검열기관은 그것에서 대단한 것을 이해하지 못했던 것 같다.

코르나이는 최고의 사회주의 경제학자로서 미국 대학들로부터 유혹을 받았음에도 불구하고 망명하지 않았다. 1980년대부터 외국에 가서 가르치는 것이 허용되자 미국 하버드 대학에 가서 가르치다가 자신의 고국 사람들과 고통과 기억을 함께 나누기 위해 헝가리로 돌아왔다고 그는 말한다. 그 어떤 미국인이나 서유럽 사람도 공산주의 체제 속에서의 삶이 어땠는지 진정으로 이해할 수는 없다고 코르나이는 말한다. 경험은 전수될 수 없는 것이다. 그리고 전수될 수 없는 또 다른 경험은 야노스 코르나이의 젊은 날의 경험이었다. 코르나이는 친(親)나치 헝가리 정부에 의해 노란별을 달도록 강요당했던 경험을 갖고 있다. 코르나이가 공산주의자였던 적이 있을까? 나치주의에 대한 반동으로 헝가리의 해방자들에게 잠깐 매료되었던 적은 있다. 짧은 목가라고나 할까. 1956년의 민주주의 봉기에 대한 학살 이후로 그는 헝가리에서건 중부유럽의 그 어떤 나라에서건 더 이상 신념에 찬 공산주의자로 남아 있지 않았다.

마찬가지로 폴란드에서도 레흐 바웬사(Lech Walesa)는 진실한 폴란드 공산주의자를 평생 단 한 번도 만나본 적이 없다고 즐겨 얘기하곤 했다. 반면, 모든 체제들에서와 마찬가지로, 그 체제의 특권자 명부에 등록된 사람들은 있었다. 코르나이는 협력도 하지 않고, 항거를 하지도 않으면서, 그저 분석만 했다. 일종의 역설에 대한 취향을 갖고 있던 코르나이는 사회주의 진영이 1990년에 무너지자 사회주의 경제에 관한 주요 저작인 『사회주의 시스템』을 집필한다. 사회주의 경제의 역사가 끝난 후라야만 그것에 대해 완벽한 시각을 가질 수 있다고 그는 설명한다. 경제개혁 면에서 공산주의의 마지막 지도자들이 보인 무능력은 시스템으로서의 사회주의에 대한 코르나이 이론이 유효함을 입증해주었다. 폐쇄된 시스템 속에서는 그 시스템 전체가 무너지지 않는 한 그 어떤 요소도 변경되거나 제거될 수가 없다.

코르나이는 사회주의 시스템의 유통기한이 언제까지인지는 알려주지 못하였지만 오래 전부터 그 시스템의 소멸은 예고했었다. 레이몽 아롱처럼 사회주의는 영원할 것이라고 평가한 사람들이나 사회주의를 개혁 가능한 것으로 생각했던 사람들과는 반대로 코르나이가 옳았던 것이다.

불가피한 탄압

본래 사회주의 시스템 속에서는 사유재산권이 폐지되고, 국가가 모든 자원들을 관리하며 가격을 결정한다. 이것은 잘 알려진 사실이다. 그러나 그에 대한 결과는 덜 알려져 있다. 사회주의는 그 시스템 속에 개혁에 대한 그 어떤 부양책도 존재하지 않기 때문에 결코 개혁되지 않았다. 사회주의 경제에서는 모든 것이 자본주의의 것을 베꼈거나 훔친 것이었다. 모방은 사회주의 체제의 원만한 작동에 필수적인 톱니바퀴였고, 염탐은 선택이 아니라 사활이 걸린 일이었다. 마찬가지로 사회주의의 경제적 결과들은 보잘것없었다. 사회주의 체제가 잘못 관리되어서가 아니라 달리 어쩔 도리가 없었기 때문이다.

사회주의 내에서 잘 알려지고 확인된 경우에 따르면, "국가는 지불을 해주는 척만 하고, 노동자들은 일하는 척을 한다"고 했다. 이 시스템 속에서 가격은 임금만큼이나 인위적이었다. 이 점에 대해 코르나이는 왜 중앙집권적 경제가 결코 최적으로 기능할 수 없는지 이해할 수 있게 해준 하이에크의 근본적 비판들 중 하나가 유효한 것이었음을 입증해준다. 가격을 고정시키고 싶어하는 중앙 정부는 어느 순간 모든 개인들의 욕망과 행태에 대해 완벽하게 알고 있다고 추정할 것이라고 하이에크는 썼다. 세계에서 가장 성능 좋은 컴퓨터를 구비한다 해도 대부분의 국가가 손에 넣을 수 없는 그 무한대의 정보들을 관리할 수는 없다. 그럴 수 있으려면 국가는 신이 되어야 할 것이다. 이런 전지전능한 국가에 대한 신화를 하이에크는 "치명적인 허영심"이라고 불렀으며, 그것에서 사회주의 유토피아의 원천적 결점을 보았다. 사회주의는 그러므로 '하는 척' 하는 세계였지만, 그럼에도 불구하고 사회주의 경제가 생산을 하기는 했다.

 사회주의 진영은 실제로 산업화되었고, 객관적으로 보면 국민들은 그 안에서 과거보다는 잘 살았다. 하지만 이러한 진보는 과거와의 비교 속에서만 유효한 것이지, 자본주의와의 비교 속에서 유효한 것은 아니다. 그러므로 정보가 소통되지 못하게 하고 언론을 검열하며 여행을 금지시키는 것이 사회주의 시스템에서는 중요한 일이었다. 외따로 떨어져 있는 러시아 노동자는 자신이 같은 세대의 미국 노동자보다 잘 살지 못한다는 것을 전혀 모르는 채, 차르 시절의 자기 부모들보다 더 잘 살고 있다고 결론지을 수도 있다. 이 사회주의 노동자는 그 나라의 산업화를 위해 자기가 치른 어마어마한 대가도 모르고 있었다. 그의 구매력은 거의 제로였고, 귀한 소비재들은 줄을 서서 얻거나 특권층에게만 주어지는 식으로 관리되었다. 사회주의 시스템의 특징들인 품귀현상과 줄서기는 우발적 사태나 관리 착오의 결과가 아니었다. 그것은 관리의 원칙 그 자체였다.

 주민들이 치른 희생들, 품귀현상, 민중의 빈곤에 비하면 이 사회주의 경제의 결과는 보잘것없었다. 백분율로 놓고 보았을 때 코르나이는 사회주의 경제를 50으로 평가했고, 자본주의를 90에 놓았다. 두 체제 중 어느 것도 완벽하지는 않다는 것을 그는 알고 있었던 것이다.

사회주의 시스템은 무위도식하는 큰 유기체처럼 경제의 식물적인 기능들만을 해내고 있었다고 코르나이는 말한다. 이 식물적 기능들을 완수하기 위해 탄압은 시스템에 필요불가결한 요소였다. 군대식의 규율이 없이는 사회주의 경제가 기능할 수 없기 때문이다. 그러므로 서방 국가 사람들이 믿는 것처럼 좋은 공산주의 모델을 타락시킨 것은 스탈린이나 마오쩌둥이 아니었다. 스탈린, 마오 또는 그와 대등한 공산 지도자들이 없었더라면 그 체제는 중단되었을 것이다. 독재는 내재적이었다. 그래서 이 독재의 형태들은 다양해질 수가 있었다. 헝가리의 카다르는 스탈린보다 더 관대했고, 카스트로는 차우셰스쿠보다 덜 관대했다. 하지만 이러한 다양성은 사회주의 시스템의 군사적인 필요에 의해 제한된다. 고르바초프조차도 이해하지 못한 것이 바로 그것이다.

찾을 수 없는 "제3의 길"

1980년대에는 정보가 기술적으로 통제될 수 없게 되고, 자본주의 시스템에 비해 사회주의 체제가 객관적으로 뒤처지는 것이 하부 노동자에서부터 국가 정상에 이르기까지 분명해지자 개혁 정신이 사회주의 지도자들 사이에 팽배했다. 1950년에서 1980년 사이에 서방의 평균 성장률은 공산 진영의 성장률보다 세 배나 높았다. 모든 개혁가들 중에서 고르바초프가 가장 상징적이었다. 하지만 그 이전에 공공 소유를 포기하지 않으면서 시장의 메커니즘들을 사회주의 시스템에 도입할 것을 권하는 수많은 이론가들이 있었다. 1970~1980년대에 서방에서뿐만 아니라 공산진영에서도 높은 평가를 받은 이 '시장사회주의' 또는 '제3의 길'은 경제란 가장 유리한 상품들을 선별할 수 있는 상점가라고 전제했던 것이라고 코르나이는 말한다. 예를 들어 완전고용과 시장의 효율성, 평등과 개혁, 공공 소유와 민주화 같은 것들이었다. 하지만 경제는 슈퍼마켓이 아니다. 경제는 페레스트로이카의 실패가 증명해 주었던 것처럼 시스템이다.

코르나이에 따르면, 고르바초프는 회복 불가능한 두 가지 실수를 저질렀다. 첫 번째 실수는 정보의 자유화였는데, 그것은 죄수들을 해방시킨 것보다 더 심각한 결과를 빚어냈다. 사회주의의 모든 진영이 그동안 속았다는 것을 갑자기 알게 되었으니 말이다. 고르바초프는 검열과 군대식 규율이 어떻게 그 시스템을 떠받치고 있었는지 이해하지 못한 것이다. 두 번째 실수는 모든 사람들의 머릿속에서 아직 완전히 사라지지 않은 헛된 환상이기도 한데, 그것은 시장과 공공 소유가 양립 불가능하기 때문에 깨져버린 환상이다. 경쟁이나 이윤에 의한 동기부여가 없으면 국영기업을 이끌어가는 사람들은 결코 사기업의 경영자들처럼 처신하지 않는다. 국영기업을 이끄는 사람은 개혁을 할 수도 있고, 하지 않을 수도 있다. 왜냐하면 민간 섹터와는 반대로 그에게는 선택의 여지가 있기 때문이다. 만약 실패하더라도 그는 적자 공기업을 결코 없애지 않는 국가로 다시 돌아오게 된다. 사실상, 공공 소유는 창조적 파괴를 금지하는데, 조셉 슘페터는 이 창조적 파괴가 자본주의의 효율성의 원동력이라고 증명한 바 있다. 소련에서는 그 어떤 기업도 없어지지 않았고, 산업은 새로운 기술들이 옛 기술들에 대체되지 않고 그 옛 기술들에 더해져 감으로써 여러 층들이 겹쳐져 가는 일종의 박물관 같은 것이었다. 사회주의가 하나의 시스템인 것처럼, 자본주의도 사유재산, 경쟁, 가격과 거래의 자유 등과 같은 자신만의 내적 일관성을 갖춘 또 하나의 시스템이다.

러시아의 고르바초프, 폴란드의 '연대' 노조, 요한 바오로 2세, 헝가리 사회주의자들, 바츨라프 하벨 등은 모두 처음에는 사회주의 시스템을 시장사회주의로 대체하기를 원했다. 유럽의 사회주의 좌파도 그것을 꿈꾸었다. 이런 헛된 환상을 깬 것은 누구였을까? 헝가리의 코르나이, 폴란드의 라즐렉 발체로비치, 러시아의 이고르 가이다르같이 그 꿈을 깨뜨려버린 이론가들이었을까? 새로운 국가 지도자들에게 자문을 해주려고 하버드 대학으로부터 달려온 제프리 삭스였을까? 시장경제의 도덕성에 대해 교황을 설득했던 IMF의 영향력 있는 총재 미셸 캉드쉬였을까? 어쩌면 상식이 통해서였는지도 모른다. 그 시절에는 모든 사회주의 진영에 사기업가들이 충분히 있었다. 자생적으로 생겨난 그들은 폴란드 수상 도날드 투스크가 말한 것처럼 정상적인 경제 속에서 살기만을 바라고 있었다.

그렇다고 해서 시장사회주의의 개념이 완전히 사라진 것은 아니었다. 전체적으로 보면 그 신화가 와해되기는 했으나 사람들이 이해하는 도덕적 이유들 때문에 특정 분야들, 보건, 교육 등 속에 숨어 있다고 코르나이는 확언한다. 그 이후로 지배적인 자본주의 시스템 속에서 보건과 교육이 사유재산과 시장에 의해 규정되는 것들에 대해 잘 적응하지 못하고 있다. 여러 분야에서 다양한 실패들을 겪으면서 효율성과 중앙집권화라는 양립 불가능한 것을 양립시키려 하고 있다. 분명하게 예견 가능한 결과들은 예전의 사회주의 시스템의 결과들과 비슷하다. 보잘것없는 생산성, 품귀현상, 줄서기, 특권적 배당. 각 국가의 문화에 따라 교육과 보건이 국영화 쪽으로 기울 수도 있고 시장 쪽으로 기울 수도 있다. 하지만 그 어떤 정부나 경제학자도 자신의 길만이 올바른 것이라고 주장할 수는 없을 것이다. 어쩌면 그 올바른 길이란 존재하지 않는지도 모른다. 교육과 보건문제는 정도 차이는 있으나 시장 사회주의의 회색지대가 되고야 만다. 완전히 정의롭지도 못하고 완전히 효과적이지도 못한 회색지대. 이에 대해 코르나이는 경제 시스템들은 사회의 병리적 현상들로 꼼짝 못하게 되어 늘 불완전한 것이라고 결론짓는다. 경제의 역할은 모든 시스템들에서 가장 덜 불투명한 것을 권장하는 것이며, 그것은 최소한 어떤 불행을 겪을 것인가를 결정할 수 있게 해주는 역할이다.

중국의 자본주의

중국의 경험은 코르나이의 이항적(二項的) 분석을 부정하지 않는가? 사회주의나 자본주의 외에는 경제 시스템이 없는 걸까? 각자 내린 정의(定義)들에 대해 서로 의견의 일치를 보는 것이 적절하다고 코르나이는 조언한다. 만약 자본주의 경제를 사유재산의 지배, 시장과 경쟁에 의한 가격 결정으로 이해한다면, 중국 공산당은 자본주의에 가담하고 있는 것이 분명하다. 독점주의적 국가 섹터는 사라져가는 중이다. 중국이 아직 자본주의는 아니라고 해도, 중국이 자본주의의 방향으로 나아가고 있는 것은 분명하다. 하지만 외부에서 보는 우리의 시선은 여전히 마르크스주의적인 수사(修辭)에 의해 방해를 받고 있고, 더 이상 현실이 아닌 현실에 가로막혀 있다. 공산당이 권력을 보유하고 있는 것은 명확하며, 이것은 자본주의 경제의 선두에 있는 나라들 중 유일한 경우이다. 하지만 자본주의는 사회주의 시스템과는 반대로 아주 다양한 체제들을 받아들일 수 있다. 20세기에는 자본주의 시스템이 민주주의 체제들 내에서만큼 독재체제들(프랑코, 피노체트, 히틀러) 내에서도 잘 번창했다. 자본주의와 민주주의 사이에 어떤 관계가 존재하기를 사람들은 바랄지도 모르지만, 이것이 경험적으로 증명될 수는 없다. 자본주의 시스템 내에서는 모든 일이 마치 정치체제와 경제체제가 서로 다른 차원에서 발전되는 양 벌어진다. 독재는 사회주의 시스템에 꼭 필요하다. 반면, 민주주의는 자본주의 시스템과 불가분의 관계에 놓여 있는 것 같지는 않다. 적어도 단기적으로는 그렇다. 장기적으로는 자본주의가 민주화로 향하는 것이 확인되는데, 자본주의에서 민주화로의 이행이 필연적이지도 않고 역학적이지도 않지만 그렇게 된다. 민주주의와 자본주의의 이러한 분리는 왜 러시아가 민주주의와 거리가 먼 체제이면서도 자본주의가 되었는지 설명해준다. 정치 다원주의와 함께든 아니든 간에 러시아의 새 경제는 중국의 새 경제처럼 이론의 여지없이 자본주의의 성질을 띠고 있으며, 그 어떤 시장사회주의에도 속해 있지 않다.

사회주의의 7가지 베일

사회주의 시스템이 자본주의 시스템에 있는 뛰어난 지식인들에 끼치는 매력은 여전히 미스터리이다. 하지만 시대별로 구분하는 것이 적절하다고 코르나이는 말한다. 1930년대에 자본주의가 위기에 처했을 때, 소비에트의 경제는 성장이라는 유일한 기준만으로 평가한다면 실제로 능률이 있었다고 할 수 있다. 정보 부족, 선전, 서방 방문객들의 순진함 등으로 인해 당시에 소비에트 경제 시스템의 톱니바퀴들을 감추고 있는 가시적인 산업적 성공들만을 평가했다. 제2차 세계대전 후, 사회주의 시스템은 당시 나치주의와 파시즘을 성가시게 굴던 자본주의보다는 더 바람직한 것처럼 보일 수 있었다. 소련의 강제

노동수용소는? 그것은 1965년의 부다페스트 탄압 때까지 거의 눈에 띄지 않았다. 서방 사람들은 행복하고 평화롭기 때문에 눈에 보이는 것과 실제를 혼동하여 사회주의의 체계적 성격을 이해하지 못하고 그들이 기본적으로 옳다고 평가하는 경제로부터의 일탈들을 스탈린이나 마오쩌둥의 개인적인 착오 탓이라고 생각했다. 사회주의 경제와 민주주의적 다원주의는 절대로 양립할 수 없다는 사실을 그들은 놓치고 말았다. 사회주의는 불변인데 그 사회주의가 완벽해질 수 있다고 믿은 것이 그들의 실수였다.

사회주의의 이러한 상상 속의 능률 외에도 상당수의 서방 사람들이 시스템의 어떤 객관적 특징들에 매혹되기도 했다. 그것은 완전고용, 평등, 노동자들의 권력을 가리킨다. 이 세 가지 장점이 있는 것은 사실이라고 코르나이도 인정한다. 본래 사회주의 진영에 실업은 없었다. 그런데 일손은 무능하지만 임금이 낮으니까 바로 그 때문에 그 일손이 많이 필요하게 되었다. 이러한 많은 수요는 산업 노동자들에게 진정한 영향력을 부여해주게 되었다. 노동자들의 권력이 일종의 신화는 아니었으나 그 영향력을 행사하기 위해 그들이 견뎌야만 했던 고통은 굉장했다. 마찬가지로 일종의 평등 같은 것도 존재했다. 사회주의 노동자들은 가난했지만, 다 함께 가난했던 것이다. 노멘클라투라[2]에게는 특권들이 있긴 했으나 자본주의의 부유한 기업주의 특권들에 비하면 보잘것없었다. 사회주의 시스템의 미스터리들을 폭로시키지 않고서 그 체제의 가시적인 표면만 관찰하는 것으로 만족한다면, 그것의 매력을 이해할 수는 있다. 하지만 그 매력은 누구보다 우

---

2) 소련과 같은 사회주의 체제에서 당이나 관료기구의 특권자 명단이나 그 명단에 등재된 사람들. ―역주

선 지식인들에게 작용했다는 것이 코르나이의 관찰이다. 서방의 인텔리겐치아들은 자본주의 경제가 자신들의 재능에 대해 제대로 보상해주지 않는다고 늘 여겨왔고, 지금도 그렇게 평가하고 있다. 반면, 사회주의 시스템은 지식인들에게 계급적 특권을 인정하였다. 지식인들이 사회주의 체제를 위해 복무한다는 조건하에서이다. 그런데 바로 그 점이 솔제니친의 폭로 때까지는 다소간 알려지지 않았었다. 솔제니친 이후로는 서방세계에서도 그 점에 관심을 갖게 되었다. 어떤 사회가 됐든 지식인들이 자기가 살고 있는 사회를 좋아하는 일은 드물다고 코르나이는 말한다. 반대편의 유토피아가 자신들의 일상적인 지옥보다 늘 더 나아 보이기 때문이다.

충격요법

사회주의에서 자본주의로 어떻게 넘어갈 것인가? 1990년에 공산주의 진영이 시도했던 도전은 역사상 전례가 없는 것이었다. 방법이 없었으므로 경제학자들은 결코 실험해본 적이 없었던 것을 하나에서 열까지 모두 새로 만들어내야만 했다. 공산주의 시스템에서 기업은 누구에게 속한 것이냐 하는 물음부터 시작해야 했다. 국가인가, 국민인가? 마르크스주의적 수사(修辭)에 적합하게 국민이 기업들의 주인이라면, 기업들을 국민에게 어떻게 되돌려줄 것인가? 이에 관해 두 학파가 맞섰다. 코르나이가 이끄는 점진주의자들은 국영 섹터를 개인 투자자들에게 경매에 붙여서 점진적으로 판매할 것을 제안했다. 이 권유를 헝가리에서 따랐는데, 코르나이가 예상치 못했던 결과가 빚어졌다. 돈이 더 많고 수적(數的)으로도 더 많은 외국 투자자들이 국영기업들을 사들일 수 있음이 판명되었던 것이다. 중부유럽 전체에서, 공산주의로부터 망명한 사람들이 북아메리카에서 돈을 번 후 고국으로 돌아와 그 나라 경제의 민영화에 결정적으로 공헌했다. 이러한 민족 분산이 없었다면 한 체제에서 다른 체제로의 이행은 더욱 불확실했을 것이다.

   헝가리 밖에서는 점진주의 학파가 충격요법으로 대치되었다. 나중에 바츨라프 하벨에 이어 체코공화국 대통령이 되는 체코 경제학자 바츨라프 클라우스는 '바우처' 또는 구매교환권이라 불리는 방식의 선동자였다. 클라우스는 사회주의 경제가 시민들의 착취 위에 세워졌다고 여기고서 모든 기업들을 법적으로 시민들에게 되돌려줘야 한다고 결론지었다. 그러므로 각 시민은 민영화된 기업들의 일부 또는 전체를 획득하기 위해 사용할 수 있는 구매교환권을 받았다. 클라우스는 이런 재분배의 경제적 효능보다는 공산주의적 과거와의 돌이킬 수 없는 결렬에 더 신경을 썼던 것이다. 하지만 클라우스는 체코 사람들의 경우나 같은 방식을 채택하게 될 러시아 사람들의 경우나 둘 다 시민들이 주주가 되고 싶어하는 욕망이 약하다는 것을 미처 생각하지 못했다. 대부분의 사람들은 옛 노멘클라투라 소속의 사람들이 창설한 투자신탁에 자신들의 바우처를 아주 낮은 가격에 팔아버렸다. 이런 투자신탁이나 기업 경영인들은 직원들로부터 손쉽게 바우처를 회수하고, 과거의 모든 생산도구들을 염가에 가로챘다. 민주주의적 반환으로서 기획되었던 것이 약육강식의 난장판으로 바뀌었던 것이다. 모든 혁명기 동안 벌어지는 일이 늘 그렇듯이 큰 재산들은 그렇게 해서 조성되었다.

   뒤로 물러나서, 충격요법이라 불리는 것을 어떻게 평가할 것인가? 코르나이에 따르면 그것은 피해야만 했을 경제적·사회적 무질서의 원천이었다. 그는 그 무질서가 미국이 현장에 급히 보낸 외국 전문가들의 책임이라고 생각한다. 제프리 삭스를 필두로 한 이 충격요법의 옹호자들은 설득력은 있었으나 지역적 상황들에 대해 전혀 모르고 있었다.

 하지만 프라하에서는 국가 원수가 된 바츨라프 클라우스가 자신의 방법을 융통성 있게 시행했다. 우선적인 일은 공산주의 시스템과의 결별이므로, 그에 따르면 충격요법은 자유주의 진영의 승리가 획득되는 시간 동안 돌이킬 수 없는 상황을 만들어낸다는 것이다. 러시아에서는 즉각적인 민영화의 주역인 데고르 가이다르가 조업이 중단되었던 공장들을 다시 가동시킴으로써 당시 자신의 선택이 옳았음을 입증해 보였다. 새로운 사장들은 어쩌면 도둑들이었는지도 모른다. 하지만 어쨌든 사장들이었다. 산업은 소위 이 '소수 지배자들' 덕분에 활기를 되찾게 되었다.

 약 15년이 지난 지금, 부다페스트에서부터 브라티슬라바, 바르샤바 또는 모스크바에 이르기까지, 시스템 전환방식들에 대한 논쟁은 더이상 의미가 없게 되었다. 선택한 길이 어떤 길이었든지 간에 공산주의 시스템은 자본주의 시스템으로 완전히 대체되었다. 이렇게 빨리 변신하리라고는 아무도 생각 못했다. 사회주의는 결코 변하지 않을 듯이 보였고, 자본주의는 오랜 역사 속에 뿌리 내리고 있어서 그렇게 짧은 시간에 쉽게 재생될 수 없어 보였기 때문이다.

 1990년경, 자본주의를 꿈꾸던 사람들과 마찬가지로 시장사회주의를 원했던 사람들은 공산주의에서 벗어나려면 한 세대 정도는 필요할 것이라고 생각했었다. 그래서 사람들은 공산주의 진영에서 형성되었으면서 자유와 개인적 책임으로의 긴 전환을 요구하게 될 호모 소비에티쿠스를 내세웠다. 이 호모 소비에티쿠스가 자유민주주의에서 버팀대 없이 살 수 있는 새로운 러시아인, 헝가리인, 폴란드인들에게 자리를 내주게 되기까지 한 세대를 참고 기다려야 할 필요는 없었던 걸까? 이런 비관주의는 근거 없는 것으로 판명되었다. 공산주의 시스템은 변칙적인 것이었고 자유민주주의는 인간의 본성을 반영하고 있기 때문에 호모 소비에티쿠스는 쇠사슬에서 벗어나는 그 순간부터 자유인으로서 행동했던 것이다.

호모 소비에티쿠스의 사촌 격으로서 그 시절의 또 다른 예언이 있었는데, 그것도 부정확한 것임이 판명된다. '동유럽 사람들이 수동성에서 벗어나 적극적인 기업가들이 되려면 오랜 세월이 필요하지 않을까' 하는 질문이 1990년에 제기되었다. 이 점에서도 동부유럽인들의 활력을 저평가했음이 드러났다. 동유럽 사람들은 권리를 얻게 되자 뒤떨어진 체제를 만회하는 일은 그만두고 최대한 빠른 속도로 서방 유럽의 생활수준과 물질주의에 합류했다. 사상적으로도 소비에트화되지 않았고, 경제 행동에서도 수동적이지 않으며, 상상의 제3의 길의 실험대상도 더 이상 아니었다. 동유럽 사람들은 자발적으로 자신들의 예전(공산주의 이전) 상태로 돌아와서 다시 다른 유럽인들처럼 버젓한 유럽인이 되었다. 공산주의 시스템은 끔찍한 역사적 사고였으며, 어떤 경우건 간에 새로운 인류의 준비과정은 아니었다.

이 동유럽 사람들 중에서 가장 가난한 사람들이 그들의 뒤떨어진 것을 만회하는 데 가장 열심이었다는 점도 주목할 만하다. 폴란드, 슬로바키아, 그리고 멀리 떨어져 있는 발트제국의 경제성장률(2001년 이후로 평균 8%)은 헝가리(2001년 이후로 약 4%)나 경제가 보다 성숙한 체코공화국의 성장률보다 확실히 높다. 그러므로 "가톨릭교도이며 농민이 대부분이고 사회주의화되었다"는 이유로 특별히 폴란드를 심각한 빈곤에 처해 있다고 가정한 1990년대의 경제서들을 다시 읽으면 미소밖에 나오지 않는다. 사실상 1990년 이후로 폴란드의 일인당 국민소득은 두 배가 되었다. 이 문화주의 학파가 1950년대의 한국이 유교적이라는 이유 때문에 빈곤을 모면하지 못할 것이라고 예견했던 것을 상기해보자. 문화가 중요하긴 하지만 경제 시스템은 국가들의 물질적 운명을 결정짓는다. 문화의 신념들이 국가 운명에 기여하는 것보다 훨씬 더 영향력이 큰 것이다.

어떤 실망

서방에서 보면 역사적인 기적처럼 보이는 대전환이 동유럽에서는 이상하게도 일종의 실망을 야기한다. 코르나이도 헝가리 사람들이 자본주의에 대해 실망하였기 때문에 자신은 헝가리 사람들에 대해 실망했다고 생각하고 있다. 헝가리 사람들은 과거를 끊임없이 그리워하면서도 과거로 돌아가고 싶어하지는 않는다. 예전에 사회주의였던 국가들 대부분에서 이런 모순이 드러나지만 그러한 점이 특히 두드러진 곳은 헝가리이다. 헝가리의 이런 흥미 상실은 어쩌면 1980년대의 '사회주의-굴라쉬'와 1990년대 이후의 자본주의 사이의 전환이 미약해서 그런지도 모른다. 루마니아나 불가리아 사람들이 과거의 독재나 빈곤을 그리워하는 일은 훨씬 드문 반면, 헝가리에는 이미 민영 섹터와 어느 정도의 정치적 자유가 존재했었기 때문이다.

새로운 시스템에서도 패자들이 승자들보다 더 두드러지게 부각되는 현상이 놀라운 일은 아니다. 부유한 사람들은 여행을 하고, 자신을 표현하지만(사회주의 시절에는 모두 금지되었던 태도들) 드러내놓고 자랑은 하지 않는다. 이에 비해 관료적 직권을 잃었거나 실업자가 된 사람들은 자신들의 그런 처지를 알리려 한다. 이 모든 나라들에 공통적이면서 옛 사회주의 진영에 특히 더 해당되는 자본주의 시스템에 대한 비판이 하나 존재한다. 옛 공산주의 노멘클라투라(특권을 지닌 관료층)를 새로운 부자들 또는 새로운 자본주의자들로 전환시킨다는 점이다. 그 누구도 이것에 반론을 제기하지는 않는다 해도 코르나이는 이것이 실제로는 근거 없는 편견이라고 평가한다. 헝가리의 경우, 대기업 사장들이나 신흥 부유층 등의 새 경제 엘리트들 중 3분의 1이 실제로 1990년 이전에 노멘클라투라에 속해 있었다. 하지만 그들 중 대부분은 보잘것없는 직무를 맡고 있었다. 재전환된 이 3분의 1의 노멘클라투라들은 자본주의 시스템에 잘 적응하는 어떤 능력을 타고난 것이라고 생각해야 한다. 게다가 최고 권력자들을 포함한 나머지 3분의 2는 성공한 자본주의자로 전환되지 못했다. 결국, 새로운 경제 엘리트들 중 3분의 2는 이전에 노멘클라투라였던 적이 전혀 없는 사람들이다. 이런 통계적 분석은 예전에 공산주의였던 국가들 대부분에서 유효하다. 그러므로 노멘클라투라의 재전환을 의도적으로 용이하게 하려는 공산주의의 음모 같은 것은 없었다. 동유럽을 포함하여 그 어느 시대에나 그랬듯이 그저 사회적 큰 변동들이 큰 재산을 낳게 했던 것뿐이다.

동유럽에만 한정된 또 한 가지의 환멸은 코르나이를 놀라게 한다. 유럽연합이 동유럽을 실망시킨다는 점이다. 자본주의와 민주주의를 꿈꾸었던 것처럼 어쩌면 그들은 유럽연합을 과도하게 이상화시켰는지도 모른다. 더욱이, 유럽연합 가입 여부를 위한 국민투표를 실시할 때 동유럽 국가의 정치 지도자들에 의해 유럽연합이 자유의 공간으로서보다는 지원금의 원천인 양 선전되었다. 그 결과, 자유는 당연한 것으로 여겨지고, 지원은 막대했음에도 불구하고 부족한 것으로 여겨졌다. 헝가리 사람들의 평균적 생활수준은 이웃인 오스트리아인들의 평균 생활수준보다 여전히 세 배나 낮다. 유럽연합의 보조에도 불구하고 아마도 한 세대는 지나야 헝가리가 그동안의 지체를 만회할 수 있을 것이다. 유럽 지원금의 배분도 부패의 원천이 되고 있는데, 특히 헝가리에서 정치생활이 독살스러워지는 데 기여하고 있다.

독살스러움, 부패, 환멸. 동유럽이 서방의 모든 민주주의와 모든 자본주의 경제 속에서 흔하게 존재했던 자가당착들을 다 섭렵하면서 정상이 되었다는 것도 역설적 증거가 아닐까? 헝가리에서는 예산 적자에 관해 경제적 논쟁들이 벌어지고, 폴란드에서는 차기 민영화들 문제에 관한 경제적 논쟁이 벌어졌다. 나는 거기에서 모든 것이 자본주의 시스템 안으로 수렴되고 있고 가능한 한 어려움을 최소한으로 줄이는 방향으로 나아가고 있다는 결론을 내렸다. 노란별을 단 아이가 저항적인 지식인이 된 경우인 야노스 코르나이의 추억을 동유럽 사람들 모두가 갖고 있는 것은 아니다. 그 어느 것도 잊지 않고 매초마다 자유에 대해 몹시 기뻐하는 그의 추억은 특별한 경우이다. 다른 모든 사람들에게는 정치적·경제적 자유가 숨쉴 때 들이마시는 산소처럼 벌써 당연한 것처럼 여겨지고 있다. 자유란 그것을 박탈당한 사람에게만 언제나 탐나는 것으로 보이는 법이다.

14
러시아의 종속

1991년의 소련을 겪은 사람에게는 현재의 모스크바가 우선은 기쁨으로 다가온다. 모스크바는 어두웠고, 주민들은 비참하고 겁에 질려 있었으며, 루블화(貨)는 아무 가치도 없었고 사실은 살 만한 물건도 없었다. 위풍당당한 모스크바에 레스토랑이라고는 두세 개밖에 없었고, 메뉴판에는 주문할 만한 것도 없었다. 약을 얻으려면 공산당 중앙위원회에 아는 사람이 있어야 했다. 1980년대 가장 일이 많은 직업이 태엽 감는 시계의 수리공이었다는 것은 당시의 소비 수준과 개혁 부족을 잘 드러내준다. 소비에트 산업은 무기 외에는 거의 아무것도 생산하지 않았던 것이다.

그 이후로 모든 것이 너무나 빨리 변했다. 15년, 한 나라의 생명주기에서 보자면 짧은 기간이다. 지금은 밤낮으로 여는 레스토랑, 바, 호텔들이 사람들로 가득 차 있다. 젊은이들은 번드르르하고, 부자들은 아주 최근에 돈을 번 사람들이며, 자동차들은 호화스럽다. 푸슈킨 광장이나 예전에 고리키 거리였던 트베르스카야 거리에는 프랑스제나 이탈리아제의 온갖 명품 브랜드들이 즐비하다. 예전에는 공산당의 검은색 리무진으로 한정됐던 자동차 통행이 이제는 차가 너무 많아 다닐 수가 없을 정도가 되었다. 이는 석유와 천연가스, 일차원자재에서 얻는 수익 때문임이 분명하다. 위에서부터 아래까지 돈이 철철 넘쳐난다. 피라미드의 꼭대기에는 주요 공직자들, 관료들, 도매상인들이 자리 잡고 있다. 수출 계통에 관련된 사람들은 거기에서 큰 이익을 끌어낸다. 합법적이건 불법적이건 대량의 돈이 오로지 소비를 위해 러시아로 거둬들여지거나 외국에 안전하게 예치된다. 돈은 이 피라미드의 꼭대기로부터 아래쪽으로 쏟아진다. 모든 러시아인들 또는 거의 모든 러시아인들이 그 이득을 보고 있다. 이에 관한 한 가지 징후를 보자. 2008년에 프랑스 슈퍼마켓 '까르푸(Carrefour)'가 러시아 전역에 100개의 매장을 새로 열게 된다. 2007년에는 평균 임금이 약 20% 올랐고, 국가의 경제성장률은 7%에 도달했다. 이런 증가세는 대단해 보인다. 그런데 서구 유럽에 비하면 대단하긴 하지만 출발 기조는 훨씬 조촐했다. 러시아인들은 상대적으로 여전히 가난하고, 다른 산유국들에 비하면 7%라는 성장률은 대단치 않은 것이다. 이 성장률은 석유가 나지 않는데도 10% 가량의 성장률을 보이고 있는 대부분의 구소련 회원국들보다도 낮은 것이다. 우크라이나, 카자흐스탄, 발트제국은 서구를 따라잡기 위해 러시아보다 훨씬 빠르게 뒤처진 것을 만회해가고 있다. 어쩌면 러시아의 조촐한 성과는 국외로의 자본 유출 때문인지도 모른다. 하지만 러시아인들은 자신들을 이웃들과 비교하지 않는다. 과거와 비교하면 그들이 지금처럼 잘 살았던 적이 없다는 점은 부인할 수 없다. 이런 새로운 성장에서 멀리 떨어져 있는 것은 주민 1백만 이하의 도시들이나 농업 민영화로 충격을 받은 시골들뿐이라고 이고르 가이다르는 말한다.

러시아의 기업가들

러시아의 경제회복을 오로지 천연가스와 석유 가격의 폭등 덕분이라고 사람들이 생각할 때마다 가이다르는 이의를 제기한다. 러시아의 경제성장은 그것들의 가격 상승이 있기 이전에 러시아인들의 기업정신과 시장경제의 창설 덕분에 회복된 것이라고 가이다르는 보고 있다. 이 점에서 가이다르의 의견을 따라야 할까? 1992년에 보리스 옐친의 총리로서 러시아 경제를 민영화시킨 사람이 가이다르였다. 그것은 점진적인 발전이기보다는 당시 표현에 따르면 '충격요법'이었다. 그 때 이후로 러시아인들은 가이다르를 90년대의 혼란과 빈곤의 책임자로 여기고 그에게 원한을 품고 있다. 이렇게 그를 원흉으로 여기는 것은 부당한 일이다. 그는 죽어가고 있던 경제의 머리맡에 소환된 의사였다. 가이다르는 자신의 자유주의적 요법은 치료제였지 질병이 아니었다고 회상한다.

보리스 옐친이 석유나 일차원자재들의 가격에 전적으로 의존된 경제 모델을 물려받았다는 사실도 사람들은 잊어버렸다. 그런데 그들은 그런 사실을 알고는 있었던 것일까? 그렇다. 이미 알고 있었다. 소련은 언제나 석유에 의존적이었다. 사람들이 마르크스주의적 수사(修辭)에 의해 혼미해져 있었던 만큼 그러한 사실을 알아채지 못했거나 또는 거의 눈치채지 못하고 있었던 것이다. 이런 수사가 우리로 하여금 경제 구조라는 근본적인 것을 못 보고 지나치게 만든 걸까? 역사는 언제나 그런 식이어서, 늘 제대로 보는 것은 아니다. 이 점에 관해 가이다르는 "소련에서는 그저 밀과 석유의 문제일 뿐이었다."고 말한다. 서구유럽 사람들만 속고 있었던 것은 아니다. 소비에트의 지도자들도 자기들 스스로가 만들어낸 거짓말을 믿고 있었다.

　소련 시절에는 러시아인들이 석유를 수출한 돈으로 곡물을 사들여 와야만 식량을 얻을 수 있었다. 그것은 스탈린에 의해 농경이 폐지된 1920년대까지 거슬러 올라가는 경제 전략이었다. 1980년대에는 에너지 가격이 끊임없이 하락하여 고르바초프가 권좌에 올랐을 때 배럴당 10달러까지 내려가자 생계 수준을 유지하기 위해 나라는 빚을 질 수밖에 없었다. 옐친이 권력을 이양받았을 때는 석유가격이 배럴당 20달러 주위를 맴돌았는데 러시아는 더 이상 빚을 갚을 수가 없었다. 당시 러시아인들은 1920년대처럼 기근의 문턱에 놓여 있었다. 경제는 가동을 멈췄고, 석유 생산마저도 무너졌다. 그런데 민영화 덕분에 생산이 재개되었다고 가이다르는 회상한다. 소위 '소수 지배자들'이라고 불리는 사람들이 저가로 국영 기업들을 매입하여 횡재한 것은 확실하다. 하지만 그 기업들을 다시 가동시킨 것도 그들이다. 그들의 기업정신이 러시아를 살려냈다고 가이다르는 말한다. 그런데 이 소수 지배자들 중 일부는 유대인이었다. 반유대주의가 강한 러시아에서 그들은 대중의 신망을 얻지 못했고, 푸틴이 에너지 산업들을 다시 국유화하기로 결정했을 때 유대인이라는 점 때문에 그들의 소유권 박탈이 용이했다.

러시아와 중국 간의 결투

　러시아의 충격요법은 중국의 사회주의 경제의 변신과 종종 비교된다. 가이다르의 자유주의적 급진주의는 덩샤오핑에 의해 시작된 베이징의 국가자본주의로의 점차적인 이행 시점과 거의 동시에 생겨났다. 중국인들에게서 영감을 얻은 넘처나는 경제서들은 중국의 사회주의적 성격을 호의적으로 다루었다. 즉 공산당의 독점을 유지시키면서도 국민들이 혼란을 겪지 않게 해준 덩샤오핑을 특별히 좋게 다루고 있다. 중국 지도자들의 코드화된 언어 속에서 이것은 구호로써 표현된다. '선(先) 경제 개혁, 후 정치 개혁'. 중국 공산당은 인민이 자신들의 부의 증대에 만족하게 될 것을 기대하면서 정치 개혁을 무한정 뒤로 미룰 생각이었다.

이런 비교의 선전효과는 차치하고, 가이다르는 그 비교가 역사적 시각의 실수로 왜곡되었다고 평가한다. 1990년대의 중국 경제는 1920년대의 러시아 경제와 비교되어야 한다고 가이다르는 말한다. 중국에서 행해졌던 논의는 1928~1929년에 소련에서도 있었다. 스탈린은 한때나마 전반적인 국유화와 산업화에 대해 호의적이었다. 그 바로 앞에 있던 부하린과 리코프는 민간 농경을 공산당의 권력과 결합시키고 싶어했다. 불행하게도 1920년대의 러시아에는 토지의 사유재산권과 기업정신을 보존시킬 좋은 기회를 깨달을 만한 덩샤오핑 같은 정치지도자가 없었다. 오늘날의 중국 모델과 비슷했던 1921~1923년의 '신경제정책'[3]이라는 경제자유화의 짧은 경험을 이어가는 대신, 스탈린은 땅을 몰수하고 기업가들을 말살시켰다.

정치 영역에서도 중국과 러시아 사이의 이런 비교를 계속하는 것은 별 의미가 없다. 전반적으로 높아진 러시아인들의 교육수준을 중국 농민들과 비교할 수는 없다고 가이다르는 말한다. 1980년대에 러시아인들의 민주주의적 요구는 최소한 경제 개혁의 필요성과 맞먹는 것이었다. 러시아인들은 정치적 자유와 품위 있는 생활을 동시에 원

---

3) NEP: New Economic Policy. ─ 역주

했다. 보리스 옐친은 국민들이 둘 다 얻을 수 있게 해주려고 노력했다. 러시아로서는 고려해볼 만한 중국 모델이 더 이상 없었다.

가이다르에 의해 창안되고, 보리스 옐친의 지원 결정과 더불어 지지되어 돌격 상태에 놓여 있던 이 자유화는, 그 시절에 서구유럽에서 유행하던 호모 소비에티쿠스라는 명제가 유효하지 않다는 것을 증명해준다. 소비에트 체제는 적어도 한 세대 동안 개인주의와 기업 능력이 소멸될 거세된 인간을 출산하지는 않았다! 일단 자유로운 시장이 재건되자 러시아인들은 소수 지배자들과 함께 대규모로 상업과 서비스 부문에 진출하여 조촐한 수준에서 주도권을 쥐었다.

새로운 인텔리겐치아

러시아는 진정으로 시장 경제인가? "우리는 시장경제에 거의 들어서 있다."고 푸틴 대통령의 젊은 경제자문위원인 아르카디 드보르코비치는 말한다. 현재 30세인 그는 미국에서 공부했고, 권력을 쥔 새로운 세대의 아이콘이다. "우리에게는 아직 독립적인 사법기관, 진정한 법적 상태, 재산을 강탈하는 대신 법조문을 적용하는 것으로 만족하는 공무원들이 없다."고 그는 인정한다. 부패? 그는 그것을 부정하지 않는다. 하지만 그는 그것이 전환기에는 피할 수 없는 일이라고 생각한다.

소비에트 관료들의 관행은 아직도 완전히 사라지지 않았다. 외국 기업가들은 러시아에서 일을 하려면 이른바 "지붕"이라 부르는 것의 보호를 받아야만 하는 상황에 대해 불평한다. 고위 공직자들에 의한 이런 보호가 매우 비싸다는 것을 아르카디 드보르코비치는 인정한다. 그럼에도 불구하고 투자는 몰려든다. 부패에도 불구하고 이득이 높다는 증거이다. 그런데 사실상 외국 자본은 종종 스위스 은행이나 키프로스 은행을 거쳐서 세탁된 러시아 돈이다.

가이다르와 마찬가지로 드보르코비치도 러시아인들의 기업정신을 찬양한다. 레스토랑, 상점, 부동산 외에는 투자를 거의 하지 않는다고 내가 반박하자 "곧 다른 데도 투자하게 될 것이다. 모든 일이 아주 빠르게 진행되니까."라고 드보르코비치는 말하면서 자신의 말을 믿고 싶어한다. 그에 따르면, 러시아인들은 새로운 경제의 안정을 막 믿기 시작했다. 신용대출도 예견 가능한 규칙들에 따라 막 기능하기 시작했고, 법조문의 잉크는 이제야 겨우 말랐다고 한다. 그러니 경로는 이제 바뀌지 않을 것이다. 사회주의로 되돌아가자고 제안하는 사람은 아무도 없으니까. 토론은 서방세계에서처럼 시장 내에서의 국가의 역할에 대해서만 다루게 될 것이다. 드보르코비치는 이런 국가가 너무 비대하다고 평가한다. 그는 중요한 투자들 모두가 여전히 국가에 의해 결정된다는 점을 애석하게 여기고 있다. 그렇다면 국가는 어째서 직접 투자를 하지 않는 걸까?

사회기반시설들은 여전히 소비에트 때의 상태에 머물러 있다고 모두 인정한다. 길, 다리, 공항, 이 모든 것들이 황폐하다. 정부의 공공시설들 또한 더 나을 것도 없다. 러시아의 대통령 집무실들은 내가 알기로는 공산당 중앙위원회가 예전에 쓰던 것인데, 1980년대에 밟았던 바로 그 낡은 카펫이 여전히 깔려 있음을 나는 보았다.

드보르코비치는 모든 것들에 대해 답을 갖고 있다. 러시아 정부는 우선 부채에서 벗어나야 했다는 것이다. 그 일은 완수되었다. 그러고 나서 러시아 정부는 에너지 수출 가격이 돌변할 위험에 대비하기 위해 안정화 기금(8백억 달러)을 조성했다. 그것을 주도하는 일은 자유주의 경제학자 안드레이 일라리아노프에게 맡겨졌다. 그는 푸틴 대통령이 독재에 빠지기 전에 대통령의 경제보좌관이었던 사람이다. 1991년 때처럼 러시아가 나락의 가장자리에 다시 놓이게 되는 것을 피하게 해줄 이 자금의 유용성을 부인하는 경제학자는 러시아에 하나도 없다. 논쟁은 미국의 국고채권에 대부분 예치된 이 돈의 사용에 대해 벌어졌다. 하지만 국가 안전 보장에 관한 문제이므로 러시아인들은 중국인들처럼 추론한다. 장기적으로는 이 국고채권보다 더 안전하게 돈을 예치해두는 방법은 없다고 그들은 평가한다. 이 자금에 대한 원칙 자체가 러시아인들을 경제 위기로부터 보호하기 위한 것이므로 그 어떤 정치적 사용도 피할 수 있도록 러시아 밖에 예치해두는 것이라고 일라리아노프는 설명한다. 푸틴이 이 추론을 완벽하게 이해하여 일라리아노프가 놀라기도 했다.

부채 상환, 기금 조성, 석유와 천연가스 수출의 꾸준한 이익 상승 등에도 불구하고 러시아 사람들은 여전히 투자를 거의 안 한다. 중국의 투자율이 국부(國富)의 40%인데 반해 러시아는 브라질처럼 20%에 불과하다. 가스프롬(Gasprom)같이 가장 수익을 많이 내는 국영기업들도 바람직한 예를 보여주지 못하고 있다. 가스프롬은 새로운 가스 매장 지층을 탐사하거나 석유화학산업을 창설하기보다는 금융 투자를 선호한다.

"곧 투자를 하게 될 것"이라고 아르카디 드보르코비치는 확언한다. 그는 나를 설득시키기 위해 푸틴 대통령의 전략이 석유화학, 농산물식품, 바이오테크놀로지, 컴퓨터 등의 새로운 부문들에 투자하는 것이라고 덧붙인다. 그럴듯하게 들리긴 한다.

몇 년 전부터 드보르코비치가 모두에게 늘 같은 얘기를 한다는 것을 모른다면 그 설득력 있는 말을 믿고 싶어질 것이다. 푸틴의 내각이 불가피하게 소비가 줄어들고 투자가 늘어나게 될 것이라고 예고하면 할수록 투자 전망은 후퇴한다. 이렇게 지연되는 것에 대해 안드레이 일라리아노프는 한 가지 이성적인 설명을 제안한다. 일라리아노프는 체스 선수인 카스파로프와 국회의원인 이아블린스키와 더불어 푸틴의 독재에 대해 줄기차게 공개적으로 반대하고 있는 자유주의 사상가들 그룹에 속해 있다. 신중을 기하기 위하여 일라리아노프는 자유주의적인 케이토 연구소(Cato Institute)의 객원연구원으로 일하는 미국의 워싱턴과 그가 이끌고 있는 모스크바의 경제분석연구소를 오가며 살고 있다.

일라리아노프는 법적 상태가 퇴행하고 있기 때문에 투자가 부진한 것이라고 말한다. 사유재산권을 존중하지 않는 체제는 아무도 신뢰하지 않는다. 재산을 러시아 밖에다 예치시키는 것은 그 유명한 소수 지배자들만이 아니다. 중산층들도 마찬가지로 행동한다. 러시아 사람들은 가능하면 러시아 밖에다 부동산을 사놓는다. 그들은 특히 런던을 선호하는데, 영국이 러시아의 요구들에 가장 강하게 버티고 있기 때문이다.

영국의 타블로이드판 신문들은 러시아 억만장자들의 무분별한 행동들에 대한 기사를 아주 조심스럽게 보도하고 있다. 40만 명의 러시아인들이 영국에 상주하고 있는데, 이들은 일종의 경제망명자 공동체이다. 그들 중에는 일반 시민들보다는 현 러시아 체제의 관료들이 많은데, 이들은 국가에 대해 더 이상 신뢰를 갖고 있지 않다. 모두들 러시아의 운명에 대해 무관심하다고 일라리아노프는 애석해한다. 일부 최고위 국가지도자들까지 포함하여 모두들 자기 재산을 안전한 곳에 두는 것만 생각하고 있다.

석유 중독

"푸틴이 공포한 것은 구체적인 결과가 없다."고 예프게니 야신은 조롱 섞인 논평을 한다. 러시아 대통령은 이런 저런 섹터가 마술같이 발전되려면 공적 자금을 할당해주기만 하면 된다고 믿고 있다. 시장경제에서의 발전은 제도들에 종속되어 있다는 것을 푸틴이 이해하지 못했다고 야신은 말한다. 러시아가 법적 상태가 되지 않는 한, 그리고 기업들이 권력에 용감히 맞서면 감옥에 갈 위험이 있는 한, 큰 개혁은 기대하지 말아야 한다. 하지만 야신이 "자원들의 저주"라고 명명한 것처럼, 너무 많은 석유, 너무 많은 가스가 지도자들로 하여금 진정한 성찰을 하지 않아도 되게 만든다. 러시아에서 석유 가격은 개혁에 대한 모든 의지를 마비시키고 있다. 바로 이 때문에 관료들은 자발적으로 소비에트 시절의 수동성으로 돌아가 버렸다.

야신은 보리스 옐친 대통령 때 러시아 경제무역장관을 지낸 후 가이다르처럼 권력으로부터 멀어졌기 때문에 회의적인 걸까? 야신은 1991년에 '500일'이라 불리던 위원회를 주재하기도 했다. 시장경제로 넘어가기 위한 500일이라는 의미였다. 하지만 이 위대한 경제학자가 러시아를 하이퍼인플레이션으로부터 구해낸 것을 대부분의 러시아 사람들은 인정하고 싶어하지 않는다. 내가 아르카디 드보르코비치에게 1990년대의 충격요법의 주역들인 가이다르나 야신에 대해 어떻게 생각하느냐고 물었을 때, 그는 그것에 대해 판단하기는 너무 이르다고 신중한 대답을 했다.

러시아의 성장을 끌어올리는 석유에 대한 커다란 환상은 지속될 것인가? 현 지도자들은 그렇다고 생각하는 것 같다. 중국과 인도의 성장에 대한 전망들은 석유 가격이 끊임없이 올라서 러시아인들이 가장 큰 이익을 보게 될 것이라고 러시아 지도자들이 믿도록 만들었다. 세계 경제를 보다 느린 성장과 최소한의 석유 및 가스 소비 쪽으로 방향을 바꾸게 할 지구온난화의 위협을 내가 목청 높여 얘기할 때도 그들은 그저 비웃고 있기만 했다. 그들은 중국인이나 인도인들과 마찬가지로 이런 'Made in USA' 논의에 대해 무관심한 듯이 보였다. 러시아 기후학자들은 기후온난화를 믿지 않는다고 아르카디 드보르코비치는 말한다. 그런데 그들은 "앨 고어보다 더 능력 있는 학자들"이다. 러시아는 온실효과를 내는 가스를 제한하자는 교토협약에 비준하지 않았던가? 그저 정치적인 제스처였을 뿐이라고 드보르코비치가 단언한다. 오로지 그뿐이었다고.

블라디미르 밀로프는 드보르코비치와 같은 세대에 속한다. 하지만 그는 도덕적인 이유들 때문에 정부를 떠났다. 그는 석유 가격이 유발하는 행태들을 보고 참지 못했다. 밀로프는 두려워하지 않고 자신의 생각을 표현하기로 결정했다. 이러한 결단은 비판을 잘 견디지 못하는 체제에서 상당한 영웅주의를 필요로 하는 일이었다. 그는 러시아 정치의 비밀들에 자기가 입문케 해준 몇몇 외국 고객들과 함께 에너지 문제에 관한 연구 회사를 창설하는 데 성공했다.

"마르크스주의는 러시아에서의 정치생활과 이데올로기 변천을 이해하는 데 가장 유용하다."고 밀로프는 말한다. 러시아에서는 경제적 하부구조가 이데올로기적 상부구조를 결정짓기 때문이다. 푸틴이 1999년에 권좌에 올랐을 때 에너지 가격은 배럴당 20달러 정도로 낮은 수준이었다. 국가에는 재원이 거의 없었으므로 그는 경제문제를 민간에게 일임했다. 그 당시 그는 민주적이고 자유주의적인 노선으로 만족했다.

석유 가격이 계속 올라서 70달러 내지 그 이상이 되고 이런 상승 추세가 지속될 것처럼 보이자 푸틴은 경제를 다시 국유화시켰다. 그는 관료와 KGB[4](1995년 이후로는 FSB[5])의 옛 권력을 회복시켰다. 대외정책에서는 석유 가격과 러시아의 공격성 간의 직접적인 관계를 입증해볼 수도 있다고 밀로프는 말한다. 새로운 민족주의, 국적에 대한 열광, 새로운 지배 이데올로기가 된 교리들로 양념한 러시아 열풍은 석유의 배럴당 가격과 연동되어 있다.

그 관계는 밀로프가 주장하는 것처럼 그렇게 결정적인 것일까? 구체적인 세부사항들에 있어서는 그것에 대해 이의를 제기할 수 있다. 하지만 러시아의 자유주의 경제학자들 중 그 누구도 그것이 전반적으로는 정확한 얘기라는 점에 대해서 의심하지 않는다. 러시아는 석유라는 흥분제를 맞은 것이라고 밀로프는 결론짓는다. 지금과 같은 체제는 지속될 수 없다. 왜냐하면 시장은 결코 영원히 상승하는 것이 아니기 때문이다. 조만간 하락 시장은 되돌아온다. 현 상태라면 러시아는 석유 가격의 하락에 맞설 능력이 없을 것이다.

가스와 석유를 통해 연 1500억 달러의 수익, 무기 판매로 고작 60억 달러의 수익, 이것은 러시아의 새로운 저주일까, 아니면 국가 지상권의 재건일까? 지금 러시아 젊은이들은 축제를 벌이고 있다.

모스크바 한가운데서 음산한 기억을 안고 있는 루비얀카 건물 속의 KGB/FSB는 결코 이사하지 않았다는 사실을 몇몇 러시아인들은 잊지 않고 있다.

---

4) 국가안보위원회 또는 비밀경찰. ─ 역주
5) Federalinaya Sluzhba Bezopasnosti : 러시아연방보안국. ─ 역주

민영화된 사회주의

러시아의 새로운 경제가 보기보다 훨씬 과거의 경제와 비슷하다고 생각해보자. 미국에 망명한 러시아 경제학자 미하일 베른스탐의 주장이 그것이다. 그에 따르면, 러시아는 국가 사회주의에서 비국가 사회주의로 넘어가게 될 것이다. 베른스탐이 말하는 사회주의란 무엇인가? 노동자들이 자기가 생산해낸 것의 일부분만 받는 경제체제이다. 잉여 부분은 몰수되어 생산을 하지 않는 사람들에게로 이송된다. 반면, 미국이나 서방 유럽처럼 시장경제에서는 임금, 퇴직연금, 의료비 환급금이 국부의 약 65%를 차지하는데, 이는 임금노동자들이 생산한 것과 맞먹는 금액이다. 자본 수익은 약 20%를 차지하는데, 이는 투자 금액과 맞먹는 수치이다. 확인된 차액은 자본의 평가절하에 의해 설명된다. 그러므로 시장경제에서는 노동자들이 자신의 몫을 받아가고, 자본가들 또한 마찬가지다. 한 쪽에서 다른 쪽으로 강제로 옮겨지는 것은 존재하지 않으며, 임금노동자들이 자본가들에게 지원금을 대지는 않는다.

이 방식에서 출발하여 러시아와 소련을 비교해보자. 1991년 이전에는 노동에 대한 급료가 국부의 50%밖에 차지하지 않았고, 약 10~15%는 몰수되어 공기업에 투자되었다. 소비에트의 발전은 임금의 부분적 철폐와 농산물 가격의 전면 철폐를 바탕으로 이루어진 것이었다. 그 결과는 당연하게도 비효율적인 기업과 가난한 인민으로 나타났다.

오늘날의 러시아에서는 노동에 대한 급료가 소련 때처럼 여전히 50%를 차지하고, 시장경제들에서의 급료에 비해 한참 뒤떨어져 있다. 이윤은 국부의 35%에 달하여서 소련 시절보다 더 많은데, 투자는 그보다 낮아서 20%밖에 안 된다. 러시아의 임금은 그러니까 소련 때와 같은 비율로 억제되어 있는 것이다. 하지만 몰수된 돈은 공공투자에 보태지지 않는다. 이런 결말의 수혜자들은 새로운 개인 자본가들이다. 그들은 자기가 투자한 것보다 더 많은 수익을 소비한다. 러시아에서는 임금이 국부의 50%를 차지하는데 소비 또한 50%를 차지한다. (투자에 이익이 되는) 공적(公的) 사회주의(강요된 재분배)가 (새로운 소유주들에게 이익이 되는) 사적(私的) 사회주의가 되었다고 베른스탐은 결론지었다.

새로운 모델: 권위적 자본주의

중국의 권위주의에 가까운 러시아의 새로운 경제의 애매한 성공은 자본주의와 권위주의를 연결시키는 새로운 이데올로기를 부상하게 한다. 민주주의를 잘 받아들이지 못하는 사람들인 정치인들과 기업주들에게는 정치적 자유와 경제적 자유의 분리가 좋은 소식이 아닐까? 1970년대에 브라질, 아르헨티나, 칠레, 한국, 대만에서, 그리고 항구적으로 싱가포르에서 이미 경험된 바 있는 이 권위적 자본주의는 계몽전제주의에 관한 옛 이론으로 다시 귀착된다. 국가가 경제적 번영을 보장하는 마당에 민주주의적 혼란이 왜 필요하단 말인가?

이 이론은 원칙에 있어서뿐만 아니라 경험적으로도 몇 가지 결점을 갖고 있다. 독재자가 식견이 있어야 하며 일관성이 있어야 한다는 것을 전제로 한다. 이러한 점은 일반적인 규칙이라기보다는 예외일 수밖에 없다. 그 이론은 또한 독재자가 시장경제를 선택해야만 한다는 것도 전제하고 있는데, 이는 확신할 수 없는 일이다. 마지막으로, 이 이론은 러시아나 중국의 번영이 순전히 독재자들 덕분인 듯이 믿게 한다. 하지만 그렇지 않다. 러시아에서의 석유 가격이나 중국 소비품목들에 대한 세계적인 막대한 수요가 두 나라의 정치체제 못지않게 그들의 성장 기반이기 때문이다. 권위적 자본주의의 또 다른 취약성은 위기들을 극복할 능력이 없다는 점이다. 그리고 터키 경제학자인 대니 로드릭이 우리로 하여금 관찰케 하는 바처럼, 위기들은 독재자들이 협상할 수 없는 새로운 국민적 합의들을 요구한다.

아시아에서 1998년의 금융위기는 당시 찬미되던 인도네시아의 권위적 자본주의의 모델을 가져오는 바람에 생겨난 것이었다. 중국 공산당은 세계적인 수요가 하락하면 존속하지 못할 것이고, 러시아의 독재는 석유 가격이 하락하면 존속하지 못할 것이다. 결국, 이 권위주의적 체제에서 그들의 성격 자체가 개혁에 해가 된다. 자유의 결핍, 지적소유권 보호의 부재는 자원경제(러시아)나 모방경제(중국)를 용이하게 하고, 정보경제(싱가포르)로의 이행을 막기 때문이다. 권위적 자본주의의 이런 경험적 한계들에 덧붙여야 할 것은, 자유란 설사 계량화하기는 힘들다 해도 그 자체로서 가치를 갖는다는 점이다.

15
중국이 걱정스럽다

　적어도 두 개의 중국이 존재한다. 현실적인 중국, 그리고 신화적인 중국이 그것이다. 그런데 후자가 전자의 모습을 가리고 있다. 17세기에 예수회 신부들이 처음으로 중국에 진출한 이후, 계몽주의 철학자들을 거쳐 오늘날 기업가들에 이르기까지, 중국을 찾아갔던 서구인들은 끊임없이 중국을 이상화했으며 중국인들은 본질적으로 다른 사람들이라고 생각했다. 중국에서는 모든 것이 서양과는 다르다는 것이다. 자유에 대한 그들의 열망은 서구인들과는 다르며, 지난날 중국의 고위관리들 그리고 오늘날 중국 공산당에 의한 독재 또한 중국인들의 소망에 가장 자연스럽게 부합하는 정치체제라는 것이다. 중국과 중국인들에 대한 이 같은 상투적인 생각은 유럽에서나 미국에서나 마찬가지이다. 중국인들이 그들의 황제들과(1911년 공화주의 혁명, 신해혁명) 공산당에 대해(1989년 천안문 사태) 끊임없이 저항해 온 것은 사실이며, 중국에 호감을 가진 서구인들은 이 같은 사실도 염두에 두어야 할 것이다.

현실적인 중국, 신화적인 중국

　1990년 이후 중국의 경제 성장률은 10%에서 11% 사이였는데 이러한 수치는 중국에 호감을 가진 사람들의 편견을 조장했다. 고도성장기의 일본, 한국, 혹은 타이완이 이와 유사한 혹은 이보다 더 뛰어난 성과를 달성하지 못했던 것처럼 말이다. 2007년 인도는 경제 성장률 10%를 달성하지만 인도는 우리에게 중국만큼 놀라움을 주지 않는다. 서구인들이 유달리 중국 경제에 대해 이처럼 얼빠진 듯한 반응을 보이는 것을 어떻게 설명하면 좋을까? 이러한 사고방식은 분명 중국의 계몽주의적인 독재체제가 오랫동안 서구인들을 매혹시켜 왔다는 사실에 근거하고 있다.
　중국이 민주주의를 채택하지 않으면서도 자본주의 경제 시스템을 운용해 왔다는 점을 중국에 진출한 서구의 투자자들, 일부 서구의 정치 지도자들, 게다가 일부 지식인들까지도 못마땅하게 여기지 않는다. 중국에 대한 이 자발적인 호감을 넘어, 어리석은 인민들을 다루는 방식이 유혹을 통한 것이든 부패에 의한 것이든 중국의 지도자들이 발휘하고 있는 뛰어난 능력 또한 인정해야 한다.
　그러나 현실적인 중국의 모습은, 공식적인 통계, 중국 공산당의 관보, 그리고 북경이나 상하이의 거대 호텔들보다 접근하기 어렵다. 또한 중국에서 신뢰할 만한 대화 상대자를 찾기가 어려운 것은 대부분의 능력 있는 경제 전문가들이 정부 당국에서 일하기 때문이다. 중국의 문인주의 전통은 비판적인 지식인보다는 고위 관리를 양성하는데 있다. 그러므로 비판적 지식인의 삶은 험난한 것이어서, 감옥이나 해외 추방 사이의 어딘가에 위치한다. 감옥에 수감된 지식인이나 경제학자는 빠르게 변화하는 현실과 곧 유리되고 만다. 다행히 마오위쓰[6]와 같은 인물이 있기는 하다. 진실을 파악하려고 애쓰는 이 독립적인 정신의 경제학자가 북경에 설립한 연구소는 중국공산당과 연계되어 있지 않은 유일한 연구기관이다. 그러나 경찰의 시달림에 초연하기에는 너무나 고령이다. 마오위쓰가 자유 경제체제에 대해 호감을 감추지 않는 것은, 본인의 말에 따르면, 다른 시스템들은 제대로 작동하지 않기 때문이다. 다음에 이어질 소견은 요컨대 2005년과 2007년 사이에 필자가 마오위쓰와 북경에서 나누었던 오랜 시간에 걸친 대화의 결과이다. 또한 마오쩌둥 정권 때부터 현재에 이르기까지 상당한 기간 동안 중국에 머물렀던 내 자신의 경험이 구체적인 예로서 여기에 추가될 것이다.

기적이 아닌 성공

북경 중심부의 한 낡은 아파트에서 검소하게 살아가는 마오위쓰가 80세 가까운 나이에 강력한 중국 정부를 위태롭게 할 수 있으리라고 생각하는 사람은 없을 것이다. 그 자신도 공안원들의 감시와 도청에 놀란다. 그는 훌륭한 경제학자로서 이 같은 감시활동에 들어가는 터무니없이 많은 비용을 산정했고, 그것은 공공재정의 순수한 낭비라고 보았다. 그에게 몇 주일 동안이나 외출을 금지하고 방문객들을 일일이 사진 촬영하는 사복 경찰들도 자신들이 쓸데없는 일을 하고 있

---

[6] 마오위쓰(茅于軾), 중국의 유명한 경제학자. 전 유엔개발계획 고문. 아시아개발은행 고문. ─역주

다는 것을 잘 알고 있는 듯하다. 그러나 마오위쓰는 모든 중국인들과 꼭 같은 생각을 하지는 않는다. 그래서 그는, 북경의 반체제 인사 후 지아가 유머스럽게 말한 것처럼, 아주 심각한 말썽꾼 즉 VIT(Very Important Troublemaker)로 간주되고 있다.

마오위쓰의 주요한 활동은 자택에서 공식적인 정부 통계 자료를 확인해 보는 것이다. 이 통계가 이미 발표된 것이고 그래서 모든 사람들이 열람할 수 있는 한 그것은 범법 행위가 아닌 것으로 생각될 것이다. 그러나 대조와 검증을 통해 마오위쓰는 모순점과 자가당착을 찾아내기를 즐긴다. 이 전통은 오래된 것이다. 1960년대와 1970년대에 당은 터무니없는 총 생산고를 발표하면서, 그것이 가장 기초적인 경제 법칙에 대한 당의 승리라고 주장했다. '대약진'의 시대는 이미 과거의 일이고, 그간 중국의 역대 정부들은 얼마간의 옛 관습을 유지하면서도 좀더 합리적으로 바뀌었다. 예를 들어 마오위쓰는 중국의 실업률이 회계연도 말에 결정되는 것이 아니라 연초에 발표된다는 점, 그것도 3% 정도의 터무니없이 낮은 수치라는 점을 지적한다. 그것은 결과가 아니라 희망사항일 뿐이다. 이 통계 수치에는 농촌의 불완전 고용자들, 작업장을 전전하는 이민자들, 시시한 대학은 졸업했지만 전공 분야에 상응하는 직장을 구하기까지 몇 년간을 기다리는 젊은 이들은 포함되어 있지 않다.

성장률도 이론의 여지가 많다. 표면상 연평균 10%에서 11%를 선회하는 것으로 나타나 있지만, 비생산적인 농촌사회에서 급속한 산업사회로 이행하는 경제권은 모두가 평균 이 정도의 성장률을 달성한다. 게다가 중국은 산업화가 늦었기 때문에 산업화의 각 단계를 단기간에 거칠 수 있다. 다른 국가들이 이미 경험한 생산과 경영 기술의 혜택을 중국은 단번에 받고 있는 것이다. 그리고 중국은 운이 좋은 편이다. 21세기가 시작된 이후 세계의 성장률이 약 5%인데 비해 중국의 산업은 수요 상승에 재치 있게 대응한 것이다. 그렇다고 하더라도 10%의 성장률은 신빙성 없는 수치이다.

마오위쓰는 공식적인 성장률에서 돌이킬 수 없는 환경 파괴 비용을 공제하는 것이 타당하다고 생각한다. 사라진 숲, 수질 오염, 숨쉬기도 어려운 대기 등은 당연히 성장률 공제에 포함되어야 하며, 이러한 사항을 고려하여 마오위쓰는 중국의 성장률을 보다 합리적인 8% 수준으로 끌어내린다. 이것은 주목할 만한 지적이지만, 이전의 마오쩌둥 시대에는 경제 성장률이 제로이거나 마이너스 성장이었던 점을 고려한다면, 이 같은 수치는 그동안의 상황을 만회한다는 의미를 갖는다고 할 것이다. 제로에서부터 시작한다면 성장은 무척 빠를 것이다. 그러므로 눈부신 성장률은 아니라고 하더라도 대체로 만족할 만한 것이며, 중국을 빈곤에서 벗어나게 하기에는 아직 충분하지 않다.

인구 때문에 그 규모에 있어 중국은 세계 제3위의 생산국이지만 일인당 생산고는 101번째에 불과하다. 생산품의 내용 또한 총생산량에 못지않게 고려의 대상이 되어야 한다. 중국의 경제는 무엇보다도 조립과 마무리 작업을 하는 공장처럼 기능하기 때문이다. 수입의 목적은 재수출에 있으며 여기에서 발생하는 부가가치는 중간단계의 공장으로부터 얻어진다. 이 같은 세계화의 회로상에서 중국은 값싼 노동력을 제공하고 있다. 본질적으로 중국이 얻는 이윤은, 거의 10억에 가까운 엄청난 수의 농민들에 대한 착취로부터 비롯된 것이다.

그렇다고 해서 우리가 중국 기업들의 수준을 부인하는 것은 아니다. 비록 임금은 낮지만 중국의 노동자들은 숙련되어 있으며, 경영도 대체로 효율적인 편이다. 그러나 중국이라는 거대한 공장을 이루고 있는 대부분의 기업들은 외부 투자 없이는 가동을 하지 못할 것이다.

중국의 밖으로부터 주문과 기술과 자본, 그리고 때로는 경영자들이 온다. 해외에 거주하는 중국인들, 홍콩과 대만의 중국인들, 그리고 뒤이어 한국인들, 일본인들, 서구인들이 몰려오고 있는 것이다. 중국의 상대적인 성공 비결은 그러므로 신비스러운 것도 아니며 기적도 아니다. 중국은 자신의 이익의 극대화를 위해 그리고 고객의 이익을 위해 일하는 능숙한 하청업자일 뿐이다. '메이드 인 차이나'라는 라벨을 달고 우리에게 오는 상품이 중국에서 결정되는 경우는 별반 없다. 대부분의 상품은 미국, 유럽, 혹은 일본에서 고안되고 한국이나 대만에서 개량된 것으로서, 최종적으로 중국에서 마무리되어 재수출된다. 제3자의 주문에 따른, 대부분의 중국 수출품은 중국에 진출한 외국 기업들이 관장하고 있다.

   중국과 서구간의 무역불균형은, 이 같은 외국 기업들의 이윤을 공제한다면 보기보다 심각한 게 아니다. 미국 경제학자 마크 첸들러는 중국에 대한 미국의 무역적자를 평가하면서, 제조가 완료된 다음에 재수출하기 위해 중국으로 수입해 들이는 미국 기업들의 몫을 산정하면, 표면적인 적자에 비해 실제로는 줄어들 것이라고 생각한다. 중국 모델은 그러므로 무엇보다도 그 규모 때문에 놀라운 것이다. 중국이 새로운 경제 모델을 만들어낸 것은 아니라고, 마오위쓰는 말한다. 그것은 고전적이지만 규모가 거대하다는 것이다. 그것이 원활하게 작동하는 것은 때를 잘 만났기 때문이다. 세계는 정체되어 있고 개방적이며 수요자의 입장에 있다. 훌륭한 경제란 또한 행운의 문제이기도 한 것이다.

공산당 덕분이라고?

　어떤 점에서 중국 정부인 공산당은 이 경제 모델의 창안자인가? 그 공적은 정부에 있는 것인가? 중국인의 대부분 그리고 중국인이 아닌, 첩자들은 더더욱 공은 정부에 있다고 생각한다. 1949년에서부터 1979년 사이에 중국을 망가뜨렸던 당이 마침내 정상적인 경제생활의 여러 조건들을 회복시켰다고 평가한 것이다. 우선 질서의 회복을 들 수 있다. 당의 강력한 주도로 중국 전역에 정착하게 된 평온한 분위기가 아니었더라면 경제 발전은 불가능했을 것이다. 50년에 걸쳐 부의 축적을 처벌했던 당은 이제 그것을 장려하고 있다. 중국인에게 부유해지기 위해 노동하는 것이 다시 허락되었으며, 심지어 그것은 당이 허락하고 권장하는 유일한 활동이 되었다. 중국인들도 다른 나라 사람들과 똑같은 열망을 갖고 있다. 가난한 농부부터 활력에 찬 기업가에 이르기까지, 모든 사람들이 자신과 자식들의 운명을 개선하고 싶어 한다. 호모 에코노미쿠스는 모든 문명권에서 찾아볼 수 있는 보편적인 인간이다. 이 점에서는 중국인들도 예외가 아니다. 그러므로 시장 경제의 단순한 메커니즘을 이해하고 인민들로 하여금 일을 하게 만든 당의 정책도 찬양해야 한다. 수십 년간의 인플레이션을 경험한 다음, 통화 문제를 치밀하게 관리하게 된 것은 당의 업적으로 인정해야 한다. 이러한 조치가 기업을 세우고 상거래를 원활하게 만들기 때문이다. 도로, 항만과 공항 건설, 그리고 에너지 분야 등에서 때로는 지나칠 만큼의 대대적인 공공투자가 중국이라는 공장을 효율적으로 가동하도록 해준다. 이러한 분기점에서, 마치 중국 공산당이 아담 스미스와 밀턴 프리드먼의 가르침을 그대로 받아들인 양 모든 일이 벌어지고 있다. 중국의 경쟁 기업들을 살펴보면 중국의 현재상황은 가장 고전적인 자유 경제체제에 정확하게 부합한다. 효율성이 떨어지기 때문에 언급을 회피하는 부분도 있다. 산업 노동력의 절반 가량이 투입된 거대한 공공분야가 그것이다. 이 같은 사회주의의 잔재가 아직도 남아 있는 것은 결코 상환되지 않는 은행융자 덕분인데, 그것은 과거 기업들의 사실상의 파산상태를 은폐하고 있다. 서구에서도 마찬가지이지만, 이 같은 현상 또한 고전적인 사례이다. 그러나 중국 공산당은 서구와는 달리, 유럽이나 미국에서는 찾아볼 수 없는 극단적인 자유주의를 실험하는 데에까지 나아간다. 중국의 파렴치한 노동착취가 그것이다.

농민의 노동착취

칼 마르크스와 프리드리히 엥겔스가 설명했듯이, 서구의 산업 혁명은 농민들을 무산계급 노동자로 만들었다. 그러나 유럽, 미국, 일본 혹은 한국에서의 노동착취는 무자비한 것이었고, 사회적인 제동장치에 의해서 겨우 완화되었다. 자선 기관, 교회, 노동조합, 신문, 그리고 정치단체들이 이 변화를 유도하여 자본주의 기업의 탐욕에 제동을 걸었으며, 산업 혁명에 사회주의적 성격을 부여했다. 중국은 전혀 딴판이다. 극심한 빈곤에 시달리는 중국의 농민이 이 같은 처지에서 벗어나기 위해 할 수 있는 선택이라고는 개인기업 혹은 공공기업의 경영자에게 전적으로 의지하는 것뿐이다. 몰인정하기 그지없는 기업주들은 가능한 한 낮은 임금을 지불할 뿐이며, 때로는 전혀 임금을 주지 않는 경우도 있고 노동자들의 권리라고는 조금도 인정하지 않는다.

중국에는 형식적인 노조가 있을 뿐, 파업은 금지되어 있으며, 노동법도 최소한의 형식만 갖추고 있을 뿐이다. 간헐적으로 외국의 언론, 그리고 때로는 중국의 언론이, 노예제도에 가까운 이 폭력적인 권력의 남용을 외부에 전한다. 정부는 분개한 태도를 보이면서 사회적 법규를 엄격하게 적용하겠다고 약속하지만, 그것은 그저 형식일 따름이며 대부분 민감한 외국인들에게나 해당될 뿐이다. 중국 정부는 서구의 위협적인 반발에만 반응을 보일 뿐, 그외의 경우에는 요지부동이다. 그래서 중국 노동자들에 대한 진정한 보호는 서구가 맡고 있는 셈이다. 북경 정부는 외국의 주문이나 외국 자본의 투자의 감소를 방관할 수 없기 때문이다. 공사장에서 안전 기준의 적용 문제도 마찬가지이다. 이동 공사장들에서는 전세계가 감탄하는 중국의 기간 설비 공사가 진행되고 있는데 이곳에서 일하는 이주 노동자들의 상태는 일반 공장 노동자들보다 더 열악하다.

　마르크스주의적인 의미에서, 중국 농민들에 대한 착취를 손쉽게 만드는 것은 엄청난 인구이다. 프롤레타리아 예비인력이 무궁무진하게 많은 나라가 중국이기 때문이다. 법제도 역시 착취를 부추기는데, 농민은 도시거주민과 동일한 권리를 갖지 못한다는 사실이 그것이다. 프롤레타리아 농민들의 운명은 그 출생에서부터 규정되어 있다. 그것은 신분증명서(후코우, 戶口)에 기재되어 농민들을 전적으로 고용주에게 종속시킨다. 허가 없이 도시에 거주하는 것, 치료를 받는 것, 그리고 자녀들을 도시 학교에 취학시키는 것 등을 후코우는 금지하고 있다.

　당은 가끔 후코우를 폐지하겠다고 하지만 아무런 조치를 취한 바 없다. 중국에 있어서 권력관계는 착취당하는 사람들을 외면하고 착취자의 편에 서 있기 때문이다. 억압받는 사람들은 아무런 표현의 자유가 없고 정치적인 영향력도 행사할 수 없다. 그들은 끊임없이 항의하지만 폭력적으로 진압되고 만다. 그들의 약점이 되는 것은 역설적으로 다수라는 사실이다. 매년 산업체에 2천만 개의 새로운 일자리가 생겨나지만 그러나 중국에는 7억에서 8억에 이르는 빈곤층 농민이 있다. 프롤레타리아 예비인력은 아직 고갈 상태에 이르지 않았고, 중국의 공장을 돌아가게 만드는 무자격 단순 노동자들에 대한 탄압은 극단적이다. 마오위쓰는 여기저기에서 몇 가지 장애물을 지적하는데, 노동력이 부족해져서 임금이 갑자기 상승하는 경우가 그것이다. 이 같은 현상은 항상 광둥 지역에서 벌어진다. 이곳은 워낙 공장들이 밀집되어 있어서 숙련된 노동자들을 데려오기 위해서는 기업주들이 높은 임금을 줄 수밖에 없다. 그것은 예외적 경우로서 중국의 규모로 보아 이런 예외성은 오랫동안 지속될 것이다.

승리자와 패배자

중국의 경제 성장으로 누가 이익을 얻는가? 어떻게 해서 중국은 부유해지고(현재 중국의 외환 보유고는 5백억 달러이다), 중국인들은 그토록 빈곤할 수 있는가? 마오위쓰는 이 같은 질문을 던진다.

요컨대 최상위층을 차지하고 부유해진 소수의 사람들은 공산당 지도부나 군부 인사들 그리고 그들의 친인척들이다. 어떤 사람들은 친분관계를 이용하거나 민영화를 구실로 국가 소유의 회사들을 장악하여 기업주가 되었다. 그들의 부의 근원에는 기업정신이 있는 것이 아니라 수입이 좋은 직책과 부정한 방법에 의한 착취 행위가 자리 잡고 있다. 중국에서는 관청의 허가를 얻지 않고는 기업 활동을 할 수 없다. 이 허가제도는 당 조직의 하부에서 상층부에 이르기까지 관리들에게 돈벌이 수단이 된다. 마오위쓰의 지적에 따르면 중국은 법치국가가 아니며 소유권이 명백하게 규정되어 있지 않고, 법률은 '개별화' 되어 있다. 이 주관적인 법률은 당에 대한 충성도에 따라 수입으로 변한다. 중국 기업들이 막대한 생산성을 올리고 있다는 증거는, 마오위쓰의 야유 섞인 설명에 따르면, 이 같은 일반화된 착취 시스템에도 불구하고 중국인들과 외국인들이 계속해서 투자를 하고 있다는 점이다. 결국 부패의 희생자들은 착취 기업주들이 아니라 사회 하층 계급의 봉급 노동자들 그리고 원가 부담을 떠안아야 하는 최종 소비자들이다.

우리가 중국의 중산층이라고 부르는 사람들, 생활수준과 의식이 서구 사람들의 그것과 엇비슷한 약 2천만에 달하는 사람들은, 마오위쓰에 따르면 진정한 중산층이 아니다. 그들의 번영은 노동에 따른 것이 아니라 착취 시스템의 전략적 상황에 의한 것이다. 대부분이 당원이거나, 당원과 인척관계에 있거나 정치권력과 밀착된 사람들이다. 다시 말하면 중산층이라는 용어보다는 '벼락부자 집단' 이라는 용어가 그들에게 더 적절하다. 서구 정치학자들의 환상과는 달리, 이 유사(類似) 중산층이 중국의 민주화를 요구하리라고 희망하는 것은 오산이다. 당이 권력을 상실하거나 혹은 중국이 법치국가가 될 경우 바로 그들이 첫 번째 희생자가 될 것이기 때문이다. 민주화가 달성된다면 농민과 노동자들은 자신들의 정당한 몫을 요구할 것이다.

마오위쓰는 직업적 기능과 경제적 자율성이라는 서구의 기준에 부합하는 진정한 의미의 중산층도 존재한다고 말한다. 이 같은 계층은 자유직, 상인과 기업가 등 약 3천만 명이라고 그는 추산한다.

개인적인 관측에 의거한 이러한 평가에 몇 가지 미묘한 차이를 지적하는 것이 좋을 것이다. 중국의 새로운 경제 시스템에 있어서 비교적 패자에 속하는 사람들은 물론 농민이지만, 그러나 성장의 몇 가지 여파는 가장 오지에 위치한 촌락에까지 미쳤다. 부유한 도시 거주자들의 식품에 대한 수요는 농산물 가격을 상승시켰고, 텔레비전, 전기, 전화 등 안락한 생활에 관계되는 몇 가지 물품들이 오지 깊숙이 파고든다. 도로들은 각 지역의 전통적인 중간 상인들에게 보다 수익성이 나은 도시의 시장으로 물품을 직접 수송하는 것을 수월하게 해준다. 또한 적어도 가족 중 한 사람은 고향을 떠나 작업장에서 노동을 하거나 혹은 산업체에서 안정된 직업을 얻는 일이 계속된다. 이러한 이주 노동자들이 봉급 중에서 고향으로 송금하는 돈은, 지금까지는 가까스로 생존을 위한 경제활동으로 버텨왔던 지역 사회의 형편을 고려해 본다면, 상당한 규모의 금액이 유입되고 있음을 의미한다. 마오쩌둥 시절부터 강행된 산업화에 자금을 대온 농촌에 대해 공산당이 2005년부터 세금 징수를 경감시켜준 것도 사실이다. 그럼에도 농촌의 참상은 다른 곳으로의 이주라는 전망을 제외한다면 여전히 견디기 어려운 실정이다. 초등학교가 턱없이 부족하고 의료시설은 전무하다시피한 상황은 소득의 부족보다도 더욱 심각하게 농촌을 절망으로 몰아넣는다. 이 같은 절망은 예를 들어 인도와 같은 빈곤국가에서조차도 찾아보기 어려운 일이다. 당의 독재는 농민들이 불평을 토로할 수 있는 여지를 봉쇄하고 있다. 당의 중간간부들에 의한 착취행위를 견뎌낼 수 없을 때 폭동을 일으키는 것이 그들의 유일한 배출구이다. 1980년대에 수백만의 농민들이 매혈 행위를 할 수밖에 없는 지경에 이르게 되었던 것도 놀라운 일이 아닌 것이다. 매혈 행위는 에이즈의 만연으로, 특히 허난성 지역에서 몇 개의 마을이 통째로 사라졌던 2000년대까지도 계속되었다.

중국의 오지까지 여행해 보지 않았던 외국인들은 이런 참상을 알지 못했고, 중국의 도시 거주자들은 그것을 대수롭지 않게 생각한다. 도시 거주자들은 시골에 가지 않으며, '시골 사람들'에게 무관심하다. 그러나 중앙 정부는 알고 있다. 농민들의 빈곤을 유감스럽게 생각하며 보다 정의롭고 보다 '조화로운' 사회를 소망한다는 것이 당의 관례적인 발언이 되었다. 그것은 아무런 구체적인 결과도 가져오지 못하는 수사적인 표현일 뿐이다. 2007년, 전당대회에서 정부가 농촌지역의 초등학교 설립을 지원할 것임을 강조했다. 이 훌륭한 계획은 지금까지 초등학교가 부족했었다는 사실을 암암리에 자인한 것이다. 제17차 전당대회 이전까지는 모든 중국의 어린이들이 취학하고 있다는 것이 공식적인 선전이었으므로, 이 고백은 뜻밖의 발언이었다.

불가피한 집단 이주

당국이 농촌을 외면하는 문제에 마르크스주의적 설명을 해 볼 수 있을 것이다. 당의 태도는 결국 경제적 이익에 의해서 좌우된다는 관점이다. 위에서부터 아래에 이르기까지 모두 대규모 제조공장으로 흡수된 공공재정은 가능한 한 수출로 전환되는데, 그것이 당원들에 이익을 가져다주기 때문이다. 즉각적인 이익을 창출해내지 못하고 게다가 대중의 의식을 깨우쳐줄 위험마저 내포하고 있는 교육시설이나 의료부문에 투자를 할 이유가 어디 있겠는가? 당은 선거에 의해 구성되지 않기 때문에 그 권력이 인민들에게서 나오지 않는다. 기껏해야 그들의 분노에 대한 두려움 때문에 빈곤층에 대해 몇 가지 양보를 할 뿐이다.

마오위쓰가 이 문제에 관해 제시하는 상이한 분석은 오히려 성장 이론에 근거하고 있다. 그가 보기에 농민들의 참상에 대한 진정한 해결책은 농촌 인구의 집단 이주인데, 문제는 이것이 지나치게 완만하게 이루어지고 있다는 점이다. 약 1억에 달하는 농민들이 지난 10년 이래 농촌을 떠났지만 중국의 규모로 볼 때 이 수치는 충분치 않다. 도시 지역에 연간 2천만 개의 일자리가 새로 생겨나고 있지만 이 또한 충분한 수치가 아니다. 이런 속도의 인구 이동으로는 농촌 인구를 농업활동에 적절한 수준으로 조정하는 데에 40년이 걸릴 것이기 때문이다. 반드시 필요한 농촌 인구의 이동을 가로막는 것은 토지의 사유제가 존재하지 않는다는 사실 때문이기도 하다. 농민들은 지방정부의 허가를 받아 토지를 경작하지만 그것을 사거나 팔 수는 없다. 모든 측면에서 농업의 생산성을 얼어붙게 만드는 것은 토지 소유가 공공 기관에 귀속된다는 사실에서 비롯된다. 담보물을 설정하지 않고는 융자를 해주는 은행이 없기 때문에 자신의 소유가 아닌 토지에 투자를 할 수도 없다. 당이 대여해 주기는 했지만 과거에 그랬듯이 언제 다시 환수해 가 버릴지도 모르는 땅에 투자를 해서 뭐하겠는가? 도시로 이주하는 농민에게 이 공공의 토지는 피난처로 남고 사회보험의 기능을 담당하기도 하지만 또한 결정적으로 도시화되는 것을 가로막기도 한다. 경제 발전은 반드시 개발의 철칙이라고 할 수 있는 농촌 인구의 이동을 거쳐야 한다고 마오위쓰는 말한다. 인구 이동은 토지의 개인소유를 필요로 할 것이고, 그것은 농촌의 경제 구조를 재편시키고 보다 합리적인 경작 활동을 가능하게 해 줄 것이다. 그러나 당의 입장에서 보자면 그것은 궁극적인 당의 신조, 그리고 8억의 중국 농민들에 대한 주요한 억압 장치를 포기하는 일이 될 것이다. 현재로서는 가능해 보이지 않지만, 권력을 가진 소수의 사람들을 넘어 모든 중국인들을 위한 전반적인 현대화의 전제가 되는 것은 그러므로 어떤 형태로든 정치 개혁이다.

증대하는 위험

정치 개혁은 가능한가? 현재 중국의 경제 모델은 튼튼한 것인가? 경제 용어들을 사용하여 말하자면, 중국이 세계의 공장이라는 기능만을 수행하는 것으로 고도의 경제 성장을 계속할 수 있는 가능성은 적어 보인다. 비교적 단순한 이 역할은 높지 않은 원가를 투입한 다른 나라들 특히 인도와 조만간 경쟁을 하게 될 것이다. 향후 중국의 현대화는 한국이나 대만의 모델에 따라, 단순 노동력보다는 부가가치를 끌어들임으로써만이 지속될 수 있을 것이다. 중국에 호감을 가진 사람들은 이러한 변화를 감지할 수 있다고 믿는다. 그들은 중국의 기업가들이 자동차 공업이나 생명공학 분야에 투자를 감행하고 있는 것을 눈여겨본다. 그러나 대규모 혁신이 늦어지는 것은 아직 여러 조건들이 집약되지 않았기 때문이다.

일본이나 한국이 제조 공장 단계를 넘어 후기 산업사회로 진출한 것은 궂은일을 하려는 단순 노동력이 부족해졌기 때문이다. 그러나 중국은 형편이 전혀 다르다. 게다가 소유권의 부재(중산층이 선호하는 주택을 제외하면)는 기업가들의 모험심을 부추기지 않는다. 그들은 외국에 투자하거나 부동산에 투자하기를 원한다. 중국에 장기 투자를 하는 외국인들이 특히 그렇다. 지적 소유권의 보호가 불충분하기 때문에 외국 상표와 외국의 기술을 불법 도용하는 행위를 부추긴다. 이 같은 행위가 단기적으로는 이익이 되겠지만 참다운 '메이드

인 차이나'라고 할 제품을 만들어 내는 활동에는 장애가 되는 것이다. 이것은 과도기적인 상황에 불과한 것인가? 일본과 한국은 이 복제 단계를 거쳐서 극복했다. 그러나 중국인들의 지배적인 정서는 지적 소유권이란 중국의 도약에 제동을 걸려는 서구 제국주의의 한 형태에 불과하다는 것이다. 언론에서도 대학에서도 이 같은 주장을 들을 수 있다. 대단한 지적 자산의 원천임에 틀림없는, 중국 대학생들의 숫자가 특히 강조되기도 했다. 그러나 이 문제에 대해서도 역시 우상파괴자인 마오위쓰는 대학과 대학생의 숫자가 증가했다는 사실 자체가 그 수준의 하락을 반영한다고 평가한다. 새로운 부르주아 계층의 자녀들이 대학 졸업장을 돈을 주고 사는 행태 역시 그들의 자질에 대해 의심하게 만든다. 게다가 대학 졸업자들의 실직 상태는 도시화된 새로운 중국의 특징이기도 하다. 이러한 사태가 말해 주는 것은 대학 교육의 질이 낮다는 것, 그리고 뛰어난 인적 자원을 충원하려고 노력할 만큼 혁신적인 기업체들이 존재하지 않는다는 사실이다.

지금 당장 마오위쓰가 걱정하는 것은 혁신의 부재라기보다는 금융 파탄이다. 국가의 관리 하에 있는 은행들은, 고객이 구상하는 사업이 얼마나 유망한가 그리고 상환 능력은 있는가를 고려하기보다는 고객이 지닌 정치적 영향력을 따져 융자를 해 준다. 중국내에서 언제나 최대의 고용주라고 할 수 있는 많은 공공 기업들은 사실상의 파산 상태를 은폐해 주는 은행 융자 덕분에 버텨나가고 있다. 반면 상환 능력이 있는 기업들은 수익을 부동산에 혹은 외국에 투자하려 한다. 중국 은행들이 이 악성 채무를 견뎌낼 수 있는 것은 풍부한 예금고 덕분이다. 위안화는 태환이 불가능하고, 부동산이나 투기성 증권거래를 제외하면 투자 가능성이 낮기 때문에, 중국인들은 낮은 이자율에도 불구하고 자금을 은행에 예치한다. 혹시라도 이 예금주들이 맡긴 돈을 한꺼

번에 인출하고자 한다면, 은행들은 지불 불능 사태에 직면하게 될 것이다. 광둥 지역에서 정확히 이 같은 사태가 발생했고 폭동으로 이어졌다. 중국인들은 비상사태가 일어나 자유를 빼앗기는 것은 견딜 수 있어도, 자신들의 예금을 날리게 된다면 공산당이라도 용납하지 않을 것이라고 마오위쓰는 말한다.

마오위쓰가 볼 때, 대학 졸업자들의 실업과 은행의 취약성이 주요한 위험인자들이다. 그러나 그는 중국이 미국으로부터 자금을 회수함으로써 야기될 수 있는 세계적인 위기 상황이나 중국에 타격을 줄 교역의 일반적인 감소에 대해서는 걱정하지 않는다. 중국 경제는 세계화와 충분히 연계되어 있어서, 세계가 중국으로부터 철수하거나 중국이 세계로부터 발을 빼는 일은 없을 것이라는 게 그의 전망이다. 세계 각국은 모든 당사자들에게 이익이 되는 노동의 국제 분업을 통해 상호의존적인 관계가 되었기 때문이다.

마오위쓰는 서구의 언론들이 보도하고 있는 바와 같은 잦은 폭동에 의해 중국의 정치 구조가 흔들리게 될 것이라고 단언하지도 않는다. 이 같은 소요 사태는 즉흥적이고, 조직적이지도 못하고, 주동자도, 프로그램도 결집력도 없기 때문에, 중국 사회의 불안감을 드러내는 것이기는 하지만 당의 독재에 실질적인 위협이 되지는 못한다. 이제 정보는 유통되고, 특히 인터넷을 통해 그 유통이 자유로울 뿐 아니라, 중국인들은 국내만이 아니라 외국에까지 여행을 한다. 또한 시민 사회가 부상하고 여러 가지 권리들이 주장되고 있다. 그러나 당은 서슴없이 무력을 동원하여 사태를 진압한다. 더 효과적인 수습책은 중국인들이 아직껏 기억 속에서 지울 수 없는 무질서에 대한 두려움을 적절하게 이용하는 것이다. 한 세기에 걸친 내란을 경험한 중국인들은 당이 질서의 수호자 역할을 하는 한 부당한 조치에도 순응해 나간다.

무질서보다는 부당한 것이 더 낫다―이것이 중국 공산주의의 신조가 될 수 있을 것이다.

인구 불안

역사적으로 전례가 없기 때문에, 잘못 평가하게 되는 한시적 위험이라는 것이 있다. 한 가구 한 자녀 출산 정책에 내포된 인구학적, 경제적, 사회적 효과가 그렇다. 1970년대 이후 중국 정부는 인구가 지나치게 많다는 이유로 출산을 혹독하게 탄압했다. 이 같은 인구 억압 정책 때문에 사람들은 황당해 한다. 진정한 동기는 무엇인가? 30년이나 40년 전만 해도, 19세기 초 맬서스의 인구론에 호응하여 인구가 지나치게 많으면 빈곤을 초래하게 되므로 산아제한이 경제 발전보다 더 우선시되어야 한다고 주장하는 경제학자들이 있었다. 그러나 이 이론은 부정확하다는 사실이 밝혀졌다. 기술 혁신 덕분에 한 세기 전부터 농업 생산고는 계속 상승했으며 이것은 인구 증가를 앞질렀다. 게다가 모든 개발도상국에서 대가족이 핵가족으로 변화하는 자발적인 인구 이행기를 겪었다. 경험상, 인구 이행은 경제 발전의 전제 조건이 아니라 그 결과이다. 이 같은 사실이 잘 알려져 있음에도 불구하고 중국 정부는 인구 억제 정책을 포기하지 않았다.

마오위쓰는 그 이유가 경제정책적인 것이 아니라 정치적이고 재정적인 것이라고 생각한다. 가족계획 담당자들은 인구를 통제함으로써 이익을 얻는다. 둘째아이를 갖기 위해서는 가족계획 담당자에게 돈을 건네주면 된다. 그렇지 않으면 이 관리들은 극단적인 폭력을 행사하는데, 여자들을 강제로 연행하여 불임 시술을 시키거나 강제 유산하게 하는 것이다. 법이 금지하는 행위가 빈번히 자행되고 있음에도 불구하고 정부는 처벌을 하지 않는다.

평균해서 한 가구 자녀수가 한 명이 아니라 두 명에 가까운데도 불구하고 중국의 인구는 감소하고 있으며 또 노령화되는 추세에 있다. 벌써 좋지 않은 결과가 가시적으로 나타난다. 가족 공동체가 유일한 사회적 연대감을 형성하는 나라에서 이제 나이 많은 부모들을 아무도 돌보지 않는다. 중국에는 양로원도 없으며 공공 기업에서 드문 예를 제외하고는 연금제도도 없다. 중국에서는 어떻게 늙어가야 하는 것인가? 아마도 고통스러운 노년이 기다리고 있을 것이다. 장기적인 차원에서 중국 경제는 노령화되고 분산된 노동력을 어떻게 대체할 것인가? 예측할 수는 없지만 불안한 일이 아닐 수 없다.

독재의 종말

가장 불확실한 미래는 당의 미래이다. 당은 점차 중국 사회를 대변하지 못한다. 거의 전적으로 교육받은 남성들로만 구성되어 있고 책임 있는 직능에서는 농민도 노동자도 여성도 없는, 이 기술 관료들의 당은 인민들과 단절되어 있다. 당은 인민들의 요구를 귀담아 듣지 않는다. 재갈이 물려진 미디어는 당이 원하는 것만을 반영할 뿐 여론은 거의 전달하지 않는다. 6천만 명의 당원을 확보하고 있는 중국 공산당은 여러 파벌로 나뉘어져 있고 각 분파들 사이에 갈등이 심하다. 그러나 그 내부에 민주적 절차가 부재하기 때문에 파벌들 간의 싸움은 폭력이나 돈에 의해 혹은 군부의 지원 하에 승부가 결정된다. 이러한 상황이 당과 경제 정책과 대외 정책의 변화를 불투명하게 만든다. 친 중국 인사들이, 중국에서건 다른 곳에서건 모든 독재 정부에 내재하는 이런 불안정성에 무관심한 것은 1979년 이후 중국이 운 좋은 상황을 누려왔기 때문이다. 마오쩌둥 이후 네 명의 후계자들은 충분히 합리적이고 비교적 식견 있는(그렇다 해도 1989년 천안문 학살 사건을 잊을 수는 없지만) 지도자들이었다. 그러나 독재 체제에서는 그 어떤 절차도 차기 지도자 또한 그만큼 합리적이고 식견이 있을 것임을 보장해주지 못한다. 경제적 자유화의 추구 그리고 영구적인 대외 평화 정책에 대한 당 내부의 합의가 존재한다고 주장할 수 있는 사람은 아무도 없다. 그것은 희망 사항일 뿐이다. 중국인들을 위해 그리고 중국의 번영에 지대한 관심을 가진 그밖의 세계 사람들을 위해 품는 희망인 것이다. 그러나 그것을 확신할 수는 없다. 모든 것을 예상할 수 있으며, 여기에는 민주적인 정상상태를 지향하는 중국의 다행스러운 변화도 포함될 것이다. 마오위쓰가 희망하는 것이 그것이다. 중국의 경험이라는 것이 실재한다 해도, 그는 자유주의적 모델과는 분명히 구분되는 중국적 모델—지속 가능하고 보편적인 가치를 달성할 수 있는 것—이 존재한다고는 생각지 않는다.

  공산주의 독재와 잔인한 자본주의의 결합은 1979년 이후 중국 역사의 한순간에 불과하다. 그러나 그것은 중국에게 있어서 지속적인 모델도 아니며 세계의 다른 곳으로 수출할 수 있는 것도 아니다. 이 모델이 발전의 어떤 단계와 상응한다는 점도 생각해 두기로 하자. 경제 성장이 직물 공장이나 컴퓨터 조립 공장에서 비숙련 노동자나 허드렛일을 하는 노동자들을 이용해서 이루어지는 한, 당과 기업 책임자의 독재는 효율적이라고 할 수 있을 것이다. 이 단계를 지나 혁신과 개인적 창의성을 요하는 활동에 이르는 것은 보다 불확실해 보인다. 소유권, 계약의 안정성, 그리고 기업 활동의 자유를 보장하는 법치 국가가 부재하는 상황이기 때문이다.

　중국의 경험은 그러므로 잠정적인 것, 중국 역사에서의 한순간이다. 그러나 그것은 중국에서도 그리고 다른 어느 곳에서도 자유 민주주의를 대체할 수 있는 모델은 아니다.

16
터키의 행진

 오토만 제국의 경제 발전이 왜 늦었는지 알기 위해 이슬람에 대해 연구하는 것은 아무런 도움이 되지 못한다고 세브켓 파묵은 말한다. 마찬가지로 오늘날 터키의 활력을 설명하는 데도 이슬람은 도움이 되지 못한다.

 교수로 재직하고 있는 보스포루스 대학에서 파묵은 사람들이 유럽과 아시아라고 부르는 이스탄불의 양쪽 기슭을 바라본다. 하지만 이 명칭에 상징적인 의미 외에 다른 의미는 없다. 보스포루스 해협이 두 대륙을 가르고 두 문명을 분할시켰던 것은 아니다. 그것은 2천 년 전부터 지금까지 사람들과 상품이 교류하는 번창한 교역의 중심지이다. 예전에는 카이크[7]가, 그리고 오늘날에는 같은 세계의 두 기슭을 잇는 거대한 다리가 사용된다. 과거의 오토만 제국과 오늘날의 터키가 절반은 유럽에 그리고 나머지 절반은 아시아에 속하는 것이 아니라, 그것은 유럽이면서 동시에 아시아다. 오토만인들은 콘스탄티노

---

7) 에게 해와 보스포루스 해협에서 사용되는 소형 선박. 앞뒤가 뾰족하고 폭이 좁은 작은 배. —역주

플에 수도를 정함으로써 바그다드의 이슬람 칼리파의 계승자가 아니라 동로마 제국의 후계자임을 자처했다. 그들의 행정 조직은 예언자 마호메트의 신화시대보다는 로마와 비잔틴의 전통에서 빌려 온 것들이다. 게다가 터키인들이 이슬람으로 개종한 것은 그저 관례에 따른 것으로서, 중동 지역을 보다 효과적으로 지배하기 위한 수단이었다. 오늘날의 아랍인들과 마찬가지로 당시의 아랍인들도 이 같은 개종을 그저 마지못해 받아들였을 뿐이다. 터키의 이슬람은 언제나 다른 이슬람 세계와 그 관습이 뚜렷하게 달랐으며 지금도 마찬가지이다. 특히 다른 아랍-이슬람 세계에 비해 여성들을 배려하며 개인적 신앙과 공공의 공간을 구분한다. 오토만인들은 종교적 권위가 술탄에게 귀속된 국가를 세웠으며, 1921년 무스타파 케말이 건립한 현재의 터키 역시 같은 원칙에 따른다. 터키공화국 자체가 이슬람은 아니지만 그러나 프랑스 모델에 흡사하게 급진적 공화주의의 함의가 강하게 내포되어 있다. 프랑스와 마찬가지로 터키에서도 정교 분리 원칙에 따라, 종교의 권위가 국가를 간섭하는 것이 금지된다. 국가와 이슬람의 분리는 터키공화국의 건국 이래 20세기 말까지 철저하게 지켜졌는데, 2002년 정권을 잡은 민주이슬람당(AKP)이 신앙심의 기치를 내걸면서 최근에는 흐릿해졌다. 이슬람 문화 속에서 성장했지만 그러나 이슬람교도가 아니며 철저하게 비종교적인 분위기가 몸에 배인 세브켓 파묵은, 과거에도 오늘날에도 터키가 회교국화되어 가고 있는 것은 아니라고 말한다. 오토만으로부터 터키로 이행해온 이 나라의 지배적인 성격은 과거나 현재나 종교적이라기보다는 관료주의적이다. 경제 발전의 장애물들은 이 지나친 관료주의에서 생겨난다고 파묵은 지적한다. 서유럽에 비해 오토만인들이 계속 뒤처졌던 사실을 설명해 줄 수 있는 것은 이슬람이 아니라 이 관료주의이다.

14세기 이래 각자의 부(富)는 오토만 사회의 구조에서 비롯된 갖가지 이유들로 인해 분산되어 나갔다. 그 이후 임금(賃金) 혹은 그것을 대신하는 것이 서유럽에서 증대되었던 것과는 달리 동방에서는 정체되었다. 서구의 번영은 남동쪽보다 북서쪽에서 뚜렷했던 것은 사실이지만, 전체적으로 진보는 튼튼한 뿌리를 내렸다. 반면 동방은 정체되었다.

이슬람은 무관하다

20세기에 이르러 막스 베버와 같은 제1세대 경제 성장 이론가들은 국가 간의 대립을 설명하면서, 오토만의 경우 이슬람을 비판했다. 그러나 막스 베버와 그 제자들은 계속해서 판단의 오류를 범했다. 이 이상주의적인 학자들은 가톨릭, 중국의 유학자들, 그리고 불교도들의 무능력이 발전을 막았다며 원인의 주범으로 종교를 거론한 것이다. 그러나 남부 유럽, 한국, 중국, 인도는 그들의 이론이 오류임을 증명해 보였다. 경제 발전에 대한 문화주의 설명 방식의 마지막 보루인 이슬람의 경우는 어떤가? 이슬람을 빈곤과 연계시키고 기독교를 번영과 연계시키는 것은 모순이 아닌가? 코란은 장사와 부를 찬양하고 복음서는 청빈을 찬양했다. 그보다는 유럽인들과 오토만인들의 제도와 사회구조를 살펴보는 것이 더 좋은 방법이라고 파묵은 말한다.

서구의 군주들은 항상 상인들에게 사회적인 공간을 제공했으며, 상인들은 항상 사회 제도에 영향을 미쳤다. 천 년 전부터 서구의 가장 큰 도시들은 상인들이 가장 큰 영향력을 행사했던 도시들이었다. 제노바, 베니스, 리용, 암스테르담 혹은 런던이 그렇다. 도시들을 하나

씩 비교해 보면 부르주아지의 자율성과 경제적 번영 사이에는 직접적인 관련성이 있다는 것을 확인할 수 있다. 사회제도를 중심으로 경제 발전을 분석하는 작업이 유럽에서는 당연한 것으로 받아들여지고 있는데, 동방에서는 이런 방식이 적용되지 않는 이유는 도대체 무엇 때문인가? 파묵은 이렇게 질문한다. 무슨 이유로, 동방에서는 모든 것을 이슬람에 의해 설명하는 것이 적합하고 서구에서는 제도에 의해 설명을 하는 것이 적합하다는 것인가?

동방과 서구의 큰 차이는 무엇보다도 정치적 차원이다. 오토만인들은 포교 활동보다는 오로지 정치적 힘을 행사하는 데에 열중했다. 로마제국으로부터 물려받은 관료주의적 경향은 그들로 하여금 의혹을 가져올만한 사회 계층, 무엇보다도 상인들을 멀리하게 만들었다. 같은 이유로 오토만 제국의 토지는 국가의 소유였는데, 그것은 지주 귀족의 출현을 막아야 했기 때문이다. 19세기의 소위 탄지마트 시대에 오토만인들이 유럽을 모델로 개혁에 착수했을 때에도 이 권위주의적인 열정은 계속 강화되었다. 그리고 그것은 국가의 근대화일 뿐이었다. 제국에 대해 불안감을 느낀 술탄은 서구에서 행정과 군사 제도를 도입했지만, 경제 원칙을 배워온 것은 아니었다.

오토만인들이 상업에 부여한 지위를 보면 그들의 국가 우선 시책을 알 수 있다. 상업은 제국에 불가결한 것이었지만, 가능한 한 이탈리아인이나 그리스인 등 외국인에게 맡겨졌다. 그들은 거류 외국인에 대한 치외 법권을 허락한 협정을 통해 특별한 법적 특혜를 누렸는데, 이것은 오토만 제국의 국민들에게는 주어지지 않은 특혜였다. 오토만의 경제는 어떤 점에서는 외국 사람들에게 하청을 준 셈이었다.

국가 부르주아지

터키공화국이 건설되고 오토만인들이 분산됨으로써 이 모든 것이 달라졌을까? 즉시 달라지진 않았다. 프랑스 문화에 심취했던 무스타파 케말은 무엇보다도 국가 존엄성의 모델을 프랑스에서 도입했다. 그는 자신의 나라의 경제적 낙후성을 헤아려 보았고, 서구 사회의 부유함은 활동적인 부르주아 계층이 이룩한 것임을 알고 있었다. 그러나 터키에는 그와 비교할만한 사회 계층이 없었다. 수백 년에 걸쳐 소외상태가 계속되어 왔는데 어떻게 그 같은 사회 계층이 부상할 수 있었을 것인가? 자유주의자가 아니었던 무스타파 케말은 사회 상층부에 국가 부르주아지 계층을 만들고자 했다. 그것은 케말 자신이 지목한 기업가들로 구성된 새로운 계층이었다. 사실 이 같은 개념은 1920년대 터키에만 해당하는 특수한 것은 아니었다. 그것은 일부분 소비에트 모델을 정당화하는 개념으로, 1950년대의 한국, 중국, 그리고 오늘날 아프리카의 몇몇 나라에서 찾아볼 수 있다. 이런 식으로 기업가들을 선별하기보다는 그들이 자생적으로 등장할 수 있는 유리한 조건들을 마련해 주는 것이 더 바람직하다는 이론이 보편적으로 받아들여진 것은 1980년대 이후이다.

그러나 당시의 지배적인 사고에 영향을 받은 무스타파 케말은 근동 지역에 혁명적인 변화를 도입한다. 경제 발전은 국가의 과업이 아니며 국가와는 구별되는 어떤 계층만이 번영을 이룩할 수 있다는 것을 맨 처음 깨달은 것은 케말 자신이었다. 국가가 모든 것을 할 수 있는 것은 아니라는 명백한 생각이 터키의 근대화를 이끌었고, 터키를 중동의 후진국들과 구별하게 했다. 터키의 역사상 처음으로 진정한 민간 경제 구역이 이렇게 해서 생겨났고, 이 새로운 국가 기업인들의 후원 하에 터키는 산업화를 달성한다. 그러나 성과가 그다지 좋은 것은 아니었다. 1980년대에 이르기까지의 정치적 영향 관계는 새로운 터키 기업가들이 최적의 선택을 하도록 고무하는 것이 아니었다.

  같은 시기의 국가 부르주아 계층이 터키보다 한국에서 더 효율성을 발휘했던 이유는 무엇인가? 아시아와 터키의 산업화를 비교해본 파묵은 이 두 가지 경험의 차이가 판이하게 다른 관리 문화에 기인한다고 추정한다. 유교주의의 엄격성 그리고 아시아의 오랜 전통이 터키의 부패 및 효과적인 전략의 부재와 대조된다. 터키의 관리 체계는 오토만 관료주의의 문화적 연속선상에 위치한다.

  1930년에서 1980년 사이에는 국경의 폐쇄를 기화로 터키의 기업인들은 어떠한 모험도 감행하지 않았으며 수출도 전혀 하지 않았다. 수익을 올리기 위해서는 일용품 소비재에 대한 국내 수요를 만족시키는 것으로 충분했다. 다행히 국내 소비가 빠른 속도로 증가했는데 이 같은 도약은 유럽으로 이주한 터키 이민자들 덕분이다. 이들이 수입의 많은 부분을 터키에 남아 있는 가족에게 송금했기 때문이다.

  1979년 터키의 수출 물량은 전체 생산고의 3%에 불과했다. 2007년에는 25%가 된다! 어떻게 겨우 25년 사이에 3%에서 25%로, 시대에 뒤떨어지고 자폐적인 산업화로부터 제3세계 경제의 용이라는 칭호를 받을 만큼 넘치는 활력의 수출 주도국으로 도약할 수 있었을까?

터키식 자유주의

터키의 상황이 급변한 것은 1980년에 자유혁명에 합류했기 때문이라고 파묵은 말한다. 그것은 당시 행정 수반이었던 투르구트 오잘의 작품이다. 그의 미국 경력에는 워싱턴 국제통화기금에서의 10년 근무가 포함되어 있다. 그는 터키의 로널드 레이건, 터키의 대처인가? 그렇다, 그러나 터키식의 레이건, 터키식의 대처라고, 파묵은 정정해서 말한다. 터키를 제3세계로부터 구해내기 위해서는 보호주의를 버리고 세계주의적인 모험을 감행해야 한다는 것을 오잘은 알고 있었다. 그는 자국 내의 상황을 적절하게 이용했으며, 수출에 주력하는 기업인들을 지원하고, 임금 인상을 억제하거나 파업을 막기 위해 군을 동원했다. 터키-오토만식 개인 권력의 전통에 집착했던 그는 국가로부터 독립된 금융제도를 만들지 않았다. 그 결과 공공 부채, 인기전술, 투표의 매수, 보조금 지급 문제 등이 국가 파탄을 초래했으며 인플레이션의 여파로 은행 역시 파산할 지경에 이르렀다.

2001년 결국 터키 정부는 IMF의 지원을 받기에 이르렀지만 그러나 케말의 경제 정책은 그 때문에 실패하고 만다. IMF는 국가행정의 난맥과 인기전술에 의한 정치 세력 확장 등에 종지부를 찍게 만든다. 이 무질서는 결국 보다 엄정하고 부패와는 거리가 먼 민주이슬람당에게 정권을 넘겨주었지만, 그럼에도 불구하고 오잘의 유산 중에서 핵심적인 부분은 살아남았다. 그리고 터키는 세계 시장에서 중요한 경제적 역할을 담당하게 된다. 가장 놀라운 것은 그 이후의 상황, 다시 말해 아나톨리아(터키) 호랑이들의 등장이다.

아나톨리아의 용(龍)

케말 정부와의 선린 관계에서 태어난 터키의 가장 세력 있는 경영자 집단은 유럽화된 비(非)이슬람 경영자 집단으로 터키의 서쪽 지역인 마르마라 해안에 기반을 두고 지금에 이르렀다. 최근 터키의 수출고가 증가하자 금융과 기업에서 건실하고 유리한 위치에 있는 이 전통적인 경영인은 주목할 만한 인물로 부상한다. 그러나 그는 이제 혼자가 아니다. 아나톨리아의 모든 주요 도시들, 즉 약 십여 개의 도시들에서 수출 쪽으로 선회한 기업인들의 새로운 물결이 생겨났다. 기존 기업인들과 세계 시장에 대해 그들이 확보하고 있는 유리한 점은 근본적으로 낙후된 아나톨리아 지역의 저임금과 그리고 사회보장법이 전무하다는 데에 있다. 산업 기술은 아직도 초보적이고 단순한 제품들만 생산되고 있다. 섬유와 가전제품 분야에서는 대부분의 기업들이 중국과 경쟁 관계에 있다. 그러나 아나톨리아인들은 중국과 겨루기보다는 특정 분야를 선택하여 중국이 뒤떨어진 부문을 특화시키고 있다. 아나톨리아 지역의 중소기업들은 중국의 대규모 제조공장보다 더 유연성을 발휘한다. 변화하는 서구 수요자들의 요구에 발빠르게 대응하여 그것을 만족시키고 있는 것이다.

아나톨리아의 호랑이라고 불리는 이 기업가들의 성공은 아시아의 호랑이라는 한국, 대만, 홍콩과 비교해 보면 수수께끼 같은 대목이 있다. 잠에 빠진 듯 무기력한 이 지역에서 어떻게 그 같은 산업체들이 부상할 수 있었을까? 파묵은 이 지방 사람들이 흔히 하는 설명을 언급하지만 그러나 그것이 근거 없는 것이라고 생각한다. 이 도시들이 오토만 시대의 장인들과 상인들의 옛 전통을 이어가고 있다는 설명이 그것이다. 그러나 그것은 터키인들이 시리아와 이집트에 수출을 하던 시절의 이야기이다. 즉 설득력이 없는 것이다. 사회학적인 또 다른 설명은 이 새로운 기업가 계층을 술탄의 세금 징수관의 후예로 본다. 이 계층은 과거로부터 상당한 자본을 축적했을 것이고 또 군대의 비호 아래 국민을 착취하려는 성향을 가졌다는 것이다. 과격 이슬람 기업가들은 현재 정권을 잡고 있는 민주이슬람당과 유사하며, 종교적 정황을 이용하려 한다. 다시 말해 아나톨리아의 용들은 신앙심이 강하고, 코란은 상업과 부유함을 장려한다는 것이다. 사실 아나톨리아의 기업가들은 자발적으로 이슬람 신앙을 표방하면서, 이스탄불의 적극적 친(親) 이슬람 기업가연맹을 통해 재집결하고 있다. 이슬람 신앙을 갖지 않은 기업가들과는 확연히 구별되는 계층인 것이다. 이 이슬람 기업연맹이 지지하는 민주이슬람당(AKP)은 크게 보아 아나톨리아 부흥의 정치적 표현이라고 해도 좋을 것이다.

파묵의 관찰에 의하면 이 이슬람은 급진적이라기보다는 전통적이며 보수적이다. 그것은 아랍 세계의 정치적 이슬람주의와는 거리가 멀다. 흔히 이스탄불과 서유럽에서처럼, 아나톨리아의 갑작스런 재(再)이슬람화(化)를 염려해야 할 것인가? 그러나 이스탄불과는 달리, 아나톨리아는 공화국 체제하에서 정교 분리 정책을 시행한 적이 없다. 반교권적인 케말주의의 본거지는 서부 터키 아나톨리아였으며, 그것은 결코 지방 깊은 곳까지 침투하지 못했다. 종교가 정말 문제의 핵심인가? 아나톨리아 기업가들의 말을 들어보면 그들의 기업정신이 얼마나 지역의 자존심, 그리고 이스탄불의 케말주의 부르주아지에 대한 복수심을 표현하는지 이해할 수 있다. 수도에 대한 지역의 복수심에는 물론 그곳 지역 사람들이 열렬하게 가담한다. 경제적이고 애국적인 이 열정을 공유하고 있는 것은 수백만에 달하는 아나톨리아 출신 이주자들인데, 이들은 외국에서 번 돈을 이 지역의 새로운 기업에 투자한다. 대부분은 계약서도 작성하지 않는 이들의 투자는 이슬람의 이름으로 공유된 믿음을 바탕으로 한다. 하지만 그것은 급진주의적 이슬람과는 거리가 먼, 아나톨리아 지방의 습속에 뿌리박고 있는 믿음이다.

어느 한 요인만으로 이 현상을 설명하기는 불충분하지만, 그러나 전체적으로 그것은 새로운 강자 집단의 출현, 문화와 전통과 종교와 뛰어난 전략의 결합을 납득시키기에 충분하다.

유럽 속의 터키

이제 유럽을 생각해 보자. 현대 터키의 도약은 유럽 시장의 개방에 많은 덕을 보고 있다. 유럽 시장은 비가공 농산물과―원칙적으로― 이민자들에게만 폐쇄되어 있다.

터키의 발전은 유럽 없이도 지속될 수 있을 것인가? 이론적으로만 본다면, 유럽연합 가입이 필수불가결한 것은 아니라고 파묵은 말한다. 협상의 결과가 어떻게 나오든 유럽과의 공동 시장은 없어지지 않을 것이다. 게다가 터키의 수출업자들은 점점 더 세계화되어 가고 있다. 유럽에 의구심을 품고 있는 기업가들은 터키 내에서 좋은 성적을 올리고 있는 집단으로 그들은 유럽연합이 없더라도 생존해 나갈 수 있다고 판단한다. 파묵의 의견은 다르다. 이론적으로 터키의 경제가 유럽연합을 필요로 하는 것은 아니지만, 터키의 경제 체제를 확고히 하기 위해서는 유럽연합이 필수적이라는 것이다. 다시 말해 정치적으로, 법률적으로, 그리고 재정적으로 확고한 체제 없이는 경제 발전의 지속성을 보장하기 어렵다고 보는 것이다. 유럽에 외면당한 터키는 현재 자신 있게 지속적인 상승 곡선을 유지하지 못하고 있다. 만일 터키가 다시 정체 국면에 빠진다면, 서구 유럽으로의 이주가 가속될 것이다. 이주 문제를 해결하는 가장 좋은 방법은 무엇인가? 터키에 반감을 가진 유럽인들은 특히 왕래가 자유화되는 순간부터 터키 이주자들이 대규모로 몰려들 위험성을 두려워하고 있다. 이것은 예견할 수 있는 일이지만 그러나 유럽 속의 터키는 유럽 밖의 터키보다 더 빠르게 발전할 것이다. 이 같은 가정을 받아들인다면, 터키에서의 일자리 창출은 유럽연합의 다른 나라보다 더 많을 것이다. 터키인들은 외국으로 떠나는 대신 고국에 머물 것이다. 아니면 유럽연합에 가입한 이후 대규모의 역이민 현상을 보였던 스페인인들이나 포르투갈인들처럼 고국으로 되돌아올 것이다.

유럽연합에 가입하지 않을 경우 터키의 발전에 장애가 되는 또 하나의 위험이 있다. 경제에서는 자유주의를, 정치에서는 민주주의를, 그리고 종교에서는 온건주의를 표방하는 민주이슬람당은 유럽연합 가입에 운명을 걸었다. 실패할 경우 터키인들이 급진적 이슬람주의로 되돌아갈 위험을 배제하기가 어렵다. 현재 군소 정당이 대변하고 있는 이 과격파들의 선거 득표율은 겨우 1%에 불과하다. 지금 터키인들은 분명히 온건주의, 유럽, 그리고 경제적 자유주의를 선택했다. 만일 유럽이 터키를 버린다면 그것은 과격파 이슬람주의에게 득이 될 것인가? 이 이슬람주의를 배제하는 것은 불가능하다. 이슬람이 현재까지 터키의 발전을 설명하지는 못하지만 그러나 갑자기 중요한 요인으로 변할 수도 있다. 터키와 유럽의 관계에서 골자는 서구와 이슬람인들 사이의 갈등이 아니다. 이 협상의 배후에 드러나는 보다 깊은 대치 국면은 결과가 불확실한, 자유 이슬람과 반서구적 과격파 이슬람의 대립이다. 유럽 속의 이슬람은 과격파 이슬람에게 큰 타격을 가져올 것이지만, 만일 유럽 밖의 터키가 승리한다면 국민들은 반서구적인 이슬람 구호를 선택할 것이다.

이슬람 국가들의 성장

터키를 비롯하여 오늘날 이슬람 국가들이 고도 성장기에 접어들었다는 사실에 아직 많은 사람들이 주목하지 않고 있다. 아스트레즈(Asteres) 연구소의 조사에 따르면, 인도네시아와 모로코 등 다양한 이슬람 32개 국가(이라크, 소말리아, 팔레스타인은 전쟁 때문에 제외)가 2004~2005년 사이에 연평균 5.9%의 성장률을 보였다. 이 통계에서는 적어도 인구의 80%가 이슬람 신자인 나라는 이슬람 국가로 간주한다. 이 새로운 번영은 석유 덕분일까? 물론 석유가 기여하는 부분도 있다. 그러나 산유국을 제외한 다른 나라들의 평균 성장률도 세계 평균보다 높은 5.5%이다.

모로코, 방글라데시, 혹은 이집트처럼 오랫동안 마취 상태, 아니 절망 상태에 빠져 있던 나라들이 현재 연평균 6%의 성장률을 달성하고 있다. 파키스탄과 인도네시아 역시 신흥 성장국에 속한다. 예멘의 경제만이 인구 증가를 따라잡지 못하고 있을 뿐이다. 그동안 무수히 되풀이 되어왔던 유사(類似) 문화주의적인 주장, 즉 이슬람이 경제 발전의 장애물이라는 생각은 이로써 오류임이 밝혀진 셈이다. 이 모든 '이슬람' 경제는 사실 대부분 사회주의로부터 물려받은 비생산적인 전략에 의해 마비되어 있었던 것이다. 축출되거나 재산이 박탈당한 부르주아지, 자급자족 체제, 그리고 정부 주도의 계획 경제 등이 그것이다. 그러나 1980년대 이후 자유주의적 원칙, 국제 통화기금의 조언, 교역의 세계화 등에 힘입어 각국 정부는 자유주의 경제 정책을 채택한다. 이 같은 변화는 모든 지역, 모든 문화권에서 좋은 결과를 낳았다. 올바른 길로 접어들기는 했지만 그러나 세계 평균보다 높은 인플레이션이 말해주다시피 이슬람 국가들은 이 길을 아직 절반밖에 주파하지 못했다. 이슬람 국가들의 인플레이션이 현재 7.6%인데 반해 세계 평균은 3.6%이다. 이 불일치가 보여주는 것은 공공 관리가 열악한 상태이고 국가의 재정 낭비가 심하다는 것이다. 공공 지출을 효과적으로 통제할 수 있게 되면, 이 나라들도 연평균 7%에서 10%에 이르는 중국-인도의 대열에 합류할 수 있다는 희망을 갖게 될 것이다.

이슬람이 경제 발전을 가로막지는 않는다. 아나톨리아의 호랑이들이 이슬람 세계와 유리되어 있지 않으므로, 오히려 이슬람이 도움이 된다고 생각할 수 있다. 이슬람은 전통적으로 상업과 경제적 성공을 찬양하지 않는가? 기꺼이 가난을 선택하라는 기독교 복음서나 불교와는 달리, 현세에서의 부를 찬미하는 유일한 종교의 경전이 코란이 아니던가? 그 자신이 활동적인 성격이었고, 장사하는 여인과 결혼했던 선지자는 마호메트뿐이었다. 그러므로 이슬람에서 물질적인 부는, 후일 캘빈주의자들도 그렇게 되었지만, 선민의 표지이다. 터키의 AKP당처럼 이슬람을 내세우는 정당들이 언제나 시장경제에 호의적인 것은 이 때문이다.

현대 이슬람 국가들의 실패를 설명해 줄 수 있는 이유는 여러 가지가 있다. 식민지 경험, 아랍 사회주의, 독재와 전쟁 등이 그것이다. 그러나 이 모든 원인들 중에서 가장 관계가 적은 것은 종교이다. 나세르는 1954년 이집트 기업들을 국유화하면서 부르주아지와 활력 있는 소수의 사람들을 축출하고 소비에트 모델을 선택했다. 이집트 국민들의 빈곤에 대한 그의 책임은 마호메트와는 비교할 수 없을 정도로 엄청나게 큰 것이다. 20세기 이슬람인들은 독재와 사회주의 정체에서 빈곤 속으로 빠져 들어갔다. 이제 그들은 자유주의 경제 체제로 전환된, 덜 억압적인 체제 덕분에 복지 향상의 길로 접어들고 있다. 터키를 선두로 하는 32개국의 이슬람 국가들은 이제 경제 발전이 결코 종교의 문제가 아니라 탁월한 경제 정책에 좌우된다는 사실을 증명하고 있다. 반(反) 자유주의는 언제나 파국을 불러올 뿐이며, 이슬람 국가에서건 다른 곳에서건 자유주의 경제만이 진정한 발전의 토대이다. 우리는 터키를 비롯한 여러 국가들이 증명하는 이 반가운 소식을 환영해야 한다. 오늘날의 이슬람을 두려워하지 말자.

V

쇠퇴하는 나라들

제2차 세계대전의 종전 이후 1980년대 초엽까지 서유럽과 일본의 경제는 미국을 따라잡고 있었다. 그들의 경제 수준이 곧 미국에 수렴할 것처럼 보였다. 하지만 이후 유럽대륙과 일본은 정체에 빠지고, 영어권에 성장 및 혁신의 리더십을 넘기고 만다. 경제학자들이 볼 때 이 '활력'(에드먼드 펠프스의 표현)의 상실은 설명 가능한 현상이다. 알베르토 알레지나가 유럽에 대해 그리고 후미오 하야시가 일본에 대해 설명하고 있듯이, 미국에 이어 영국이 노동시간을 연장한 시기에 유럽과 일본은 노동시간을 단축했고 그것이 경기 하락의 주요 원인이었다. 비슷한 기술력을 보유한 상황에서, 프랑스와 일본은 덜 일하고, 덜 생산하고, 덜 벌어들인 것이다.

이런 구조상의 에러와 함께, 경제 정체국가들은 무엇이 새로운 성장 동력인지 제대로 파악하지 못한 듯하다. 성장 동력의 첫째는 최첨단의 대학과 연구소와 기업들 사이의 밀접한 관계가 만들어내는 혁신이다. 두 번째 동력은 '창조적 파괴'다. 오스트리아 경제학자 조셉 슘페터가 처음 창안한 이 개념은, 생산이 둔화된 활동은 될 수 있는 대로 빨리 도태시키고 새로운 시장 활동에 기회를 주는 것을 전제로 한다. 내리막길에 있는 유럽 경제에서 기본 원칙들은 분명 반대방향으로 가고 있다. 노동권, 기업권, 세제(稅制), 신용대출 등등은 새로 생길 기업들보다는 기존 기업들을 보호하고 있는 것이다.

과거의 경제 위기와는 반대로 이 쇠퇴에는 수혜자들이 있다.

이런 쇠퇴기에 인사이더들의 기득권은 보호되는 반면, 이 정체 현상의 희생자들은 젊은이들, 교육받지 못한 사람들, 아웃사이더들이다.

그러므로 노동시장과 교육시장에 적극적이며 지속적인 부양책을 세우는 올바른 개혁이 요청된다. 단발식의 단기적인 여타의 모든 경제 정책은 과장 광고에 지나지 않는다.

일본과 독일이 최근 분발하는 모습이나, 유럽공동체의 주도적 활동 상황을 보면 쇠퇴는 피할 수 없는 것이 아니다. 노동 시간의 연장이나 경쟁 시스템의 도입은 거의 즉각적인 경기 회복을 가져온다. 이것은 모든 국가들이 같은 부양책에 얼마만큼 똑같이 작동하는지를 잘 보여준다.

그렇다고 성장을 회복하기 위해 미국 모델을 복사하는 것이 절대적으로 필요하지는 않다. 올리비에 블랑샤르와 장 티롤은 '라인란트 자본주의'[1]에 고유한 사회주의적 우선권과 경제효율을 조화시키는 노동권을 제안한다.

자유주의 성장 모델은 지구 온난화라는 생태학적 위기로 위

---

[1] 프랑스 경제학자 미셸 알에르는 공산주의 계획경제 붕괴 이후 세계의 자본주의가 독일, 스칸디나비아 3국, 베네룩스 3국, 일본 등을 주축으로 하는 라인란트 모델과 영미를 중심으로 한 네오아메리칸 모델이라는 두 흐름으로 분열, 발전하기 시작했다고 주장한다. 네오아메리칸 모델은 경제활동의 목표를 이윤의 획득에 두지만, 라인란트 모델은 이윤창출보다는 인간공동체의 형성을 더 중시한다. 경상수지적자의 늪에서 허덕이는 네오아메리칸 모델 국가와는 달리, 사원들이 회사에 놀랄만한 애착을 보이는 라인란트 모델 국가들은 흑자기조를 유지해 오고 있다. ─역주

협을 받고 있지 않은가? 영국 경제학자 니콜라스 스턴은 이제부터 경제발전의 방향을 궤도 조정하여 2100년의 재난을 피할 것을 제안한다. 좀더 회의적인 덴마크 경제학자 비외른 롬보르는 만일의 지구 온난화에 대비하여 기술 혁신에 주력할 것을 주장하고, 프랑스 경제학자 로제 게느리는 지식의 불확실성을 논거로 들면서 대책을 세우기는 하되, 시장 메커니즘을 파괴하지 않도록 중용을 지켜가며 대응할 것을 제안한다. 형편없는 경제 정책이 인류에게 온실 효과보다 더 큰 위험일 수 있다.

17
미국은 유럽을 어떻게 보고 있는가?

하버드 대학의 경제학자 중 3분의 1이 유럽인이다. 그 중 한 사람인 이탈리아 출신 알베르토 알레지나(Alberto Alesina)는 유럽이 잠에서 깨어나기만 한다면 고국으로 돌아갈 사람이다. 알베르토는 1980년대 미국과 서유럽 관계에서 경제 혁명이 발생했다고 말한다. 이 기간 중에 유럽은 빈곤 상태에 빠져 들어갔지만, 영국을 제외하고는 그 사실을 제대로 인식하지도 못했다. 이것은 예상할 수 있었던 상황인가?

제2차 세계대전이 끝났을 때, 서구 유럽인의 일인당 소득은 미국인의 42%에 불과했다. 1980년 초 유럽인들은 이 후진 상태를 대부분 만회했으며, 미국인의 생활수준의 80%까지 따라잡는다. 이 기간 중 유럽 모델은 생산성과 복지 국가 시책에 따른 사회적 연대성에 의해, 모범적이라는 평가를 받았다. 반면 미국은 주기적으로 악순환을 거듭하며 겨우 지탱해 나갔고 격렬한 사회적 혼란에 시달렸다. 20년 전부터 이 관계는 역전되었다(영국은 제외). 유럽인들은 미국인의 생활수준의 80%에서 70%로 하락했다. 이것은 1970년의 격차와 동일한 수치이다. 이중에서 가장 불운한 것은 이탈리아다. 1950년 이탈리아인

일인당 소득은 미국인의 30% 수준이었지만 1990년에는 80%로 상승했다. 그런데 현재는 60년대 중반 수준인 64%로 되돌아갔다. 프랑스와 독일도 동일한 하향 곡선을 그리고 있다.

그렇다고 해서 유럽인들이 가난해진 것은 아니다. 그들의 생활수준은 안락한 편이며, 그들은 하루아침에 빈곤 속으로 추락해 들어가지는 않을 것이다. 그러나 발전은 정지되었다. 미국과 비교해 본다면 확실히 유럽의 상황은 '쇠퇴'라는 말에 어울린다고 알베르토 알레지나는 평가한다. 이 쇠퇴는 상대적인 것이긴 하지만, 그럼에도 불구하고 쇠퇴는 해마다 뚜렷해지고 있다.

유럽인들이 이 상태에 그럭저럭 적응해나가고 있는 까닭은, 위에서 지적한 것처럼 그 쇠퇴가 상대적이기 때문이다. 그러나 자녀들의 미래가 불투명하고, 국제 문제에 있어서 영향력을 상실하고, 한계 상황에 이르러 한국인들이나 중국인들에게 추월당할 것 같은 느낌을 오랫동안 견뎌낼 수 있을 것인가? 이 경제적 침체 상태는 사회 전반의 정체라는 불건전한 문화를 낳을 것이며, 남미의 아르헨티나가 그런 사례다. 심리적인 결과는 차치하고라도, 정체 국면은 아직 유럽에서 완전히 사라지지 않은 빈곤을 완전히 몰아내는 데에 장애가 될 것이다. 이주자들의 통합 역시 까다로운 문제가 되어가고 있다.

두 대륙의 차이를 알고 있는 알레지나는, 미국의 생활수준에 도달하기 위해 미국 모델을 유럽에 적용하는 것이 다가 아니라고 생각한다. 그의 연구는 경제 침체의 이유를 다룬다. 오직 노동의 양에 의해 변동을 설명하는 에드워드 프레스콧의 다소 이론적인 모델과는 달리, 알레지나는 역사적이고 문화적인 설명을 제안한다. 프레스콧은, 유럽인들이 쇠퇴를 벗어나려 한다는 가정하에, 그들이 스스로의 특이성을 포기하지 않으면서도 이용할 수 있을 도구들을 제안한다.

유럽의 옛 모델

유럽인들이 1945년에서 1980년 사이에 노동 시간을 단축하면서도 미국의 생활수준을 거의 따라잡았다는 사실을 어떻게 이해하는 것이 좋을까? 이 현상은 미국 모델보다 더 우수한 유럽 모델이라는 것이 있다는 생각을 갖게 했다. 기업 경제에서는 새로운 것을 만들어내는 것보다 모방하는 것이 더 손쉬운 일이라고 알레지아는 설명한다. 생산 양식이건 경영 기술이건 간에 유럽인들은 미국 방식을 모방하는 것으로 만족했다. 게다가 유럽의 임금과 사회보장 부담금이 미국을 앞질렀고 그래서 유럽의 기업가들은 공장을 자동화시키는 것이 미국인들보다 더 유리했다. 그 결과 유럽은 미국보다 더 적은 인력을 고용한다. 유럽은 미국보다 더 자동화되었고 어떤 점에서는 더 현대적이지만, 그 때문에 비숙련 노동자들의 실업이 만성화되었다. '영광의 30년'(장 푸라스티에의 표현)이라고 불렸던, 미국을 따라잡았던 기간에 유럽 각국의 정부들은 미국 정부보다 더 결정적인 역할을 수행할 수 있었다. 그 이유는 산업화 혹은 대규모 기간 설비 공사가 국가행정의 중앙 집중화를 수월하게 만들었기 때문이다. 결국 미국 따라잡기 때문에 유럽의 상대적인 이점들이 사라져버렸다. 더 이상 모방을 할 수 없을 때는 혁신을 해야만 하는 것이다. 유럽 모델은 혁신을 하기에는 너무나 비효율적인 것으로 드러났다. 미국이 혁신과 정보를 토대로 새로운 경제 체제로 진입하는 동안 유럽은 요지부동이었다.

이런 유럽의 간극이 1980년대부터서야 비로소 시작된 것인가? 또 다른 예리한 유럽 관찰자인 에드먼드 펠프스(Edmund Phelps, 2006년 노벨상 수상)는 유럽의 경기 하락이 무엇보다도 문화적인 것이며,

그것은 이미 1920~1930년대에서부터 나타났다고 생각한다. 이 무렵 미국의 자본주의가 채택한 기본적인 시스템은 그 이후 계속적으로 유지되었다. 한편 유럽은 당시 복지 국가를 선택했고, 그것은 생산에서나 관리에서나 다 같이 유럽을 모방주의로 전락시켰다. 유럽의 '활력'―펠프스가 중요하게 생각하는 개념―상실은 장기적이라 더더욱 메우기 어려운 간극으로 역사 속에 새겨질 것이다.

대서양 양쪽의 두 문화

우리는 미국의 활력의 기초가 무엇인지를 알고 있다. 그것은 바로 창조를 위한 파괴이다. 활력이 고갈된 옛 관행은 과감하게 포기하거나 폐쇄하거나 그 시설을 외국으로 이전한다. 기업가들과 주주들은 보다 많은 수입과 높은 급료를 찾아 자리를 옮겨 다닌다. 대학과 연구소들이 창안해 내는 아이디어들은 세계화된 자본주의 기업들에 의해 수익으로 전환된다. 마이크로소프트사가 상징적인 실례이다.

이 창조적 파괴가 미국에서 만장일치의 환호를 받는 것은 아니다. 공장이 사라지면 마이클 무어의 영화에서 보듯이 지역 주민들 사이에 반발이 일어나고 향수를 자아낸다. 또한 미국에서 가장 영향력 있는 자본주의 기업주라고 해서 모두가 존경하는 인물도 아니다. 미국의 일부 좌파들은 19세기 이래 계속해서 '거물 도적들'을 규탄해 왔다. 신(新) 경제의 상징인 빌 게이츠도 이 같은 비난을 모면하지 못했다. 세계 최고의 부자라는 평판 때문에 그는 언론에서 인기가 없었고, 그래서 적절한 시기에 인도주의적인 행동을 하기 시작했다. 그 후 부인과 함께 재단을 설립해서 아프리카의 만성 전염병 퇴치에 도움을 주고 있는데, 이런 행동에 대한 찬사는 그가 마이크로소프트사의 대표로서 수백만 개의 새로운 일자리를 창출하고 전세계의 부의 증대에 공헌했을 때도 받지 못했던 것이다. 미국에 이러한 모순이 없는 것은 아니지만, 그러나 대체로 혁신에 대한 합의는 유지되고 있다.

산업 사회로부터 정보 사회로의 이행을 가속화시키기 위한 미국의 공공 기관의 역할은 기존의 기업들을 보호하는 것이 아니라 혁신적인 기업들의 시장 진출을 용이하게 도와주는 것이다. 예를 들어 알레지나가 관찰한 바에 의하면, 미국에서 기업체를 설립하기 위해서는 네 가지 절차만 거치면 된다. 이 일을 하는 데는 나흘이 걸리고 소요되는 비용은 166달러이다. 프랑스에서는 같은 일에 열다섯 가지 절차를 밟아야 하고, 53일이 소요되며, 비용은 3,693달러가 든다. 이탈리아에서는 5,012달러, 그리스에서는 10,218달러가 필요하다! 유럽에서 가장 '유연한' 나라인 스웨덴의 경우 드는 경비는 664달러에 불과하다. 미국에서 부도 수표를 회수하는 경우 법원의 판결을 받는데 5주, 판결을 집행하는데 2주가 걸린다. 이탈리아에서는 이 년, 프랑스에서는 육 개월이 소요된다. 이 같은 제도와 그 기능이 보여주는 것은, 한 사회가 자본주의 논리에 우위를 인정하느냐 혹은 그렇지 않느냐 하는 것이다.

미국에서는 전매권, 초과이윤, 기득권 등이 국가와 법원의 보호를 받는다. 미국의 경제 정책은 무엇보다도 경쟁을 장려한다. 경제의 활성화를 위해 미국은 20년 전부터 수송과 원거리통신에 대한 규제를 보다 완화시켜 왔다. 이것은 경제 문제보다 선거에서의 승리에 더 관심을 두는 정치가들이 흔히 떠들어대는 감세 정책에 우선하는 것이다. 미국의 금융기관들 역시 혁신을 지원함으로써 창조적 파괴에 보조를 맞춘다. 이에 비해 유럽의 금융기관들은 기득권을 보호하는 데에 더 중점을 둔다. 노동조합은 어떤가? 그들의 저항이 실효를 거두지 못하는 것은 비공업화와 새로운 임금 노동자들의 대량 유입으로 기반이 약해졌기 때문이다. 사회보장제도가 약하기 때문에, 노동자들은 위협받는 작업장을 지키기 위한 투쟁을 벌이기보다는 직장을 자주 바꾸고 여기저기 옮겨 다닌다.

대륙의 유럽인들이 이 모델에 동조하기가 거의 불가능한 이유는 그것이 경제적이며 동시에 문화적이기 때문이다. 미국인들이 부를 중시하는 데 비해 유럽인들은 빈곤과 불평등에 더 관심을 쏟는다. 유럽인은 사회보조금이 줄어드는 것을 용납하지 못하고, 미국인은 무엇보다도 세금이 오르는 것을 참지 못한다. 이 사실을 잘 알고 있는 정치가들은 이 점을 중시한다. 개입 정책을 지지하는 정치가들에게 사로잡힌 유럽인들은 시장 경제를 신봉하지 않는다고 알레지나는 말한다. 유럽의 공공 과세가 왜 1960년대의 평균 30%에서 2000년대에는 50%로 인상되었는지 설명해주는 것은 공동체 특혜 정책이다. 충분한 경제 성장이 이루어지 않은 상태에서, 복지 국가의 장점들을 유지하려면 지출과 국채를 충분한 수준까지 끌어올려야 했던 것이다. 경제의 정체가 채무를 악화시키고 채무는 정체를 가중시킨다.

유럽의 반자본주의 전통

사회복지가 경제에 우선한다는 유럽의 생각은 두 가지 전통에 내재된 것이라고 알레지나는 말한다. 기독교와 마르크스주의가 그것이다. 이 두 사상은 모두 이윤이라는 개념을 거부한다. 양자 모두가 사회정의를 생산성에 우선하는 절대적인 것으로 간주한다. 가톨릭 신자가 아니어도, 마르크스주의자가 아니어도 유럽인들 모두 정도의 차이는 있지만 이 같은 정신적·지적 원칙에 젖어 있다. 반면에 미국은 캘빈주의에 윤리의 토대를 두고 있으며, 마르크스주의가 별 영향력을 발휘하지 못했기 때문에 빈곤과 불평등을 당연시한다.

미국에서 가난한 사람은 자신의 상태를 벗어날 만큼 충분히 일을 하지 않는다는 혐의를 받으며, 일을 해야 한다는 당위성이 사회적 연대감에 우선한다. 유럽에서 가난한 사람은 경제 제도의 희생자로 간주된다. 미국은 가난한 사람들 자신까지 포함하여 유럽보다 불평등을 더 잘 용인한다. 그것은 각자가 노동을 통해 벗어나야 할 일종의 운명으로 간주되는 것이다. 그러므로 미국에서 세금은 기업가들로 하여금 창의성을 발휘하게 하는 데 쓰이지만, 유럽에서 세금은 사회 구성원들 사이에 재분배된다.

유럽에서 빈곤층에 대한 사회 보조금 지급의 중요성은 잘 알려져 있지만, 그러나 그 효율성에 대한 평가에는 문제가 있다. 막대한 액수의 사회보조금이 지급되고 있음에도 불구하고 빈곤층이 사라지지 않는 것은 놀라운 일이 아닌가? 라고 알레지나는 묻는다. 유럽에서는 동정심이 효율성에 우선하기 때문에 결과보다는 절차를 더 중요시한다. 미국에서는 결과를 평가하고 유럽에서는 의도를 중요시하는 것이다.

미국의 정치 세계에서 좌파(미국적인 의미에서는 자유주의자)에 속한다고 할 수 있는 에드먼드 펠프스는 알레지나와 마찬가지로 자본주의 효율성이 인정받지 못하는 것에 놀라움을 나타내면서, 자신에게 용역을 의뢰해온 이탈리아 정부에게 일 년에 단 하루라도 '기업주 축제'를 시행해 보라고 제안했다. 모든 성인들의 축일을 거행하는 이탈리아에서라면 상징적으로나마 기업주의 자선적 역할을 인정하지 않을 이유가 있겠는가? 라고 펠프스는 묻는다. 그의 제안은 채택되지 않았다. 프랑스에서도 마찬가지였을 것이다.

이익단체들의 횡포

두 대륙의 문화적 차이가 경제적 차이를 설명하기에 충분한 것인가? 유럽의 정체는 문화적인 이유 못지않게 조직화된 이익단체들의 영향력에 기인한다고 알레지나는 말한다. 밀턴 프리드먼이 지적했듯이 현상(現狀) 유지의 압력이 유럽을 지배하고 있다. 아무런 변화가 없는 것이 유리한 직종은 모든 혁신을 봉쇄하는데 상당한 능력을 갖고 있다. 이 같은 기득권의 불공정성은, 유럽의 농업정책이 보여주다시피 때때로 이해하기 어렵다. 영국 여왕은 농업경영자로서 연간 60만 유로의 세금을 보조받고 있으며, 모나코 왕은 30만 유로를 징수한다. 미국에서라면 큰 비난을 받을 일이다. 유럽에서 농업 보조금은 그런 일로 타격을 입지 않는다. 이 같은 정보는 비밀에 붙여지기 때문에 유럽인들은 유럽 보조금의 주요 수요자들이 세계적인 대기업들이라는 사실을 알지 못한다. 네덜란드의 경우 주요한 두 수혜자는 필립 모리스(연간 150만 유로)와 로열 더치 쉘이다. 영국의 네슬레는 2004년에 1,130만 유로를 받았다. 프랑스에서는? 알레지아는 프랑스에 관한 정보를 입수하지는 못했지만, 농민들이 특별한 대우를 받아야 마땅하다고 가정해도, 소농이 받기에는 유리한 입장에 있는 것은 아니라고 생각한다. 유럽의 농업은 소득의 77%가 보조금에서 나오는 유일한 직종이다.

그렇다면 변화가 이익을 가져다줄 사람들, 젊은이들, 기업인들, 제조자들은 어떤가? 그들은 산만하게 분산되어 있어서 결집력이 없으며, 소통이 원활한 사회가 어떤 새로운 전망을 가져올 것인지 알지 못한다.

영국은 어떻게 해서 쇠퇴를 면할 수 있었던가? 이 문제에는 유럽의 정치 세계에서 이례적이었다고 할 수 있는 마거릿 대처의 자유주의적인 확신이 필요했다. 그렇지만 동시에 역설적으로 유리한 상황도 작용했다. 영국은 유럽의 다른 곳보다 위기가 더 심각했기 때문이다. 알레지나의 관찰에 의하면, 변화를 받아들이게 하기 위해서는 미국만큼이나 빠른 성장을 달성해야 한다. 그것은 시대에 뒤떨어진 분야에서 도태된 노동자들을 재배치할 수 있게 해 준다. 다시 말하면 정체현상이 분명해야만 변화를 끌어낼 수 있는 것이다. 유럽 대륙은 성장도 후퇴도 아닌 중간 지점에서 어정쩡하게 버티고 있었기 때문에, 정치 지도자나 여론이나 수동적일 수밖에 없었다. 통계상으로는 분명한 쇠퇴가 왜 변화에 대한 전반적인 요구를 불러일으키지 않았는지 설명해 주는 것이 바로 이 중간 지점이다.

시장논리에 맡기기

정치적 심리적 조건들이 갖춰졌다고 가정할 때 알레지나는 어떤 개혁을 제안할 것인가? 그는 미국 모델을 유럽사회에 접목시키려고 하지는 않지만 그러나 지적인 변화를 원할 것이다. 시장이 효율적이라는 것 그리고 유럽에서도 개인들이 자극에 반응을 보일 것이라는 점을 이해시키는 것이다. 그러나 유럽에서 시장은 이데올로기로 간주되지만 경제학자들은 그것을 메커니즘으로 생각한다. 유럽인들은 대체로 시장보다는 국가가 더 효율적이라고 믿는데, 경제학에 의하면 이 믿음은 오류이다. 경제적 요인들은 언제나 시장의 신호에 반응한다는 것, 그리고 국가는 이중의 조건하에서만 시장에 개입해야 한다고 경제학은 가르친다. 그 조건이란 시장이 비효율적이라는 것 그리고 국가의 개입이 상황을 악화시키지 않는다는 것이 증명되었을 때 뿐이다.

유럽이 당면한 선택은 시장인가 사회적 결속력인가 하는 문제가 아니라고 알레지나는 말한다. 유럽 각국의 정부가 시장이 원활하게 기능하도록 한다면 많은 기업들이 사라지겠지만, 반면 또 많은 기업들이 생겨날 것이다. 이에 따라 노동자들은 빠른 속도로 보다 보수가 좋은 일자리를 갖게 될 것이다. 노후한 기업 활동에서는 진보할 수 있는 희망이 없기 때문이다. 또한 네덜란드나 덴마크처럼 노동자를 손쉽게 해고할 수 있는 곳에서는 프랑스나 이탈리아나 독일 등 그렇지 못한 곳보다 실업률이 낮고 일자리 창출이 더 활발하다는 사실이 밝혀졌다. 보다 유연한 시장에서도 국가의 역할이 사라지지는 않겠지만 그러나 그것은 변화할 것이다. 기업의 이동보다는 인력의 이동을 관리하는 것이 국가의 역할이 되고 있다.

유럽인들은 시장의 효율성과 동정심의 욕구를 조정하기 위해 상상력을 발휘할 수 있을 것이다. 알레지나는 현재로서는 경제 이론 속에서만 존재하는 두 가지 구조를 제시한다.

올리비에 블랑샤르(MIT)와 장 티롤은 일자리 창출을 위해서는 프랑스에 해고 세금을 신설할 것을 제안한다. 그것이 해고할 권리를 부활시킬 것이라는 생각이다. 현행법에는 경제적 이유가 아니면 해고를 인정하지 않고 있는데, 이 모호한 개념은 거의 모든 경우 노동 재판소로부터 적법성을 확인받아야만 한다. 그러나 기업주가 제시하는 이유를 노동 재판소가 받아들이는 경우는 드물어서 실제로는 해고금지 판결이 내려지고 벌금이 과해지는 것이다. 벌금형을 받을 가능성이 높기 때문에 기업주는 피고용인을 거의 해고하지 않으며, 고용도 덜 한다. 일자리의 동결이 기업의 혁신에 제동을 걸고 실업을 증가시킨다. 그러나 블랑샤르와 티롤은 해고가 사회 전체에 대해 사회보장 부담금이라는 재정적 부담을 안겨준다는 점을 시인한다. 해고된 노동자가 새로운 일자리를 구하지 못하면 실업 수당을 지급해야 하는데, 이것은 고용 안정을 담당하는 기관에게 부담을 주게 된다. 그러므로 기업은 해고권을 갖는 대신 사회로 이관되는 이 부담금에 상응하는 해고 세금을 내는 것이 합리적인 것이다. 이 세금은 해고된 노동자의 실제적 실직 기간에 따라 계산해야 한다. 1930년 이후 이 제도를 시행하고 있는 미국의 몇몇 주에서는 해고 세금의 상한선을 보통 6개월분의 봉급으로 정해놓고 있다. 이 세수입은 실업 수당을 위한 재원에 충당된다. 따라서 기업주가 지급하는 실업 수당 분담금은 그만큼 감(減)해져야 한다. 그러므로 해고가 발생했을 때 법원은, 여성 근로자가 임신을 이유로 해고되는 경우처럼, 기업주의 명백한 부정행위 등에만 개입하면 된다. 해고세는 해고된 근로자가 새로운 일자리를 찾는데 필요한 기간에 비례하기 때문에 이 제도는 고용주로 하여금 근로자의 재취업을—예를 들어 평생 교육의 기회 등을 통해—돕게 만든다. 해고세는 그러므로 경제적 자유를 회복시키는 선행이 될 것이다. 현재 상황에서 고용주는 전반적인 금지명령을 받든지 법원으로부터 불리한 처분을 받을 소지가 높지만, 해고세가 실현되면 미리 해고 비용을 알 수 있기 때문에 필요한 인원을 충원하기가 쉬울 것이다. 그렇지만 지금까지 어떤 정부도, 기업도, 노동조합도, 비용을 감수하면서까지 블랑샤르와 티롤의 제안을 채택하지 않았다. 프랑스가 진정한 개혁을 그만큼 두려워하고 있다는 증거이다.

1984년 후버 연구소의 토마스 모어는 지원금 문제를 해결하기 위한 또 다른 기발한 방법을 생각해 냈다. 예를 들자면, 보조금을 받는 직종(특히 농업 종사자들)에게 향후 10년에 해당하는 희망 보조금을 일시불로 지급, 단번에 청산해 버리는 것이다. 청산이 성사되면 시장 기능이 곧 회복될 것이고, 사라지는 조직들이 생길 테지만 혁신을 이룰 조직도 생길 것이다. 개혁에 드는 비용은 어떻게 될까? 경제학자 자크 델파와 샤를 비플로츠는, 프랑스의 경우 국가가 정기 지불금(택시 면허에서부터 공무원의 종신 고용)을 청산하면, 그 비용은 공공 투자금을 환수할 수 있는 경제 활력의 회생으로 상쇄될 것이고, '금리 생활자'들의 반발도 피할 수 있을 것이라고 내다보았다. 택시 면허제를 회사 자유 설립제로 대체하면 택시의 숫자(더 많은 기업가들)가 증가할 것이고, 택시비는 낮아지게 될 것이며, 손님의 수는 늘어날 것이다. 이 모험에는 비용이 많이 들지만(택시에만 국한해도 45억 유로), 그것은 정기 지불금의 비용을 밝혀주고 동시에 정기 지불금이 얼마나 성장에 제동을 거는지를 보여줄 것이다.

그러나 미국, 영국 혹은 덴마크의 경험은 현대 경제에서는 시장의 가속화가 가져오는 긍정적 효과를 확인하기 위해 오랫동안 기다릴 필요가 없다는 사실을 보여준다. 자유주의적인 조직은 신속하게 움직이기 때문이다. 항공 수송이나 전화 사업처럼 브뤼셀의 유럽 위원회가 규제를 풀어준 분야는 불과 몇 년 사이에 비약적으로 성장했고, 낮은 가격으로 이용할 수 있는 새로운 서비스업들을 창출하고 수많은 일자리를 만들어냈다. 자유주의적인 해결책은 잘 이용하기만 한다면 유럽 시장에서 완벽하게 기능을 발휘한다.

독일의 경험

자유주의적 해결책의 신속성은 2004년 이후 독일의 경험을 통해 성공적으로 확인되었다. 독일의 사민당 정부가 노조와의 협상을 통해 얻어낸 것은 임금의 안정, 퇴직 연령의 조정, 실업자들의 보다 신속한 작업장 복귀의 의무, 사회보장 부담금과 소득세 인하 등이다. 이러한 조치들은 사람들의 이목을 끌만한 것은 아니었고 시간을 두고 점진적으로 진행되었다. 소위 대연정이라고 불린 차기 정부 역시 이 노선을 유지했다. 중앙정부 및 연방주(Lander)의 공공 재정이 균형을 회복하게 된 것은 공무원의 인원 감축, 지역 공공 서비스 부문의 민영화 덕분이다. 또한 대연정 정부는 2018년까지 탄광, 철도, 문화와 농업 부문에 대한 모든 보조금 지급을 없애겠다고 발표했다. 이 같은 조치들을 개혁이라고 하기는 어려울 것이다. 기득권을 완전히 박탈하는 것도 아니며, 시간을 두고 점진적으로 시행하고 있으므로 사회에 혼란을 초래하지도 않는다. 그러나 모든 것이 동일한 방향으로 진행되고 있는 바, 그것은 원가 절감과 일자리 창출을 지향한다. 겉보기에는 크게 이목을 끌지 않는 조치들이지만, 목표는 분명하다. 보다 유연하고 경쟁적이며 보호주의 정책에 의존하지 않는 시장 경제를 추구하고 있는 것이다. 지나치게 요란을 떨지도 않으면서 말이다.

독일의 지도자들은 사실 독일에서 자본주의에 대한 평판이 유럽의 다른 곳보다 더 좋지 않다는 걸 알고 있다. 제2차 세계 대전 이후 루드비히 에르하르트의 지도하에 독일의 기적을 가능하게 만들었던 자유주의적 전통은 '사회주의 시장 경제'에 대한 담화 속에서 희석되어 버렸다. 독일의 통일이 복지 국가에 대한 기대를 강화시킨 것은 동독인들이 공산주의 체제로부터 곧장 새로운 국가의 보호 아래에 들어갔기 때문이다. 옛 자유주의 전통은 군소정당인 자유당에게로 넘어갔다. 그러나 앙겔라 메르켈이 이끄는 사민당과 대연정은 그들의 개혁을 또 다른 끈질긴 국가주의적 전통, 즉 공공부문의 적자상태에 대한 두려움과 인플레이션에 대한 강박관념으로부터 끌어낸다. 슈뢰더 총리는 금융거래의 균형을 회복한다는 언급밖에는 하지 않았고 유연성이나 시장 경쟁이란 말은 입도 떼지 않았다. 그러나 2006년 이후 그 결과는 즉시 보다 나은 경쟁력으로 나타났다. 근로세의 인하, 실업자들의 보다 빠른 직장 복귀가 극히 미미한 임금 인상만으로 생산성을 향상시킨 것이다. 이 새로운 수익성은 중소기업의 활발한 성장과 수출 물량의 증가로 나타났다. 차분해 보이지만 목표가 분명한 이 재건에서, 독일 기업들이 세계의 수요 시장에 안성맞춤이라는 것도 호재였다. 동부 유럽, 중국, 인도, 브라질 등 도약 중인 국가들은 산업화를 위한 기반 설비를 갖추고자 하는데, 그것은 독일의 산업 전통과 맥을 같이 한다. 고도의 기술력을 필요로 하는 여러 부분에 산업이 분산화되어 있는 점 역시 독일 전통이 지닌 상대적 강점이다. 그러나 프랑스에는 없는 이런 이점들이 1990년대의 정체 국면을 막지 못했으므로, 그것만으로는 2006~2007년의 회복을 설명할 수 없을 것이다. 기업이 성장을 하기 위해서는 긍정적인 신호들이 시장을 자극해야만 한다. 이것이 바로 독일을 통해 증거되고 있는 점이다.

모순된 유럽

유럽연합이 대륙의 경제에 활력을 가져다 줄 수 있을 것인가? 브뤼셀 위원회가 독과점에 반대하고, 기업의 규제를 철폐하며, 경쟁을 자극할 때, 유럽연합은 대륙의 경제 활력에 기여했고, 하고 있다고 알레지나는 말한다. 그러나 각국 정부가 유럽의 공동 정책들을 구상할 때, 그것은 파국으로 치닫는다. 농업 정책을 예로 들 수 있을 것이다. 공동 정책은 혁신을 외면한 채 관료주의와 금리만을 자극할 뿐이다. 각국 정부는 단기간의 정치적 이익을 끌어내고자 할 때만 여기에 찬성한다. 즉 광고 효과인 것이다. 미국이 볼 때 더 놀라운 것은 유럽 계획의 스타일이다. 그들의 계획과 보고서와 의도에 관한 성명서를 읽어 보면 브뤼셀 관리들은 미래를 완전히 장악하고 있는 느낌을 준다. 경제란 일종의 기계장치와 같은 것이어서 버튼을 제대로 누르기만 하면 예상했던 결과가 자동적으로 도출된다고 믿고 있는 듯하다. 이 대목에서 알레지나는 프랑스의 기술 관료주의와 의지주의[2]가 유럽의 관계 당국에 영향력을 미치고 있음을 본다. 이 영향은 점차 감소하고 있다. 다행히 25개국 유럽의 다양성 덕분에 새로운 공동 정책을 채택하려는 모든 시도는 헛된 수고가 될 뿐이라고 알레지나는 말한다.

에어버스의 경우를 보자. 그것은 의지주의가 거둔 성공이 아닌가? 정부가 국가 챔피언과 국제 챔피언을 길러낼 수 있다는 증거가 아닌가? 그러나 알레지나는 이 성공에 다른 뉘앙스를 부여한다. 에어버스가 국민의 세금을 얼마나 사용했는지는 아무도 모를 것이다. 에어버스가 공금을 전용하지 않았더라면, 다른 어떤 경제 활동들이 가능했을까 혹은 얼마나 많은 일자리가 창출되었을까를 계산해 본 사람이 있을까? 에어버스의 경우는 예외적인 것으로 반복되기 어렵다. 왜냐하면 항공 산업은 미국에서나 유럽에서나 경제의 규모가 너무도

---

[2] 지성의 기능이 의지에 속한다고 보는 이론. —역주

막대한 것이라 한 대륙에 한 제조회사 정도밖에 없는 유일한 산업이기 때문이다. 에어버스는 기술적 혁신의 사례가 아니다. 항공 산업은 장년기에 달한 산업으로, 이 분야에서 유럽인들이 미국인들을 뒤쫓아갈 수는 있지만 같은 수준에 이르지는 못한다.

치러야 할 대가? 불평등

미국의 경험이 효율적일 수 있지만, 유럽인들이 보기에 거기에는 불평등하다는 낙인이 찍혀 있다. 미국 사회의 불평등은 부인할 수 없는 것이다. 케빈 머피는 그것이 점차 심화되어가고 있다고 주장한다.

머피는 자본주의의 적은 아니다. 항상 야구 모자를 쓰고 다니며 그것을 벗지 않는 것으로 유명한 이 젊은 경제학자는 시카고 비즈니스 스쿨에서 가르치고 있다. 이 학교는 게리 베커와 밀턴 프리드먼의 사상에 의해 육성된, 미국의 가장 자유주의적인 대학에 속한다. 그러나 그가 미국 사회를 이상화하는 것은 아니다. 모든 경제는 아무도 만족하지 않는 조정에 기초한다고 그는 말한다. 서유럽은 실업의 대가로 안정을 원하고, 미국은 불확실성과 불평등의 대가로 성장과 완전 고용을 원한다. 임금의 분배에서 명료하게 드러나는 불평등은 미국이 정보 경제에 진입한 이후 더 심화되었다.

미국의 반자본주의자들은 정반대의 극점에 있는 엄청난 거부들과 극도의 빈곤을 고발한다. 의심할 여지없는 이 두 가지 현실은 그러나 불완전하나마 보다 염려스러운 경향을 보여준다고 머피는 지적한다. 그것은 급료의 차이에 따라 이 격차가 더 벌어진다는 점이다. 이 새로운 불평등은 새로운 경제의 성격에 기인한다. 기업은 항상 보다 숙련된 근로자를 구하고, 고임금은 미국인들이 충족시키지 못하는 요구에 따라 더 높아진다.

직종이 고도로 전문화되면서 대학 졸업증 소지자에게 아주 높은 수당을 주게 된다. 20년 전, 대학 졸업자의 급료는 고등학교 졸업자에 비해 평균 40%가 더 높았다. 오늘날 이 격차는 80%로 벌어져, 대학 졸업자가 받는 특혜는 두 배가 되었다. 이 격차는 좋지 않은 징조보다는 교육에 대한 격려로 이해되어야 할 것이다. 고등 교육에 대한 투자가 갈수록 수익성 있는 일임이 확인된 셈이다. 부모와 자식들 모두가 이 사실을 알고 있으며, 그래서 대학에 들어가려는 사람들이 점점 늘어나고 있다. 그러나 불행하게도 졸업을 못하고 대학을 그만두는 학생들 역시 증가 추세인데 그것은 부실한 초중등학교 교육이 대학에서 학업을 마칠 수 있을 정도의 충분한 준비를 학생들에게 시켜주지 못하기 때문이다. 대학 졸업장에 대한 특혜는 그 때문에 더 빠른 속도로 증가하고 있다.

노동시장이 여타의 다른 시장과 판이하게 다른 규칙에 따라 작동하는 것은 아니라고 머피는 말한다. 임금은 수요와 공급 곡선의 교차점에서 고정된다. 낮은 임금 문제를 어느 정도 해소하는 좋은 방법은 비숙련 근로자의 공급을 희소화하는 것이다. 최소 임금의 규제보다는 교육의 강화가 빈곤 문제의 해결에 보다 효율적이다. 미국에는 의회가 정한 최소 임금제가 있기는 하지만 그것은 정계의 선의를 반영하는 상징적인 가치일 뿐이다. 미국의 최소 임금은 언제나 실제 임금보다 더 낮게 책정되는데 그것은 시장 규칙에 관여하지 못하도록 하기 위해서다.

미국에서 빈곤을 완전히 없앤다는 것은 누구도 기대할 수 없는 일이지만, 유럽에서 대부분의 피고용자의 경우, 법정 최소 임금은 실제

임금에 상응한다. 유럽에서 최소 임금의 인상은 고용 시장에 실제적인 영향을 미치고 비숙련 근로자에 대한 수요를 감소시킨다. 이것이 실업을 악화시킨다.

최소 임금제의 역효과는 머피에 따르면 유럽과 미국에서 잘 알려져 있다. 그러나 각국 정부는 결코 일자리 창출을 위해, 빈곤 퇴치를 위해 최소 임금을 인상하지는 않는다. 임금 인상은 일자리를 갖고 있으며 정치적으로 다수인 '인사이더들'을 만족시키려는 정치적 결정이지 직업이 없는 '아웃사이더들'에 대한 배려가 아니다. 아웃사이더는 정치적 영향력도 노동조합에 대한 영향력도 없이 산만하게 흩어져 있다. 그러므로 최소 임금을 인상할 때마다 제기해야 할 질문은 다음과 같은 것이다. "특히 혜택을 입지 못한 그리고 교육을 받지 못한 소수자들 중에서 얼마나 많은 실업자들을 추가로 받아들일 용의가 있는가?" 그러나 이 같은 질문이 제기된 적은 없다.

증가하는 불평등을 설명하기 위해서는 이주 이민 문제와 세계화 문제를 따져봐야 하지 않을까? 이것은 부차적인 요인이라고 머피는 말한다. 수입된 노동력과 상품들은 혁신을 목표로 경제의 총체적 이동이 진행되고 있음을 뜻한다. 교역과 근로자의 이동은 혁신을 달성하지도 못한 채 이 같은 경향을 가속화시키고 있지만, 혁신을 문제삼기보다는 이주자들이나 중국 제품의 수입에 대해 반발하기가 더 쉬운 일이다. 경제에서는 승자만 존재할 수가 없는 법이라고 머피는 결론 짓는다. 승자가 있으면 반드시 패자가 있는 법이고 모든 진보에는 그 이면이 있다. 치명적인 유혹은 유해한 결과를 제거하기 위해 성장의 동력을 파괴하려는 것이다. 최선의 해결책은 그 불가피성을 인식하면서 교육에 투자하여 혁신의 역효과를 완화시키는 일이다.

잘 사는 곳은 어디인가?

보다 활력 있는 경제를 택할 것인가 아니면 보다 정의로운 경제를 택할 것인가? 미국적 개념과 유럽적 개념이라고 말할 수 있는 이 두 가지의 조정이 가능한가? 좋은 경제란 좋은 삶에 대한 열망을 만족시키는 경제라고 에드먼드 펠프스는 대답한다. 좋은 삶이란 어떤 것인가? 삶에 대한 기대는 대서양의 양쪽에서 다르지 않다고 펠프스는 말한다. 철학자 존 롤스는 사람들이 삶에서 열망하는 것을 자아의 실현이라고 쓰고 있다. 변화를 낳는 경제 시스템에서 자아실현에 접근하기가 더 용이하다는 것을 이론과 경험은 증명해 보여준다고 그는 덧붙여 말한다. 우리가 자본주의라고 부르는 체제가 다른 어떤 시스템보다 더 많은 혁신을 가져옴을 현실은 보여준다. 또한 기업가들과 재정 담당자들이 서로 경쟁 관계에 들어가기 시작할 때 혁신이 이루어진다는 사실도 증명되었다. 이러한 주장을 뒷받침하기 위해 펠프스는 일과 삶에 대한 만족도를 알아보는 경제협력개발기구(OECD) 보고서(2006)를 냈는데, 서유럽보다 미국에서 만족도가 더 높게 나왔다. 일에 대한 만족도가 높을수록 삶에 만족한다는 것이다. 이 사실로부터 펠프스는 기업의 세계에 보다 많은 인구를 끌어 들여야 한다고 결론짓는다. 미국에서는 노동 가능한 남자의 85%가 고용상태인 데 반해 프랑스에서는 76%에 불과하다. 노동의 세계에 보다 많은 인구를 유입시키기 위한 가장 좋은 방법은 교육과 조화를 이룬 기업의 활력이라고 그는 말한다. 이것은 확실한 사실이다. 자본주의는 약자들에게 해를 입히는 것이 아니라 그들을 포용한다. 기업이 활력을 잃을 때 가장 고통을 당하는 것은 약자들이다. 그러므로 보다 많은 사람들을 기업으로 끌어들이는 일과 경제적 활력 사이에는 모순이 존재하지 않는다. 오히려 그 반대이다.

어떻게 하면 사람들을 기업으로 끌어들이면서 경제에 활력을 줄 것인가? 펠프스는 유럽에서 두 학파가 성장이라는 동일한 목적을 추구하면서 대립하고 있다고 지적한다. 그 하나는 보다 많은 재원을 투입해야 한다는 신(新) 케인스파(펠프스는 여기에 가깝다)인데, 국가가 세금의 인상분으로 이 일을 해낼 수 있다고 그들은 본다. 다른 하나는 자유주의자들로서 그들은 기업인들의 창의성을 지원하기 위해 국가의 개입 규제를 낮춘 노동 시장에 기대를 건다. 이 두 가지를 적당하게 분배하기만 하면 될 것인가? 경제가 모든 사람들을 끌어들일 만큼 충분한 활력을 갖지 못하면 사회 보조금이 정당화된다고 펠프스는 말한다. 경제 성장에서 소외된 많은 사람들이 자본주의의 정당성에 피해의식을 느낄 것이기 때문이다. 그러므로 모든 방법을 동원해서, 필요하다면 공공 정책의 개입을 통해서라도, 자본주의를 유지해야 할 것이다. 그것을 우리는 펠프스의 역설이라고 부를 수 있을 것이다. 또한 케인스의 역설이기도 했던 그것은 쉽게 극복할 수 있는 것이 아니다.

18
저무는 태양

경제도 유행을 벗어날 수는 없다. 1980년대에 일본 경제를 둘러싸고 무수히 많은 글들이 쏟아져 나왔다. 유럽과 미국의 언론 종사자들, 정치가들 그리고 해설자들이 일본이 미국을 추월할 것이라고 예언했다. 일본 모델 혹은 일본의 도전이 문제되었던 것이다. 경제학자들과 기업가들은 이 일본의 비밀을 파헤치고 그 비결을 배우기 위해 서둘러 도쿄로 갔다. 이 열풍은 일본이 정체 국면으로 빠져 들어가기 시작한 1990년까지 약 10년 동안 계속되었다. 그 이후 지금까지 일본은 이 수렁에서 헤어나오지 못했다.

일본에 대한 호감은 오늘날 중국에 대한 호감을 떠올리게 한다. 이 두 경우 모두에서, 우리는 내막을 잘 알지 못하는 그들의 경험, 우리와 너무나 동떨어진 경험에 심취하고 있다. 경제에 관한 이런 공론(空論)은 정치 이데올로기와 동일한 충동에 이끌린다. 몽테스키외가 좋아했던 페르시아인들, 소련인들, 쿠바인들 혹은 중국인들이 그들의 숭배자들에게 흥미를 가졌다면 그것은 서구 사회를 비판하기 위해서였다. 과거의 일본인들은 오늘의 중국인들처럼 대개는 우리 자신의 경제, 우리 자신의 법률, 그리고 우리 자신의 관습을 비판하는데 유용하다.

　일본에 대한 우리의 태도는 극단에서 극단으로 바뀌었다. 어제의 찬미가 이제는 무관심으로 변한 것이다. 경제 신문 속에서 일본이 차지하는 자리는 이제 하찮은 것이 되었다. 그러나 우리는 일본이 아직도 미국의 뒤를 이어 세계 제2위의 경제 대국임을 잊고 있다. 일본의 일인당 연간 소득 4만 달러는 유럽보다 높고, 실업률도 미미하며, 서구 사회를 분열시키는 것과 같은 사회적 혼란도 없다. 아시아의 강대국은 중국이 아니라 일본이다. 인구 1억5천만의 일본이 합해서 30억의 인구를 가진 중국과 인도보다 더 높은 생산고를 달성하고 있다. 1960~1980년대의 매혹적인 도약이 꺾인 것은 사실이다. 현재 일본은 유럽 대륙처럼 정체되어 있다. 그러나 이 정체는 신비한 동양의 문화 혹은 국민들의 의욕 저하 등을 고려하지 않고도 설명할 수 있는 현상이다. 일본인들은 프랑스인들이나 독일인들과 마찬가지로 수익이 있을 때 일을 한다. 수익이 하락하면 근로 의욕이 떨어진다. 일본은 근로 시간이 줄어들기 시작하면서 성장이 둔화되었다. 과거보다 일을 덜하게 되는 것은 일에 대한 자극이 떨어졌기 때문이다. 영광의 1960-1980년대와 그 이후 '잃어버린 10년' (경제학자 후미오 하야시의 표현) 사이의 간극은 경제적 분석에 의해 설명된다. 유럽에 적용되는 학문은 일본에도 적용되기 때문이다.

신화 : 일본의 도전

　『세계 제일로서의 일본 Japan as No. 1』—이것은 미국인 에즈라 포겔의 저서 제목으로 1966년에 유명한 『미국의 도전』을 발간한 장-자크 세르방-슈라이버가 서문을 썼다―의 이면에 경제 지식을 뒤옆을 만한 비결은 없었던가? 그것은 그저 신화였을 뿐이라고 후미오 하야시는 말한다. 에드워드 프레스콧의 제자로서 하버드 대학에서 교육을 받은 하야시는 일본 경제학계의 노쇠한 세대를 무너뜨리고 도쿄 대학에 과학적 엄정성을 도입했다. 그것은 동양에 대한 서구적 편견이나 일본의 특이성에 대한 자기만족과도 거리가 먼 태도이다.

경제에도 신화가 있다고 하야시는 말한다. 일본은 1980년대의 신화였고 중국은 2000년대의 신화이다. 신화는 항상 경이로움과 이국 취향 속에서 자라난다. 1960년대의 독일의 기적, 1970년대의 미국의 도전이 그렇다. 일본과 중국이 우리에게 놀라움은 준 것은 어떤 다른 곳, 명상적이라고 생각했던 동양에서 떠올랐기 때문이다. 인도 혹은 터키가 그 다음에 떠오를 놀라움일 것이다. 60~80년대의 일본은 사실 서구를 따라잡는데 온 힘을 쏟았다. 따라잡기의 기간 동안 일본의 성장률은 괄목할 만한 것으로 보이는데, 사실 그것은 출발 지점이 아주 낮았고 서구의 기술 도입으로 도약의 각 단계를 단기간에 건너뛰었기 때문이다.

항상 세계 시장을 돌파함으로써 신화는 퍼져나간다. 오늘날 서구가 중국 제품의 공격을 받고 있는 것처럼 1970~1980년대는 일본의 전자제품과 자동차가 세계 시장을 휩쓸었다. 이 시기에 미국의 산업은 크게 흔들렸다. 디트로이트에서 생산된 자동차보다 더 가격이 싸고 성능이 좋은 자동차들이 내수 시장에 등장했기 때문이다. 미국은 내수 시장 보호에 위협을 느꼈지만 더불어 일본식 방법에 매료되었다. 소비자들의 수요 덕분에 이 보호주의는 다행히 위기를 넘긴다. 그리고 일본과의 경쟁은 미국과 유럽의 산업을 잠에서 깨어나게 한다. 서구의 기업인들은 항상 아시아인들은 자동차를 만들지 못할 것으로 믿고 있었던 것이다. 전자제품, 섬유, 기계류, 그리고 조만간에 인도의 의약품, 그리고 마침내는 중국 비행기와 관련하여 똑같은 시나리오가 끊임없이 되풀이되었다.

하야시에 의하면 이 일본 신화의 특이성은 특정한 경영 방식에 있었다. 서구인들은 일본 기업이 조화로움과 사회적 평화가 지배하는 가치 공동체처럼 움직이고 있는 것에 놀랐다. 노조로부터 파업도 과도한 임금에 대한 요구도 없으며, 모두에게 평생직장이 보장되고, 연공서열에 따라 진급을 하고, 기업과 국가와 은행과 청부업자는 조화로운 관계를 유지하고 있었다. 조화? 일본인들에게 여러 가지 질문을 (특히 젊은이들과 여자들에게) 해 보지 않고 그냥 외부인의 눈으로 보았을 때 그것은 일본의 묘약이 아니었을까? 갈등에서 벗어나지 못하고 있는 유럽과 미국의 자본주의에 이 동양적인 조화를 수입해 들여와야 하지 않겠는가? 당시 이렇게 질문했던 서구의 해설가들이 이번에는 일본의 정체(停滯)를 설명하면서 이 기적을 묘사하는데 사용했던 것과 동일한 개념을 사용하고 있다. 이번에는, 일본의 활력을 파괴하는 것은 지나친 조화가 아닐까? 라고 질문하는 것이다. 평생직장이 나태의 원인이 아닐까? 연공 승진이 기업 경영을 마비시키는 것이 아닐까? 정부와의 부적절한 관계가 기업 활동을 노후화시키는 것 아닐까? 일본의 성공과 실패를 차례로 이런 문화적 요인에 의해 설명할 수 있다는 생각 자체가 진실은 다른 곳에 있음을 증명한다. 그러나 또한 1980년대의 성공 요인이 2000년대에 와서 성장의 장애요소가 된 것은 자기만족에 빠진 일본보다 세계의 변화 속도가 더 빨랐기 때문이기도 하다.

자유방임의 왕국

하야시의 견해에 의하면, 1세기 전부터 서구인들은 부를 축적하는 일본의 능력에 감탄을 금치 못했다. 때로는 두려움을 느끼기도 했다. 그러나 일본의 관점에서 볼 때 이 같은 견해는 완전히 잘못된 것이다. 19세기의 일본인들은 자신들이 왜 서구인들보다 더 빈곤한가를 자문했다. 오늘날 그들은 왜 미국인들이 자신들보다 더 부유한가를 자문한다.

일본인들은 1870년 이후 확실히 성공할 수 있는 방책─훌륭한 국가와 훌륭한 기술─을 선택했다고 믿었기 때문에 당혹감이 그만큼 더 큰 것이다. 서구의 물질적 성공을 주의 깊게 살펴본 일본의 지도자들은 자신들에게 부족한 것은 법률 체계라고 결론지었다. 이것은 메이지 천황이 기초를 놓았다. 기술은? 전통적인 일본은 기계, 심지어는 증기기관도 이용하지 못했다. 그래서 모두 외국에서 들여왔다. 다행히 경제 발전의 세 번째 기둥은 오래 전부터 존재하고 있었다. 기업가 계층이 그것이다.

오늘날에도 여전히 일본의 경제 수도인 오사카의 상인들은 예전부터 장사와 금융업에 완전히 숙달해 있었다. 일본의 정치 지도자들은 어떤 순간에도 이 민간 기업가들을 대신하거나 또는 한국에서처럼 국가 자본가들을 편애할 생각을 갖지 않았다. 이렇게 하여 일본은 경제의 국가 관리주의와 보호주의의 해독에서 벗어날 수 있었다. 이 두 가지는 일본의 문화와는 관계가 없었다. 그렇다면 경제의 사회주의화는? 일본에서 그것이 문제가 된 적은 없었다. 제2차 세계 대전이 끝나고 1940~1950년대에 공산당이 군중을 선동한 적은 있지만 그것은 전 시대의 파시즘 혹은 당시 미국 점령 상태에 대한 반발이었다. 거의 사멸해 가는 일본의 마르크스주의자들은 경제에는 관심이 없었다.

하야시는 일본이 언제나 자유방임주의 경제의 나라였다고 말한다. 일본에 사회주의의 전통이 존재하지 않는 이유는 국민들의 행복을 실현시킬 것을 자부하는 엘리트 지식인, 정치인, 종교인들이 없었기 때문이다. 미국에 사회주의가 존재하지 않는 것도 마찬가지 이유로 설명할 수 있다. 유럽의 사회주의는 계몽 전제정치의 연장선상에서 나타났을 뿐이다. 미국이나 일본에서는 이 같은 상황이 존재하지 않았다.

후미오 하야시의 설명에 의하면, 일본의 자유방임주의 경제는 1930년 경제 공황기에 큰 어려움을 겪었다. 당시 일본 정부는 경기 후퇴와 디플레이션을 억제하기 위해 기업가들에게 카르텔을 구성하도록 유도하는 것이 적절한 해결책이라고 믿었다. 그것이 일본의 자이바츠(재벌)이다. 자이바츠들은 제품의 가격과 생산량을 결정했으며 모든 경쟁을 금했다. 그 결과 위기는 더 심각해졌다. 그러나 미국이 아니라면 누가 이 카르텔을 구상했겠는가? 시의 적절치 못한 보호주의 뉴딜 정책을 채택함으로써 미국과 마찬가지로 30년대의 일본도 경제 위기가 심각해졌다. 30년대 일본의 경기 침체는 미국 때문이라고 하야시는 평가한다. 그것이 일본의 성장을 방해하고 서구를 따라 잡으려는 노력을 좌절시켰다. 미국에서 수입된 이 위기에 덧붙여진 또 하나의 방해물이 서구 추격에 대한 방해물이 되었다. 그것은 일본 자체에서 발생한 현상으로서 농촌 인구의 도시 유입을 금지시켰던 조치이다.

농촌 인구의 대규모 이주는 경제 발전에 필수적인 전제 조건이다. 호모 에코노미쿠스는 농촌에서 도시로 이주함으로써 생산성을 증가시킨다. 그러나 메이지 시대부터 1950년에 이르기까지 일본의 모순은 농촌 인구의 변동이 없었다는 점이다. 도시화와 급속한 산업화 기간 전체를 통해 약 3백만 명 수준을 계속 유지한 것이다. 이것은 서구의 경제 궤적과는 판이한 현상이다. 인구가 증가해야만 기업은 필요한 노동력을 충원할 수 있다. 그런데 가장들은 농가를 떠나지 않았고, 경제 발전을 더디게 만든 것은 바로 농촌의 안정성이었다. 하야시에 의하면, 왜 일본이 1945년까지 서구에 뒤떨어졌고 그 이후에야 서구를 따라잡기 시작했나를 설명해 주는 것이 바로 농촌 인구가 도시로 유입되지 않았다는 사실이다.

농민들은 어쩔 수 없는 이유 때문에 농촌에 남기도 했다. 1945년 폐지되기 전까지 구 민법전은 선대의 경작을 장자가 승계하는 것을 의무화했던 것이다. 관례와 법률에 따른 이런 구속은 어떤 경제 논리도 지키지 않는 것이었다. 토지 소유자가 아닌 농민은 도시화된 지주 귀족을 위해서 경작을 했다.

1945년 미국 점령군이 토지를 재분배하고 농민들에게 소유권을 인정하자, 대부분의 농민들은 땅을 팔고 도시로 이주해 버렸다. 법률이 금지하지 않았던 농촌 인구의 도시 유입은 다른 곳에서처럼 일본에서도 스스로의 운명을 개선하려는 개인적 욕망에 따랐다. 이 무렵부터 일본의 경제는 고속 성장을 거듭했고(1950~1960년대에는 연간 12%) 전세계를 놀라게 했다. 일본은 50년을 허송세월했다고 하야시는 말한다. 자유방임 정책을 계속했더라면 1930년대부터 서구를 따라잡았을 텐데, 농촌의 폐쇄와 카르텔에 발목을 잡히고 만 것이다. 아마도 일본의 파시즘 및 서구와의 전쟁은 바로 이 같은 경제 성장의 마비에서 비롯되었을 것이다.

잃어버린 10년

　어떻게 해서 일본은 1970년대의 신화에서 1990년대의 무기력 속으로 굴러 떨어진 것일까? 이 정체는 일본 경제학자들 사이에 격렬한 논쟁을 불러일으키고 있다.
　두 경제학자 후미오 하야시와 헤이조 다케나카(다케나카는 2000~2004년 사이에 고이즈미 준이치로 정부의 경제재정상이 됨으로써 이론가에서 실무가가 되었다)가 사태를 뒤집기 전 지배적인 설명은 케인스 이론에 의거한 것이었다. 생산고가 하락하는 이유는 일본인들이 소비를 줄이고 저축을 지나치게 많이 하기 때문이라는 것이다. 1980년대에 불충분한 수요라는 가정에서 출발한 일본 정부는 소비를 촉진시키기 위해 임금 인상을 권장하고, 휴일을 늘렸으며, 신용 구매를 원활하게 하기 위해 이자율을 내렸다. 재정 적자에 직면한 일본 정부는 효과가 의심스러운 대규모 공공사업에 막대한 투자를 했다. 그러나 아무런 효과가 없었다. 케인스 이론에 따른 정책이 실패할 수밖에 없었던 것은 정체 현상 자체에 대한 분석이 옳지 못했기 때문이다. 서구의 경우도 마찬가지였지만 일본의 관료들도 케인스 이론이 권력의 감각을 부여하는 한 그것에 집착했다. 케인스 이론에 따르면 국가가 경제를 장악한다는 생각을 하게 된다.
　2000년, 하야시와 다케나카는 기존의 분석을 뒤집고 일본의 경제정책을 수정하기에 이른다. 그들의 분석에 따르면, 정체는 불충분한 수요에 원인이 있는 것이 아니라, 공급의 문제점에 있었다. 간단히 말하면 문제는 충분히 소비하지 않는 소비자가 아니라 기술혁신을 중지해 버린 기업가들이었다. 일본의 기업 정신이 어떻게 해서 실종되어 버린 것인가?

　기업에 투자된 자본이 1980년 이후 거의 변화가 없었고, 제품 생산 기술이 서구와 똑같은 상황에서, 생산고와 혁신의 저하를 설명해 줄 수 있는 요인은 무엇인가? 노동 시간이 차이를 결정하기에 충분하다고 하야시는 말한다. 1988년과 1993년 사이 일본의 법정 노동 시간은 48시간에서 40시간으로 조정되었다. 거의 20%가 줄어든 것인데 그것은 노동 인구의 요구에 의한 것이 아니라 정부가 주도하여 결정된 것이었다. 1988년부터 정부가 앞장서서 토요일에 관공서의 문을 닫았고 은행들도 그렇게 하도록 요청했다. 이 결정의 보다 근본적인 원인을 규명해 보면 다음과 같은 요인을 생각해 볼 수 있을 것이다. 당시 일본제품들이 물밀듯이 밀려들어오자 미국인들은 일본에 대해 자제해줄 것을―보복 조치를 할 수도 있지만―요청했다. 일본의 자동차 메이커들은 수출의 대체물로서 생산 공장을 미국으로 이전하는 것에 동의했다.

　80년대에 미국의 언론들은 일본인들이 일에 중독되어 있으며 시간을 내어 삶을 즐기지 못한다고 비웃었다. 일본인들이 정말 문화인이란 말인가? 이 무렵 프랑스 수상 에디트 크레송은 일본 노동자들을 일개미에 비유했다. 일본인들은 언제나 서양을 교사로 삼는 모범생이었기에 이 같은 캠페인은 마침내 자신들이 지나치게 많은 시간 동안 일을 한다고 믿게 만들기에 이르렀다. 그러므로 서양 문화를 배우고자 그들은 일을 조금 덜하여 기업을 정체에 빠뜨리게 된 것이다. 하야시는 다른 설명도 가능하지만 근로 시간의 단축이 일본 경제의 정체를 충분히 설명해 준다고 말한다. 그런데 근로 시간의 급격한 단축은 위기의 시작과 정확하게 일치했다.

저성장 정책

근로 시간 단축이 경제 침체의 요인이라는 것 외에 다른 이유들은 보다 일본적인 특성을 지니고 있다. 1980년대의 기적의 창출에 기여했던 요인들은 이후 창조적 파괴를 방해함으로써 일본 경제를 동결시켰다. 평생직장의 경우가 그렇다. 근로 시간 단축 및 세계와의 경쟁에 대처해야 하는 기업이 고용 인원 전체를 평생 책임져야 한다면 새로운 환경에 적응하기가 매우 어려워진다. 회사가 해고나 재배치를 시도하면 대부분 관례를 위반한 기업주에게 유죄 판결이 내려진다. 평생직장은 법률보다는 관례에 속하기 때문이다. 하야시의 관찰에 의하면 일본의 판사들은 기업가나 기업의 이익에 관심이 없다. 일본 기업의 또 다른 문화적 특성은—전에는 자랑거리였던—관리자를 근속 연한에 따라 진급시키는 관행이다. 거기에는 창조적 정신보다는 순응성과 집단성에 대한 호감이 스며들어 있다. 경쟁이 심하지 않았음에도 불구하고 많은 이익을 냈던 1970년대에 이런 방식으로 관리자를 뽑는 것은 용인할 수 있는 일이었지만, 경쟁이 세계화되고 경쟁에 의해 이익이 감소되어 가는 2000년대에 그것은 반생산적인 사고방식이 아닐 수 없다.

일본인들이 싫어하는 중국은 어떤가? 일본의 실패를 중국이 설명해 줄 수 있지 않을까? 일본인들이 자주 중국을 비난하는 것은 사실이지만 그러나 왜 중국이 일본의 성장에 방해가 된다는 것인지 이해할 수가 없다. 현재 중국은 대만의 성장을 가속화시키고 있으며 한국에도 전혀 손해를 끼치지 않는데 말이다. 무엇보다도 특히 일본 기업들은 생산 원가 절감을 위해 중국에 하청을 주고 싶어 한다. 중국에 하청을 주는 한국이나 대만 기업들은 직장을 옮겨야 하는 근로자들을 삭감할 수 있다. 그런데 중국으로 생산을 옮겨도 일본 기업은 남아 있는 근로자를 평생 고용해야 한다! 이 경우 중국은 일본에 손해를 끼치는 셈이지만, 그러나 그것은 일본 기업의 경직성 때문이다.

일본의 경제 정체의 또 다른 원인은 은행에 있다. 은행은 국제 경쟁에 노출되어 있지 않으며 일본에서는 은행을 기업처럼 관리하지 않는다. 일본의 은행들은 고객과 객관적이라기보다는 친밀한 관계를 유지한다. 그래서 어려움에 처한 기업을 포기하지 않고 계속해서 갚지도 않는 신용대출을 갱신해 준다. 이 자동 연장으로 큰 특혜를 받는 것은 공공 토목 공사 및 건설 회사였다. 게다가 이 분야의 기업들은 정계와 야합하고 있다. 결국 정계의 돈줄이 되는 이 무한정의 신용대출은 전국에 걸쳐 어느 곳으로도 연결되지 않는 도로, 쓸모없는 공항, 텅 비어 있는 사무실 따위를 한없이 만들어냈다. 이 부동산 거품은 보다 혁신적이고 생산적인 투자 저축의 방향을 잃게 했다. 그러나 이제 이런 시절은 끝났다. 하야시와 다케나카의 노력과 영향력 덕분에, 갱신 가능한 신용대출의 관행은 폐지된 것이다. 일본 정부는 소위 '좀비 기업'에 대한 대출을 중지한다는 조건으로 은행의 회수 불가능한 채무를 변제해 주었다. 이 기업들은 이후 보다 생산적으로 재편되었다. 다시금 창조적 해체의 단계로 진입하면서 성장이 재개되었지만, 서구 유럽과 비슷한 약 2%정도의 완만한 리듬이다.

이 같은 저성장에 대해 하야시가 비판하고 있는 궁극적인 정체 원인은 문화적인 것인지 경제적인 것인지 분명하지 않다. 선진국 중 가장 비효율적인 일본의 교역과 서비스 부문이 그것이다. 상당히 많은 인원을 고용하는 교역과 근거리 서비스 부문에서 일본의 생산성은 유럽보다 25%가 낮다. 이 비효율성은 일종의 선택이다. 그것이 성장을 방해하기는 하지만, 경제적인 위험성을 경감시키기 때문이다. 일본 경제의 정체가 가시적인 실업으로 나타나지 않는 것은 교역과 근거리 서비스 부문이 그것을 흡수했기 때문이다. 순수한 경제 이론적 관점에서 보자면 비생산적 부문은 잉여 노동력과 분리되어 잠정적인 실업 상태에 있다가 후에 재편되어 보다 현대적인 활동에 재투입되는 것이 바람직하다. 이렇게 하면 성장률이 확실히 향상될 것이고 창조적 해체는 일본을 경쟁 상대인 미국의 수준에 가깝게 만들 것이다. 하지만 그런 일은 일어나지 않는다. 마치 일본인들이 은연중에 미국을 추월하고 싶어하면서도 동시에 이 따라잡기를 방해하는 습관들을 희생시키려 하지 않는 듯이 모든 일이 진행되기 때문이다. 이 암묵적인 거부의 이면에서, 우리는 치러야 할 대가, 잠정적인 실업이 집단적으로 수용되지 않을 것임을 알 수 있다.

2004년 이후 정체에서 벗어난 일본 경제는 완만한 성장 단계로 접어들었다. 미국과 평행선을 긋고 있는 일본의 성장은 미국에 비해 일인당 소득이 20% 더 낮은 단계에서 머물러 있다. 미국 따라잡기가 불가능한 일이 된 상황인데, 이 점에 있어서 일본은 프랑스와 비슷하다. 이것은 하나의 선택인가? 분명하게 표현하고 있지는 않지만 이 선택은 절대 다수를 차지하고 있는 노년층의 선택이라고 생각할 수 있다. 프랑스에서나 일본에서나 저성장 선호는 분명하게 표현되지는 않는다. 이 두 나라에서 그것을 은폐하는 것은 문화적인 고려 사항으로서, 세계화에 반하여 평등의 이름으로 지키려는 국민적 정체성(正體性)과 같은 것이다. 몇몇 공기업의 민영화와 고이즈미 정부(2001~2006)가 환수 가능성이 없는 신용대출을 중지시키기로 결정한 이후, 불평등은 심화되었다. 성장을 끌어올릴 수는 있지만 새로운 불평등이 야기될 수도 있다는 논증은, 이 나라에서 모든 추가적 창의성을 동결시키기에 충분하다. 사실 일본에서밖에 이용되지 않은 이 불평등에 대한 논증은 완곡하게 표현된다. 지니(Gini)계수(최상위 부유층 10%와 최하위 빈곤층 10%의 차이)에 의해 측정할 수 있는 불평등이 증가하는 것은 인구의 고령화 때문이다. 당연히 연령에 따라 소득 격차는 벌어지게 마련이다. 그러나 공적인 토론회에서 이것을 주장하기는 어려운 일이다. 공론은 불평등만을 문제 삼으며, 노인들은 이 문제에 가장 민감한 반응을 보인다. 일본은 정체성, 안정성, 연대성의 이름으로 현재와 같은 궤도를 유지하며 세계의 성장과 보조를 맞추겠지만 그러나 그 이상은 아닐 것이다.

일본에서도 이 정체성에 대한 부담금을 지불하는 사람들은 그 비용이 얼마나 되는지 모르며 발언권도 없다. 국가의 쇠퇴는 합의에 의한 선택이 아니라 거기에서 이득을 보는 사람들이 선택하는 것이다. 그들은 부자들, 안락한 은퇴자들, 높은 금리를 받는 사람들이며 그 때문에 희생당하는 사람들은 아웃사이더들, 젊은이들 그리고 발언권이 없는 자들이다.

19
온실 효과는 인류를 파멸시킬 것인가?

1974년 프리드리히 폰 하이에크와 군나르 미르달이 노벨 경제학상을 공동으로 수상했다. 그들의 연구는 모든 점에서 서로 대립되는 것이었다. 한 사람은 자유주의자로서 시장의 자생적인 질서를 신봉했고, 다른 한 사람은 사회민주주의자로서 국가의 개입을 주장했다. 그들의 공통점은 경제학자라는 사실뿐이었다. 사회주의 시스템과 자본주의 시스템이 동일한 층위에서 측정되고, 노벨상 위원회가 둘 중에서 하나를 선택하기 어려운 시대의 경제학자들인 것이다.

2007년에도 비슷한 일이 일어났다. 인도의 물리학자 라젠드라 파차우리가 이끄는 GIEC(국제 기후 연구 협의회, 영어로는 IPCC)와 앨 고어가 노벨 평화상을 공동 수상한 것이다. 하이에크와 미르달이 경제학을 공유했던 것처럼, 파차우리와 앨 고어의 공통점은 기후 온난화 문제였다. 그러나 파차우리와 앨 고어는 겉보기에만 같은 이야기를 하고 있을 뿐이다. 신중한 과학자인 파차우리는 가설을 제시하고 여러 가지 보호 장치들과 조건들을 열거한다. 이 가설에서 출발한 앨 고어는, 엄격성과 조심성을 넘어서, 그것을 우레와 같은 장광설로 바꾸어버린다. 한 사람은 기후 온난화를 직시하고 있고, 다른 사람은 지구의 종말이 다가온다고 외친다. 경제적, 생태학적, 정치적 결과는 우리가 어느 쪽의 말에 귀를 기울이는가에 따라 차이가 난다. 여기에서 우리는 당연히 "미국의 전직-차기 대통령"—앨 고어는 세계의 대통령이 되기를 기다리면서, 자신을 이렇게 표현한다—의 텔레비전 복음주의가 아닌, 여러 가지 복잡성을 고려하는 파차우리의 방식을 지지할 것이다.

기후의 불확실성

기후 온난화를 연구하기 위해 유엔이 만든 과학 단체를 근거로, 파차우리는 현재로서 큰 문제가 있는 것은 아니지만 위험이 닥쳐올 가능성에 직면해 있다고 말한다. 현재로서 큰 문제가 없다는 것은 무엇보다도 기후 온난화가 이론적 모델에서 도출된 하나의 가설이라는 의미이다. 1980년대에 미국 우주항공국이 고안해낸 이 모델은 지구의 기후를 복원하는 것을 목표로 하고 있다. 이 모델에서, 온실 효과가 주변 온도에 영향을 미친다는 결과가 나온다. 대기 중에 포함된 가스가 유발시키는 이 온실 효과에서 가장 결정적인 역할을 하는 것은 메탄, 다이옥사이드, 이산화탄소다. 이러한 물질들의 대기 중 농도가 높아질수록 평균 기온은 상승한다. 메탄가스의 일부는 논과 대규모로 사육되는 가축 때문에 발생한다. 이산화탄소의 함량이 높아지는 것이 보다 큰 문제인데, 메탄가스가 몇 년 동안에 희석되는데 비해 이산화탄소는 몇백 년에 걸쳐 축적되기 때문이다. 이산화탄소는 서구의 산업화가 시작된 1850년경부터 축적되기 시작했고, 1950년대부터 급격하게 증가한다.

지금까지 이야기한 것은 거의 확실한 사실들이다. 그런데 지금부터 이야기하려는 것은 점차 가설적인 것들이다. 이산화탄소의 증가와 산업화의 시작이 일치한다는 사실로부터 파차우리와 IPCC는—장담하지는 않지만—산업화가 이산화탄소 축적의 원인일지도 모른다는 추론을 끌어낸다. 온실 효과의 증가가 경제 발전 때문일지도 모른다는 생각인 것이다. 온실 효과가 기후에 영향을 미치기 때문에, 이론적 모델에 따르면 대기의 온도는 상승하고 이 온난화는 지금까지 축적된 이산화탄소의 양을 고려하면 거의 돌이킬 수 없을 것이다.

그러므로 우리가 할 수 있는 일은 이산화탄소가 추가로 발생되는 것을 억제하고 기온 상승에 대비하는 것이지만, 그러나 상황을 몇 세기 전으로 되돌릴 수는 없다. 이산화탄소의 배출이 줄어드느냐 혹은 현재 수준을 유지하느냐에 따라, 이 예측 모델은 2100년경에 평균 기온 상승을 2도에서 5도로 잡고 있다. 2도 상승의 결과는, 인류가 문명이 시작된 이후 자주 경험했던 정도의 변화여서, 별 문제가 되지 않는다. 반면 5도가 상승하면 유례가 없는 사태가 발생하고 가뭄, 태풍, 홍수 등 심각한 위험이 뒤따르게 될 것이다. 이론 모델은 온난화를 설명해 줄 수 있는 다른 요인들을 배제하지는 않는다. 그러나 이러한 요소들은 측정하기가 어렵거나 인간에 의해 초래된 것이 아니므로 우리가 제어할 수 없다. 태양의 흑점이나 지구 자전축의 변화 등이 여기에 해당한다.

IPCC는 확실히 인간이 일으킨 것 그리고 인간이 억제할 수 있는 것에 관심을 집중한다. 그러므로 이 연구단체가 채택하는 방식은 순수 과학 연구라기보다는 작업 가능한 것이 무엇이냐 하는 것이다.

이 모델은 검증이 가능한 것인가? 경험에 의하면 불확실성의 측면

이 더 짙다. 어떤 기온 측정에 의하면 20세기가 시작된 이후 대기의 온난화가 완만하게 진행된 것으로 나타나는데, 적어도 1950년 이전의 측정 방식은 신뢰하기가 어렵다. 또한 이 같은 온난화의 원인이 과연 온실 효과에 있는 것인가 하는 것은 전혀 증명할 수가 없다. 더 과감하고 모험적인 기후학자들은, 2003년 유럽의 혹서와 같은 예외적인 사건에서, 이 모델이 예측했던 온난화의 징후를 찾아볼 수 있다고 믿는다. 그것은 앞으로 다가올 온난화 현상을 예고하는 것인가, 아니면 과거에도 일어난 적이 있는 예측 불가능한 사건들일 뿐인가? 이 점에 대해 파차우리는 입장 표명을 하지 않는다.

결국 이 연구단체는 대단한 것을 찾아내지 못했음을 자인하는 셈이다. 합의에 도달한 것이 극히 소수에 불과하기 때문이다. 어떤 기후학자들은 파차우리가 지나치게 신중하다고 생각한다. 그러나 합의와 과학 협의체라는 개념 자체에 대해 이의를 제기하는 학자들도 있다. 사실 위대한 과학적 성취들은 합의나 협의체의 결과는 아니기 때문이다. 그것들은 중심이 아닌 외곽에서, 분분한 이견 속에서 생겨난다. 그런데 이산화탄소의 축적에 의한 지구 온난화라는 설명 모델에 반대하는 기후학자들은 리용의 르네 데카르트 대학의 마르세 르루 교수처럼 IPCC에서 배제되었다. 르루 교수는 온난화의 이유는 무엇보다도 지구 자전축의 변화에 있다고 생각한다.

결론적으로, 온난화는 확실한 것으로 보이며, 인간의 행위에 의한 이산화탄소가 그 원인일 가능성이 있으며, 앞으로의 기온 상승에 대한 예상은 불확실하다. 가장 불확실한 것은 지금까지 확인된 기상재해에 관한 것인데, 우리는 그것을 지금 앞으로 더 심해질 온난화의 예고편이라고 할 수는 없을 것이다. 파차우리는 이 점을 지적하지만 앨 고어는 입을 다물고 있다.

현대 묵시록

2005년 태풍 카트리나에 의해 파괴된 뉴올리언스를 살펴보기로 하자. 앨 고어의 말을 들어보면 이 참상은 기후 온난화의 결과를 미리 앞당겨 보여주는 것인지, 조지 부시의 미국에 대한 신의 징벌인지, 혹은 세상의 종말을 예고하는 것인지, 갈피를 잡을 수 없다. 아마 이 세 가지가 합해진 것인지도 모른다. 아프리카 수단 서쪽의 산악지대인 다르푸르의 전쟁은 어떤가? 과도한 이산화탄소 배출 탓일까? 앨 고어에 의하면, 첫 번째 경우에서 우리는 기후학자들이 예측한 수면 상승 그리고 온난화 모델과 일치하는 매우 강한 태풍을 목격한 셈이었다. 다르푸르의 경우, 온난화가 유발한 가뭄이 인구 이동을 촉발시켰으며, '기후 난민' 들 즉 유목민들과 정착 농민들 사이의 불가피한 충돌을 일으켰다는 것이다. 앨 고어는 이 두 가지 실례를 집중적으로 사용하면서 거짓말을 한다.

프랑스의 에르베 르 트뢰처럼 극단적인 비관론자들인 IPCC 기후학자들은 카트리나와 다르푸르가 보여주는 것은 기후가 온난화될 경우 증가하게 될 사건들의 예고편이다. 그러므로 카트리나와 다르푸르는 이산화탄소의 영향이 아니라 하나의 우화로 간주되어야 한다는 것이다. 이 문제에 관해서는 몇백 년의 기간에 걸쳐 위험을 탐색하고 측정하는 것을 직업으로 하는 보험업자들의 말에 귀를 기울여야 한다. 그들의 역사적인 척도에 의하면 카트리나는 중간 크기의 태풍이었지만 그것이 강타한 지역이 홍수의 피해를 받기 쉬운 곳이었다. 카트리나에 의한 피해액이 650억 달러라는 엄청난 액수가 된 것은 이 지역에 축적된 부와 유서 깊은 건축물들을 보호하는 데에 부실했기 때문이다. 현대의 자연 재난은 인명과 재산 피해에 있어서 과거보다 더 막대한 손해를 가져온다. 전에는 사람이 살지 않았던 곳인 해안, 골짜기 등, 거주에 부적합한 곳에도 인구가 밀집되었고 또 주민들이 소유한 재산 때문이다. 보험업자들은 카트리나의 피해 규모에도 불구하고 크게 놀라지 않았다. 이 위험이 예상된 것이었으므로 그들은 보험금 650억 달러를 모두 지급했다. 그들은 그 후 2006년과 2007년에 걸쳐 투자금을 회수했다. 통계적으로 예측할 수 있는 일이지만, 그 같은 규모의 참사가 재발하지 않았기 때문이다. 그러므로 보험업자의 생각에 의하면 자연은 선한 것이 아니라 파괴적이라는 사실을 우리는 깨닫는다. 과거와 마찬가지로 오늘날에 있어서도 자연은 파괴적이며, 그 이상도 그 이하도 아니다. 현재로서 지구 온난화는 뉴올리언스에도 다르푸르에도 추가적인 피해를 입히지는 않았다. 카인과 아벨은 이미 이산화탄소를 배출하지 않은 유목민들과 농민들의 갈등을 예고해 주었다.

위험이 있다면 그것은 닥쳐올 위험이다. 현재까지 그것은 아직 확인되지 않고 있다. 앨 고어는 왜 거짓말을 하는 걸까?

전세계의 언론에 미리 경고를 하는 것이 자신의 의무라고 생각하는 것인가? 전인류에게 국경을 초월하는 하나의 신조를 부여하려 하는 것인가? 앨 고어는 세계화를 노래하는 가수 같지만, 그러나 그것은 경제의 노래가 아니라 생태학의 노래이다. 그 자신이 내세우는 이 윤리적인 해석에 대해, 우리는 대중 선택 이론에 기초한 다른 분석을 제시할 수 있을 것이다. 경제학자 제임스 뷰캐넌(James Buchanan)과 고든 털록(Gordon Tullock)이 세운 공공선택학파에 따르면, 정치가들은 일종의 기업인들이다. 그들이 표와 인기와 세력을 극대화하려고 노력하는 것은 그것이 자신들의 자산이기 때문이다. 앨 고어 그리고 지구 온난화라는 그럴싸한 대의를 확보한 정치가들은 말할 필요도 없이 그것으로 자신들의 명성을 높인다. 이 참신한 주제는 그들을 낡은 이데올로기 논쟁에서 한 단계 위로 끌어올린다. 그것은 그들에게 새로운 정당성(지구를 구원하라)을 부여하고 경제세계화 때문에 잃었던 권위를 되찾아준다. 사실상 현재로서는 기후 온난화에 대한 명백히 상업적인 해결책은 존재하지 않는다. 이 위험에 대해 장기간에 걸쳐 전세계를 대상으로 대처해 나간다면 여러 국가들과 강대국들―동시에 국제기구이기도 한 그들의 권위를 회복시켜 줄 것이다.

온난화의 가설은, 앨 고어라는 특정한 경우를 넘어, 각국의 정치가들, 비정부 환경론자들, 그리고 유엔에게 좋은 기회를 제공할 것이다. 뜨거운 온천 속에 들어 있는 청춘의 샘인 것이다. 앨 고어가 의도적으로 혹은 무의식적으로 거짓말을 하는 이유가 바로 여기에 있다. 결론적으로 말하면, 그가 거짓말을 하는 것은 당연한 일이다.

니콜라스 스턴, 세계를 구하다

온난화 문제를 뒤집으려고 하면, 경제를 망가뜨리게 되지 않을까? 지구를 구하는 대신 인류에게 피해를 입히게 되지 않을까? 토니 블레어의 고문을 지냈던 니콜라스 스턴은 당시까지 이념적인 논쟁에 경제학적 계산법을 도입했다. 2006년에 발간된 스턴 보고서는, 우리가 그것을 지지하건 그렇지 않건 간에, 온난화의 위험성에 대한 평가와 그 결과를 적절하게 억제하려는 조치에 대한 모든 진지한 토론의 주춧돌이 되고 있다. 스턴은 자신이 확실하다고 생각하는 IPCC의 결론에 근거하여 만일 온난화를 방치해둘 경우 2100년경에 발생하게 될 재화의 손실을 계산해 보았다. 우리가 아무런 조치도 취하지 않고 현재와 같은 방식을 사용해 현재와 같은 속도로 개발을 지속시킬 경우, 대기 중 이산화탄소의 축적은 걷잡을 수 없는 자연 재앙을 연속적으로 불러올 것이다(홍수, 태풍, 전염병, 집단 이주). 이 같은 참사로 인한 재화의 감소는 최소 추정치 3%에서 최대 추정치 90%에 이를 것이다. 스턴은 2100년경 재화 감소를 평균 약 30%로 보고 있는데 경제 성장이 '물 흐르듯 순조롭게' 진행될 경우 이 정도 수치에 도달할 가능성이 많다는 것이다. 그 때가 되면 인도와 중국은 이산화탄소 배출량에 있어서 미국과 유럽을 훨씬 앞지를 것이다. 그것은 인도와 중국의 인구, 산업화, 그리고 석탄과 같은 공해 에너지 의존도 등을 고려한 예측이다. 만일 인류가 30%의 재화(현재 기준이 아니라 미래의 그 시점을 기준으로 한 잠재적인 재화)를 잃지 않으려면, 그리고 온난화가 초래하게 될 생태학적인 위험을 경험하지 않으려면, 바로 지금부터 대체 생산 방식에 투자하는 것이 바람직하다고 스턴은 조언한다. 대기 중 이산화탄소의 축적 그리고 그것이 소멸되기까지 걸리는 많은 시간을 고려해 본다면, 지금부터 이 부문에 노력을 기울여야만 2100년과 그 이후에 가시적인 결과를 낳을 것이다. 지금부터 이산화탄소 방출을 감소시킨다면 적어도 이론적으로는 2050년경에는 기후를 안정시킬 수 있을 것이고 2100년경에는 대기 온도 2% 상승을 억제할 수 있을 것이다. 지구를 구하려면 이 같은 조건이 충족되어야 한다. 그러면, 얼마만한 비용이 들어갈 것인가?

 2100년에 재화의 30%가 상실되는 것을 막으려면 매년 세계의 재화의 1%를 투자하여 현재의 경제 시스템을 바꾸는 것으로 충분하다. 이 장담은 얼핏 보기에 합리적인 것처럼 보인다. 그러나 전세계적으로 보아 평균 1%의 성장 감소를 감수하려면 가난한 나라보다 부유한 나라들이 훨씬 더 성장 억제 노력을 해야 한다. 방글라데시에게 생활수준을 더 끌어내리라고 요청할 수는 없는 일이어서, 결국 부유한 나라들이 가난한 나라들의 몫을 부담해야 한다. 또한 부유한 나라들은 현재 우리가 기울이는 노력의 수혜자가 될 미래 세대들의 몫도 부담해야 한다. 그러므로 스턴의 경제학적 계산은 두 가지 윤리적 전제에 기초하고 있다. 인간은 모두 같은 지구에 살고 있기 때문에 그리고 온난화는 전 지구적인 문제이기 때문에, 부유한 자들과 가난한 자들 사이에 연대성이 존재한다고 생각해야 한다. 또한 각 세대 간에도 연대성이 존재한다고 봐야 한다. 우리는 결국 우리의 후손들에게 귀속될 세계에 잠시 거주하는 주민에 불과하기 때문이다.(이 같은 생각은 원래 에드먼드 버크나 아담 스미스와 같은 18세기 영국 모럴리스트들에게서 비롯된 사상이다.)

  부유한 자들과 가난한 자들 사이에 연대성을 가정하는 것은 이론의 여지가 없다. 그러나 세대 간에 연대성을 가정하는 문제에는 이의를 제기할 수 있다. 우리의 후손은 2100년에 우리보다 더 부유할 것이고 우리가 물려주는 생산도구를 갖게 된다고 스턴을 반박할 수 있을 것이다. 우리도 그들만큼이나, 경제 성장을 억제하지 말고 계속적으로 추진해 나가는 것이 유리하지 않겠는가? 우리는 경제 성장에 힘입어, 앞으로 발생할 온난화에 대해 싸울 수 있는 추가적인 방법을 그들에게 물려줄 수 있을 것이다. 스턴은 이 같은 생각을 반박한다. 위험이 심각하고 즉각적이란 이유 때문이다. 이 위험은 종래의 방식으로 이루어진 경제학적 계산으로는 피해 갈 수 없다고 그는 말한다. 경제학자들 사이의 논쟁에서 스턴의 말투는 때때로 엄격한 과학자의 태도를 떠나 앨 고어식의 예언주의로 기울기도 한다. 기후는 사람들의 두뇌까지도 온난화시켜서 전문가들 사이의 침착한 토론마저 거의 불가능하게 만드는 것 같다.

스턴의 논리를 따른다면 어디에서부터, 어떻게 행동해야 할까? 온난화의 가장 중요한 두 원천은 산림의 벌채와 에너지 생산에서 비롯된다. 산림 벌채를 중단하고, 이산화탄소를 보다 적게 포함하거나 전혀 포함하지 않은 에너지(핵 에너지, 태양열 에너지, 풍력 에너지)를 생산한다면 위험을 피할 수 있다는 의미에서 결국 이익이 되는 투자가 될 것이다. 그러나 위험을 피하는 것을 어떻게 측정할 것인가? 스턴처럼 명백한 태도를 취하지 않는 경제학자들은 그가 위험을 피하는 데 들어가는 비용을 지나치게 높게 잡았고 석탄 에너지를 태양 에너지로 대체시키는 데 드는 비용을 지나치게 낮게 잡았다고 비판한다. 게다가 그 혜택은 인류 전체에 미치겠지만 투자비용은 일정한 나라, 아마도 부유한 나라가 떠맡아야 할 것이다. 그러므로 지구 전체에 걸치는 이익을 위해서는 일정한 어느 지역이 빈곤을 감수해야 한다.

스턴의 논리, 그의 계산법, 시간과 공간에 있어서 연대성의 윤리 등을 우리가 받아들인다면, 다음 문제는 행동의 자극제가 무엇인가를 결정하는 일이다. 예언가보다 경제학자가 우선인 스턴은 효율성이 확인된 고전적인 역학을 채택하는 것으로 만족한다. 그것은 시장과 과세 체계이다.

탄소 방출에 대해 과세를 하게 되면 소비자들은 행동 패턴을 바꾸어 탄소가 들어 있지 않은(脫炭) 제품을 구매하려고 할 것이다. 이 세금은 이산화탄소가 함유된 에너지의 가격을 인상함으로써 이산화탄소가 없는 에너지 생산을 채산성 있는 것으로 만들 것이다. 그래서 이러한 방식은 혁신에 대해 대단히 고무적이 될 것이다. 탄소 과세 때문에 손해를 보는 쪽은? 무엇보다도 우선 산유국들이 손해를 볼 것이다. 그들의 수익은 감소할 것이고 그 금액만큼 소비국으로 전이될 것이다. 스턴이 지지하는 또 다른 시스템은 오염권 시장이다. 이미 온난화에 관한 교토 협약에서 예측한 바와 같이, 오염권을 사용하지 않는 나라들은 자신들의 할당량을 지나치게 심한 오염 국가에 팔 수 있을 것이다. 이렇게 함으로써 교토 협약에서 결정한 상한선을 지키면서, 전반적인 균형을 달성할 수 있게 된다. 이야기 하나 : 오늘날 판매할 뜨거운 공기를 가장 많이 가진 나라는 러시아이다. 왜냐하면 러시아의 산업이 붕괴되기 전에 그 할당량이 정해졌기 때문이다. 생태학자들은 이 오염 시장을 좋아하지 않는다. 즉 돈을 지불함으로써 자신의 의무를 다른 편에 전가시킬 수 있다는 사실에 분개하는 것이다. 이 처벌에 대한 욕구와 반자본주의적 히스테리를 피한다면, 금지보다는 상품화가 더 나은 결과를 가져온다는 점은 확인되었다. 미국은 오염권 시장에 의해 십 년 이내에 흔히 산성비라는 이름으로 알려져 있는 유황이산화물(SO_2) 문제에서 벗어나게 된다.

그러나 오직 한 나라 미국에서만 성공한 것이 현재 지구 전체로서는 이산화탄소에 관해 어떤 결과도 낳지 못하고 있다. 교토 협약이 예측했던 탄소배출권은 유럽 차원에서도 작동하지 않는다. 시장은 법령 공포로 형성되는 것이 아니다. 긴급 상황이 선포되었음에도 불구하고, 1992년 교토 협약 체결 이후 현재까지 이산화탄소 생산을 저지한 것은 아무것도 없었다. 니콜라스 스턴이 한탄을 하지 않을 수 없는 이유가 그것이다. 사람들은 그의 말을 경청하고 그에게 환호를 보내지만 곧 자신들의 일상적인 온난화로 되돌아가 버리기 때문이다. 회의주의인가? 물론이다. 눈에 보이지도 않는 효과에 대해 너무 값비싼 노력을 치러야 하기 때문인가? 물론이다. 게다가 경제는 국가적이고 이산화탄소는 전 지구적이다. 결국 결정의 중심지가 오염의 장소와 일치하지 않는 것이 문제이다.

만국의 생태주의자들이여, 단결하라

스탈린은 한 나라에서만 사회주의를 건설하려 했다고 로제 게느리는 말한다. 그러나 우리가 온난화와 싸우는 것은 한 나라에서 뿐이 아니다. 세계적으로 저명한 프랑스 경제학자 로제 게느리는 무엇보다도 『온실 효과와의 전쟁은 인류를 파산시킬 것인가?』라는 제목의 책을 썼다. 파리에서 개인의 탄소 소비를 줄인다고 해도 그것이 북경이나 로스앤젤레스에서 방출되는 이산화탄소에는 아무런 영향도 미치지 못한다고 게느리는 말한다. 유럽인들은 이산화탄소의 생산량을 획기적으로 줄이기로 약속했지만―프랑스의 경우 2050년에 75% 이하로―그러나 그들의 제스처는 지구 기후에 관한 증언적 가치밖에는 없다. 단독으로 탄소세를 창시하고, 니콜라스 스턴이 개척한 길을 단독으로 걸어가려는 나라는 경제적으로 자살하려는 것과 다름이 없다. 탄소세제가 실시되면 생산자들은 세금이 없는 나라로 이전해 갈 것이고 소비자들은 면세 국가로부터 수입된 값싼 제품을 구입할 것이다. 이론적으로, 탄소 부가가치세에 상응하는 제도를 만들 수 있을 것이라고 게느리는 지적한다. 수출품은 면세로 하고, 수입품은 수입된 탄소의 원가를 포함시키기 위해 세금을 매긴다는 것이다. 그러나 수입된 물품의 생산 과정에서 사용된 탄소의 함량을 어떻게 계산할 것인가? 이론적으로는 가능하지만, 그러나 국가가 과세하는 탄소세와 탄소 부가가치세는 현실적으로 통제가 불가능하고 게다가 국가 경제에 위험 요소를 지니고 있다. 소비자의 행동 양식에 변화를 가져오지 않을 만큼 아주 낮은 수준에서 탄소세를 신설하는 것은 고려해 볼 수 있을 것이다. 검토해볼 가치가 있는, 그리고 기대해 볼만한 유일한 결과는 교육적인 것이고, 다른 세금의 감소로 탄소세가 상쇄되지 않는다면 국가의 보충 세입이 될 것이다. 단독으로는 결코 미덕을 실천할 수 없다고 로제 게느리는 결론짓는다.

그렇다면 왜 다른 나라들, 특히 유럽에 속하지 않는 다른 나라들은 이 같은 미덕을 발휘할 의향이 없는가?

문화적인 이유 때문인가? 모든 사회가 정신적인 이유와 경제적인 이유로 자연이나 미래에 동일한 우선권을 부여하지 않는다. 유럽인들은 낭만주의 시대부터 자연과 풍경을 찬미해 왔다. 미국인들은? 미국인들이 자연과 맺는 관계는 프로메테우스적이다. 미국의 자연 풍치지구들은 사람들이 찾아와서 구경하도록 만들어진 것이다. 다른 대륙으로 건너가 중국을 살펴보면 그들은 미래에 대한 예민한 감각이 없음을 알 수 있다. 그것은 아마 그들이 낙원이나 부활을 믿지 않기 때문일 것이다. 중국인들에게 있어서는 지금 자신들의 운명을 개선하는 것이 잃어버린 낙원에 대한 서구적인 향수보다 더 중요한 일이다. 이 같은 문화적 일반화는 국민적 행동의 다양성을 밝혀주지만 그 행동 양식을 완전하게 결정하는 것은 아니다. 경제적 논리는 보다 더 설득력이 있다. 유럽인들은 문화적인 이유로 생태학을 더 소중히 여기지만, 미국과 비슷한 생활수준에서 그들의 일인당 탄소 배출량은 10톤인데 비해 미국인의 경우는 20톤이다. 중국인은 평균 일인당 2톤, 인도인은 1톤이다. 2100년의 기온을 안정시키기 위해서는 세계 평균 일인당 3톤으로 제한하는 것이 적합할 것이다. 그렇게 되면 미국 경제는 도산하고 중국은 성장을 멈출 것이며 유럽인들에게도 영향을 미칠 것이다. 이 기준으로 덕을 보는 것은 인도와 아프리카인들뿐일 것이다. 인도인이 IPCC를 이끌고 있는 것이 우연한 일이 아니지 않을까? 그리고 미국 상원이 빌 클린턴 시대에나 조지 부시 시대에서나 한결같이 교토 협약에 대한 의회의 비준을 거부하는 이유를 이해할 수 있다. 2010년 혹은 2012년부터 중국과 인도는 미국과 유럽을 합한 것보다 더 많은 양의 이산화탄소를 배출할 것이다. 그러나 중국이나 인도는 지구를 구하기 위해 경제 발전의 속도를 늦출 의향이 전혀 없다. 그들이 IPCC의 결론(빈곤 국가에 대한 부유한 국가들의 제국주의적 음모가 아닌가?)을 받아들이게 되면, 빈곤 국가의 지도자들은 '생태학적 채무'의 개념을 도입시킴으로써 이산화탄소의 장애를 피할 수 있게 된다.

19세기 초부터 산업화의 시기로 접어든 서구인들은 그러므로 오염권을 이미 다 사용해 버린 게 아닌가? 인류의 공동 자산인 대기를 온난화시킴으로써 그들은 나머지 인류에 대해 빚을 지고 있는 게 아닌가? 서구인들이 축적한 이산화탄소의 비축량을 초과해서는 안 된다는 이유로, 빈곤 국가들에게 경제 발전을 하지 말라고 요구할 수는 없을 것이다. 그러므로 빈곤 국가들이 이산화탄소를 배출할 수 있기 위해서는, 부유한 국가들이 배출량을 줄이는 수밖에 없다. 니콜라스 스턴이 오염의 책임을 미래 세대에까지 확장시킨 반면, 빈곤 국가의 생태학자들은 그것을 과거 세대까지 소급 적용해야 한다고 주장한다. 좋다. 스턴 보고서가 그 원칙을 인정하고 있는, 이 생태학적 채무의 계산법은 상당히 복잡하다. 과거 세대가 저지른 행위에 대해 현재 세대에게 그것을 보상하라고 요청하기는 어려운 일이다. 자신들의 산업화가 2100년에 지구를 온난화시키리라는 사실을 전혀 알지 못했던 시대에 일어났던 일이니까 말이다.

2007년 발리에서 시작된 제2차 교토 협약의 협상이 전 지구적 비전과 당장 눈앞의 이익 사이의 불일치를 극복할 수 있을 것인가? 비외른 롬보르(Bjorn Lomborg)는 거기에 기대를 걸지 말고 다른 식으로 생각하라고 충고한다.

지구를 구할 것인가, 인류를 구할 것인가?

덴마크 경제학자 롬보르는 스턴의 생각에 반대하는, 지구 온난화 논쟁에 관한 저명한 선동가이다. 그는 협상을 하지 않는다. 그는 온난화라는 현실을 의심하지는 않지만, 그러나 스턴의 결론, 생태학자들의 제안, 그리고 교토 협약의 강압적인 논리 등은 아무 효과가 없다고 생각한다. 그는 이렇게 묻는다. 만일 기후가 온난화된다면, 보다 효율적이고 실현 가능한 방식은 온실 효과와 싸우는 일인가 아니면 이 온실 효과가 유발시킨 유해한 결과와 싸우는 일인가? 우리에게 중요한 것은 자연 그 자체보다 인간인가? 그런데 온실화의 모든 결과가 인간에게 유해한 것은 아니다. 롬보르에 의하면 해마다 유럽에서는 20만 명이 이상 고온으로 생명을 잃는 데 비해 극심한 추위에 노출되어 죽는 사람은 150만 명이라고 한다. 두 경우 모두 기온의 최대치가 심장과 혈관에 문제를 일으킨다. 기온이 올라가면 온난화의 희생자들은 늘어나겠지만 그 대신 추위의 희생자들은 줄어든다. 냉방 장치를 가동하는데 들어가는 비용은 고려하지 않더라도, 인명 손실의 문제는 온난화에 의해 개선되는 것이 분명하다. 롬보르는 이 같은 실례에서 출발하여, 능동적이건 수동적이건 스턴이 제시하는 온난화에 대한 평가가 지구 전체를 포괄하지 않고 있다고 비판한다. 캐나다나 시베리아와 같은 일부 농업 지역은 온난화의 혜택을 입을 것이다. 스턴은 또한 인간의 기온 적응 능력을 고려하지 않는다. 예를 들면 오늘날 도시의 평균 기온은 그 주변의 농촌 지역보다 4도가 더 높지만, 주민들이 그 때문에 고통을 받지는 않는다. 도시 주민들은 그 같은 상황에 적응되어 있고 냉방장치도 농촌보다 더 많이 보급되어 있다. 그런데 이 4%는 IPCC가 발표한 온난화 변동폭의 상한선이다. 마찬가지로 롬보르는, 수면 상승 그리고 뉴올리언스 참사의 재발 가능성 등 IPCC가 말한 재난의 결과에 대해서도 회의적이다. 물에 잠길 경우 미국에서 가장 취약한 도시라고 생태학자들이 지적하는 마이애미는 230억 달러의 손해를 입을 것이다. 그러나 마이애미 시를 둘러싸는 댐을 건설하는 데는 50억 달러밖에 들지 않는다. 이 댐의 이점은 너무나 분명한 것이어서 반드시 건설될 것이다. 롬보르는 자신의 주장을 뒷받침하기 위해 말라리아를 예로 든다. 기온이 상승하면 이 병이 늘어난다. 그러나 지금부터 2050년 사이에 30억 달러를 투자하면 그 기간 중 발생하는 280억 건의 질병 발생을 감소시킬 수 있다. 만일 같은 액수(30억 달러)를 이산화탄소 배출량 감소에 사용할 경우 예방할 수 있는 질병은 7천만 사례에 불과하다. 직접적인 행동을 가정할 경우는 바로 질병 예방에 관계되고, 스턴의 보고서와 교토 협약을 가정할 경우는 질병의 확산을 악화시킬 조건들에만 관계된다.

그러므로 정치가들의 현실적인 선택은, 온난화라든가 막대한 손실 따위를 믿지 않으므로 아무것도 하지 않거나, 이 보호 대책의 비용과 이점을 계산하여 온난화 효과에 대비하거나(롬보르 방식), 혹은 가능하다면 온난화 그 자체와 싸우는 것(스턴 방식) 등이다. 파멸의 위험을 감당하면서 가설적인 온난화의 불확실한 원인들과 싸우는 것이 더 적절한가 혹은 측정이 보다 용이한 온난화의 효과를 억제하는 것이 더 적절한가? 롬보르는 온난화 현상을 부인하지 않는다. 그는 온난화가 손실을 가져올 것이며 이 위험을 감소시키기 위해 돈을 투자해야 한다는 점을 부인하지 않는다. 그가 이의를 제기하는 것은 투자의 할당 분야와 그 경제성이다. 앞으로 이산화탄소 배출을 억제하기 위해 투자를 하면 경제 성장은 필연적으로 후퇴하게 되지만, 이미 축적된 이산화탄소 때문에 대기 중의 상황을 변화시키지도 못한다. 따라서 롬보르는 동일한 수치에서 출발하여 스턴과는 반대되는 결론에 도달한다. 이 역설은 대부분 기한 선택이 서로 다르기 때문이다. 스턴은 2100년으로 보고, 롬보르는 2050년으로 보고 있다. 지금부터 2050년까지는 롬보르그의 견해가 옳다. 왜냐하면 우리가 어떻게 하건 간에 기온은 낮아지지 않을 것이기 때문이다. 이 기간까지는 부유한 국가들과 빈곤한 국가들 사이의 연대성을 포함하여 위험으로부터 우리 자신을 보호하는 것이 좋을 것이다. 예를 들어 서구인들이 방글라데시 남쪽에 댐을 건설할 수 있을 것인데, 방글라데시인들은 그럴 능력이 없기 때문이다. 2100년에는 스턴의 견해가 옳을 수 있다. 지금 이산화탄소 배출량을 줄이지 않는다면 극단적인 자연 재해를 막을 수 없을 것이다. 그러나 롬보르는 이런 식으로 문제를 제기할 필요는 없다고 말한다. 왜냐하면 지금부터 2050년 사이에 인류는 수익성이 있으면서도 오염과는 무관한 에너지 생산 방식을 찾아낼 수 있을 것이기 때문이다. 수소 에너지, 광전지, 방출 탄소의 포획 등이 그것이다. 롬보르는 덴마크 사람이지만 유럽의 회의주의보다는 차라리 미국의 프로메테우스적인 비전을 공유하고 있다. 언제나 해결책은 혁신인 것이다.

롬보르가 비난하는 유럽 국가들은 이 문제에 관해 언제나 일관성이 없다. 에너지 생산에 관한 유럽의 연구 예산은 1980년 이후 지속적으로 삭감되어 왔다. 유럽의 미덕은? 유럽의 모든 해양 국가들은 온난화가 야기할 생물 종의 멸종을 우려하면서도, 생물학적 다양성을 다른 관점에서는 보호하는 듯이 주장하지만 실제로는 파괴하는 바다낚

시를 지원하고 있다. 이익이 얽혀 있는 마당에 무슨 얼어 죽을 생태학적 미덕이란 말인가! 롬보르와 비정부기구 생태학자들은 유럽 지도자들이 행동보다는 폼잡는 일을 더 좋아한다고 생각한다. 그들에게는 '좋은 행동'보다 '좋은 기분'이 더 중요하다는 것이다.

스턴과 롬보르, 2050년과 2100년을 어떻게 조정할 것인가? 그때까지 이 세상에 살아남아서 승리자를 자처할 사람이 우리 중에는 별로 없을 것이므로, 로제 게느리가 권고하는 중도노선을 택하고 싶어질 것이다.

불확실성이 지배적이기 때문에 아무 일도 하지 않는 것이 적절한 것은 아니라고 게느리는 말한다. 오히려 반대로 이 불확실성 때문에 신중하게 행동을 해야 한다. 롬보르가 권하는 것처럼 기후에 관해 어떤 행동도 하지 않는 것과 스턴이 권하듯이 이산화탄소를 억제하기 위해 모든 것을 거는 것 사이에서, 게느리는 이산화탄소와 그것이 유발시킬 결과에 대해 모든 대책을 세우라고 말한다. 이 중용적인 해결책은 경제 발전의 동력, 시장 경제, 그리고 그에 따른 발전을 저해해서는 안 된다는 조건을 포함하고 있다. 이 경감 조치는 예를 들어 잠재적인 탄소세의 책정에 즉각적인 영향을 미친다. 만일 이 세금이 스턴 보고서가 권하는 수준 즉 톤당 30달러 정도에서 결정된다면, 그것은 장기적으로 추가 톤수가 유발시킬 원가를 효과적으로 상쇄시켜줄 것이다. 그렇지만 이것을 단독으로 시행하는 국가는 자살을 택하는 셈이며, 지구 전체로 볼 때 이 같은 비율은 경제 성장을 중지시킬 것이다. 롬보르는 톤당 3달러의 세금을 제안하면서 기술 혁신을 유도하는 데는 이 정도로 충분하다고 말한다. 적절한 세율은 확실히 생산 양식을 점진적으로 변화시키면서 그것을 중단시키지 않도록, 이 둘 사이에 자리잡을 것이다.

정치적 결론

경제 모델은 온난화의 수수께끼에 해답을 제시하지 못한다. 온난화는, 시장과 보험업자들이 그 위험성을 관리하기에는 지나치게 불확실하고 막연하다. 결국, 스턴과 게느리가 강조하듯이 윤리적인 선택을 해야 한다. 우리는 지금 온난화에 가장 큰 피해를 입는 사람들과 연대감을 갖고 있는가 그렇지 않은가, 미래의 세대들과의 연대감을 갖고 있는가가 문제인 것이다. 현대 세계에서는 누구도 올바른 해답을 줄 수 있을 만큼 정당성을 확보하고 있지 못하므로, 그것을 결정하는 것은 결국 유권자들의 몫이 될 것이다. 적어도 민주주의 국가에서(중국은 유일하게 중요한 예외이다) 전 지구적 연대감과 세대 간의 연대감에 호의적인 정부를 선택할 것인가 그렇지 않을 것인가 하는 문제는 전적으로 유권자들에게 달려 있다. 여론의 끊임없는 주시하에 이 정부들은 미래에 발생할지도 모르는 희생을 배분하고, 경제 성장의 저하라는 위험을 받아들이며, 정부가 가진 권력의 일부를 세계 기구—그 정당성이 입증되어야겠지만—에 이양하게 될 것이다. 그러므로 온난화를 둘러싼 논의의 초점에는 온난화 그 자체뿐 아니라 그것을 결정하는 정치적인 힘까지도 포함된다.

지구 온난화가 현실적이고 위협적이며 그것을 진단해왔던 모델과 부합하는 것이라면, 그로부터 비롯될 문제 해결을 위한 권한은 전 지구적일 것이며, 선례가 없는 힘을 행사할 것이다. 그것은 즐겁고도 두려운 일이 될 터인데, 왜냐하면 생태학을 구실로 하여 친환경적 전체주의가 그 모습을 드러낼 것이기 때문이다. 이 모험에서 경제학자들의 임무는 그 결정을 이해시키고 그것이 합리적이라는 희망을 간직하며, 추구하는 목적과 부합되는 문제해결의 도구들을 적절하게 사용하는 것이다.

| 결론 |

합 의

 정치적 선택과 이론적 대립을 넘어 경제학은 이제 하나의 과학이다. 그것은 경제학자들이 공유하고 동료들이 인정하는 지식과 경험의 토대에 뿌리를 내리고 있는 학문이다. 우리는 반박의 여지가 없는 이 경험을 열 개의 명제로 종합해 보려고 한다. 그것은 모든 합리적인 정책에 기초를 제공할 합의라고 할 수 있을 것이다. 이 명제의 선택에는 무엇보다 필자 자신을 포함하여 뉴욕 컬럼비아 대학의 프랑스 경제학자 피에르-앙드레 쉬아포리 교수가 협력해 주었다.

시장 경제

 현재의 지식에 비추어 볼 때 시장 경제는 모든 경제 시스템 중에서 가장 효율적이고 적절한 방식이다. 그것은 가능한 가장 높은 성장을 달성하고 그 결과를 국가의 내부와 국가들 사이에 재분배한다. 또한 우리가 최소 비용으로 지속적인 성장에 장애가 되는 위험 요소들인 천연 자원의 고갈과 기타 생태학적 위험들을 관리할 수 있는 것은 시장 메커니즘 덕분이다. 반대로 독단적이고 중앙 집중화된 경제 정책은 언제나 비싼 대가를 치르면서 생산성은 떨어진다. 시장 가격은 언제나 행정 규제보다 더 합리적인 신호이다.

성장

성장은 좋은 경제의 궁극적인 척도이다. 긍정적인 성장률이 모든 것을 해결하는 것은 아니지만, 성장 없이는 아무것도 해결하지 못한다. 그러나 성장의 정의에 관해서 완전한 합의가 이루어지지는 않았다. 지나치게 계량적인 측정은 삶의 질 그리고 자원의 효율적인 관리와 같은 요인에 의해 조절되어야 한다. 또한 성장이라는 용어가 지닌 두 가지 다른 의미를 구별해야 한다. 서구에 있어서 1세기 전부터 약 3%로 평가되는 장기 성장―트렌드―은 전적으로 기술 혁신에 힘입은 것이다. 혁신에 많은 노력을 기울여야 더 많은 생산이 가능한 것이다. 장기 성장에 관해 국가가 긍정적으로 개입할 수 있는 것은 구조적인 행동을 통해서이다. 법체계의 개선, 소유권 보호, 기간 설비의 확장, 교육의 질적 향상 등이 그것이다. 단기 성장은 계속적인 부침을 겪는다. 국가는 이 사이클에 개입할 수 있다. 그러나 한순간에 긍정적인 효과를 가져올 수 있는 이 단기 경제 정책의 결과는 언제나 높은 원가 때문에 장기 트렌드를 둔화시킨다. 이러한 경기 대책은 흔히 경제적 동기보다는 선거와 관련된 동기에 따른다.

좋은 제도

자본의 축적보다는 좋은 제도가 모든 성장의 초석이 된다. 사람들은 이 사실을 1980년대가 되어서야 깨닫게 되었다. 소유권으로부터 신뢰할만한 관리체계에 이르기까지, 제도의 결정적인 역할은 모든 경제학자들이 인정하고 있지만, 어떤 것이 결정적인 제도인가 하는 문제에는 의견이 다른 경우가 있고, 또 그런 제도를 어떻게 만들 것인가 하는 문제에는 더더욱 그렇다. 경제 발전과 민주주의의 상관관계에 대해서도 합의에 도달한 것이 아니다. 이 두 가지는 서로 다른 발판에서 발전되어 왔고, 그래서 그 관계를 명료하게 기술하기가 쉽지 않다. 마찬가지로 경제 발전 속에 내재한 사회적 불평등의 기능 역시 논란의 대상이다. 가장 평등한 사회가 보다 빨리 발전한다는 사실도 증명되지 않았다. 마지막으로, 좋은 제도를 창안해 내는 데 있어서 문화, 종교, 그리고 역사가 결정적인 역할을 하는가 그렇지 않은가에 대한 분석도 여러 가지로 갈라진다. 그러나 경험에 비추어 본다면, 경제 발전이 다양한 문명과 결합할 수 있다는 것은 분명하다.

자유 교역

자유 교역이 경제 발전의 한 요인이라는 점은 누구나 인정한다. 빈곤한 국가들은 자급자족 경제가 아니라 세계 시장의 진출을 통해 부유하게 된다. 부유한 국가들 역시 교역을 통해 분명한 이익을 얻는가? 자유 교역이 총체적인 것이라면 분야별로 승자와 패자가 있기 마련이다. 자유 교역을 지키기 위해서는 반드시 국가가 개입하여 과도

기 상황을 관리하고 패자를 보상해 주어야 한다. 이것은 매우 복잡한 일인데 왜냐하면 기술 혁신에 의해 효력이 떨어진 활동들과 세계화의 결과로 그렇게 된 것들을 구분하기가 쉽지 않기 때문이다. 또한 세계화와 기술적 혁신이 결합함으로써 소득의 불균형을 확대시킨다는 점도 인정된 사실이다. 어떤 분야에서의 보수는 세계 시장의 수준에 도달하는가 하면 소외되는 분야도 있다. 이 같은 불평등을 감소시킬 수 있는 적절한 방법은 사회의 하층에서 교육의 기회를 확대하여 단순 노동력의 비율을 줄이는 것이다.

통화 안정

통화의 안정은 성장의 근본적인 요인이며 인플레이션은 언제나 발전과 고용에 장애가 된다. 1960년대에 처음 발표되었을 때 혁명적이라는 평가를 받았던 밀턴 프리드먼의 '통화' 이론은 그 후 경험에 의해 올바른 것으로 검증되었다. 통화 안정을 가장 잘 관리할 수 있는 것은 독립적인 중앙은행들이다. 또한 중앙은행은 경제 활동에 필수적인 유동자산을 공급한다. 1930년대의 심각한 경제 위기에 당시 중앙은행들의 책임이 막중했다는 것은 모두가 인정하는 바이다. 중앙은행들이 통화자산을 고갈시켜 놓았던 것이다. 서브프라임 모기지론의 위기가 유동 자산의 고갈을 초래할 뻔한 2007년에는 이 같은 오류가 되풀이되지 않았다. 성장을 지지하는 실용주의자들과 통화 안정을 더 중시하는 정통파들 사이에 벌어진 통화관리 논쟁은 이론적인 것이 되었다. 통화 발행이 성장에 기여하지 못하고 실업에 대한 처방도 되지 못한다는 것은 양측 모두가 알고 있는 사실이다.

창조적 파괴

조셉 슘페터가 정의한 창조적 파괴라는 개념이 발전의 동력이라는 것은 모두가 인정한다. 좋은 경제 정책이란 지속적인 혁신을 가능케 하는 정책인 것이다. 마찬가지로 좋은 고용 정책은 창조적 파괴를 수반해야 하고, 시대에 뒤진 활동들을 고착시켜서는 안 된다. 물론 이 같은 교훈을 여론이 납득할 만한 용어로 옮기기는 어렵다. 그것은 최소한 교육과 사회적 지원을 필요로 한다.

경쟁

경쟁에 관해 모두가 합의하지는 않는다. 어떤 상황에서는 사적인 혹은 공적인 독과점이 혁신이나 발전의 요인이 될 수도 있다. 국가가 어떤 희생을 치르더라도 지배적인 상황을 와해시켜야 한다는 당위성은, 결국 논란의 대상이 되는 절대 요청이 되었다. 마찬가지로 지적 소유권 보호도 비판을 면하지 못하고 있다. 특허권을 지나치게 보호하게 되면 전반적인 발전에 장애가 될 수 있다. 그것은, 오늘날보다는 30년 전에 더 잘 받아들여졌던 절대적인 자유주의적 입장을 수정한 것이라고 할 수 있을 것이다.

실업

　서유럽 특히 프랑스의 특징인, 단순 노동자들의 실업은 전적으로 노동 원가에 의해 결정된다. 최저 임금제의 실시와 마찬가지로 노동 시장의 규제는 이런 원가 비용의 항목들이다. 실업에 대한 어떤 건설적인 사고도 이 객관적인 원인을 피해갈 수 없다. 비용 절감 없이는 어떤 해결책도 불가능하다.

복지 국가

　복지 국가의 필요성을 부인하는 사람은 거의 없지만, 복지 국가가 항상 효율적이라고 인정되지는 않는다. 여러 형태의 사회 보조금이 경제 활동과 수혜자의 복지에 있어서, 때로는 긍정적이고 때로는 부정적인 자극을 준다는 사실은 모두 인정한다. 정치적 대립을 넘어선 하나의 합의가 있다. 그것은 어떤 계층이 공공시스템에 종속되거나 부양받는 처지의 준(準) 빈곤자가 되지 않도록, 공적 복지 국가의 의지적인 효과들과 비의지적인 효과들을 구별해야 한다는 것이다.

금융 시장의 설립

　복합적인 금융 시장의 설립은 진정한 경제적 진보를 가져왔다. 이처럼 고도화된 금융체제는 위험의 세계적 분산을 용이하게 만들었고, 보다 많은 모험을 감행하게 하여 결과적으로 혁신을 확대시킨다.

이 새로운 금융 도구들이 모든 기업에 내재한 파산의 위험으로부터 안전지대에 있는 것은 아니지만, 전체적인 수익은 비용을 넘어섰다. 기타 추가적인 논쟁의 대상은 투명성과 새로운 금융 시장의 원활한 작동에 필요한 법규 제정의 문제뿐이다.

   위에서 열거한 열 개의 명제 중 어느 것도 삼십 년 전이라면, 이처럼 전폭적인 지지를 받지 못했을 것이다. 그중에는 예상 가능한 것도 있었고(예를 들어, 새로운 금융 시장의 적극적 역할) 또 어떤 것은 부차적인 것이었다(인플레이션에 대한 규탄). 그러므로 경제는 그 이후 과학적 혁명을 거쳤다고 말할 수 있을 것이다. 모든 경제 정책이 이 혁명의 교훈을 수렴한 것은 아니며 대중의 여론을 따르는 것도 아니다. 그것은 패러다임이 변할 때면 늘 나타나는 괴리이다.

파리, 뉴욕, 2008년 1월
기 소르망

기 소르망의 저서들

『미국 보수주의 혁명』, Fayard, 1983 ; 재판, 1984.
『자유주의적 해결방법』, Fayard, 1984 ; 재판, 1985.
『최소 국가』, Albin Michel, 1985.
『앞서가는 미국, 그 매력과 혐오』(공저), Hachette Litterature, 1986.
『신국부론』, Fayard, 1987 ; 문고판, 1988.
『20세기를 움직인 사상가들』, Fayard, 1989 ; 문고판, 1991.
『미국 정부』(공저), La Decouverte, 1990.
『사회주의로부터의 탈출』, Fayard, 1990 ; 문고판, 1992.
『No a la decadencia de la Argentina』, 부에노스아이레스, Atlantida, 1990.
『Hacia un nuevo mundo』, 부에노스아이레스, Emece, 1991.
『정말 러시아를 도와야 할까?』(공저), Albin Michel, 1991.
『야만인들을 기다리며』, Fayard, 1992 ; 문고판, 1994.
『자본, 그 지속과 종말』, Fayard, 1994 ; 재판, 1995.
『프랑스적 행복』, Fayard, 1995 ; 재판, 1996.
『세계는 나의 동포』, Fayard, 1997 ; 문고판, 1999.
『프랑스에서의 좋은 시절』, Fayard, 1998.
『새로운 자유주의적 해결방법』, Fayard, 1998.
『기로에 선 프랑스어』(공저), L'Harmattan, 1999.
『떠오르는 인도』, Fayard, 2000 ; 문고판, 2006.
『프랑스에서 토론이 가능할까?』(공저), Albin Michel, 2001.
『진보와 그의 적들』, Fayard, 2001.
『리파Rifaa의 아이들, 이슬람교도와 현대인』, Fayard, 2003 ; 문고판, 2005.
『Made in USA, 미국 문명에 대한 시선』, Fayard, 2004 ; 문고판, 2006.
『중국이라는 거짓말(원제 : 닭의 해, 중국과 반체제 인사들)』, Fayard, 2006 ; 문고판, 2008.

책에 나오는 인물 소개

ACEMOGLU Daron 대런 애서모글루: 1967년 이스탄불 출생. MIT, 캠브리지 대학교, 매사추세츠 대학교 교수.

AKERLOF George 조지 애컬로프: 1940년생. 2001년 노벨 경제학상. 버클리 대학교, 캘리포니아 대학교 교수.

ALBERT Michel 미셸 알베르: 1930년 퐁트네-르-콩트(방데) 출생. 『자본주의 대 자본주의』(1991)의 저자. 윤리정치학 아카데미 회원.

ALESINA Alberto 알베르토 알레지나: 이탈리아 경제학자. 경제부 장관. 하버드 대학교 교수.

ALLAIS Maurice 모리스 알레: 1911년생. 프랑스 경제학자. 1988년 노벨 경제학상 수상.

ALLENDE Salvador 살바도르 아옌데 (1908-1973): 1970년부터 1973년까지 칠레 대통령.

ARON Raymond 레이몽 아롱(1905-1983): 프랑스의 철학자, 사회학자이자 저널리스트.

ARTHUR Brian 브라이언 아더: 스탠포드 대학교, 캘리포니아 대학교 교수.

ATATÜRK Kemal Mustafa 무스타파 케말 아타튀르크(1880-1938): 터키제국의 창립자이자 대통령.

BACHELET Michelle 미셸 바첼레트: 1951년 칠레 산티아고 출생. 2006년부터 칠레 대통령.

BALCEROWICZ Leszek 레젝 발체로비치: 1947년생. 폴란드 경제학

자. 중앙경제학교(SGH), 바르샤바 대학교 교수. 1989년부터 1991년까지 재무부장관.

BARRE Raymond 레이몽 바르: 경제학자. 1976년부터 1981년까지 프랑스 총리.

BASTIAT Frédéric 프레데릭 바스티아(1801-1850): 프랑스의 자유주의 경제학자.

BHAGWATI Jagdish 자디쉬 바그와티: 1934년 구자라트 출생. 컬럼비아대학교, 뉴욕 대학교 교수.

BECKER Gary 게리 베커: 1930년 펜실베이니아 출생. 1992년 노벨 경제학상 수상. 시카고 대학교 교수.

BÉNABOU Roland 롤랑 베나부: 프린스턴 대학교 교수.

BERGER Peter 피터 버거: 1929년 빈 출생. CURA(문화, 종교, 국제정세 연구소) 소장. 보스턴 대학교 교수.

BERNSTAM Michael 미하일 베른스탐: 러시아 경제학자. 후버 연구소, 스탠포드 대학교 교수.

BLANCHARD Olivier 올리비에 블랑샤르: 1948년 아미엥 출생. 프랑스 경제학자. MIT 교수.

BLAIR Tony 토니 블레어: 1953년 에딘버러 출생. 1997년부터 2007년까지 영국 수상.

BOLDRIN Michele 미셸 볼드린: 워싱턴 대학교, 세인트루이스 대학교 교수.『혁신과 지적 소유권』데이비드 레빈과 공저.

BORLAUG Norman 노먼 볼로그: 1914년생. 미국 농학자. 1970년 노벨 평화상 수상.

BOUKHARINE Nikolaï 니콜라이 부하린: 볼셰비키 혁명가이자 소련 정치가.

BOURGUIGNON François 프랑수아 부르기뇽: 1945년생. 경제학자. 세계은행 총재(2003-2007). 파리경제학교 교장.

BUCHANAN James 제임스 뷰캐넌: 1919년생. 미국 경제학자. 1986년

대중 선택 이론으로 노벨 경제학상 수상.

BURKE Edmund 에드먼드 버크(1729-1797): 아일랜드의 정치가이자 철학자.

BUSH George W. 조지 W. 부시: 2001년부터 미국 대통령.

CAMDESSUS Michel 미셸 캉드쉬: 1933년생. 1987년부터 2000년까지 국제통화기금(IMF) 총재.

CASTRO Fidel 피델 카스트로: 1926년생. 1976년부터 쿠바 대통령.

CARDOSO Fernando Henrique 페르난도 엔리케 카르도소: 1931년 리우데자네이루 출생. 1995년부터 2002년까지 브라질 대통령. 사회학자로 프랑스와 영국, 미국 등에서 가르쳤다.

CAVALLO Domingo 도밍고 카발로: 1946년 코르도바 출생. 아르헨티나의 정치가이자 경제학자.

CEAUESCU Nicolae 니콜라이 차우셰스쿠(1918-1989): 1967년부터 1989년까지 루마니아 대통령.

CHANDLER Marc 마크 챈들러: 미국 경제학자.

CHÁVEZ Hugo 우고 차베스: 1954년생. 1999년부터 베네수엘라 대통령.

CHE GUEVARA 체 게바라(1928-1967): 쿠바 국제노동자연맹의 게릴라전을 이끌었다.

CHIAPPORI Pierre-André 피에르-앙드레 쉬아포리: 1955년 모나코 출생. 컬럼비아 대학교 경제학과 교수.

CLINTON William 빌 클린턴: 1946년 아칸소주 호프 출생. 1993년부터 2001년까지 미국 대통령을 지냄.

CRESSON Édith 에디트 크레송: 1934년생. 1991년부터 1992년까지 프랑스 총리를 지냄.

DA NOBREGA Mailson 마일손 다 노브레가: 1942년 상파울로 출생. 브라질 경제학자. 1987년부터 1990년까지 브라질 경제부 장관을 지냄.

DAS Gurcharan 구르샤란 다스: 1946년 파키스탄 리알푸르 출생. 인도판 타임스의 논설위원이자 『India Unbound(자유 인도)』의 저자.

DEBREU Gérard 제라르 드브뢰(1921-2004): 프랑스 출신의 미국 경제학자로 1983년 노벨 경제학상 수상.

DELPLA Jacques 자크 델플라: 1966년생. 『특권은 없다. 개혁을 위해서는 지불해야 한다』(샤를 위포츠와 공저)의 저자.

DENG Xiaoping 덩샤오핑(1904-1997): 1976년부터 1997년까지 중국을 개혁·개방시킨 정치지도자. 중국 공산당 서기장 등 역임.

DE PAULA Aureo 아우레오 데 파울라: 펜실베이니아 대학교(필라델피아) 경제학 교수.

DE SOTO Hernando 에르난도 데 소토: 1941년 페루 아레키파 출생. 경제학자.

DIXIT Avinash 아비나쉬 딕시트: 1944년생. 인도 출신의 미국 경제학자. 프린스턴 대학교 교수.

DUVERGER Maurice 모리스 뒤베르제: 1917년 프랑스 앙굴렘 출생. 프랑스 법학 교수.

DVORKOVITCH Arkadi 아르카디 드보르코비치: 푸틴 대통령의 경제자문.

ELTSINE Boris Nikolaïevitch 보리스 니콜라에비치 옐친(1931-2007): 1991년에서 1999년까지 러시아의 대통령.

ENGELS Friedrich 프리드리히 엥겔스(1820-1885): 독일의 철학자.

ERHARD Ludwig 루드비히 에르하르트(1897-1977): 독일의 경제학자로 1949년부터 1963년까지 경제장관을 지냄.

FOURASTIÉ Jean 장 푸라스티에(1907-1990): 프랑스 경제학자로 맨 처음 '영광의 30년(les Trente Glorieuses)'이란 표현을 씀.

FOX Vicente 비센테 폭스: 1942년 멕시코 출생. 2000년부터 2006년까지 멕시코의 대통령을 지냄.

FRANCO Itamar 이타마르 프랑코: 1930년생. 1992년부터 1995년까지

브라질 대통령을 지냄.

FRIEDMAN Milton 밀턴 프리드먼(1912-2006): 미국의 경제학자로 1976년 노벨 경제학상 수상.

FUKUYAMA Francis 프랜시스 후쿠야마: 1952년 시카고 출생. 워싱턴의 존스-홉킨스 대학의 국제정치경제학 교수.

GAÏDAR Egor 이고르 가이다르: 1956년생. '과도기 경제 문제 연구소' 소장. 1992년에는 러시아의 수상을 지냄.

GANDHI Mohandas 마하트마 간디(1869-1948): 인도의 영적 지도자로 인도의 독립운동을 이끎.

GANDHI Indira 인디라 간디(1917-1984): 1966년부터 1977년까지 그리고 1980년에서 1984년까지 인도 수상을 지냄.

GANDHI Rajiv 라지브 간디(1944-1991): 1984년부터 1989년까지 인도의 수상을 지냄. 인디라 간디의 아들.

GATES Bill 빌 게이츠: 1955년 시애틀 출생. 마이크로소프트사의 설립자.

GORBATCHEV Mikhaïl 미하일 고르바초프: 1931년생. 1985년부터 1991년 까지 PCUS(소련 공산당)의 서기장을 지냈고 1990년에는 노벨 평화상을 수상함.

GORE Al 앨 고어: 1948년 워싱턴 출생. 미국 정치가이자 행정관료. 2007년 IPCC(기후변화위원회)와 함께 노벨 평화상 공동 수상.

GREIF Avner 에이브너 그레이프: 스탠포드 대학교 교수.

GROSSMAN Gene 진 그로스먼: 1955년 뉴욕 출생. 프린스턴 대학교 교수.

GUESNERIE Roger 로제 게느리: 1943년생. 프랑스 경제학자로 콜레주 드 프랑스에서 '경제이론과 사회구조' 강좌를 맡음.

HAVEL Vaclav 바츨라프 하벨: 1936년 프라하 출생. 1990년부터 2003년까지 체코의 대통령을 지냄.

HAYASHI Fumio 후미오 하야시: 1952년생. 일본 도쿄 대학의 경제학

교수.

HÉLDER CÂMARA Dom 돔 헬더 카마라(1909-1999): 올린다와 헤시피(브라질 북동부 지역)의 대주교.

HOOVER Herbert Clark 허버트 클라크 후버(1874-1964): 1929년에서 1933년까지 재임한 미국의 대통령.

HOXBY Caroline 캐롤라인 혹스비: 하버드 대학교 교수.

HU Jia 후 지아: 1973년 북경 출생. 반체제 인사.

IAVLINSKI Grigori 그리고리 이아블린스키: 1952년 우크라이나 출생. 러시아의 정치가이며 야블로코 자유당의 창시자.

ILLARIONOV Andreï 안드레이 일라리아노프: 1961년생, 러시아의 경제학자 전 블라디미르 푸틴의 고문이었으며 워싱턴 케이토(Cato) 연구소의 시니어 펠로우(senior fellow).

JEAN-PAUL II 요한 바오로 2세: (1920-2005), 1978년에서 2005년까지 로마 교황.

KÁDÁR János 야노스 카다르(1912-1989): 1956-1958년, 1961-1965년 헝가리 총리 역임.

KAHNEMAN Daniel 다니엘 카네만: 1934년 이스라엘 텔아비브 출생. 2002년 노벨 경제학상 수상. 프린스턴 대학 교수.

KASPAROV Garry 게리 카스파로프: 1963년 생. 체스경기 선수 출신으로 블라디미르 푸틴을 반대하는 당을 이끈다.

KEYNES John Maynard 존 메이너드 케인스(1883-1946): 영국의 경제학자.

KIRCHNER Cristina Elisabet Fernández 크리스티나 엘리자베트 페르난데스 키르츠네르: 1953년 라플라타 출생. 2007년부터 아르헨티나의 대통령.

KLAUS Václav 바츨라프 클라우스: 1941년생. 체코공화국의 두 번째 대통령.

KOIZUMI Junichiro 주니치로 고이즈미: 1942년생. 2001년부터 2006년

까지 일본의 수상.

KOLM Serge-Christophe 세르주-크리스토프 콜름: 1932년 파리 출생. 프랑스 경제학자.

KORNAI János 야노스 코르나이: 1928년 부다페스트 출생. 하버드 대학과 부다페스트 신학대학을 거침.

KUHN Thomas 토머스 쿤(1922-1996): 역사학자이자 철학자. 보스턴 MIT대학 교수.

LAFFER Arthur 아서 래퍼: 1940년생. 미국 경제학자.

LAIBSON David 데이비드 레입슨: 1966년생. 하버드 대학교 교수.

LENINE Vladimir 블라디미르 레닌(1870-1924): 소비에트연방 창립자.

LEROUX Marcel 마르셀 르루: 기후학자. 장-물랭-리용 3대학 교수.

LE TREUT Hervé 에르베 르 트뢰: 1956년생. 기후학자. 프랑스 과학원 소속.

LEVINE David 데이비드 레빈: 세인트루이스의 워싱턴 대학교 교수. 미셸 볼드린Michele Boldrin과 함께 『혁신과 지적 소유권』을 저술함.

LEVITT Steven 스티븐 레빗: 1967년생. 미국의 경제학자로 2003년 클라크 메달(*2년마다 한 번씩 40세 미만의 뛰어난 미국 경제학자에게 수여하는 상) 수상. 시카고 대학교 교수.

LOMBORG Bjorn 비외른 롬보르: 1965년생. 코펜하겐 비즈니스 스쿨 교수. 『회의주의적 환경주의자』의 저자.

LUCAS Robert 로버트 루카스: 1937년생. 시카고 대학교 교수. 1995년 노벨 경제학상 수상.

LUDERS Rolf 롤프 루데르스: 칠레의 경제학자로 칠레 가톨릭 대학교 교수. 1982년에서 1983년까지 칠레 경제장관을 지냄.

LULA DA SILVA Luiz Inácio 루이즈 이나시오 룰라 다 실바: 1945년생. 2002년에 이어 2006년에 다시 브라질 대통령으로 선출됨.

MALTHUS Thomas 토머스 맬서스(1766-1834): 영국의 경제학자.

MAO Yushi 마오위쓰: 경제학자. 베이징 천칙경제연구소(Unirule

Institute of Economics) 소장.

MAO Zedong 마오쩌둥(1893-1976): 중국 공산당의 공동 설립자.

MARCOS 마르코스: 1957년생. 멕시코 혁명 단체인 사파티스타 민족 해방군의 지도자.

GARCÍA MÁRQUEZ Gabriel 가브리엘 가르시아 마르케스: 1927년생. 콜롬비아의 작가로 1982년 노벨 문학상을 수상함.

MARX Karl 칼 마르크스(1818-1883): 독일의 철학자이자 경제학자.

MEIJI 메이지 (1852-1912): 1868년에서 1912년까지 일본의 천황.

MENEM Carlos 카를로스 메넴: 1930년생. 1989-1999년까지 아르헨티나의 대통령.

MERKEL Angela 앙겔라 메르켈: 1954년 함부르크 출생. 2005년부터 독일연방 수상.

MILOV Vladimir 블라디미르 밀로프: 1972년생. 모스크바 에너지 정책 연구소.

MONTESQUIEU 몽테스키외(1689-1755): 프랑스 정치사상가. 대표적인 계몽주의 사상가. 사회학의 아버지.

MOORE Michael 마이클 무어: 1954년생. 미국의 작가이자 다큐멘터리 감독. 뉴욕 거주.

MOORE Thomas 토머스 무어: 로널드 레이건의 경제 자문 역임. 후버 연구소.

MORALES Evo 에보 모랄레스: 1959년생. 2006년부터 볼리비아 대통령직을 맡고 있다.

MURPHY Kevin 케빈 머피: 시카고 대학 비즈니스 스쿨 교수. 1997년 클라크 메달 수상.

MYRDAL Gunnar 군나르 미르달(1898-1987): 스웨덴의 경제학자로 1974년 노벨 경제학상 수상.

NASSER Gamal Abdel 가말 압델 나세르(1918-1970): 1952년 군사혁명을 일으켜 1956년 이집트 공화국 대통령으로 취임. 사회주의 채택.

NEHRU Jawaharlal 자와할랄 네루(1889-1964): 1947년에서 1964년까지 인도 수상을 지냄.

NETO Delfim Antonio 델핌 안토니오 네토: 1928년 상파울로 출생. 1967년에서 1974년까지 브라질 정부의 재무장관을 역임.

NORDHAUS William 윌리엄 노드하우스: 1941년 뉴멕시코 출생. 예일 대학 경제학 교수.

ÖZAL Turgut 투르구트 오잘(1927-1993): 이스탄불 공과대학 졸업. 미국에서 경제학 전공. 1989년에서 1993년까지 터키의 국무총리와 대통령을 지냄.

PACHAURI Rajendra Kumar 라젠드라 쿠마르 파차우리: 1940년 인도 출생. 2002년부터 기후 변화에 대한 초정부전문가단체(GIEC)의 수장을 맡음.

PAMUK Sevket 세브켓 파묵: 경제학 교수. 이스탄불의 터키 현대사 연구소.

PARK Chung Hee 박정희(1917-1979): 1963년부터 1979년까지 대한민국 대통령을 지냄.

PHELPS Edmund 에드먼드 펠프스: 1933년 미국 출생. 2006년 노벨 경제학상을 수상하였으며 컬럼비아 대학교 교수로 있음.

PINOCHET Augusto 아우구스토 피노체트(1915-2006): 1973년부터 1990년까지 칠레 대통령 역임.

POUTINE Vladimir 블라디미르 푸틴: 1952년 레닌그라드 출생. 2000년부터 러시아연방 대통령.

PREBISCH Raúl 라울 프레비시(1901-1986): 아르헨티나의 경제학자.

PRESCOTT Edward 에드워드 프레스콧: 1940년생. 미국의 경제학자로 미네소타연방은행 총재이며 2004년 노벨 경제학상 수상.

PRITCHETT Lant 랜트 프릿체트: 1959년 미국 출생. 하버드 대학교 교수.

RAWLS John 존 롤즈(1921-2002): 미국의 철학자.

REAGAN Ronald 로널드 레이건(1911-2004): 1981년에서 1989년까지 미국 대통령 지냄.

RODRIK Dani 대니 로드릭: 1957년 이스탄불 출생. 하버드 대학교 경제학 교수.

ROGOFF Kenneth 케네스 로고프: 1953년생. 미국의 경제학자이며 하버드 대학교 교수로 2001년에서 2003년까지 국제통화기금(IMF)의 수석 이코노미스트를 역임.

ROMER Paul 폴 로머: 미국의 경제학자로 스탠포드 대학교 교수.

RYKOV Alexeï 알렉세이 리코프(1881-1938): 1924년에서 1929년까지 구소련의 인민위원장을 역임.

RUEFF Jacques 자크 뤼에프(1896-1978): 프랑스의 자유주의 경제학자.

SACHS Jeffrey 제프리 삭스: 1954년 미시건주 디트로이트 출생. 컬럼비아 대학교 교수.

SAKONG Il 사공일: 1940년생. 한국의 시장중심 경제이론가. 전두환, 노태우 대통령 경제수석 비서관, 재무부장관 역임. 세계경제연구원 이사장. 저서 『세계는 기다리지 않는다』 『세계 속의 한국 경제』 등.

SALA-I-MARTIN Javier 자비에르 살라-이-마르틴: 1963년 바르셀로나 출생. 컬럼비아 대학교 교수.

SAMUELSON Paul 폴 새뮤얼슨: 1915년 인디애나주 게리 출생. 1970년 노벨 경제학상 수상.

SARNEY José 호세 사르네이: 1930년 피네이로 출생. 1985-1990년 브라질 대통령.

SAUVY Alfred 알프레드 소비(1898-1990): 프랑스의 사회학자이며 1952년 '제3세계'라는 표현을 처음으로 씀.

SAY Jean-Baptiste 장-바티스트 세(1767-1832): 프랑스의 경제학자이자 실업가.

SCHEINKMAN José 호세 셰인크먼: 브라질 출신으로 미국 프린스턴 대학 경제학 교수.

SCHMIDT Benno 벤노 슈미트: 1986년에서 1992년까지 예일 대학 학장 역임.

SCHUMPETER Joseph 조셉 슘페터(1883-1950): 오스트리아 경제학자.

SCHRÖDER Gerhard 게르하르트 슈뢰더: 1944년생. 1998년에서 2005년까지 독일 수상 역임.

SEN Amartya 아마르티아 센: 1933년 인도 샨티니케탄 출생. 1998년 노벨 경제학상을 수상했으며 케임브리지 대학교의 트리니티 칼리지 교수.

SERVAN-SCHREIBER Jean-Jacques 장-자크 세르방-슈라이버(1924-2006): 프랑스의 정치인이자 수필가로 1967년 발행한 『미국의 도전』의 저자.

SINGH AHLUWALIA Montek 몬텍 싱 알루왈리아: 1943년생. 인도 경제계획위원회 부이사장.

SINGH Manmohan 만모한 싱: 1932년생. 2004년 이후 인도 수상.

SOLJÉNITSYNE Alexandre 알렉산드르 솔제니친: 1918년생. 『굴라그(사상·정치범의 강제 노동 수용소) 열도』의 저자.

SMITH Adam 아담 스미스(1723-1790): 스코틀랜드 출신의 철학자이자 경제학자.

STALINE Joseph 조셉 스탈린(1879-1953): 1922년에서 1953년까지 소련 공산당 서기장 역임.

STERN Nicholas 니콜라스 스턴: 1946년생. 영국의 경제학자. 런던 경제학교 교수.

STIGLER George 조지 스티글러(1911-1991): 미국의 경제학자. 1982년 노벨 경제학상 수상. 시카고 대학교 교수.

STIGLITZ Joseph 조셉 스티글리츠: 2001년 노벨 경제학상 수상. 컬럼비아 대학교 교수.

SWAMINATHAN M.S. 스와미나단: 1925년생. M.S. 스와미나단 재단 이사장.

TAKENAKA Heizo 헤이조 다케나카: 1951년생. 일본의 경제학자. 2001년 재무장관을 역임.

TCHANG Kaï-chek 장개석, 장제스(1887-1975): 1949년에서 1975년까지 타이완 국민정부 주석.

THATCHER Margaret 마가렛 대처: 1925년 영국 그랜덤 출생. 1979년에서 1990년까지 영국 수상 지냄.

TIROLE Jean 장 티롤: 1953년생. 프랑스의 경제학자. 장-자크 라 퐁 툴루즈(Jean-Jacques-Laffont-Toulouse) 경제연구소 소장. 프랑스 국립과학원(CNRS) 금상 수상.

TULLOCK Gordon 고든 털록: 1922년생. 버지니아주 조지메이슨 대학교 법학과 교수.

TUSK Donald 도날드 투스크: 1957년 폴란드 그다니스크 출생. 2007년부터 폴란드 수상.

TVERSKY Amos 아모스 트버스키(1937-1996): 심리학자, 인지심리학의 선구자.

VEENHOVEN Ruut 루트 베노번: 1942년생. 로테르담 에라스무스 대학교 사회학 교수.

VOGEL Ezra 에즈라 보겔: 1930년생. 하버드 대학교 아시아연구소장.

VON HAYEK Friedrich 프리드리히 폰 하이에크(1899-1992): 철학자이자 경제학자로 1974년 노벨 경제학상 수상.

WACZIARG Romain 로메인 와차르그: 1970년생. 스탠퍼드 대학교 경제학 교수.

WALESA Lech 레흐 바웬사: 1943년 포메라니아 출생. 1990년에서 1995년까지 폴란드 대통령 역임. 1983년 노벨 평화상 수상.

WATT James 제임스 와트(1736-1819): 증기기관 발명가.

WEBER Max 막스 베버(1864-1920): 독일 사회학자.

WU Rong-Yi 우롱이 :타이완 타이페이 증권거래소장.

WYPLOSZ Charles 샤를 비플로츠: 1947년생. 경제학자. 제네바의 국제 고등교육대학연구소.

YASSINE Evgueni 예프게니 야신: 모스크바 경제학교 학장을 지냈으며 보리스 옐친 내각의 경제장관을 역임.

□ 옮긴이의 말
좋은 경제를 만들기 위해 알아야 할 것들

조 정 훈

　번역을 시작하면서 기 소르망이란 이름 앞에 늘 따라다니는 '세계적 석학'이란 수사에 조금 기가 질려 있었다. 혹시 번역자가 따라잡을 수 없는 깊이의 글이라면 어쩌나, 번역자의 이해력이 글의 전개를 따라가지 못하면 어쩌나 하는 걱정 때문이었다. 그러나 번역을 진행하면서 왜 그에게 '석학'이라는 칭호가 따라붙는지 그 이유를 자연스레 알게 되었다. 그의 지식과 정보의 범위는 깊고도 방대하다. 어떨 때는 우리나라 사람도 아닌데 어떻게 우리보다 더 깊이 대한민국을 통찰할 수 있는지 감탄하게 된다. 우리나라뿐만이 아니다. 세계 주요 나라의 역사와 문화, 제도, 경제상황 등 다방면에서 그는 놀라운 지식과 이해를 가지고 있다. 하지만 그를 '세계적 석학'으로 만드는 것은 그가 지닌 지식의 수준이나 방대함이 아니다. 이 깊고 방대한 지식에 통찰력이 더해져 결국은 독자들이 그의 논리 전개에 설복할 수 있도록 만드는 힘이 그에게 '세계적인 석학'의 권위를 부여해 주는 것이다.
　이 책 속에서 그는 자신의 주장을 펼치기 위해 이런저런 근거들을 끌어오는 식으로 논리를 전개하지 않는다. 반대로 그는 문제의 핵심을 의문부호 속에 놓고 거기서 나올 수 있는 여러 입장의 차이와 논쟁거리들을 대비시켜 독자들에게 보여준다. 이럴 때 독자들은 글의 전개에 일방적으로 끌려가는 것이 아니라 여러 다른 시각 속에서 스스로 질문하고 답하며 문제의 핵심에 점점 가까워질 수 있는 것이다.

책 속에서 그가 질문을 던지고 답을 구하는 주제는 매우 구체적이며 시의적절하다. 가령 "왜 어떤 나라는 경제 부국이 되었고 어떤 나라는 예나 지금이나 가난한가?", "후진국이 경제 발전을 이루기 위해선 독재가 꼭 필요한가?", "정치체제와 경제체제가 분리된 중국의 자본주의 실험은 과연 성공 가능한 것인가?" 등에서 "20세기 초만 해도 세계 5위의 경제력을 가졌던 아르헨티나가 왜 지금은 겨우 국민소득 5,000달러의 세계 후진 그룹으로 뒤처지게 되었을까?" 하는 해묵은 질문에 이르기까지 우리가 늘 자문하곤 하는 질문들을 가지고 이야기를 전개한다. 이런 질문들은 매우 산발적이며 지엽적인 것 같지만 돌이켜 보면 매우 보편적인 것들이고 따라서 그 답을 구하는 과정에서 우리는 세계 경제의 큰 흐름에 접근해 갈 수 있다.

또한 이 책에는 19세기 이후 세상의 흐름을 파악하고자 했던 수많은 경제학자들의 이름들이 등장한다. 아담 스미스에서 케인스까지, 밀턴 프리드먼에서 에드워드 프레스콧, 게리 베커, 대런 애서모글루, 에드먼드 펠프스 등에 이르기까지 경제를 전공하지 않은 독자들이라면 조금은 낯선 학자들의 이론들이 수시로 설명된다. 이들 경제학자들의 이름만으로도 독자들은 머리가 아플지 모르겠다. 하지만 지은이는 이 낯선 경제학자들의 어려운 이론들을 그냥 단편적으로 소개하는 것이 아니다. 그는 스스로 핵심적인 논쟁거리를 제시하고 이들 경제학자들의 다양한 관점들을 매우 쉽고 재미있게 소개함으로써 독자들을 세계 경제학자들이 벌이는 토론의 관전자로 만들어준다. 따라서 이 토론에 참여하는 독자들은 낯설고도 멀게만 느껴졌던 근현대 경제학자들의 논리 전개를 선명하게 조감할 수 있게 된다.

지금 우리가 사는 세상은 우리 스스로는 제어할 수 없는 어떤 거대한 물결에 휩쓸려 나아가고 있는 듯하다. 거역할 수 없는 물결에 어쩔 수 없이 휩쓸려 내려가면서 우리는 이 흐름이 어디에서 시작되었으며 종국엔 어디로 흘러가고 있는가 불안해하고 있다. 지금까지 우리는 인간들의 의지가 세상을 앞으로 나아가게 만든다는 믿음을 가져왔다. 그러나 최근 세상의 급격한 변화는 이런 믿음을 자주 배신하는 것들이었다. 인간과 세계를 움직이는 힘은 더 이상 인간의 희망이나 의지에 있지 않다는 회의론이 널리 퍼져가고 있다. 이런 시대에 세계의 부와 경제의 흐름을 한눈에 조망할 수 있는 책 한 권은 어둠 속을 헤매는 우리들에게 중요한 길잡이가 될 수 있을 것이다.

기 소르망이 신자유주의의 열렬한 옹호자라는 점에서, '경제'와 '부'의 격차 문제가 늘 첨예한 화두가 되는 우리 사회에서 이 책은 비판적으로 읽힐 수도 있겠다. 하지만 책에서 기 소르망이 말했듯이 지금은 "자본주의 경제를 비난할 수는 있지만 아무도 자본주의를 부정할 수는 없는 시대"가 되었다. 현재 우리가 사는 사회에 대해 이야기하기 위해서는 긍정적이든 부정적이든 기 소르망이 제안하는 논쟁에 참여할 수밖에 없다. 그리고 지은이가 이 책에서 강조하듯이 좋은 경제를 펼치기 위해서는 무엇보다 경제를 아는 것이 중요하다.